원불교 구인선진

개벽을 열다

개벽을 열다

원불교 구인선진

원불교100년기념성업회 · 원광대학교원불교사상연구원 엮음

도서출판 모시는사람들

발간사

구인선진은 소태산 대종사께서 원불교의 첫 표준제자로 선정하신 아홉 분 제자들을 교단에서 후진의 입장에서 부르는 호칭이다. 이들 선진께서는 원불교 발상지인 영광군 백수면 길룡리 성지에서 저축조합운동, 방언공사, 백지혈인의 법인성사를 몸과 마음을 다하여 보여주시고, 이를 통해 교단 창립의 기초를 다져서 오늘의 교단으로 발전하는 동력의 근원으로 자리매김해 주었다. 교단 역사의 초창기에 표준제자들이 혈심봉공하여 공적을 세우는 것은 다른 종교의 사례에서도 찾아볼 수 있다. 예컨대 초기 불교의 10대 제자를 비롯하여 유교의 공문십철, 예수의 십이사도가 바로 그렇다. 오늘날 원불교가 길지 않은 역사 속에서 한국 사회에 널리 공인 받는 종교로 성장하고 나아가 세계종교로 그 역할과 소명을 요청받으면서 발전을 거듭하는 배경에는 바로 구인선진의 창립 정신이 면면히 계승되고 있기 때문이다.

금번에 구인선진 법훈서훈기념문집(法勳敍勳紀念文集)을 간행하게 된 첫 번째 배경은 무엇보다도 지난해 4월 임시수위단회에서 구인선진에 대한 법위 추존과 종사 법훈 서훈을 승인함에 따라 이루어졌다. 또 올해 5월 이를 기념하기 위한 법훈서훈 기념식을 거행하였다.(원기101년 5월 1일 서울 상암 운동장). 그러나 그에 못지 않게 중요한 작업이 바로 구인선진의 삶과 사상을 조명하여 원불교가 보편종교로 자리매김하도록 하는 학술적 근거를 마련하는 일이다. 따라서 법훈 서훈을 기념하여 이미 지난 4월 8일에 법훈 서훈 기념 논문발표회를 가진 바 있다. 여기서 발표되었거나 기획된 논문을 함께 묶어 올해 법인절에 기념문집을 봉정하는 로드맵 속에서 이 책이 간행된다. 이렇듯 구인선진 법훈서훈 기념문집 간행을 하게 된 배경은 바로 구인선진은 원불교 교단 창립의 원훈이시요 대종사를 보필하고 이 회상 창립의 초석을 다지는데 기여하신 분들로, 교단 100주년을 맞이하여 이분들의 거룩한 삶을 조명하고 창립정신을 다지는 계기로 삼자는 후진들의 바람이라고 할 수 있다. 더 나아가 이분들에 대한 종사위 법훈 서훈을 기념하며 그 거룩한 삶을 돌아보고, 무량한 공덕을 널리 알리며 구인선진의 삶의 향기와 공덕을 함께 회향하는 기회로 삼기 위함이다. 구인선진은 교단 창립의 초석을 다진 대신성 · 대봉공 · 대합력의 상징으로, 교단 100주년을 맞이하여 그 창립정신을 새롭게 조명해보고 추원보본 정신을 드러내는 일은 참으로 뜻깊은 일이 아닐 수 없다.

이 기념문집 간행을 계기로 우리에게 남겨진 과제는 구인선진의 창립정신을 어떻게 오늘에 새롭게 구현할 것인가이다. 이는 구인선진의 교단사적 위상과 그 의의를 거듭 밝혀 나감으로써 교단 발전의 지표와 지혜를 얻고 새로운 출발의 동력을 찾는 일이기도 하다. 그렇다면 우리에게 남겨진 과제는 어떻게 하면 재가출가 교단 구성원이 역사를 거듭할수록 초기 교단 정신을 면면 상속하여 발전적으로 계승할 것인가와 관련이 있다. 아홉 분 선진님들이 보여주신 대신성 · 무아봉공 · 일심합력의 정신적 유산을 오늘에도 유감없이 발휘하도록 하는 길은 무엇인가? 이미 대종사께서 우리 교단이 나아가야 할 삼대목표로 교화 · 교육 · 자선의 방향을 정해주셨다. 비록 처한 일터와 시간은 다르지만 어디에도 구애됨이 없이 구인선진이 보여주셨던 창립정신을 후진들이 유감없이 발휘하여 이 교법을 더욱 봉대하고 두루 세상에 편만하게 하고 이 교단의 위상이 날로 비약하여 더욱 발전하게 하는

데 정신적 동력으로 삼아야 함은 당연하다. 물론 오늘날 사회는 아홉 분 선진님들이 활동하셨던 그 시대 사회 상황과는 다르다. 우리는 정치, 경제, 사회, 문화 등 제분야에서 예상을 뛰어 넘는 급격한 변화가 전개되는 사회 환경 속에 처하고 있기 때문이다. 그럼에도 불구하고 그 기저에 흐르는 창립정신만큼은 철주의 중심처럼 정신적 유산으로 길이길이 보전되어야 할 것이다. 이미 교단 창립으로부터 오늘에 이르기까지 정신, 육신, 물질로 한마음으로 합력해 주시고 낱 없는 신성과 봉공정신을 직접 보여주신 선진님들의 교훈이 오늘에 새롭게 거듭나도록 하는 일이야말로 소태산 대종사를 비롯한 구인선진에게 보은하는 길이 될 뿐만 아니라 인류사회에 보편종교로서 원불교가 출현한 개교의 동기에 충실하는 길이 될 것이다.

이 책은 여러분들의 숨은 노고가 함께하여 이루어졌음을 기억하고 그 고마운 마음을 여기 적어 표하고자 한다. 무엇보다 먼저, 자료의 부족과 제반 어려움에도 불구하고 논문 집필에 흔쾌히 응해주신 집필진 여러분께 간행위원회를 대신해서 감사의 인사를 드린다. 아울러 기획에서부터 출간에 이르기까지 온갖 수고를 마다하지 않으신 원불교사상연구원 학산 박윤철 부원장님을 비롯하여 김태훈 박사 등 구성원들에게 감사의 마음을 전한다. 그러나 이 논문집 간행의 출발은 원불교100년기념성업회의 간절한 염원이 발화점이 된 것도 사실이어서 처음부터 끝까지 낱없이 함께해 준 원불교100년기념성업회에도 고마운 마음을 표한다.

끝으로 이 문집은 사진작업을 포함한 숱한 수고로움이 함께하여 성취된 결과물이다. 한국 사회의 어려운 출판 여건 속에서도 원불교 구인선진 법훈서훈기념문집 간행을 기꺼이 수락하시고 수고로움을 마다하지 않으신 도서출판 모시는사람들의 박길수 대표님을 비롯한 편집진 여러분들의 노고에도 경의를 표한다. 아무쪼록 이 구인선진 법훈서훈기념문집의 간행 불사로 법고창신(法故創新)의 정신으로 교단 창립정신의 계승 발전과 추모보본하는 일에 만에 일이라도 값하는 정성이 되어 구인선진의 정신적 유산이 후손 만대에 길이 창조적으로 유전되길 간절히 염원한다.

원기101년 8월 12일

김혜광 구인선진법훈서훈기념문집간행위원장

헌시

원불교 구인선진의 생애와 사상

오광익(궁산 · 원로교무)

1

하늘이 아득치 않으면 실제 하늘이 아니요	天非渺漠實天非
땅이 기름지지 않으면 결국 땅은 마르리	地匪膏油結地晞
봉황은 허공을 날며 쉴 곳을 찾았고	鳳凰飛空休處覓
기린은 들에 노닐다 도의 고향 돌아가네	麒麟遊野道鄉歸
교단 만대로 스승의 법을 이어서	教團萬代連師法
뭇 생령 제도하는 큰 문을 열었어라	濟度群生闢大扉
주세 부처님 믿고 따라 기러기처럼 나오니	主佛信隨如鴈出
장하도다, 선진의 아홉 분이여! 빛나리로다.	壯哉先進九人輝

2

작은 시내에 물이 모이면 큰 강을 이루고	細溪匯水大江成
작은 언덕도 티끌 쌓이면 큰 뫼로 지탱되리	小坂儲塵太嶽撐
법인의 정성스런 기도에 하늘땅이 움직이고	法認誠禳天地動
죽어도 여한 없다함에 신명이 감응하였네	死無餘恨感神明
일원의 진리가 여기로부터 드러나고	一圓眞理自斯顯
바른 법 교단으로 뭇 생령 건지리라	正法敎團拯衆生
주세 부처님과 아홉 분이 한 피로 어렸으니	主佛九人凝共血
거룩하도다, 큰 사업이여! 만방을 채우리로다.	聖哉丕業萬方盈

(101.4.8)

차례

제2부 구인선진의 생애와 사상

제1부

소태산 대종사와 구인선진

소태산 대종사와
구인선진

양은용(현수 · 원광대학교 명예교수)

Ⅰ. 머리말

원불교는 소태산 대종사(少太山 大宗師, 朴重彬, 1891-1943, 이하 경칭 생략)의 대각(大覺, 1916.4.28)을 통해 나툰 구세경륜(救世經綸)으로 탄생했다. 그리고 이 경륜을 함께 실천하면서 교단의 초석을 쌓은 인물들이 표준제자로 불리는 구인선진(九人先進)이다. 소태산은 탄생하고 성장한 향리에서 발심(發心)·구도(求道)·대각하고, 이곳을 떠나지 않고 교화활동을 전개하였다. 따라서 활동 초기에 만난 이들 구인선진도, 특별한 제우(際遇)를 통한 정산 종사(鼎山 宗師, 宋奎, 1900-1962, 이하 경칭 생략)를 제외하면, 모두 동향 출신이다.

소태산과 구인선진의 활동이 함께 이루어진 것은 이른바 영산시대(靈山時代)이다. 소태산의 영산주석기간은 원기원년(圓紀元年, 1916)의 대각개교에서부터 원기4년(1919)까지이며, 이 기간 중에 교단 형태가 갖추어진다. 물론 이후에도 구인선진의 활동은 계속된다. 구인선진은 봉래산주석기간인 원기4년부터 원기9년(1924) 창립총회까지의 제법(制法) 즉 교리강령(教理綱領)이 마련되는 변산시대(邊山時代), 그리고 총회 후 익산총부를 건설하면서 전법교화(轉法教化) 활동을 전개한 익산시대(益山時代)에도 주역을 담당하고 있다.

주지하는 바와 같이, 익산총부의 건설과 함께 수행공동체가 형성되면서 출가교도인 전무출신(專務出身)과 재가교도인 거진출진(居塵出塵)의 제도가 틀이 잡힌다. 이에 따라 구인선진도 두 길을 선택하게 되며, 법통을 이은 정산 종사 대(종법사 재위 1943-1962)를 거쳐 대산 종사(大山 宗師, 金大擧, 1914-1998, 재위 1962-1994, 이하 경칭 생략) 종법사 재위 시대에 최후의 생존자인 칠산 종사(七山 宗師, 劉巾, 1880-1963)의 열반을 맞이한다.

필자는 이러한 소태산과 교단 창업 과정에서 만난 구인선진에 대해서 그 면모와 관계, 공익의 보람을 실현한 활동상의 일단을 조명해 보기로 한다. 과연 구인선진은 어떻게 구성되었으며 소태산과의 관계는 어떠한가, 그들의 활동은 어떠하며 교단사적 의의는 무엇인가를 밝혀야 할 것으로 본다.

개교 100주년을 맞이한 교단에서는 원기101년(2016) 구인선진의 종사위 추존이 이루어졌다.[1] 2세기를 여는 교단은 소태산 친견제자들이 대부분 열반에 들었으니, 소태산과 교단 만 대를 이어 나가야 하는 상황에 놓여 있다. 역사적으로 보면, 불교에서는 마하가섭 · 아란존자가 떠나는 원시불교 시대요, 그리스도교에서는 사도 베드로 · 바울이 생을 마치는 원시그리스도교 시대에 해당한다고 할 수 있다. 교단이 이 시대에 주목할 사항은 두말할 나위 없이, 소태산의 구세경륜을 바르게 전해 나가는 일이다.

교리 · 제도, 그리고 교화체 등을 점검하고 인재를 육성하는 작업 등 그 일은 다양하고 또 시급하다. 소태산을 모시고 초창 교단의 역사를 일구어 낸 구인선진들의 삶을 조명하는 일도 그러하다. 교단은 일찍부터 기록 문화에 역량을 기울여 옴으로써 축적된 자료가 상당하며, 공적(公的)인 삶을 영위해 온 선진들에 대한 기록도 적지 않다. 구인선진에 관한 자료를 크게 나누면, 교서[2], 교단적인 기록[3], 저술과 연구서[4], 그리고 각종 교단 관련 기록에 사진이나 기사 등 각종 자료가 산견된다. 그러나 개인의 행장 등을 구체적으로 들여다보면, 초창 교단의 활동상 외에는 이렇다 할 구체적인 사료를 찾아보기 어려운 경우가 있다. 구인선진 가운데 특히 거진출진인 경우가 그러하다.

다행스럽게도 〈원불교 구인선진의 생애와 사상〉을 주제로 연 원불교 100주년 구인선진 출가위 법훈서훈 기념 학술대회(2016.4.8)와 관련하여 구인선진 한 분 한 분을 조명할 기회를 갖게 되었다. 교단의 여러 기록에 나타나는 자료를 수집 · 분석하면 좀 더 구체적인 사항이 확인될 것이고, 그 과정에서 구술 자료 등을 확보하는 작업도 일부 가능할 것이다. 교단사의 정리를 서둘러야 하는 이유도 여기에 있다고 본다.

II. 소태산의 대각개교와 구인선진

소태산과 구인선진의 만남을 재구성하는 데 필요한 기본적인 사료는 『대종경』「서품」이다. 「서품」은 대종사의 설법연기(說法緣起)를 담고 있는데, 이에는 대각과 관련한 시국관, 구세경륜을 펴 나갈 포부와 방향, 이를 구체화하는 개교 즉 회상 창립의 계획 등이 밝혀져 있다. 「서품」의 구성은, 1-4장은 대각의 소식에서부터 불법(佛法)에 연원한 교체(教體), 5-14장은 창립인연의 규합과 교단 구성에서부터 초창기의 활동과 사업, 15-19장은 혁신교법의 이념과 실천으로 되어 있다. 따라서 구인선진의 활동과 역할은 5-14장에 몰록 드러난다. 소태산과 구인선진의 만남을 교서는 다음과 같이 전하고 있다.

> 〈1〉 대종사 처음 교화를 시작하신 지 몇 달 만에 믿고 따르는 사람이 사십여 명에 이르는지라 그 가운데 특히 진실하고 신심 굳은 아홉 사람을 먼저 고르시사 회상 창립의 표준제자(標準弟子)로 내정하시고.(『대종경』「서품」 5)

〈2〉 대종사, 40여 명의 신자들과 서로 내왕한 지 4 · 5개월이 되었으나, 그들은 대개 일시적 허영심으로 모였고, … 그해(원기원년) 12월경, 그중에서 특별히 진실하고 신심 굳은 여덟 사람을 먼저 선택하시니, … 그 후 송도군(宋道君, 정산 종사)을 맞으시니, 이들이 곧 새 회상의 첫 구인제자이다. 9인 중 첫 제자는 김성섭(金成燮, 八山 金光旋, 1879-1939)이니, 그는 본래 대종사의 가정과 교의(交誼)가 있어서 친절함이 형제 같은 중, 대종사의 입정 전후에 많은 보조가 있었고, 박한석(朴漢碩, 六山 朴東局, 1897-1950)은 대종사의 친제(親弟)요, 유성국(劉成國, 七山 劉巾)은 외숙이요, 박경문(朴京文, 五山 朴世喆, 1879-1926)은 족질이며, 이인명(李仁明, 二山 李旬旬, 1879-1941) · 김성구(金聖久, 三山 金幾千, 1890-1935) · 오재겸(吳在謙, 四山 吳昌建, 1887-1953)은 모두 근동 지우(近洞知友)이고, 군서 사람 이재풍(李載馮, 一山 李載喆, 1891-1943)은 오재겸의 인도로 처음 만났으며, 송도군은 경북 성주 사람으로, 정법(正法)을 찾아 방황하다가 원기3년(1918) 3월에 대종사에 귀의하였다.(『원불교교사』 제1편 3장)

이에 나타나는 바와 같이, 교단의 구인선진은 소태산에게 구인제자이며 교단 창립의 표준제자이다. 이들의 모임은 원기원년 12월경에 기본 형태를 갖추어, 정산을 제외한 8인의 구성을 마친다. 소태산의 오랜 구도 과정을 거쳐 이룬 대각 소식은 인근에 회자되었고, 소태산도 『동경대전(東經大全)』이나 『주역(周易)』의 묘리(妙理)가 절로 터득되어 깨달음을 심독희자부(心獨喜自負)했던 바이다.[5] 그리고 제자들을 모을 방편으로 7월경 증산교파(甑山教派)의 선전원을 청하여 치성(致誠)하고 송주(誦呪)하는 방법을 물어 7일을 지낸 후 보통 사람으로는 추상(推想)할 수 없는 말씀과 태도로 주목을 끌었고, 이를 통해 신종(信從)한 사람이 40여 명에 이르렀으며[6], 8인은 그중의 대표적인 인물이었던 셈이다. 치성과 관련된 교파는 1921년 교단을 공개한 차경

석(月谷 車京石, 1880-1936)의 보천교(普天敎, 속칭 車天子敎)이다. 그는 증산교조 강일순(甑山 姜一淳, 1871-1909) 사후인 1911년부터 수부(首婦)인 고판례(高判禮, 1880-1935)를 앞세워 태을도(太乙道)라는 이름으로 종도(宗徒)들을 모아 지하조직을 확대한 다음 이를 장악하고, 1916년부터는 이른바 24방주제(方主制)로 체제를 정비하여[7], 수백만 신도를 자랑하였고 그 교세가 영광 지역에까지 미치고 있었다. 정산 종사가 가야산에 가서 기도하다가 송찬오(宋贊五, 夏山 宋赤壁, 1874-1939)를 찾으면 스승을 만날 수 있다는 정보를 얻고 전라도로 향하게 되었는데, 송찬오 역시 이 교파의 도꾼이었다.[8]

그런데 자료〈1〉과 〈2〉를 자세히 살펴보면, 소태산과 구인선진의 관계가 대각 이전으로 거슬러 올라감을 알 수 있다. 우선 친제인 육산(六山 朴東局, 1897-1950)과 외숙인 칠산(七山 劉巾, 1880-1963), 족질인 오산(五山 朴世喆, 1879-1926)은 인척이므로, 이전부터 관계가 있는 사람들이다. 그리고 이산(二山 李旬旬, 1879-1945)·삼산(三山 金幾千, 1890-1935)·사산(四山 吳昌建, 1887-1953)은 지우들이다. 지우들도 모두 연상인데, 소태산의 늠름한 기상과 활달한 도량에 매양 어른들을 좇아 모든 언행에 묻기를 좋아하던 바를 생각하면[9], 성장 및 구도 과정에서 친분을 쌓고 있었음을 알 수 있다. 이 가운데 이산은 소태산보다 12세 연상이지만, 소태산의 대각 6년 전인 구도 과정에서 곤궁함을 알고 찾아가 상의하여 낙월도(落月島)로 장사를 떠나 예상 외로 수익을 올려 가사에 도움을 준 구체적인 사례가 전한다.[10]

구인선진 가운데 첫 번째 만난 제자인 팔산(八山 金光旋, 1879-1939) 역시 소태산보다 12세 연상인데, 소태산의 구도 과정에서 세정을 알아 물심양면의 후원을 아끼지 않았다. 대표적인 사례가 대각 1년 전 고창 심원면 연화봉의 수련 주선일 것이다. 명의로 소문난 김준상(蓮岡 金駿相) 옹에게 신병의 치료도 받고 그가 세운 초당에서 수련도 할 예정으로 겨울 3개월을 보내게 되었는데, 범산(凡山 李空田, 1927-2013)은 이 기간을 다음과 같이 증언한다.

〈3〉 인도 부처님 성지를 가면 전 정각산(前 正覺山)과 후 정각산이 있지. 후 정각산이 영산의 노루목 대각터라면 이곳은 우리의 전 정각산이라 할 수 있어. 그래서 영산성지 다음으로 기념할 만한 성지여.(양현수, 〈대종사 고행과 연화삼매지비〉, 〈원불교신문〉 2009.2.13)

과연 소태산도 대각 이전의 상황을 술회하여 이를 증명하고 있다.

〈4〉 내가 한 생각을 얻기 전에는 혹 기도도 올렸고, 혹은 문득 솟아오르는 주문도 외웠으며, 혹은 나도 모르는 가운데 적묵(寂默)에 잠기기도 하였는데, 우연히 한 생각을 얻어 지각(知覺)이 트이고 영문(靈門)이 열리게 된 후로는, 하루에도 밤과 낮으로, 한 달에도 선후 보름으로 밝았다 어두웠다 하는 변동이 생겼고, 이 변동에서 혜문(慧門)이 열릴 때에는 천하에 모를 일과 못할 일이 없이 자신이 있다가도 도로 닫히고 보면 내 몸 하나도 어찌할 방략이 없어서, 나의 앞길을 어떻게 하면 좋을까 하는 걱정이 새로 나며 무엇에 홀린 것 같은 의심도 나더니, 마침내 그 변동이 없어지고 지각이 한결같이 계속되었노라.(『대종경』「수행품」 46)

팔산은 주지하는 바와 같이 학문을 갖추고, 음양복술(陰陽卜術)까지 섭렵하고 있다.[11] 따라서 그의 후원은 형제 같은 교의(交誼)뿐만 아니라 소태산의 구도 과정에 나타나는 여러 징후 등을 통해 깨달음에 대한 믿음이 있었기에 가능했을 것으로 보인다.

그리고 사산을 통해 입참하게 된 일산은 어떠한가?

〈5〉 마음 가운데에서는 항상 이 세상을 바로잡을 정법의 지도자와 의인이 없음을 개탄하였다. 그러던 중 원기원년 4월 사산 오창건 대봉도의 인도로 대종사를 뵙고 즉석에서 사제지의(師弟之義)를 맺었다. 대종사께서 대각 후 비몽사몽간에 생각한 경전이 『금강경(金剛經)』이었는데, 대종사의 명을 받들어 불갑사(佛甲寺)에 가서 『금강경』을 구해 드린 분이 일산 대봉도였다.(『원불교법훈록』, 일산 이재철 대봉도)

그런 일산이 원기원년 4월에 소태산을 찾아 사제의 예를 갖춘다. 이는 음력인데, 대각개교절인 4월 28일은 음력 3월 26일이었으므로, 그가 입참한 것이 소태산의 대각 직후라는 말이다. 그렇다면 연원인 사산은 그보다 앞섰으니, 대각 소식이 일대를 흔들었음을 알 수 있다. 소태산은 깨달음을 증험하기 위해 각종 경전을 열람하게 되는데, 그 대표적인 것이 『금강경(金剛經)』이며, 이는 일산이 불갑사에서 구해 왔고, 이를 통해 소태산의 불법연원(佛法淵源)이 구체화된다. 이는 『대종경』에 다음과 같이 전한다.

〈6〉 대종사 대각을 이루신 후 모든 종교의 경전을 두루 열람하시다가 『금강경』을 보고 말씀하시기를 "서가모니불은 진실로 성인들 중의 성인이라." 하시고, 또 말씀하시기를 "내가 스승의 지도 없이 도를 얻었으나 발심한 동기로부터 도 얻은 경로를 돌아본다면 과거 부처님의 행적과 말씀에 부합되는 바 많으므로 나의 연원을 부처님에게 정하노라." 하시고, "장차 회상(會上)을 열 때에도 불법으로 주체를 삼아 완전무결한 큰 회상을 이 세상에 건설하리라." 하시니라.(『대종경』「서품」 2)

소태산은 『금강경』 열람을 인연하여 서가모니불을 성인들 중의 성인으로 받들며 이에 연원을 정하고, 불법(佛法)을 주체 삼아 완전무결한 큰 회상(會上)을 건립할 포부를 밝힌다. 소태산은 불교가 장차 세계적인 주교(主敎)가 될 것이라는 점을 구체적인 내용을 들어 전망했는데[12], '새 불교로서 새 종교'라는 교체(敎體)[13]와 불법의 시대화 · 대중화 · 생활화라는 제도의 특징을 근간에 두고 있다.

이렇게 보면, 대각 직후부터 소태산의 주위에는 구인선진의 대부분이 자리하고 있었고, 7월의 7일간 치성에도 같이 참여하여 40여 인의 제자들을 규합하는 데 일익을 담당했을 것으로 보인다. 주목되는 바는 대부분이 소태산보다 연상이며 향리에서 같이 자란 이들이 믿고 따르며 제자 되기를 자원했다는 점이다. 대각을 통해 이룬 소태산의 위의(威儀)와 경륜 등에 괄목상대할 수밖에 없었겠지만, 아무래도 신비스러운 것은 사실이다.

Ⅲ. 교단 창업에서 구인선진의 역할

구인선진의 활동은 교단 창립으로 나타난다. 소태산의 대각 전후에 후원자 역할을 하다가 첫 제자가 된 팔산처럼, 구인선진이 대부분 대각 직후에 입참하였으므로 최초법어(最初法語)[14] 설시로부터 불법에 대한 연원, 7월의 7일간 치성, 그리고 12월의 표준제자 선정으로 이어지는 일련의 과정을 함께한다. 이듬해인 원기2년(1917)에는 소태산의 『법의대전(法義大全)』 등 각종 법문 · 가사의 구술, 9월 12일의 십인일단(十人一團)의 단 조직 즉 수위단(首位團)이 성립된다. 시방을 응하여 조직된 십인일단은 소태산이 하늘, 정산이 땅 즉 중앙을 응하고, 팔방에는 건방(乾方) 일산, 감방(坎方) 이산, 간방(艮方) 삼산, 진방(震方) 사산, 손방(巽方) 오산, 이방(离方) 육산, 곤방(坤方) 칠산, 태방(兌方) 팔산이 각각 응하여 배치되어 있다.

10월에는 1대(代)를 36년으로 하고 이를 1회(回) 12년의 3회로 나누어 사업을 진행하는 창립한도(創立限度)를 발표한다. 창립한도는 이른바 교단의 중·장기 발전 계획으로, 제1회는 교단 창립의 정신적·경제적 기초를 세우고 창립의 인연을 만나는 기간, 제2회는 교법을 제정하고 교재를 편성하는 기간, 제3회는 법을 펼 인재를 양성 훈련하여 포교에 주력하는 기간으로 설정하였다.[15] 이는 교단 창립이 구체적인 실천 단계에 들었음을 말해 준다.

이 가운데 구인선진의 역할을 필요로 하는 사업이 전개된다. 같은 해 8월의 저축조합(貯蓄組合)운동에서 비롯하여 원기3-4년(1918-1919)의 방언공사(防堰工事), 원기4년의 법인기도(法認祈禱)로 이어 나가고 있다. 이른바 영산시대의 3대 사업이다. 이들 사업은 원불교의 창립정신(創立精神)을 일구어 낸 사례인데[16], 저축조합은 이소성대(以小成大), 방언공사는 일심합력(一心合力), 법인기도는 사무여한(死無餘恨)의 정신을 발양시킨 것으로 본다.[17] 그러면 이들은 어떤 과정을 거쳐 어떤 성과를 이루었는가?

저축조합은 원기2년 8월(1917.9)에 설치된다.

> 〈7〉 대종사 회상 창립의 준비로 저축조합을 설시하시고, 단원들에게 말씀하시기를 "… 우리의 현재 생활이 모두 가난한 처지에 있는지라 모든 방면으로 특별한 절약과 근로가 아니면 사업의 토대를 세우기 어려운 터이니, 우리는 이 조합의 모든 조항을 지성으로 실행하여 이로써 후진에게 창립의 모범을 보여주자." 하시고, 먼저 금주금연(禁酒禁煙)과 보은미 저축(報恩米 貯蓄)과 공동 출역(共同 出役)을 하게 하시니라.(『대종경』「서품」 7)

> 〈8〉 원기2년 8월에, 대종사, 저축조합을 창설하시고, 단원들에게 말씀하

> 시기를, … 그간 실행해 온 천제(天祭)도 폐지하여 그 소비 대액을 조합에 저축하기로 하고, 대종사, 친히 조합장이 되시어 그 실행을 장려하시니, 불과 몇 달에 저축된 금액이 상당한 액수(200여 원)에 달하였다. 대종사, 조합원들에게 명하여, 그동안의 저축금으로 숯을 사 두라 하시고, 한편으로는 이웃마을 부호 한 사람에게 빚(400원)을 얻으며, 대종사께서 그간 준비해 두신 사재(400원)도 판출제공하사 다 숯을 사 두게 하시니, 7 · 8개월 후 그 값이 약 10배로 폭등하여 조합은 1년 안에 큰 자금을 이루게 되었다.(『원불교교사』 제1편 4장)

이들 자료에는 저축조합운동의 창설 과정과 함께 단원들의 역할, 그리고 일단의 성과가 잘 드러나 있다. 조합장이 되어 지도력을 발휘한 소태산은 제1차 세계대전(1914) 이후의 격동하는 세계상을 내다보면서 투자와 그에 따른 성과를 거두고 있는데, 자료〈7〉과 〈8〉이 다 같이 '조합원들'이라는 표현 대신에 '단원들'이라 밝히고 있어서 구인선진들의 역할이 극대화되었음을 말해 주고 있다. 사업은 이윤 추구가 우선적인 목적이지만, 금주금연 · 허례 폐지 · 근검저축 · 미신 타파 등을 실행하므로써 회상이 추구하는 이소성대의 공동선(共同善)이 강조되고 있는 것이다.

저축조합운동은 이후 교단의 정신적 경제적 토대를 이룬다. 정신적인 면을 〈신정예법(新定禮法)〉의 틀[18]에서 찾는다면, 경제적인 면은 방언공사의 자금원을 이룬 데서 드러난다. 물론 원기3년 10월 6일에 〈불법연구회 기성조합(佛法硏究會 旣成組合)〉[19]이라는 교리이념을 띤 교단명이 이에 인연하고 있으며, 원기9년 불법연구회 창립총회의 〈규약〉의 교단 구성 7부의 하나로 상조조합부를 두어 공부 · 사업 · 생활에 편익을 제공하도록 하는 전통을 확립하였다.[20] 한편 저축조합운동은 지역조합운동으로 확산되었으며[21], 오늘날 원불교 신용협동운동이 이 흐름을 계승한 것은 두말할 나위가 없다.

방언공사는 원기3년(1918) 3월에 착공하여 만 1년 후인 이듬해 3월에 준공하였다. 이를 교서는 다음과 같이 전하고 있다.

〈9〉 대종사, 길룡리 간석지의 방언 일을 시작하사 이를 감역하시며, 제자들에게 말씀하시기를 "지금 구인은 본래 일을 아니하던 사람들이로되 대회상 창립 시기에 나왔으므로 남다른 고생이 많으나 그 대신 재미도 또한 적지 아니하리라. 무슨 일이든지 남이 다 이루어 놓은 뒤에 수고 없이 지키기만 하는 것보다는 내가 고생을 하고 창립을 하여 남의 시조가 되는 것이 의미 깊은 일이니, 우리가 건설할 회상은 과거에도 보지 못하였고 미래에도 보기 어려운 큰 회상이라."(『대종경』「서품」 8)

〈10〉 원기3년 3월에, 대종사, 저축조합의 저축금을 수합하신 후, … 길룡리 앞 바닷물 내왕하는 간석지를 가리키시며, "이것은 모든 사람의 버려둔 바라, 우리가 언(堰)을 막아 논을 만들면 몇 해 안에 완전한 논이 될 뿐더러 적으나마 국가 사회의 생산에 한 도움도 될 것이다. 이러한 개척사업부터 시작하여 처음부터 공익의 길로 나아감이 어떠하냐." 하시었다. … 방언공사는 이듬해인 원기4년 3월에 준공하니, 공사 기간은 만 1개년이요 간척 농토 면적은 2만 6천여 평이었다. 대종사, 피땀의 정성 어린 새 농장을 정관평이라 이름하시니, 이는 오직 대종사의 탁월하신 영도력과 구인제자의 일심합력으로써 영육쌍전(靈肉雙全)의 실지 표본을 보이시고, 새 회상 창립의 경제적 기초를 세우신 일대 작업이었다.(『원불교교사』 제1편 4장)

저축조합의 자금을 투자하여 시작한 방언공사의 과정과 함께 구인선진의 역할이 구체적으로 드러난다. 자료〈9〉에서 소태산은 평소 작업에 단련되지 않은 구인선진에게 방언공사의 목적의식을 분명하게 심어 회상 창립의 주인공으로 육성시켜 나가고 있다. 이에 대하여 자료〈10〉은 방언공사의 전 과정을 잘 밝히고 있다. 짧지 않은 공사 기간에 자금난과 함께 허가권 분쟁 등[22] 내외의 많은 어려움을 극복하면서 마친 이 사업은 구인선진을 중심으로 일심합력의 위력과 함께 수행의 방향을 확인시켜 주기에 충분했던 것으로 보인다.[23] 정산이 소태산 문하에 입참하게 된 것도 당시이다. 원기3년 10월에 착공하여 12월에 준공한 옥녀봉 아래의 구간도실(九間道室)[24]은 방언공사 기간 중에 소태산을 모신 공부 분위기를 단적으로 말해 준다. 구간도실은 단장 · 중앙을 중심으로 8방으로 이루어져 시방(十方)을 응한 십인일단의 이념을 상징하며, 이후 구인선진의 법인기도가 이에서 전개되기 때문이다.

법인기도, 즉 구인단원의 기도는 방언공사를 마친 원기4년(1919) 3월 26일에 시작하여 8월 21일(음 7.26) 백지혈인(白指血印)의 이적(異蹟)을 나투고, 그 해 10월에 해재(解齋)한다. 교서는 이를 다음과 같이 전하고 있다.

> 〈11〉 대종사 구인단원에게 말씀하시기를 "지금 물질문명은 그 세력이 날로 융성하고 물질을 사용하는 사람의 정신은 날로 쇠약하여, 개인 · 가정 · 사회 · 국가가 모두 안정을 얻지 못하고 창생의 도탄이 장차 한이 없게 될지니, 세상을 구할 뜻을 가진 우리로서 어찌 이를 범연히 생각하고 있으리오. 옛 성현들도 창생을 위하여 지성(至誠)으로 천지에 기도하여 천의(天意)를 감동시킨 일이 없지 않나니, 그대들도 이때를 당하여 전일한 마음과 지극한 정성으로 모든 사람의 정신이 물질에 끌리지 아니하고 물질을 사용하는 사람이 되어 주기를 천지에 기도하여 천의에 감동이 있게 하여 볼지어다. 그대들의 마음은 곧 하늘의 마음이라 마음이 한번 전일하여 조금도 사가 없게 되면

곧 천지로 더불어 그 덕을 합하여 모든 일이 다 그 마음을 따라 성공이 될 것이니, 그대들은 각자의 마음에 능히 천의를 감동시킬 요소가 있음을 알아야 할 것이며, 각자의 몸에 또한 창생을 제도할 책임이 있음을 항상 명심하라." 하시고, 일자와 방위를 지정하시어 일제히 기도를 계속하게 하시니라.(『대종경』「서품」 13)

〈12〉 원기4년 7월 26일에 생사를 초월한 구인단원의 지극한 정성이 드디어 백지혈인의 이적으로 나타남을 보시고, 대종사 말씀하시기를 "그대들의 마음은 천지신명(天地神明)이 이미 감응하였고 음부공사(陰府公事)가 이제 판결이 났으니 우리의 성공은 이로부터 비롯하였도다. 이제, 그대들의 몸은 곧 시방세계에 바친 몸이니, 앞으로 모든 일을 진행할 때에 비록 천신만고와 함지사지를 당할지라도 오직 오늘의 이 마음을 변하지 말고, 또는 가정 애착과 오욕(五欲)의 경계를 당할지라도 오직 오늘 일만 생각한다면 거기에 끌리지 아니할 것인즉, 그 끌림 없는 순일한 생각을 오로지 공부와 사업에 힘쓰라." 하시고, 법호(法號)와 법명(法名)을 주시며 말씀하시기를 "그대들의 전날 이름은 곧 세속의 이름이요 개인의 사사 이름이었던 바 그 이름을 가진 사람은 이미 죽었고, 이제 세계공명(世界公名)인 새 이름을 주어 다시 살리는 바이니 삼가 받들어 가져서 많은 창생을 제도하라."(『대종경』「서품」 14)

〈13〉 (구인단원의 기도는) 3월 26일에 시작하여, 10일간 재계(齋戒)로써 매 삼륙일(6 · 16 · 26일)에 기도를 거행하되, 치재(致齋) 형식은 첫째, 마음 청결을 위주하고, 계문(戒文)을 더욱 준수하여, 육신도 자주 목욕재계하고, 기도 당일에는 오후 8시 안으로 일찍이 도실에 모여 대종사의 교시를 받은 후, 9시경에 기도 장소로 출발하게 하였다. 기도는 10시부터 12시 정각까지 하며, 기도를 마친 후 또한 일제히 도실에 돌아오며, 단원들이 각각 시계를 가져, 기도의 시작과 그침에 서로 시각이 어긋나지 않게 하였다. 장소는 각각 단원의 방위를 따라 정하되, 중앙봉을 비롯하여 8방의 봉우리를 지정하고, 단기(團旗)인 팔괘기(八卦旗)를 기도 장소 주위에 세우게 하여, 기도식을 시작할 때에는 먼저 향촉과 청수를 진설하고, 헌배와 심고를 올리며, 축문을 낭독한 다음 지정된 주문을 독송케 하였다.(『원불교교사』 제1편 4장)

이렇게 진행된 법인기도는 『불법연구회 창건사』[25] 등에 축문 등 자세한 사항을 남기고 있으며, 방위와 기도봉에 대한 후인들의 현장 조사가 이루어졌다.[26]

8월 11일(음 7.16) 소태산의 인류 세계를 위한 대희생 법문이 내리고 기도를 강화한 다음, 열흘 후인 21일에 자료〈12〉와 같이, '사무여한(死無餘恨)'이라 쓴 최후 증서를 상 위에 올려놓고 결사의 뜻을 담아 찍은 백지(白指)에 혈인의 이적이 나타난다. 일제하인 당시는 유림 황현(梅泉 黃玹, 1855-1910)과 대종교(大倧教) 중광조 나철(弘巖 羅喆, 1863-1916)의 자결을 비롯하여 원기4년(1919) 민족 대표 33인의 3·1독립운동과 파리장서로 불리는 유림단 독립청원운동 등 생명을 건 사건이 연속된 기간이다. 이 시기에 나타난 이적을 소태산은 법계인증(法界認證)의 상징으로 받아들여 성공의 출발로 보고 있는 것이다. 후인들은 이를 '법인성사(法認聖事)'로 부르며, 그 사무여한의 무아봉공(無我奉公) 정신은 이후 전무출신(專務出身) 이념으로 계승된다.

Ⅳ. 구인선진의 교단사적 위치

이들 3대 사업을 마치는 과정에서 소태산은 주석처를 변산으로 옮기는데, 이에 따라 구인선진의 삶은 크게 두 가지로 나뉜다. 정산을 비롯하여 일산 · 삼산 · 사산 · 오산 · 팔산은 전무출신의 길을, 이산 · 육산 · 칠산은 거진출진의 길을 걸었다.

구인선진 가운데 가장 먼저 열반한 사람은 원기11년(1926)에 열반한 오산이다. 오산은 소태산의 변산주석 때에 동행하는 등 조력하면서 전무출신의 길을 걸었으나 창립총회 후 익산총부를 건설할 당시에 득병하여 열반에 들었다.

다음에 열반을 맞이한 사람은 원기20년(1935)의 삼산, 원기24년(1939)의 팔산이다. 두 분은 전무출신으로 익산총부 건설 등에 꾸준히 참여하였고, 삼산은 교단 최초로 견성인가(見性認可)를 받았고, 팔산은 정신 · 육신 · 물질 3방면을 구비한 원훈(元勳)으로 받들어진다. 따라서 이들에 대한 소태산의 정의도 남다른 바가 있다.

> 〈14〉 대종사, 선원에서 김기천의 성리 설하는 것을 들으시고 말씀하시기를 "오늘 내가 비몽사몽간에 여의주(如意珠)를 얻어 삼산(三山)에게 주었더니 받아 먹고 즉시로 환골탈태하는 것을 보았는데, 실지로 삼산의 성리 설하는 것을 들으니 정신이 상쾌하다." 하시고, 말씀하시기를 "법은 사정(私情)으로 주고받지 못할 것이요, 오직 저의 혜안이 열려야 그 법을 받아들이나니, 용(龍)은 여의주를 얻어야 조화가 나고 수도인은 성품을 보아서 단련할 줄 알아야 능력이 나느니라." 하시니….(『대종경』「성리품」 22)

〈15〉 김광선이 열반하매 대종사 눈물을 흘리시며, 대중에게 말씀하시기를 "팔산(八山)으로 말하면 이십여 년 동안 고락을 같이하는 가운데 말할 수 없는 정이 들었는지라 법신은 비록 생 · 멸 · 성 · 쇠가 없다 하나, 색신은 이제 또 다시 그 얼굴로 대하지 못하게 되었으니 그 어찌 섭섭하지 아니하리오. 내 이제 팔산의 영을 위하여 생사거래(生死去來)와 업보멸도(業報滅度)에 대한 법을 설하리니 그대들은 팔산을 위로하는 마음으로 이 법을 더욱 잘 들으라…."(『대종경』「천도품」28)

자료〈14〉의 삼산에 대한 소태산의 말씀은 그에 관한 다양한 기록 가운데 특히 돋보이는 예이다. 공부인들에게 견성 소식은 본업(本業)이기 때문이다. 이를 소태산 당대에 구인선진의 한 분을 통해 확인하는 것은 그 교단적 위상을 말해 준다. 자료〈15〉에서 팔산 열반 때에 소태산이 성루(聖淚)로 대하며 생사거래와 업보멸도에 관한 법문을 설하고 있는 것은 구도 과정에서부터 함께해 온 인간적 정의를 느끼게 한다.

원기30년(1945)에는 이산이 열반에 든다. 『대종경』에는 소태산과 거진출진의 길을 걷는 그의 생활 속의 공부 대화가 기록되어 있다.

〈16〉 대종사, 이순순에게 물으시기를 "그대는 재가공부(在家工夫)를 어떻게 하는가?" 순순이 사뢰기를 "마음 안정하기를 주장하나이다."… 대종사 말씀하시기를 "무릇 사람에게는 항상 동과 정 두 때가 있고 정정(定靜)을 얻는 법도 내정정(外靜定)과 내정정(內靜定)의 두 가지 길이 있나니, 외정정은 동하는 경계를 당할 때에 반드시 대의(大義)를 세우고 취사를 먼저 하여 망녕되고 번거한 일을 짓지 아니하는 것으로 정신을 요란하게 하는 마(魔)의 근원을 없이하는 것이요, 내정정은 일이 없을 때에 염불과 좌선도 하며 기타 무슨 방법으로든지 일어나는 번뇌를 잠재우는 것으로 온전한 근본정신을 양성하는 것이니, 외정정은 내정정의 근본이 되고 내정정은 외정정의 근본이 되어, 내와 외를 아울러 진행하여야만 참다운 마음의 안정을 얻게 되리라.(『대종경』「수행품」 19)

소태산은 이산에게 원기12년(1927)에 발간된 『수양연구요론』의 「정정요론」을 바탕으로 하여 가르침을 펴고 있다. 생활 속의 동정일여(動靜一如) 공부법을 설시한 것이다.

소태산 열반 해인 원기28년(1943) 11월에 일산이 열반한다. 소태산과 유일하게 동갑인데다 열반에 드는 것도 같은 해이다. 그에게는 이와 같은 일화가 전한다.

〈17〉 이재풍은 본시 풍골이 늠름하고 세상 상식이 풍부하여 매양 대종사를 친견할 때마다 보통 사람과 다르신 점을 대종사의 체상(體相)에서 살피려 하였다. 대종사 하루는 재풍에게 배코를 쳐 달라고 명령하신 후, 상투 머리를 풀어 그의 앞에 보이시었다. 재풍이 배코를 치려고 대종사의 두상을 들여다보니 곧 대종사의 이환현궁(泥丸玄宮)이 샘 같이 뚫어지며 재풍의 몸이 그 속에 빠져드는 것 같았다. 재풍이 어찌할 바를 알지 못하고 서 있었다. 대종사 웃으시며 말씀하시었다. "성현을 마음의 법으로 찾으려 하지 아니하고 몸의 표적으로 찾으려 하는 것은 곧 하열한 근기인 것이다." 재풍이 정신을 차려 다시 보니 대종사의 이환에 아무 흔적도 없었다. 재풍이 크게 깨달아 다시는 이적을 살피지 아니하고 평생토록 정법을 받들었다.(『대종경선외록』「초도이적장」 6)

이는 소태산의 삭발과 관련한 기록이다. 소태산의 삭발 시기와 장소에 관해서는 몇 가지 설이 있는데, 어떻든 일산이 그 역을 담당하였고, 소태산을 받드는 격을 스스로 설정하고 있다. 경제 방면에 유능하고 외교력이 뛰어난 그는 원기9년(1924) 중앙총부 건설에 협력한 이래 원기19년(1934)에 서정(庶政)원장, 원기26년(1941)에는 산업부장을 담당하며 소태산을 가까이 모셨다.

소태산의 친제인 육산은 소태산을 대신하여 모친을 모시고 가계를 돌봄으로써 거진출진의 길을 걸었다. 소태산은 그에게 다음과 같은 법문을 내렸다.

〈18〉 대종사, 봉래정사에서 모친 환후(患候)의 소식을 들으시고 급거히 영광 본가에 가시사 시탕하시다가 아우 동국(東局)에게 이르시기를 "덕(德)을 밝힌다는 나로서는 모친의 병환을 어찌 불고하리요마는, 나의 현재 사정이 시탕(侍湯)을 마음껏 하지 못하게 된 것은 너도 아는 바와 같이 나를 따라 배우기를 원하는 사람이 벌써 많은 수에 이르러 나 한 사람이 돌보지 아니하면 그들의 전도에 지장이 있을 것이요, 이제까지 하여 온 모든 사업도 큰 지장이 있을 것이니, 너는 나를 대신하여 모친 시탕을 정성껏 하라. 그러하면 나도 불효의 허물을 만일이라도 벗을 수 있을 것이요, 너도 이 사업에 큰 창립주가 될 것이다."(『대종경』「인도품」49)

육산은 원기35년(1950)의 6·25동란 중에 열반을 맞이한다. 교단에서 몇 안 되는 희생인 중의 한 분이다.

중앙총부에서 소태산을 가까이 모신 사산은 원기38년(1953)에 열반에 든다. 일제 말기의 교단 수난기에 그의 기개는 다음과 같은 일화로 전한다.

〈19〉 일경(日警) 한 사람이 대종사의 명함을 함부로 부르는지라 오창건이 그 무례함에 분개하여 크게 꾸짖어 보내거늘…(『대종경』「실시품」 9)

사산은 원기33년(1948) 남원교당의 봉불을 기념하여 열린 시회(詩會)에서 다음과 같이 읊고 있다.

〈20〉 웅진의 남원 한 성을 차지했는데 雄鎭南原占一城(웅진남원점일성)
원래의 빼어난 땅 헛된 이름 아니더라 元來勝地不虛名(원래승지불허명)
금암봉 높이 솟아 옛 인연 지중하고 錦岩峯屹前緣重(금암봉흘전연중)
원불교 법당 이루어지니 대기가 맑구나 圓佛堂成大氣淸(원불당성대기청)
수면에 바람 없으니 파도는 절로 쉬고 水面無風波自定(수면무풍파자정)
천심에 달 밝으니 그림자마다 밝구나 天心有月影分明(천심유월 영분명)
어떻게 천억의 화신이 되어 如何化得身千億(여하화득신천억)
도처의 인간인 저 중생을 건지리 到處人間濟衆生(도처인간제중생)[27]

사산은 당시 감찰원장으로 재직 중이었다. 그해 '원불교'라는 정식 교명의 선포 상황이 율격(律格)을 갖춘 시문에 드러나 있다.

구인선진 가운데 가장 장수한 칠산은 원기48년(1963)에 열반에 든다. 정산 열반 다음 해이니까 대산의 재위 시기이다. 그의 소태산에 대한 믿음을 이공주(九陀圓 李共珠, 1896-1991)는 이렇게 증언하고 있다.

〈21〉 처음에는 생질 되시는 대종사님을 '스승님'이라 부르기가 조금은 어색하기도 하였지만 점차 신성(信誠)이 깊어 감에 따라 추호(秋毫)의 계고심도 없었고 대종사님 앞에 앉을 때는 반드시 무릎을 꿇고 앉았으며, 꼭 '종사님'

이라고 불렀다. 혹 묻기를 "생질을 스승으로 모시기가 어색하지 않느냐?"고 하면 "육신은 생질이지만 법(法)은 지존(至尊)의 스승이시다."라고 하여 조그마한 일이라도 제자의 도리에 어긋나는 일이 없었다.(『원불교제1대창립유공인역사』 권2, 226쪽)

외숙으로서 11세나 연상인 칠산의 소태산관이 몰록 드러나고 있다. 거진출진과 전무출신의 선택적인 삶에 차이는 있어도, 이는 구인선진의 소태산관을 대변하고 있는 것으로 보인다.

원기47년(1962) 열반에 든 정산은, 원기28년(1943) 소태산의 법통을 이어 종법사 위에 올라 일제 말기의 서릿발 같은 시대를 탁월한 지도력으로 헤쳐나가 교단 해체를 피하며 민족 해방을 맞이한다. 그리고 교체를 정비하며 성업을 이어 원불교 시대를 연다. 정산이 건국의 대의를 밝힌 『건국론(建國論)』(1945)에서 민족의 지도자로서의 모습을 본다면, 열반에 앞서 세계 평화를 설계한 〈삼동윤리(三同倫理)〉(1961)에서는 인류의 스승상을 확인하게 된다.[28] 이러한 소태산과 정산의 관계는 다음과 같이 나타난다.

〈22〉 … 대종사 말씀하시기를 "송규는 (문)정규의 지량으로 능히 측량할 사람이 아니로다. 내가 송규 형제를 만난 후 그들로 인하여 크게 걱정하여 본 일이 없었고, 무슨 일이나 내가 시켜서 아니 한 일과 두 번 시켜 본 일이 없었노라. 그러므로, 나의 마음이 그들의 마음이 되고 그들의 마음이 곧 나의 마음이 되었느니라.(『대종경』「신성품」 18)

〈23〉 나는 평생에 두 가지 기쁜 일이 있노니, 하나는 이 나라에 태어남이요, 둘째는 대종사를 만남이니라.(『정산 종사법어』「기연편」 8)

〈24〉 (대종사 말씀하시기를) 내가 만나려던 사람(정산 종사)을 만났으니 우리의 대사는 이제 결정이 났도다.(대산 종사 찬, 〈정산종사성탑명〉)

이러한 사제 관계가 원불교 교단의 굳건한 기반이 되었음은 물론이다. 그리고 정산을 비롯한 구인선진의 삶을 통해 교단 발전의 역사를 확인하게 된다. 이를 소태산도 확인하고 있는데, 오산 · 삼산 · 팔산이 열반에 든 원기25년(1940) 12월 31일 정남정녀 전무출신 공동열반 기념일의 법설이 그 한 예이다.[29]

〈25〉 (대종사 말씀하시기를) "방금 사회(송도성)가 정남정녀 전무출신의 약력을 보고할 때에 그 가운데도 짧은 시일에 장원(長遠)한 일을 착수만 하고 죽은 사람도 있지마는 팔산(김광선)이나 삼산(김기천) 같은 선배의 역사를 보고할 때는 '죽기로써 했다', '죽기로써 했다' 하고 보고를 한즉 아는 사람은 잘 알겠지마는 모르는 사람은 잘 모를 터이니, 내가 가르쳐 주마." 하시고, 팔 · 구인선배와 단 조직하신 데 대하여 법설이 계시었다.(『경진동선 선원일지』, 「여자부」)

정산과 대산의 법문에도 구인선진의 업적이 기술되어 있다.

〈26〉 (정산 종사) 원기39년(1954) 연원의무 특별이행자 시상식에서 치사하시기를 "구인 이상의 동지를 이 회상에 인도하여 대종사의 법은에 다 같이 목욕하게 하는 것은 우리 원불교인들의 신성한 의무 가운데 하나이니, 대종사께서 처음 회상 문을 여실 적에 먼저 구인동지를 얻으사 모든 기초를 닦으신 다음 "앞으로 그대들도 매인 아래 구인 이상 인도하여 이 방식으로 이 법을 포양한다면 미구한 장래에 이 도덕이 천하에 편만하리라." 하시고 그것이 마치 한 근원의 물줄기를 사방팔방에 끌어대어 만생이 고루 은혜를 입게 함과 같다는 의미로서 이를 연원의무라 이름하사 여러 방면으로 그 실행을 권장하셨느니라.(『정산종사법어』「경륜편」 11)

〈27〉 (정산 종사) 원기42년(1957)에 장학회를 설립하시고 말씀하시기를 "…구인이 처음에 무슨 물질적 자본이 있었던가. 오직 대종사를 신봉하는 철저한 정신과 멸사봉공하는 알뜰한 정신이 우리의 기초를 확립시켰나니, 우리는 오직 철저한 신심과 알뜰한 공심 가진 혈성 동지들을 기르고 또 길러서 우리의 무궁한 사업에 실다운 보배를 삼고 자산을 삼자.(『정산종사법어』「경륜편」 18)

〈28〉 대산 종사, 법인절을 맞아 말씀하시기를 "구인선진들께서는 공을 위해 사를 버리고 법을 위해 몸을 잊는 살신성인(殺身成仁)의 정신으로 법인성사(法認聖事)의 이적을 보여 주셨나니, 스승에게는 두 마음 없는 신봉정신(信奉精神)을, 동지에게는 두 마음 없는 단결정신(團結精神)을, 인류에게는 두 마음 없는 봉공정신(奉公精神)을 바친 분들이라 우리 모두는 구인선진들께서 보여 주신 이 법인정신을 널리 선양하는 데 힘써야 하느니라.(『대산종사법어』「공심편」 1)

『성가』에서는 구인선진을 통해 나툰 창립정신을 신성[30] · 단결 · 봉공으로 규정짓고 있다. 이를 통해 구인선진의 역사와 정신이 교단사의 구석구석에 미치고 있음이 확인된다. 구체적으로는 교리제도의 성립에서부터 교화인연의 결집, 그리고 경제 기반의 확립, 그리고 수행 훈련의 터전 마련에 이르기까지 다양하다. 구인선진의 역할과 위상이 교단의 원류를 점하고 있는 것이다.

Ⅴ. 맺음말

이상에서 소태산과 구인선진의 만남과 교단 창립에서의 역할 등에 대하여 일별하였다. 모든 자료가 공개되어 있지만, 교단의 여러 방면에 미친 다양한 사항들을 하나의 고리로 엮어 내는 것은 아무래도 무리가 따르는 일이다. 이렇게 밝혀 온 바를 정리하면 다음과 같은 몇 가지 맺음말에 이르게 된다.

첫째, 소태산과 표준제자인 구인선진들이 만난 것은 대각개교 해인 원기원년(1916) 12월경이지만, 대부분 구도 과정에서 이미 인연을 맺고 있었다. 이는 대각 직후에 이루어진 최초법어와 교법연원 과정부터 대부분이 참여하고 있었다는 것이다.

둘째, 구인선진의 구성은 친제인 육산과 원기3년(1918)에 정읍 화해리에서 제우(際遇)한 정산, 그리고 동갑인 일산을 제하면 모두 연장자이며 최고 12세까지 연상이다. 인척 가운데는 연장자인 외숙 칠산과 족질인 오산이 속해 있고, 팔산은 일찍부터 형제 같은 관계에 있었다. 소태산의 대각은 같은 지역에서 성장한 구인선진들이 괄목상대하는 계기가 되었고, 사제지의를 맺은 후 대부분 법과 진리로 받들게 되었다. 일산의 소태산 삭발 과정이 그 대표적인 예가 될 것이다.

셋째, 구인선진의 교단 창업 공동 활동은 원기2년(1917) 수위단를 구성한 다음의 저축조합운동, 원기3년(1918)에 기공하여 이듬해 준공한 방언공사,

원기4년(1919)의 법인기도로 요약된다. 이는 교단 초창기의 3대 사업으로 불리며, 각각 이소성대(以小成大)·일심합력(一心合力)·사무여한(死無餘恨)으로 상징되고, 이후 전무출신의 정신으로 계승된다.

넷째, 구인선진을 십인일단의 수위단으로 조직할 당시는 이것이 교단의 공식 조직이었다. 3대 사업에서도 이는 계속되었고, 창립총회를 통해 교정원·서정원 등의 행정조직이 갖추어지면서 양면성을 갖게 된다. 그러므로 오늘날 행정과 조단(組團)의 두 조직 체계로 발전하면서 상호작용을 하게 된 것은 중앙총부 건설 이후라 할 수 있다.

다섯째, 이들 영산시대의 3대 사업 이후 소태산은 주석처를 변산으로 옮겼다. 그리고 원기9년(1924) 불법연구회 창립총회와 함께 익산으로 다시 옮겨 총부 건설을 시작하며, 구인선진은 전무출신과 거진출진으로 그 삶이 나누어진다. 정산을 비롯하여 일산·삼산·사산·오산·팔산은 전무출신을 선택하며, 이산·육산·칠산은 거진출진의 재가생활을 영위한다. 구인선진들은 정산과 같이 소태산의 법통을 계승하는 경우를 비롯하여 공부 방면과 사업 방면에 두각을 나타낸다. 그러므로 교단의 각 방면에 구인선진의 영향이 미친다. 연장로 외숙인 칠산과 같이 소태산을 지존한 스승으로 신봉하는 신성의 모범을 보인 예도 그러한 경우이다.

따라서 구인선진은 교단사에서 신성·단결·봉공의 절대적인 위상을 지닌다. 이는 서가모니불의 영산회상에서 십대제자(十大弟子)나 예수의 그리스도교에서 십이사도(十二使徒)와 비견된다고 할 수 있다.

그러면 이들 구인선진에 대한 전망과 교단적 과제는 무엇인가? 원불교 창립 100주년의 법훈서훈은 이들 구인선진에 대한 역사 관리 및 예우에 새로운 장을 열게 되었다. 지난 학술회의에서 각각에 대한 연구 성과의 제출을 기점으로 하여 금후 상당한 연구 성과가 쌓이고 있다. 원불교 사상의 연구사를 살피면, 대종사 탄생 100주년인 1991년(원기76)까지의 교단 인물사 연구는 거의 소태산에 한정되어 있었다. 1992년(원기77) 정산에 대한 연구 성과가 『정산 종사의 사상』으로 결집되면서 정산에 대한 연구 성과가 쌓이게 되었고, 2000년(원기85) 정산 종사 탄생 100주년을 지내면서 교단 인물들을 널리 연구하는 풍토가 마련되었다. 그러므로 구인선진에 대한 연구도 새로운 지평이 열릴 것이다.

이에 따른 교단적인 과제를 제시하면 다음과 같은 몇 가지 사항이 우선되어야 할 것으로 본다.

첫째, 구인선진의 생가 등 유적의 확보와 보존 방법의 강구이다. 이는 상당한 재원을 필요로 하기 때문에 교단적인 합의를 거쳐 추진해야 할 것이다. 종사 위에 걸맞은 현창사업이 전개되어야 한다는 말이다.

둘째, 구인선진의 후예의 파악이다. 구인선진의 후예 중 일부는 전무출신과 거진출진으로 교단적인 위치를 차지하고 있다. 그런데도 가계도 등의 작성은 물론 인적 관리에 교단적인 역량을 기울여 오지 않았다.

셋째, 구인선진에 대한 연구의 진행이다. 아직은 후인들을 통해 구전(口傳) 자료나 관련 기록을 찾을 수 있을 것이다. 인물 연구는 수위단의 조직에 대한 연구 등과 관련이 있으므로 공동 연구가 바람직할 것이다.

넷째, 본고에서 시도하지 못한 것이 연원 관계의 파악이다. 교단에서 소태산과 정산을 비롯하여 초창기부터 인연 관리에 각별히 정성을 기울였던 것처럼 교화의 연원 관계를 파악할 필요가 있을 것이다. 정산--송적벽--김남천(角山 金南天, 1869-1941)--김혜월(金慧月)--이청풍(李淸風), 사산--일산--이동안·유허일(柳山 柳虛一, 1882-1958) 등의 계보가 그 일례가 될 것이다.

구인선진과
영산성지

이 용 재(대진 · 영산선학대학교 교수)

Ⅰ. 머리말

구인선진(九人先進)이란 원불교 교조 소태산 박중빈 대종사(少太山 朴重彬 大宗師, 1891-1943, 이하 경칭 생략)를 대각 초기부터 믿고 따르며 원불교 교단 창립의 초석을 다진 소태산의 최초 아홉 제자를 후진들의 입장에서 말하는 것이다. 구인선진은 과거 붓다의 십대제자, 예수의 십이사도, 공자의 십철이 각각 성자들을 모셨던 것과 같이 소태산을 스승으로 모시고 교단 창립을 도왔다. 그런데 구인선진이 다른 성자들의 제자들과 다른 점은 이들 모두가 대부분 동향(同鄕) 출신으로 소태산 대각 초기부터 그를 큰 스승으로 알아보고 바로 제자가 되어 교단을 창립하는 데 중추적 역할을 수행하였다는 것이다. 그리하여 원불교 교단에서는 교단 초창기에 소태산을 모시고 온갖 어려움 속에서도 회상 창립에 혈심혈성을 다한 구인선진을 소태산의 표준제자로 높이 모시고 다 같이 닮아 가야 할 제자상으로 삼고 있다. 그리고 소태산의 탄생, 구도, 대각과 구인선진과의 만남과 회상 창립의 역사적 중요 사건이 모두 영산성지(靈山聖地, 현 전남 영광군 백수읍 길룡리)에서 있었다는 점도 주목할 일이다.

그동안 소태산 십상(十相)[1]을 통한 소태산 일대기 연구, 영산성지 설명 등에 의해서 소태산과 영산성지에 대해서는 많은 연구와 설명이 있었다. 하지만 원불교가 교단적 모습을 갖추는 데 매우 중요한 역할을 한 구인선진과 영산성지의 관계에 대해서는 상대적으로 연구가 적었다. 영산성지가 소태산의 일대기에서 떼려야 뗄 수 없는 필연의 관계에 있듯이, 구인선진과 영산성지도 교단 초기부터 중요한 관계가 있었다. 기존의 스승 소태산 중심의 연구에서 관점을 전환하여 제자 구인선진을 중심으로 영산성지에서의 창립 역사를 연구하는 것은 구인선진과 영산성지를 새로운 각도에서 이해하는 한 방식이 될 것이다. 따라서 먼저 구인선진의 출신과 소태산과 만나게 된 과정을 살펴보고, 구인선진이 소태산을 스승으로 모시고 영산성지에서 이루었던 교단 창립의 중요 활동과 그 의의를 살펴볼 것이다. 다음에 그러한 활동 속에서 구인선진에게 영산성지는 어떠한 의미가 있는지 생각해 볼 것이다. 이러한 방식은 구인선진처럼 소태산의 제자 된 입장에 있는 후진들에게도 의미 있는 일이 될 것이라 기대한다.

II. 구인선진의 출신과 소태산과의 만남

앞서 언급한 바와 같이 구인선진 대부분은 수제자 정산 송규 종사(鼎山 宋奎 宗師, 1900-1962, 이하 경칭 생략)를 제외하고 모두가 동향(同鄕)이다. 소태산과 구인선진의 만남은 『불법연구회창건사(佛法硏究會創建史)』에 아래와 같이 나와 있다.

> 대종사께서 처음 방편[2]에 40여 인의 신자를 얻으사 서로 내왕한 지 4, 5개월이 지내엿으나, … 그중에서 특별히 진실하고 신념 굳은 자 멧 사람을 선택하여 좀 정력(精力)을 더하시고 실정(實情)을 통하시어 첫 회상의 표준제자로서 장차 몯은 사람의 신앙을 인도하리라 하시고, 먼저 여달 사람을 선택하

섯으니 그 성명은 아래와 같다.

1. 김성섭 2. 김성구 3. 박한석 4. 오재겸
5. 이인명 6. 박경문 7. 유성국 8. 이재풍

우(右) 8인 중 첫 번 만난 제자는 김성섭(팔산 김광선)이니, 성섭은 본래 대종사의 가정과 서로 교의가 잇고 또는 유시로 붙어 같이 성장하였음으로 가장 친절함이 동기 형제와 같든 중 대종사의 입정 전후에 많은 보조와 위로가 있엇고, 그다음 박한석(육산 박동국)은 대종사의 친제이고, 유성국(칠산 유건)은 외숙이며, 박경문(오산 박세철)은 족질이요, 이인명(이산 이순순), 김성구(삼산 김기천), 오재겸(사산 오창건)은 모다 지우이며, 이재풍(일산 이재철)은 오재겸의 지도로써 처음 배견하엿다 한다.[3]

이상에서 보는 바와 같이 대각 초기에 소태산을 방편으로 믿고 따르는 이 40여 명을 얻었으나 그 가운데에서 특히 진실하고 신심 굳은 이들이 바로 팔인제자이다. 또한 이들의 출신지와 소태산의 제자가 된 시기를 다음의 『원불교법훈록』 기록을 통해 추론해 볼 수 있다.

一山 大奉道는 1891년 2월 11일 전남 영광군 군서면 학정리에서 부친 李寬現 선생과 모친 玉陀圓 金華玉 여사의 4남매 중 독자로 출생하였다.… 세상은 그의 이상에 맞지 않았으며 마음 가운데는 항상 이 세상을 바로잡을 正法의 지도자와 義人이 없음을 개탄하였다. 그러던 중 원기원년(1916) 4월 사산 오창건 대봉도의 인도로 대종사를 뵙고 즉석에서 師弟之義를 맺었다.(『원불교법훈록』 110쪽, 一山 李載喆 大奉.)

二山 李旬旬 大護法은 九人先進 가운데 한 분으로서 1879년 9월 1일 전남

영광군 백수면 천정리에서 부친 李多益 선생과 모친 金씨의 형제 중 장남으로 출생하였다. …이와 같이 교분을 갖고 내왕하던 二山 大護法은 원기원년 대종사께서 대각을 성취하자, 三山 金幾千 宗師의 인도로 12살 연하인 대종사의 제자가 되기를 원하여 師弟之義를 맺었다.(『원불교법훈록』 248쪽, 二山 李旬旬 大護法)

三山 金幾千 宗師는 구수산에서 버금으로 높은 수리봉 아랫마을 전남 영광군 백수면 천정리 천기동에서 부친 김다유 선생과 모친 이대유 여사의 1남 2녀 중 둘째로 1890년 2월 22일에 출생하였다. …27세 때 삼산 종사는 出嫁한 누이동생의 시숙 되는 팔산 김광선 대봉도의 인도로 원기원년 5월 21일 이웃 동네 친구였던 대종사를 뵙고 감복하여 제자가 되었다.(『원불교법훈록』 4쪽, 三山 金幾千 宗師)

四山 吳昌建 大奉道는 구인선진 가운데 한 분으로 1887년 10월 17일 전남 영광군 백수면 학산리에서 부친 吳允安 선생과 모친 金中風 여사의 3남매 중 장남으로 출생하였다. … 사산 대봉도는 일찍이 대종사와 이웃 마을에서 자랐기 때문에 서로 잘 아는 사이였으나, 대종사가 대각을 이루자 그 인격과 도덕에 감동하고 대도회상의 창립 취지에 찬동하여 제자 되기를 서원하였다.(『원불교법훈록』 112쪽, 四山 吳昌建 大奉道)

五山 朴世喆 大奉道는 九人先進 가운데 한 분으로서 1879년 1월 16일 전남 영광군 백수면 길룡리에서 부친 朴多汝 선생과 모친 盧씨 여사의 2남 중 차남으로 출생하였다. … 대종사께서 대각을 이루자, 39세 시 칠산 유건 대봉도의 인도로 집안 아저씨 되는 대종사를 찾아 제자가 되었다. 이어 원기2

년 7월 남자정수위단 조직 시 巽方 단원이 되었다.(『원불교법훈록』 118쪽, 五山 朴世喆 大奉道)

六山 朴東局 大護法은 九人先進 가운데 한 분으로서 1897년 1월 18일 전남 영광군 백수면 길룡리에서 부친 朴晦傾 大喜捨와 모친 劉正天 大喜捨의 6남매 중 넷째 아들로 태어났으며, 대종사의 친아우이다. 일찍이 한문사숙에서 수학하였으며, 가사에 조력하던 중 대종사께서 대각을 이루자 바로 제자가 되었다.(『원불교법훈록』 250쪽, 六山 朴東局 大護法)

七山 劉巾 大護法은 구인선진 가운데 한 분으로서 1880년 11월 11일 전남 영광군 백수면 길룡리에서 부친 劉浩一 선생과 모친 李씨의 2남 2녀 중 차남으로 출생하였다. … 원기원년 대종사께서 대각을 이루자, 대종사보다 11세나 연상이요, 外叔父임에 불구하고 七山 大護法은 대종사의 덕화에 감동하고 대도회상 창립 취지에 찬동하여 단호히 제자 될 것을 서원하고, 생질 되는 대종사께 귀의하여 師弟之義를 맺었다.(『원불교법훈록』 252쪽, 七山 劉巾 大護法)

八山 金光旋 大奉道는 구인선진 가운데 한 분으로 1879년 9월 6일 전남 영광군 백수면 길룡리에서 부친 金應五 선생과 모친 姜씨의 3남매 중 차남으로 출생하였다. … 전일에는 呼兄呼弟하던 12살 아래인 대종사를 선생님으로 받들기로 작정한 후 첫 제자가 되었다.(『원불교법훈록』 252쪽, 八山 金光旋 大奉道)

그리고 『불법연구회창건사』에서 수제자 정산은 원기3년에 소태산과 만난 것으로 나타난다.

송도군(정산 종사)은 원래 경북 성주 사람으로서 연소(年少) 출가하야 도덕의 정로를 찾지 못하고 사면으로 방황하다가 무오 삼월경에 대종사의 슬하에 오게 됨에 따라서 동년 7월경에 드디어 중앙 단원 정하엿다.[4]

이상을 통해 구인선진의 출신지와 소태산과의 인연 관계 및 제자 된 시기 등을 정리하면 아래와 같다.

〈표〉 구인선진의 출신지와 소태산과의 인연 관계

구인선진	출신지	제자 된 시기(음)	비고
일산 이재철	군서면 학정리	원기원년 4월	사산 오창건 인도로 제자 됨. 동갑
이산 이순순	백수면 천정리	원기원년 5월경	삼산 김기천 인도로 제자 됨. 대각 전에 교분이 있었음. 12년 연상
삼산 김기천	백수면 천정리	원기원년 5월 21일	팔산 김광선의 인도로 제자 됨. 1년 연상
사산 오창건	백수면 학산리	원기원년 3월-4월	일산 이재철을 인도하였으므로 그보다 앞섬. 대각 전부터 잘 아는 사이였음. 4년 연상
오산 박세철	백수면 길룡리	원기원년	칠산 유건의 인도로 제자 됨. 소태산의 족질 12년 연상
육산 박동국	백수면 길룡리	원기원년 3-4월	소태산의 친아우로 대각 후 바로 제자 됨. 6년 연하
칠산 유건	백수면 길룡리	원기원년	소태산의 외숙. 11년 연상
팔산 김광선	백수면 길룡리	원기원년 3-4월	소태산의 첫 제자. 대각 전부터 후원함. 12년 연상
정산 송규	경북 성주	원기3년 3월	경북 성주에서 스승을 찾아옴. 9년 연하

이상을 통해 살펴보면 일산 이재철(一山 李載喆, 1891-1943)과 정산을 제외하고 나머지 제자들은 이미 동향인데다 대부분 친족 관계이거나 또는 소태산 대각 전부터 교제하고 있었다. 또한 친제 육산 박동국(六山 朴東局, 1897-1950)과 일산, 수제자 정산을 제외하면 모두가 크게는 12살이 넘는 연상 관계에 있다. 그동안 소태산이 평범한 농촌에서 탄생하여 어린 시절을 보내고 발심하여 험난한 구도 속에 대각을 얻은 바로 그곳에서 성장 과정, 구도 과

정을 보아 왔던 가까운 지인들에게 대각을 인증받고 스승의 위를 얻은 것도 역사상 보기 드문 위대한 일로 받들어져 왔다. 그런데 이를 구인선진의 관점에서 본다면 대각 전의 피폐한 소태산의 모습을 보았던 지인들, 특히 나이가 최대 12살이나 연상인 이들이 어린 소태산을 바로 대각원년 초기부터 큰 스승으로 모시고 제생의세의 경륜을 받들어 역사적으로 중요한 교단 창립의 일들을 모두 혈심혈성으로 수행하였음은 후진들로서 높이 받들어야 할 구인선진의 위대한 모습이라 하겠다.

Ⅲ. 영산성지에서 소태산과 구인선진의 교단 창립 활동

영산성지는 소태산 대각의 성지이자 최초의 제자인 구인선진과의 만남이 이루어진 성지이면서 교단 창립의 기초를 다진 성지이다. 이러한 뜻에서 영산성지를 영산근원성지라 이름하기도 한다. 이곳에서 구인선진이 소태산을 모시고 수행하였던 교단 창립의 중요한 사건들을 살펴보면 최초의 단 조직과 훈련, 저축조합운동, 정관평 방언공사, 최초의 교당 건축, 구인단원의 기도와 백지혈인의 법인성사 등을 꼽을 수 있다.[5]

1. 첫 조단과 훈련

소태산은 대각 직후 방편을 통하여 믿고 따르는 40여 명을 얻었지만, 이들 가운데 특별히 진실하고 신심 굳은 아홉 사람을 선정하여 이들로 하여금 최초의 단(團)을 조직하고 훈련을 시작하였다. 대각 초기에 한 사람과 한 사람이 중요함에도 그를 따르는 40여 명 가운데 아홉 사람을 진실과 신심을 기준으로 선정하여 최초의 단을 조직하여 훈련과 창립 활동을 하였다는 것은 구인선진이 앞으로 나올 제자들과 수많은 교화단의 표준이 될 것이었기 때문이라 생각된다. 특히 구인선진 가운데 가장 중요한 중앙 자리를 아예 비워 두고 때를 기다려 정산을 중앙으로 맞이하였다는 데에서 소태산이 이 최초의 단을 조성할 때에 얼마나 심혈을 기울였는지 짐작해 볼 수 있다.

> 대종사, 일찍이 공부인의 조단 방법을 강구하시어, 장차 시방세계 모든 사람을 통치 교화할 법을 제정하시니, 그 요지는, 오직 한 스승의 가르침으로 원근 각처의 모든 사람을 고루 훈련하는 빠른 방법이었다. … 대종사, 이 방법에 의하여, 원기2년(1917, 丁巳) 7월 26일에, 비로소 남자수위단을 조직하시니, 단장에 대종사, 건방(乾方) 이재풍, 감방(坎方) 이인명, 간방(艮方) 김성구, 진방(震方) 오재겸, 손방(巽方) 박경문, 이방(离方) 박한석, 곤방(坤方) 유성국, 태방(兌方) 김성섭이었고, 중앙은 비워 두었다가 1년 후(원기3년, 戊午 7월) 송도군을 서임(叙任)하였다.[6]

하지만 구인선진들도 처음에는 소태산의 비범한 방편을 보고 모였기에 처음부터 진리적이고 사실적인 인도정의를 찾아온 것은 아니었다. 다만 그들의 진실함과 신성을 기초로 아래와 같은 훈련 과정을 통해서 정법으로 인도하였던 것이다.

> 대종사, 최초의 단을 조직하신 후, 단원들의 신성이 날로 전진은 하나, 아직도 마음에 원하는 바는, 이해하기 어려운 비결이며, 난측한 신통 묘술이며, 수고 없이 속히 되는 것 등이요, 진리의 당체와 인도의 정의를 분석하는 공부는 원하지 아니함을 보시고, 종종 하늘에 제사하여 그 마음을 결속케 하

시고, 친히 지도하실 말씀도 천제(天帝)의 말씀이라 하여 그 실행을 권면하시었다. 그 후, 차차 법을 정하여 매월 예회 보는 법을 지시하시니, 곧 삼순일(三旬日, 1 · 11 · 21일)로써 모이되, 신(信)을 어긴 이에게는 상당한 벌이 있게 하시고, 또는 『성계명시독(誠誡明示讀)』이라는 책을 두시사, 단원들이 10일 동안 지낸 바 마음을 청(靑) · 홍(紅) · 흑점(黑點)으로 조사하여, 그 신성 진퇴와 실행 여부를 대조케 하시니, 단원들은 한편 두려워하고 한편 기뻐하여, 그 마음의 결합됨과 신성의 철저함은 이루 다 말할 수 없었다.[7]

이러한 단 조직과 훈련은 앞으로 있을 교단 창립의 중요한 일들을 담당해야 할 제자들을 지도하기 위한 정신적 기초 작업이었던 것으로 보인다. 중요한 것은 구인선진이 소태산을 스승 삼아 따르면서 그들의 주된 관심과 구하는 바가 처음에는 신통 묘술과 같은 것이었으나, 소태산의 가르침을 받고, 각자의 신성을 대조하면서 점차 사실적인 자기 내면의 마음을 챙기는 데로 변화되었다는 것이다.

2. 저축조합운동

소태산이 영산에서 만난 팔인제자와 함께 처음 시작한 사업은 저축조합운동이다. 『원불교교사』에서는 이 저축조합운동의 시작을 아래와 같이 기록하고 있다.

원기2년(1917, 丁巳) 8월에, 대종사, '저축조합'을 창설하시고, 단원들에게 말씀하시기를 "우리가 장차 시방세계를 위하여 함께 큰 공부와 사업을 하기로 하면, 먼저 공부할 비용과 사업할 자금을 예비하여야 하고, 예비를 하기로 하면 어떠한 기관과 조약을 세워야 할 것이므로, 이제 회상 기성(期成)의 한 기관으로 저축조합을 실시하여 앞일을 준비하려 하노라." 하시었다. 이에 모든 단원이 술 · 담배를 끊어 그 대액(代額)을 저축하며, 의복 · 음식 등에 절약할 정도가 있으면 그 대액을 저축하며, 재래의 여러 명절 휴일을 줄여 특별 노동 수입을 저축하며, 각자 부인에게도 끼니마다 시미(匙米, 후일 報恩米)를 저축케 하며, 그간 실행해 온 천제(天祭)도 폐지하여 그 소비 대액을 조합에 저축하기로 하고, 대종사, 친히 조합장이 되시어 그 실행을 장려하시니, 불과 몇 달에 저축된 금액이 상당한 액수(200여 원)에 달하였다.[8]

구인선진에게 저축조합운동은 외면적으로는 교단의 경제적 토대를 세우는 일이었지만, 내면적으로는 인과의 진리를 따라 복을 장만하는 실지를 스스로 체험하는 기회가 되었다. 또한 저축조합이 궁극적으로 목적하는 창생구원의 대업을 위해 저축조합에서 권장하는 금주금연, 보은미 저축, 공동출역 등을 하면서 구인선진들은 힘든 절제와 금욕을 이겨 내는 동시에 적지 않은 자부심도 있었을 것이다. 당시 가난한 농촌에서 술과 담배를 즐겨하던 이들이 금주금연을 하고 그렇지 않아도 배고픈 시절에 끼니 때마다 한 숟갈씩 쌀을 덜어 내어 저축한다는 것은 쉽지 않은 결단이었을 것이다. 그러하기에 이 저축조합운동은 구인선진에게 사실적이고, 진정한 공도정신(公道精神)을 확고히 하는 데에 충분한 계기가 되었으리라 본다. 소태산은 저축조합의 의미를 다음과 같이 밝히고 있다.

대종사 회상 창립의 준비로 저축조합을 설시하시고, 단원들에게 말씀하시기를 "우리가 시작하는 이 사업은 보통 사람이 다 하는 바가 아니며 보통 사람이 다 하지 못하는 바를 하기로 하면 반드시 특별한 인내와 특별한 노력이 있어야 할 것인 바 우리의 현재 생활이 모두 가난한 처지에 있는지라 모든 방면으로 특별한 절약과 근로가 아니면 사업의 토대를 세우기 어려운 터이니, 우리는 이 조합의 모든 조항을 지성으로 실행하여 이로써 후진에게 창립의 모범을 보여주자." 하시고, 먼저 금주금연과 보은미(報恩米) 저축과 공동 출역(出役)을 하게 하시니라.[9]

교단 초창기에 소태산이 제자를 모으고, 그들과 함께 사업의 첫 시작을 저축조합으로 하였음은 다만 그 한때의 사업이 아닌 후진에게 창립의 모범을 보여주기 위함도 있었다는 것이다. 따라서 저축조합의 이소성대(以小成大) 정신은 교단사적으로 길이 본받아야 할 창립의 모범 정신인 것이다.

이 저축조합운동이 성공적이었다는 것은 이 저축조합을 표본으로 몇몇 제자들이 그들의 고향에서 조합을 만들었다는 것에서도 짐작해 볼 수 있다.[10] 저축조합운동은 물질(육신)과 정신이라는 인생의 두 가지 필요조건 중에서 주로 정신적인 면에 치중한 과거 종교가에서는 극히 보기 드문 일이었다. 창립 초기부터 영육쌍전(靈肉雙全)의 원만한 삶을 추구하는 소태산의 교법정신이 그대로 현실에 구현된 것이 초창기의 이 저축조합운동이었다. 이 저축조합을 토대로 이루어진 정관평(貞觀坪) 방언공사는 더욱 뚜렷한 영육쌍전의 한 표본으로 원불교 교단사뿐만 아니라 종교사적으로도 큰 사건이라 하겠다.

3. 정관평 방언공사

소태산에게는 저축조합을 결성하여 사업의 토대를 세울 때부터 이미 방언공사의 계획이 있었던 것으로 보인다. 소태산은 저축조합을 통하여 모은 약 200여 원의 자금과 이웃 부호에게 빌린 400원과 소태산의 가구 등을 매각한 400원을 합하여 모두 숯을 사 두니 1차 세계대전으로 인하여 7, 8개월 만에 숯 값이 약 10배로 폭등하여 큰 자금을 이루게 되었다. 이에 원기3년(1918, 戊午) 3월에 소태산은 저축금을 수합한 후 제자들에게 심중의 포부를 다음과 같이 말하였다.

> "이제는 어떠한 사업이나 가히 경영할 만한 약간의 기본금을 얻었으니, 이것으로 사업에 착수하여야 할 것인 바, 나의 심중에 일찍이 한 계획이 있으니, 그대들은 잘 생각해 보라." 하시고, 길룡리 앞 바닷물 내왕하는 간석지를 가리키시며 "이것은 모든 사람의 버려둔 바라, 우리가 언(堰)을 막아 논을 만들면 몇 해 안에 완전한 논이 될뿐더러 적으나마 국가 사회의 생산에 한 도움도 될 것이다. 이러한 개척사업부터 시작하여 처음부터 공익의 길로 나아감이 어떠하냐?"[11]

이에 제자들은 일제히 명을 받들어 오직 순일한 마음으로 지사불변(至死不變)하겠다는 서약을 올리고, 다음 날로 곧 방언공사에 착수하였다. 변변찮은 도구로 조합원들이 그 넓은 바다를 막는 방언공사에 착수하니 그 근방 사람들의 조소가 많았을 것이고, 실로 맨몸으로 그 일을 하니 한여름의 더위와 한겨울의 추위에 괴롭고 힘든 경계도 많았을 것이다. 소태산은 이춘풍(薰山 李春風, 1876-1930)과의 대화 속에서 방언공사를 하게 한 목적을 '공부 비용을 준비하게 하기 위함, 동심합력으로 하면 이루지 못할 것이 없다는 증거를 보이기 위함'이라는 그의 답변에 더하여 그 의미를 다음과 같이 밝히고 있다.

> 그대의 말이 대개 옳으나 그 밖에도 나의 뜻을 더 들어보라. 저 사람들이 원래에 공부를 목적하고 온 것이므로 먼저 굳은 신심이 있고 없음을 알아야 할 것이니, 수만 년 불고하던 간석지를 개척하여 논을 만들기로 하매 이웃 사람들의 조소를 받으며 겸하여 노동의 경험도 없는 사람들로서 충분히 믿기 어려운 이 일을 할 때에 그것으로 참된 신심이 있고 없음을 알게 될 것이요, 또는 이 한 일의 시(始)와 종(終)을 볼 때에 앞으로 모든 사업을 성취할 힘이 있고 없는 것을 알 수 있을 것이요, 또는 소비 절약과 근로 작업으로 자작자급하는 방법을 보아서 복록(福祿)이 어디로부터 오는 근본을 알게 될 것이요, 또는 그 괴로운 일을 할 때에 솔성(率性)하는 법이 골라져서 스스로 괴로움을 이길 만한 힘을 얻을 수 있을 것이니, 이 모든 생각으로 이 일을 착수시켰노라.[12]

즉 그 수많은 조소와 추위와 더위 속에서 이 어려운 방언공사를 성공적으로 마침으로써 구인선진은 그 마음에 신심을 더욱 굳건히 하였을 것이며, 이 일의 성공으로 인하여 일제하에서 교단 창업이라는 대업을 성취할 자신감을 얻었을 것이다. 또한 근실한 노력 속에 그에 상응하는 결과가 나오는 것을 실증하여 복록의 원천을 깨달았을 것이다. 또는 그 힘든 일을 성공적으로 이겨 내는 과정에서 솔성의 도가 골라졌을 것이다. 따라서 이 방언공사는 외면적으로는 회상 창립의 경제적 토대를 세우는 큰일이었고, 동시에 내면적으로는 구인선진들의 마음 가운데 공도정신을 바탕으로 한 신심과 일심합력의 정신을 기르고, 성공의 자신감을 얻으며, 복록의 원천을 알아 사실적으로 불공하는 정신과 어려운 일을 이겨 내는 솔성의 도를 양성하는 중요한 계기가 되었을 것이다. 이러한 정신적 힘이 바로 이어서 백지혈인(白指血印)의 법인성사(法認聖事)로 이어지고, 원불교 교단의 창립에서부터 지금까지 면면히 흐르는 정신이 되었을 것이다. 『원불교교사』에서는 이 방언공사의 결과와 그 의미를 다음과 같이 밝히고 있다.

> 방언공사는 이듬해인 원기4년(1919, 己未) 3월에 준공되니, 공사 기간은 만 1개년이요 간척 농토 면적은 2만 6천여 평(坪)이었다. 대종사, 피땀의 정성 어린 새 농장을 '정관평'이라 이름하시니, 이는 오직 대종사의 탁월하신 영도력과 구인제자의 일심합력으로써 영육쌍전의 실지 표본을 보이시고, 새 회상 창립의 경제적 기초를 세우신 일대 작업이었다.[13]

이상에 보는 바와 같이 정관평 방언공사는 다음의 세 가지 측면에서 우리에게 의미를 주고 있다. 첫째, 공도정신을 바탕으로 하여 교단 창립의 경제적 기초를 세우기 위한 첫 사업이자 이소성대로 창립하는 모범이 되었다. 둘째, 그 사업을 진행하는 과정 속에서 앞서 말한 바와 같이 구인선진의 내면에 교단 창립을 위한 정신적 무장이 이루어졌고, 이 정신이 법인성사의 사무여한의 공도정신의 바탕이 되었다. 셋째, 이 사업은 소태산이 정신개벽의 새 시대, 새 생활의 원만한 삶의 모델로 제시한 영육쌍전의 모범적 실례가 되었다.

4. 첫 교당의 건축과 공부 사업 병행

원기3년(1918) 3월에 방언공사를 시작한 후로 소태산과 제자들은 그들의 모임을 초기에는 이웃 마을 범현동의 재각 한편을 빌려 썼고, 다음에는 강변 주점을 임시 방언 관리소로 정하였다. 하지만 장소가 협소하여 같은 해 10월경에 도실 건축에 착수하여 12월경에 준공하니 이것이 곧 새 회상의 첫 교당인 옥녀봉 구간도실(九間道室)이다. 정관평 방언이 영육쌍전 가운데 육신 생활을 갖추는 일을 상징하는 장소라면, 이 구간도실은 그들이 소태산을 모시고 가르침을 받으며 정신의 양식을 갖추는 상징적 장소라 하겠다. 『원불교교사』에서는 이 구간도실에 대하여 다음과 같이 기록하고 있다.

> 첫 교당을 준공한 후, 대종사, 낮에는 방언공사를 총감하시어 잠시도 쉬실 여유가 없고, 밤에는 또한 설법으로써 밤을 지내실 때가 많았다. 조합원들은 낮에 비록 그와 같이 힘겨운 노동을 하나, 밤마다 법설 듣는 재미가 진진하여 그 즐거운 마음과 활달한 태도는 이루 다 말할 수 없었으며, 사업과 공부의 병진으로 지혜의 길도 점차 개척되어, 재래에 가졌던 허영의 마음이 차차 진실한 마음으로 전환되고, 미신의 생각이 차차 올바른 믿음으로 돌아오며, 타력에만 의뢰하던 생각이 차차 자력을 찾게 되고, 공부의 정도도 또한 점점 진보되어, 정법 선포의 기연이 날로 가까워졌다.[14]

날씨가 쌀쌀해지고, 방언공사가 한창일 무렵인데도 그들이 모임을 가지고 공부할 도실 건축에도 힘썼다는 것은 주목할 만한 일이다. 힘들고 어려운 일을 할 때에 특히 그 일을 하기에 여건이 쉽지 않은 경우에는 대중이 그 일 마치고 다른 일을 도모하자고 의견을 내기 쉬울 터인데 교당 건축까지 해냈다는 것은 소태산과 구인선진의 공도정신과 영육쌍전의 정신을 보여준 것이다. 특히 당시 소태산이 붙인 구간도실의 상량문[15]과 옥호(屋號)[16]의 내용은 그들이 건축한 구간도실과 정관평 방언공사 모두가 궁극적으로 무엇을 지향하고 있는지를 여실히 보여준다. 어쨌든 제자들은 구간도실이 건축된 후에는 낮에는 방언공사에 노력하고 밤에는 소태산을 모시고 법설을 들으며 주경야독, 영육쌍전의 모범적인 삶을 살았다.

5. 구인선진의 기도

원기4년(1919) 3월 방언공사가 마무리될 무렵 전국에서는 3 · 1독립만세 운동이 불꽃처럼 퍼져 갔다. 이때 소태산은 "개벽을 재촉하는 상두 소리니 바쁘다 어서 방언 마치고 기도 드리자."며 제자들에게 창생구원의 취지로 일자와 방위를 정하여 기도를 명하고 구인선진은 중앙봉을 중심으로 8개의 봉우리, 총 9봉우리에서 기도를 실행하게 되었는데 그 과정은 아래와 같다.

> 대종사, 구인단원에게 말씀하시기를 "지금 물질문명은 그 세력이 날로 융성하고, 물질을 사용하는 사람의 정신은 날로 쇠약하여, 개인 · 가정 · 사회 · 국가가 모두 안정을 얻지 못하고, 창생의 도탄이 장차 한이 없게 될지니, … 전일한 마음과 지극한 정성으로 모든 사람의 정신이 물질에 끌리지 아니하고 물질을 사용하는 사람이 되어 주기를 천지에 기도하여 천의에 감동이 있게 하여 볼지어다. … 그대들은 각자의 마음에 능히 천의를 감동시킬 요소가 있음을 알아야 할 것이며, 각자의 몸에 또한 창생을 제도할 책임이 있음을 항상 명심하라." … 이에, 3월 26일에 시작하여, 10일간 재계(齋戒)로써 매 삼륙일(每三六日, 6 · 16 · 26일)에 기도식을 거행하되, 치재(致齋) 방식은, 먼저 마음 정결을 위주하고, 계문(戒文)을 더욱 준수하며, 육신도 자주 목욕재계하고, 기도 당일에는 오후 8시 안으로 일찍이 도실에 모여 소태산의 교시를 받은 후, 9시경에 기도 장소로 출발하게 하였다. 기도는 10시부터 12시 정각까지 하며, 기도를 마친 후 또한 일제히 도실에 돌아오되, 단원들이 각각 시계를 가져, 기도의 시작과 그침에 서로 시각이 어긋나지 않게 하였다. 장소는 각각 단원의 방위를 따라 정하되, 중앙봉으로 비롯하여 8방의 봉우리(峰巒)를 지정하고, 단기(團旗)인 팔괘기(八卦旗)를 기도 장소 주위에 세우게

하며, 기도식을 시작할 때에는 먼저 향촉과 청수를 진설하고 헌배와 심고를 올리며, 축문을 낭독한 다음 지정한 주문을 독송케 하였다.[17]

소태산은 구인선진으로 하여금 단을 조직할 때 "이 단은 곧 시방세계를 응하여 조직된 것이니 단장은 하늘을 응하고 중앙(中央)은 땅을 응하였으며 팔인단원은 팔방을 응한 것이라, 펴서 말하면 이 단이 곧 시방을 대표하고 거두어 말하면 시방을 곧 한 몸에 합한 이치니라."[18]고 하며 구인단원이 곧 온 우주를 책임질 사람들임을 밝혀 두었다. 그러한 단 조직의 취지와 아울러 구인봉[19]에서 단원들이 시간과 절차에 맞추어 기도 정성을 올린 것은 구인선진의 공도정신과 함께 영산성지 구인봉의 장소적 의미가 크다는 것을 말해 준다. 당시 구인선진에게 구인봉이라는 다소 넓은 장소는 창생구원을 위한 하나의 공간이자 온 우주를 향하여 열려 있는 공간이었던 것이다.

6. 백지혈인의 법인성사

원기4년(1919) 3월 26일에 시작된 기도가 12번째를 맞이한 7월 16일에 소태산은 제자들과 다음과 같은 문답을 통해서 창생구원을 위하여 자결(自決)이라는 극단의 방법을 선택하게 된다.

대종사, 단원들에게 말씀하시기를 "그대들이 지금까지 기도해 온 정성은 심히 장한 바 있으나, 나의 '징험(徵驗)'하는 바로는 아직도 천의(天意)를 움직이는 데는 그 거리가 먼 듯하니, 이는 그대들의 마음 가운데 아직도 어떠한 사념(私念)이 남아 있는 연고라, 그대들이 사실로 인류 세계를 위한다고 할진대, 그대들의 몸이 죽어 없어지더라도 우리의 정법이 세상에 드러나서 모든 창생이 도덕의 구원만 받는다면 조금도 여한 없이 그 일을 실행하겠는가?" 하시니, 단원들이 일제히 "그리하겠습니다."고 대답하였다.

대종사, 더욱 엄숙하신 어조로 "옛말에 살신성인이란 말도 있고, 또는 그를 실행하여 이적을 나툰 사람도 있었으니, 그대들이 만일 남음 없는 마음으로 대중을 위한다면 천지신명이 어찌 그 정성에 감동치 아니하리요. 멀지 않은 장래에 대도정법이 다시 세상에 출현되고 혼란한 인심이 점차 정돈되어 창생의 행복이 한 없을지니, 그리된다면, 그대들은 곧 세상의 구주요, 그 음덕은 만세를 통하여 멸하지 아니할 것이다. 그런즉 그대들은 각자의 실정으로 대답해 보라." 하시니, 구인은 잠깐 비장한 태도를 보이다가 곧 일제히 희생하기로 고백하였다. 대종사, 크게 칭찬하시며, 이에 10일간 치재를 더하게 하시어, 다음 기도일(7월 26일)을 최후 희생일로 정하고, 그날 기도 장소에 가서 일제히 자결하기로 약속하였다.[20]

이후 구인선진은 소태산의 당부와 같이 치재에 더욱 정성을 다하여, 매일 마음 청결과 계문 준수, 목욕재계를 하며 그 희생정신을 각자의 가정과 일상의 생활 속에서 사무쳐 갔을 것이다. 칠산 유건(七山 劉巾, 1880-1963) 종사의 이야기로는 당시 정한 희생일(1919년 7월 26일) 며칠 전부터 죽을 것을 각오하고 칼을 짚으로 묶어 허리에 차고 다녔다고 한다.[21] 그러므로 당시 구인선진의 창생을 위한 사무여한의 정신은 어느 한순간 한때의 마음이 아니라 평상시에 그러한 뜻으로 살면서 지속하다가 특히 희생일을 앞두고 극도에 달했을 것이다. 그러한 희생의 날이 되어 구인선진이 '만면(滿面)에 희색(喜色)으로' 구간도실에 모이는 것을 보고 소태산이 어찌하여 희생을 앞두고 그렇게 즐거움까지 있을 수 있는지를 묻자 일제히 아래와 같이 대답한다.

사람의 생사라 하는 것은 누구나 물론하고 조만간 다 있는 것이로되 시방세계를 위하여 죽는다는 것은 천만인 중 가장 있기 어려운 바이며, 또는 저희들이 본래 종사주를 만나지 못하였다면 평생에 궁촌 농민으로 그 사상이 항상 한 가정에서 벗어나지 못하였을 것이어늘, 이제 저희들 심중에 시방세계를 일가로 보는 넓은 생각을 얻게 되었으니, 그 사상 발전에 어찌 큰 영광이 아니며, 또는 저희들의 희생한 공덕으로 만약 시방세계 중생이 영원한 행복을 받게 된다면 저희들에게 있어서난 얼마나한 큰 사업이 되겠습니까? 저희들이 비록 영혼 세계로 돌아간다 할지라도 금세에서 하고 온 일을 기억한다면 항상 장쾌한 마음이 마지않으리라고 추측됩니다. 그리하여, 이 일 저 일을 생각하면 생각할수록 마음이 기쁘고 기운이 활발하여 자연 중 그 희색이 외면에 나타난 것 같습니다.[22]

이와 같은 내면에서 우러나는 진정한 희생정신으로 구인선진은 각자 가지고 온 단도를 청수상 위에 올려놓고 일제히 '사무여한(死無餘恨)'이라는 최후 증서를 써서 각각 백지장(白指章)을 찍어 상(床) 위에 올리고, 결사(決死)의 뜻으로 엎드려 심고[伏地心告]하게 하였다. 이후 소태산이 증서를 살펴보니, 백지장들이 곧 혈인(血印)으로 변하자 이를 들어 단원들에게 보이며 "이것은 그대들의 일심에서 나타난 증거라." 하며 곧 불살라 하늘에 고[燒火告天]한 후 "바로 모든 행장을 차리어 기도 장소로 가라." 하였다. 이후 기도 장소로 가는 이들을 다시 불러서 "그대들의 마음은 천지신명이 이미 감응하였고 음부공사(陰府公事)가 이제 판결이 났으니, 우리의 성공은 이로부터 비롯하였다. 이제 그대들의 몸은 곧 시방세계에 바친 몸이니, 앞으로 모든 일을 진행할 때에 비록 천신만고와 함지사지를 당할지라도 오직 오늘의 이 마음을 변하지 말고, 또는 가정 애착과 오욕의 경계를 당할 때에도 오직 오늘 일만 생각한다면 거기에 끌리지 아니할 것인즉, 그 끌림 없는 순일한 생각으로 공부와 사업에 오로지 힘쓰라." 하였다. 이후 구인단원에게 일제히 중앙봉에 올라가 기도를 마치고 오라 한 후에 법호와 법명을 주며 "그대들의 전날 이름은 곧 세속의 이름이요 개인의 사사 이름이었던 바, 그 이름을 가진 사람은 이미 죽었고, 이제 세계공명(世界公名)인 새 이름을 주어 다시 살리는 바이니, 삼가 받들어 가져서 많은 창생을 제도하라." 하였으니 이것이 곧 백지혈인의 법인성사였다.[23]

이 법인성사는 곧 소태산 이하 구인선진들의 일체생령을 구원하기 위한 지극한 희생정신이 곧 천지신명의 감응을 얻어 나타난 이적으로 원불교 교단에서는 이날을 대각개교절 등과 같이 4대 경축일 중 하나로 삼고 있다. 대각개교절이 소태산이 일원의 진리를 크게 깨달은 날을 기념하고, 성자의 깨달음에서 비롯하여 일체생령이 모두 다 깨닫기를 기원하는 경축일이라면, 백지혈인의 법인성사가 이루어진 날인 법인절은 평민의 평범한 삶을 살던 구인선진이 소태산을 스승으로 모시고 올린 일체생령을 위한 간절하고 지극한 희생정신이 법계의 인증을 받은 경사스러운 날, 곧 원불교 교단이 진리의 인증을 받은 날이라는 의미에서 경축되고 있다. 이는 구인선진과 같은 평범한 일상을 살아가는 우리들에게 우리도 구인선진과 같은 지극한 공도정신과 희생정신으로 성자의 반열에 들 수 있다는 희망의 메시지를 주는 것이다.

Ⅳ. 구인선진에게 영산성지는 어떠한 장소인가

이상 구인선진의 출신과 소태산과의 만남, 그리고 영산성지에서 구인선진이 소태산을 스승으로 모시고 수행하였던 교단 창립의 중요 역사적 활동을 살펴보았다. 지나간 역사를 더듬는 우리들에게 영산성지는 소태산과 구인선진이 세상을 위하는 성자정신으로 활동한 거룩한 장소로서 단면적으로 이해되기 쉽다. 하지만 구인선진은 대각한 소태산과의 만남을 전후로 하여 삶의 대전환을 이루게 되었고, 그에 따라 창립의 역사가 이루어진 영산성지(백수읍 길룡리)에 대한 인식도 크게 변화하게 되었다. 따라서 우리가 가능한 한 구인선진의 입장에서 영산성지를 바라보게 된다면 영산성지를 보다 입체적으로 보게 되어 구인선진과 영산성지의 의미도 더욱 잘 드러나리라 생각한다. 그러면 앞서 서술한 역사적 사실을 바탕으로 구인선진의 입장에서 영산성지를 살펴보자.

1. 약속의 땅

구인선진 가운데 정산을 제외하고 팔인선진은 모두가 소태산과 동향으로 대부분 가까운 곳에서 살았다. 특히 인연 관계로 보면 오산 박세철(五山朴世喆, 1879-1926)은 족질(族姪), 육산 박동국(六山 朴東局)은 친제(親弟), 칠산 유건(七山 劉巾)은 외숙, 팔산 김광선(八山 金光旋, 1879-1939)은 유시로부터 교의(交誼)가 두터운 의형제, 이산 이순순(二山 李旬旬, 1879-1945), 삼산 김기천(三山 金幾千, 1890-1935), 사산 오창건(四山 吳昌建, 1887-1953) 등은 모두 근동 지우였고, 군서(郡西) 사람 일산 이재철(一山 李載喆)은 사산의 인도로 제자가 되었으므로, 팔인 모두가 다 가까운 인연 관계에 있었음을 알 수 있다. 반면에 수제자인 정산 송규(鼎山 宋奎)는 경북 성주 사람임에도 어린 시절부터 스승을 만나 대업을 성취하길 바라며 스승을 찾던 중 전라도로 오게 되었고, 소태산 또한 하늘의 별자리를 보며 정산이 가까이 오고 있음을 알고 자리를 잡을 때까지 기다리다가 드디어 직접 정읍 화해리 김해운(華陀圓 金海運, 1872-1939)의 집을 찾아가 역사적 만남이 이루어졌다.[24] 그 만남 이후 다시 만나기로 약속한 날이 되어 원기3년 7월에 정산이 영산에 왔을 때 일찍이 경상도에서 구도할 때부터 영상(靈想)으로 보았던 것이 영산성지와 소태산이었음을 사실로 확인하게 되었다.

> 내가 일찍 경상도에서 구도할 때에 간혹 눈을 감으면 원만하신 용모의 큰 스승님과 고요한 해변의 풍경이 눈앞에 떠오르더니, 대종사를 영산에서 만나 뵈오니 그때 떠오르던 그 어른이 대종사시요 그 강산이 영산이더라.[25]

위와 같은 정산의 진술과 소태산과의 만남 과정을 볼 때에 영산성지는 우연한 만남의 장소가 아닌 오랜 세월을 두고 만남을 약속한 땅이라 생각된다. 또한 나머지 팔인선진들과 소태산, 정산이 영산성지에서 인연 관계됨과 이후 전개한 방언공사, 구인봉기도, 법인성사 등의 창립 역사를 돌이켜 볼 때에도 영산성지는 소태산과 구인선진에게 대회상 창립을 위한 약속의 땅이었음을 짐작해 볼 수 있다.

2. 오지에서 희망의 땅으로

앞서 말한 바와 같이 영산성지는 구인선진 중 정산을 제외한 팔인선진이 탄생하고 자라난 고향과 같은 관할구역 내의 익숙한 장소였다. 그러면 소태산 대각 이전에 구인선진은 현 백수읍 길룡리를 어떠한 곳으로 생각하고 살았을까? 당시 백수읍 길룡리는 밭농사와 어업(굴따기, 게잡이, 염전), 숯 판매 등으로 생계를 유지하고 있었고, 논은 거의 없었다. 길룡리 일대에서 구전으로 전해 오는 "길룡리 처녀가 시집가기 전에 쌀 석 되를 먹고 가면 잘 먹고 간다."는 이야기는 이곳의 가난한 삶을 여실히 보여주는 것이라 하겠다. 이러한 시절에 힘없는 평민 출신의 구인선진이 기억하는 길룡리는 어떠한 장소일까? 당시 이곳에 사는 이들에게는 아마도 가난과 배고픔을 면하는 것이 당장에 급한 일이었을 것이다. 하지만 벗어날 수 없는 가난에 더하여 20세기 초반의 혼란한 조정과, 외세의 압박 속에서 이들에게는 희망보다는 절망이 더 많았을 것이다. 이러한 곳에서 진리를 크게 깨달아 외면적으로 내면적으로 개벽된 모습으로 새롭게 태어난 소태산과 그로부터 들은 희망의 큰 가르침은 그들에게 어두운 세상에 한 줄기 빛과 같았을 것이다. 특히 자기 삶 하나에 얽매이는 것에서 벗어나 창생구원이라는 큰 포부를 듣고, 그에 동참하여 소태산을 스승 삼아 저축조합, 방언공사, 법인성사를 일심합력과 이소성대, 사무여한의 정신 속에 하나씩 성공적으로 이루어 가면서 구인선진에게 길룡리는 그야말로 새롭게 무엇인가를 변화시켜 성공하는 희망의 땅, 개벽의 현장이 되었을 것이다. 특히 변변한 논이 없는 곳에 갯벌을 막아 직접 거대한 논을 만들었다는 데에서 대단한 성취감과 스스로 삶을 개척하는 자신감을 얻었을 것이다. 그러한 성취감과 자신감의 표현이 옥녀봉 아래에 세워진 제명바위이다.[26] 이처럼 구인선진에게 백수읍 길룡리의 영산성지는 소태산 대각을 전후로 하여 가난과 절망의 땅에서 개벽과 희망의 땅으로 인식의 대전환이 이루어진 특별한 장소인 것이다.

3. 성자의 삶으로 인생의 대전환을 이룬 곳

구인선진은 저축조합, 방언공사, 법인성사를 이루는 그 과정 속에서 소태산으로부터 끊임없이 그 모든 일이 창생구원을 위한 의미 있는 일임을 각성

받았고, 또한 방언공사 때에나 법인성사 때에는 그러한 공도정신을 바탕으로 한 서약서를 직접 올리며 공도정신을 확충하였다. 가난한 개인의 가정조차도 지탱하기 힘든 현실에서 도리어 일체생령을 위한 대공도정신의 큰 포부를 품고, 그러한 포부를 현실에 구현하여 성공을 이룬 곳이 영산성지인 것이다. 구인선진에게 영산성지는 그들이 창생구원의 결심을 하기 전과 한 후에 의미가 완전히 다른 장소가 된 것이다.

소태산의 가르침을 따라 저축조합의 금주금연, 보은미 저축, 공동 출역을 하여 상당한 저축금을 모으고, 그것을 토대로 주변 사람 모두가 불가능하다고 조소하였던 정관평 방언공사를 성공하고, 이어서 일체생령을 위한 기도를 구인봉에 올라 지속하다가 지극한 희생정신으로 자결을 결심하고 백지혈인의 법인성사 이적을 나투면서 그들의 정신은 나날이 성자의 정신에 가까워지고 있었던 것이다. 그리고 그들이 그 공도정신을 나투어 회상 창립의 주요 사업을 성공적으로 이룬 백수읍 길룡리는 그들의 내면에서 이미 과거 오지의 영산이 아닌 거룩한 성자의 정신이 어린 성지로 변하고 있었을 것이다.

이처럼 영산성지는 구인선진의 평범한 삶이 성자의 삶으로 전환되는 역사적인 의미가 있는 곳이다. 이는 감히 범접할 수 없는 대성자가 이룬 삶의 변화가 아니라 평범한 이들이 어렵고 힘든 시절, 가난한 삶 속에서 이룬 삶의 대전환이었기에 그들과 같은 평범한 일상을 살고 있는 우리들에게도 큰 희망의 메시지가 되고 있다. 따라서 영산성지는 소태산 일대기에서 중요한 의미가 있는 동시에 소태산을 스승으로 모시고 성자의 삶으로 대변화를 이룬 구인선진의 일대기에서도 매우 의미 깊은 장소인 것이다.

4. 창립정신(創立精神)이 사무친 성지

구인선진이 영산성지에서 소태산을 모시고 이룬 역사는 창립의 역사이며, 그 속에는 창립정신이 면면히 흐르고 있다. 소태산은 구인제자를 창립의 표준제자로 선정함과 동시에 그들이 수행하였던 첫 사업인 저축조합을 설시하며 조합의 모든 조항을 지성으로 실행하여 후진에게 창립의 모범을 보여주자고 당부하였고, 그 당부 아래 저축조합, 정관평 방언공사, 구인기도와 백지혈인의 법인성사가 이루어진 것이다. 따라서 영산성지는 구인선진의 창립정신이 그대로 현실로 나타난 현장인 것이다.

좌산 이광정 상사(左山 李廣淨 上師)는 "창립정신은 방언(防堰)과 법인(法認)을 비롯하여 평지조산(平地造山)의 교단 창립사에 맥맥히 흐르고 있었던 정신으로 절대신봉, 일심합력, 근검저축, 이소성대, 무아봉공 등의 정신이다."[27]라고 밝히고 있다. 구인선진이 영산성지에서 이룬 저축조합, 방언공사, 법인성사를 살펴보면 가난한 처지에서 저축조합운동을 하고, 주변 사람 모두가 조소하던 방언공사를 하고, 목숨을 희생하는 정신으로 법인성사를 이룬 과정 모두가 소태산에 대한 절대적 신봉과 구인선진의 사사로움 없는 한마음, 즉 일심합력에서 가능했던 것이다. 또한 거대한 방언공사의 시작을 금주, 금연, 보은미 저축, 공동 출역 등과 같은 일상의 작은 절제와 저축, 근로에서 시작했던 것이 바로 이소성대의 창립정신이다. 아울러 앞서 언급한 바와 같이 소태산은 저축조합, 영산방언, 법인기도의 모든 일이 다 창생을 위하는 뜻에서 하는 것임을 밝히고 있었다. 특히 자결해서라도 창생을 구원하겠다는 사무여한의 뜻이 이룬 백지혈인의 법인성사는 그러한 무아봉공의 정신이 최고 정점에 달하여 이루어 낸 이적이었던 것이다.

이처럼 구인선진이 영산성지에서 이룬 역사는 곧 원불교의 창립의 역사였고, 그 이면에는 창립의 정신이 면면히 흐르고 있는 것이다. 다시 말하면 영산성지 내에 있는 정관평, 구간도실, 구인봉 등의 장소는 모두 구인선진의 '절대신봉, 일심합력, 근검저축, 이소성대, 무아봉공의 창립정신'이 사무쳐 이룬 역사적 현장이라 하겠다.

V. 맺음말

이상에서 구인선진과 소태산과의 만남, 그리고 소태산을 스승으로 모시고 영산성지에서 이룬 창립의 주요 역사를 살펴보고, 그 역사 속에서 영산성지가 구인선진에게 어떤 의미가 있는지에 대하여 추론해 보았다. 그동안에는 주로 영산성지를 소태산을 중심으로 파악하고 설명하는 것에 치중해서, 구인선진의 입장에서 영산성지를 연구하고 그 의미를 찾는 데에는 다소 부족하였던 것이 사실이다. 그래서 필자는 구인선진이 영산성지에서 스승 소태산을 만나 이룬 창립의 역사를 살펴보고, 구인선진의 입장에서 영산성지의 의미를 찾고자 하였다.

그 결과 구인선진에게 영산성지는 소태산과 구인선진이 오랜 세월을 두고 대회상 창립을 위해 만남을 약속한 곳이고, 오지에서 정신개벽의 희망을 실현한 땅으로 인식의 대전환이 이루어진 곳이며, 한 가정의 평범한 범부의 삶에서 일체생령을 위하는 대성자의 삶으로 인생의 대전환이 이루어진 곳임을 밝혔다. 또한 영산성지는 구인선진의 지극한 '절대신봉, 일심합력, 근검저축, 이소성대, 무아봉공의 창립정신'이 사무쳐 이루어 낸 교단 창립의 역사적 현장임을 밝혔다.

원불교 개교 100주년을 맞이하여 구인선진의 법위를 출가위로 추존하고,

그에 따라 이와 같이 그들의 삶과 그들이 활동한 영산성지를 재조명하는 것은 앞으로 원불교가 나아가야 할 길을 준비하는 데 매우 의미 깊은 일이라 하겠다. 그러한 의미에서 부족한 이 글 또한 영산성지를 찾는 후진들이 구인선진의 입장에서 영산성지를 보다 생생하고 입체적으로 만나고, 영산성지 곳곳에 면면히 흐르고 있는 구인선진의 창립정신을 온전히 받아 그들이 사는 삶의 현장에서 구인선진들이 했던 것처럼 개벽과 희망의 꽃을 피우는 데 작은 도움이 되길 바란다.

구인선진의
법인성사

이 경 열(경타원 · 원불교대학원대학교 교수)

Ⅰ. 머리말

100년 전에 교조인 소태산 박중빈 대종사(少太山 朴重彬 大宗師, 1891-1943, 이하 경칭 생략)의 깨달음을 기점으로 파란고해의 일체생령을 진리적 종교의 신앙과 사실적 도덕의 훈련으로써 정신의 세력을 확장하고 물질의 세력을 항복 받아 낙원으로 인도하기 위해 원불교를 개교하였다. 소태산은 대각하던 1916년, 안으로 모든 교법을 참고한 후, 다시 밖으로 시국을 살펴보아 정신 도덕의 부활이 무엇보다 시급함을 느끼고, "물질이 개벽되니 정신을 개벽하자."라는 표어를 제창하니 이것이 곧 개교 표어이다. 소태산은 다시 시국에 대한 감상과 그에 따른 새 세상 건설의 대책을 최초법어로 발표하니, 곧 수신의 요법, 제가의 요법, 강자 약자의 진화상 요법, 지도인으로서 준비할 요법이다.[1]

이처럼 소태산은 당시 시국을 보고 표어와 법어를 발표한 후, 스스로 생각하기를 "이제 나의 안 바는 곧 도덕의 정체요, 나의 목적하는 바는 곧 새 회상을 이 세상에 창건하여 창생을 낙원으로 인도하자는 것이다."라고 하며 포교할 기회를 기다렸다. 때마침 1916년 7월경, 마을 사람들과 함께 특별한 정성으로 7일 치성을 지낸 후, 보통 사람으로는 가히 추상할 수 없는 말씀과 태도로 좌우 사람들의 정신을 황홀케 하니 몇 달 안 되어 이웃 각처에서 믿고 따르는 사람이 40여 명에 달하였다.[2] 소태산이 처음 교화를 시작한 지 몇 달 만에 믿고 따르는 사람이 사십여 명에 이르렀는데 그 가운데 특히 진실하고 신심 굳은 아홉 사람을 먼저 골라 회상 창립의 표준제자로 내정[3]하였다.

소태산이 처음으로 선택한 9인의 표준제자를 원불교 교단에서는 구인제자 혹은 구인선진이라 부른다. 인류 역사를 돌아보면, 석가, 공자, 예수 등 대성자들이 출세하여 법을 펴고 회상을 열 때는 반드시 그를 믿고 보필하는 많은 훌륭한 제자들이 있어 교단 창립의 주역이 되었다. 그 대표적인 인물을 들자면, 불교에서는 석가의 십대제자요, 유교에서는 공문십철이요, 기독교에서는 예수의 십이사도이며[4] 원불교에서는 구인제자이다.

소태산은 대각 이후 새 회상을 창건하여 창생을 낙원으로 인도하고자 하는 이념을 실현하기 위해 표준제자를 선정한 후, 함께 도덕사업을 이룩하고자 하였다. 개교 이후, 원불교 100년을 돌아보면, 소태산의 개교 정신을 계승하고 확장시키는 일에 일생을 바친 수많은 선진들이 있었으며 그중에 구인선진은 교조 소태산과 더불어 새 회상 초창 당시 저축조합, 방언공사, 법인성사 등의 일에서 교단사적으로 중요한 역할을 하였다.

이에 본고에서는 구인선진의 교단사적 중요한 역할 중에 법인성사를 중심으로, 법인성사의 시대적 배경과 법인성사의 개념을 파악한 후, 구인선진의 법인성사가 지닌 교단사적 의미와 종교사적 의미를 살펴봄으로써 구인선진의 종교사적 위상을 정립하고, 법인성사를 실현하는 길을 밝힘으로써 원불교 2세기의 새로운 발전 동력을 모색함을 목적으로 한다.

II. 법인성사의 시대적 배경

교단 창건의 역사 가운데 가장 큰 관심은 원기4년에 있었던 법인성사이다. 법인성사는 교조인 소태산과 구인선진이 이룩한 거룩한 일이다. 이 거룩한 법인성사의 의미를 밝히기 위해 우선 법인성사의 시대적 배경을 살펴보고자 한다.

일찍이 정산 종사(鼎山 宗師, 1900-1962)는 새 회상의 창건사 서문에서 "우리 회상은 과연 어떠한 사명을 가졌으며, 그 시대는 과연 어떠한 시대이며 대종사는 과연 어떠한 성인이시며, 법은 과연 어떠한 법이며, 실행 경로는 과연 어떻게 되었으며, 미래에는 과연 어떻게 결실될 것인가를 잘 연구하여야 할 것이니라." 하였다.[5]

이 장에서는 소태산의 탄생과 대각 그리고 회상 건설의 기초를 세운 저축조합, 방언공사, 법인성사가 이루어졌던 1891년에서 1919년까지의 흐름을 중심으로 시대적 배경을 살펴봄으로써, 이 시대는 과연 어떠한 시대인가에 대한 질문에 답을 찾아보고자 한다.

소태산의 탄생과 성장, 발심과 구도, 입정과 대각, 원불교 개교, 그리고 회상 건설의 기초가 되었던 방언공사와 법인성사를 하신 시대는 과연 어떤 시대인가? 소태산이 이 세상에 온 시대는 인류 역사상 일찍이 없었던 큰 격동의 시대요, 일대 전환의 시대였다. 19세기 말엽부터 밖으로는 열강 여러 나라의 침략주의가 기세를 올려, 마침내 세계 동란의 기운이 감돌았고, 급속한 과학 문명의 발달은 인류의 정신 세력이 그 주체를 잃게 하였다. 안으로 한국의 국정은 극도로 피폐해지고 외세의 침범으로 국가의 존망이 경각에 달려 있었으며, 수백 년 내려온 불합리한 차별 제도 아래서 수탈과 탄압에 시달린 민중은 도탄에 빠져 있는 가운데 개화의 틈을 타서 재빠르게 밀려든

서양의 물질문명은 도덕의 타락과 사회의 혼란을 가중시켜 위기를 더욱 실감하게 하였다.[6]

소태산은 현 시대가 문명의 중대한 전환기요, 전 우주적인 변환의 시점임을 간파하였으며 이에 대응하는 노력이 필요하다고 전망하였다. 그러면서도 낡은 시대가 지나가고 새로운 시대가 온다는 희망적 관점을 지녔다. 소태산은 당시를 '묵은 세상의 끝이요 새 세상의 처음'이며, '어두운 밤이 지나가고 바야흐로 동방에 밝은 해가 솟으려 하는 때'라는 대전환기임을 예고하였다.[7]

박맹수는 소태산 탄생에서부터 개교와 교화의 시대까지를 한마디로 선천(先天) 시대에서 후천(後天) 시대로 넘어오는 교역기(交易期), 즉 낡고 오래된 시대에서 새 시대로 대전환하는 시대라고 보았다. 교역기=교체기=대전환기는 큰 혼란과 고난이 중첩되는 특징이 있다. 이에 박맹수는 다음과 같이 선후천 교역기=대전환기가 큰 혼란과 고난의 시대임을 설명하고 있다.

첫째, 밖으로는 '서세동점(西勢東漸)'의 시대였다.

여기서 '서세'란 서양 문명을 말하며, '동점'이란 우리나라를 비롯한 동아시아를 유린하는 것을 말한다.

둘째, 안으로는 '삼정문란(三政紊亂)'이 극도에 달한 시대였다.

'삼정문란'은 경제적 혼란만을 의미하는 것이 아니라, 전근대적 지배 체제 전체가 흔들리는 것을 의미한다.

셋째, 가장 하층 사람들의 의식이 깨어나기 시작했다.(民=民衆=市民의 탄생)

안팎의 도전으로 생긴 위기 속에서 풀뿌리 백성들 한 사람 한 사람이 깨어나기 시작했다. 그 결정적 증거가 바로 1860년의 '동학(東學)'의 등장이요, 1894년에 일어난 '동학농민혁명'이다.[8]

요약하면 19세기 말엽부터 20세기 초까지의 시대적 배경은 세계적으로 침략주의의 기세가 올랐고, 한국은 외세의 침범으로 국가의 존망이 흔들렸으며, 한반도의 종교계는 걷잡을 수 없는 혼란에 빠지게 되었기에 민중은 갈피를 잡지 못하고 새로운 삶에 대한 갈망으로, 새 성자에 의한 새 사상 새 종교를 더욱 기다리게 되었다. 이러한 때에 소태산은 구원 겁래의 큰 서원으로 이 땅에 다시 온 것이다.

이에 소태산은 당시의 일대 위기를 극복하기 위해 '정신개벽'으로 새 세상을 건설하려는 개교 동기를 천명하고, 구인제자와 함께 저축조합, 방언공사, 법인성사의 프로그램을 진행하며 새 회상 건설의 기초를 세웠다. 본고에서는 이 중에 법인성사를 중심으로 살펴보고자 한다.

Ⅲ. 법인성사의 개념과 의미

1. 법인성사의 개념

새 회상 건설의 정초인 법인성사의 개념은 무엇인가? 법인성사란 원불교 초창 당시에 행한 기도에서 백지혈인(白指血印)의 이적이 나타난 일이다. 원불교 창립 당시 구인제자들이 소태산의 지도에 따라 새 회상 창립의 정신적 기초를 다지기 위해 천지신명(天地神明)에게 기도를 올린 바 백지혈인이 나타난 것을 법계의 인증을 받은 성스러운 일이라 하여 법인성사라고 한다.[9]

여기서 이혜화는 '법인'이란 용어의 어학적 검토가 필요함을 밝히고 있다. '법인'의 어의적 해석을 '① 법계에서 ② 소태산 법을 ③ 인증함'으로 풀어 놓고 볼 때, '법인'의 법이 '법계'의 법이냐 '소태산 법'의 법이냐 하는 형태론적 의문이 제기될 수 있다는 것이다. 의미론적으로는 둘 다 포함하고 있다고 하지만 형태론적으로는 전혀 다른 문제임을 밝히고 있다. 즉 ①과 ③을 묶을 때는 '법계가 인증하다'가 되지만, ②와 ③을 묶으면 '법을 인증하다'가 된다. 이혜화는 전자(①과 ③을 묶을 때는 '법계가 인증하다')는 교단의 입장이고, 이혜화 본인의 입장은 후자(②와 ③을 묶으면 '법을 인증하다')임을 밝혔다.[10]

그런데 필자는 '법인'을 어학적 검토로 분석할 수도 있으나, 의미론적 입장에서 '법'의 의미가 '법계'와 '소태산 법' 둘 다 포함하는 것으로 해석을 해야 되지 않을까 생각한다. 즉 법인이란 법계에서 소태산 법을 인증하였다는 의미로 해석해야 한다. 왜냐하면 법계에서 인증한 내용이 바로 소태산의 정법이요, 회상이기 때문이다. 따라서 법인이란 의미는 소태산이 새 회상을 건설하고자 하는 정법회상과 소태산 법을 법계로부터 인증받았다는 것이다.

그리고 이혜화는 혈인기도 직전에 있었던 방언공사도 법인성사의 의미로서 다시 해석해 볼 필요가 있다고 제안했다. 요컨대 법인의 내포(內包)를 소태산 법(회상)의 객관적 인증이라고 할 때 그 외연(外延)은 혈인기도뿐 아니라 방언공사에까지 확대된다고 보는 것이다. 다시 말해서 방언공사는 또 하나의 법인성사라는 시각이다.[11]

예컨대, 소태산은 먼저 세상 사람의 인증을 얻기 위하여 사람들이 미처 생각하지도 못한 '바다 막아 농토 만들기'라는 기발한 아이디어를 낸 것이다.[12] 방언공사를 착수할 때 근방 사람들은 모두 냉소하며, 장차 성공치 못할 것을 단언하여 장담하기도 했으나, 조합원들은 그 비평 조소에 조금도 꿀리지 아니하고, 용기를 더욱 내며 뜻을 더욱 굳게 하여 일심합력으로 악전고투를 계속하여 드디어 성공하게 되었다. 이런 의미에서 방언공사도 소태산 법과 회상이 사람들로부터 인증받는 중요한 일이 될 수 있었다는 것이다. 따라서 이혜화는 회상 건설의 정초인 방언공사와 혈인기도는 법계에 소태산 법이 인증받는 성스러운 일이라 하였다.

필자도 법인성사를 협의적으로 해석하면 혈인기도이지만, 광의적으로 해석한다면 방언공사도 역시 소태산 회상을 근방 사람들에게 인증을 받았다는 의미에서 법인성사라고 해도 될 듯하다. 하지만 본고에서는 법인성사를 구인선진의 혈인기도를 중심으로 살펴보고자 한다. 또한 김성대는 소태산은 석가모니를 넘어서는 도덕사업가이며 사은에 보은하거나 보은하기 위한 사업이 도덕사업(교화사업+교육사업+자선사업)이며, 법인성사의 의미는 진리계로부터 도덕사업 면허를 얻은 것이라는 새로운 해석을 했다.[13] 원불교의 개교 동기가 정신개벽이며 정신개벽을 실현하기 위해 원불교에서는 도덕사업을 하고 있는데 이 도덕사업을 할 수 있도록 진리가 허가를 해 주었다는 의미이다. 따라서 김성대는 법인성사의 개념을 '도덕사업 면허를 얻은 것'이라는 새로운 해석을 하였다.

종합하면, 법인성사란 법계에서 소태산의 정법을 인증한 성스러운 일이라고 정리해 볼 수 있으며, 법계에서 소태산 정법을 인증하여 도덕사업 면허를 주었다라고 해석해 볼 수 있다.

2. 법인성사의 의미

그럼 과연 구인선진이 이루어 낸 법인성사의 교단사적 의미는 무엇이며, 종교사적 의미는 무엇일까? 먼저 교단사적 의미를 살펴보고자 한다.

1) 법인성사의 교단사적 의미

(1) 원불교 회상(법) 허가증(도덕사업 허가증)

법인성사의 교단사적 의미 중 하나는, 법계에서 소태산의 법을 인증하였으므로 이로부터 원불교 회상 건설이 음부공사로 판결이 났다는 것이다. 그렇다면 구인선진의 간절한 기도를 통해 혈인의 이적이 나타나는 과정과 어떻게 천지신명의 감응을 얻어 음부공사의 판결이 났는지를 알아보자. 법인성사의 내용인 혈인기도의 전말을 정산의 『불법연구회창건사』에서 발췌하면 다음과 같다.

> 오후 8시가 됨에 대종사께서 단원을 명하사 청수 일분(一盆)을 교실 중앙에 진설케 하시고 각각 가지고 온 단도를 청수상 위에 나열한 후, 일제히 사무여한이라는 최후 증서를 써서 각각 백지장을 찍어서 상에 올리게 하시고 이어서 결사의 의미로서 일제히 복지심고를 하게 하셨던 바, 그 식이 끝난 후에 대종사께서 그 지장 찍은 종이를 살펴보시니, 그 지장 찍은 자리가 곧 혈인으로 변하였는지라, 대종사께서 그 혈인을 들어 여러 단원에게 보이시고 말씀하여 가라사대, "이것은 제군들의 일심에서 나타난 증거라." 하시고 곧 그 증서를 소화(燒火)로 고천(告天)하시고 "바로 모든 행장을 차리어 기도장소로 행하라" 하시니 9인 등이 일제히 시계와 단도와 기타 기구를 휴대하고 각각 방위를 향하여 출발하였다. 대종사께서 한참 동안 그 가는 뒷모양을 보고 계시더니 돌연히 큰 소리로 불러 가라사대, "내가 제군들에게 한 말을 더 부탁할 바가 있으니 속히 교실로 돌아오라."고 하셨다. 단원 등은 이상히 여기면서 다시 대종사에게 뵈온대 대종사 가라사대, "제군들의 마음은 천지신명이 이미 감응하였고 음부공사가 이제 판결이 났으니 금일에 제군들의

생명을 기어이 희생하지 안 하여도 우리의 성공은 오늘부터 비롯하였다."
하시고(중략).[14]

7월 26일에 '제군들의 마음은 천지신명이 이미 감응하였고 음부공사가 이제 판결이 났으니'의 대목은 과연 무슨 의미일까? 천지신명이 이미 감응한 내용은 무엇이며, 어떤 음부공사가 판결이 났다는 것일까? 이 대목이 바로 교단 창건의 역사 가운데 가장 큰 관심이 될 것이다.

여기서 천지신명이 감응한 내용은 구인선진이 전일한 마음과 지극한 정성으로 창생을 위해 기도를 올린 위력이 아닐까 싶다. 그렇다면 백지혈인의 이적을 통해 확인된 천지신명의 감응을 보고 음부공사가 판결이 났다고 하였는데 그 의미는 무엇일까? 살신성인의 마음으로 시방세계를 위하는 정신개벽가, 도덕사업가로서 원불교라는 새 회상 건설을 인증받았다는 것이다. 다시 말해서 법계에서 원불교 허가증, 도덕사업 허가증을 주었다는 것이다. 그러기에 법인성사는 법계를 통해 원불교 회상 건설을 인증받은 것이며, 소태산 법을 인증받은 것이다. 한기두는 교단 창건의 역사(창건사) 가운데 가장 큰 관심은 원기4년에 있었던 법인성사라고 평가하고 싶다며, 그 이유는 새 교단의 창건 의지가 함께 뭉친 역사가 법인성사에 담겨 있기 때문이라는 것이다.[15] 이 법계 인증에서 얻은 결과가 새로운 역사적 판국을 결정하는 정신개벽의 문을 열게 했음은 두말할 나위 없으며, 법인성사가 교단 창립의 순결한 이념을 이 땅 위에 최초로 내세운 것이라 하였다.[16]

한기두는 법인성사의 의미 중 하나를 천지공사의 인증이라 하였다. 천지공사란 넓은 의미에서 전 세계 인류가 한판이 되어 하나의 공사를 하게 되는 의미요, 좁게는 새 교단의 탄생으로서 시방세계의 축을 이루게 한다는 의미라 하였다. 법인성사 이후 개인 몸이 아니요 공중 몸이 되었고, 개인 이름이 아니요 공중 이름을 얻은 그 뜻은 곧 '시방세계에 바친 몸 즉 천지공사를 할 수 있는 판결을 얻었다는 뜻'이라 하였다.[17]

결론적으로, 법인성사는 구인선진이 일심으로 올린 기도 정성이 천지신명의 감응을 얻었으며, 그로 인해 원불교 회상 건설의 인증이 음부공사로 판결이 났음을 볼 때, 법인성사가 지닌 교단적 의미는 법계에서 원불교 회상 건설을 인증했다는 점이다.

(2) 무아봉공의 전무출신의 정신 확립

법인기도를 통해 얻은 법인성사의 교단사적 의미 중 또 하나는 무아봉공의 전무출신의 정신이다. 전무출신은 원래 정신과 육신을 오로지 공중에 바친 터인지라, 개인의 명예와 권리와 이욕은 불고하고, 오직 공사에만 전력하는 것이 본분이다.[18] 방언공사로 새 회상 창립의 물질적 기초를 세운 소태산은 다시 회상 창립의 정신적 기초를 확립하시고자 특별 정례 산상기도를 구인제자에게 명하였다.[19] 그렇다면 어떤 의미에서 법인성사가 회상 창립의 정신적 기초이며 무아봉공의 전무출신의 정신일까? 다음 『불법연구회창건사』의 내용을 통해 그 의미를 찾아보고자 한다.

> 7월 16일 대종사께서 다시 제인(諸人)에게 일러 가라사대 "제군들이 지금까지 기도해 온 정성은 심히 장한 바 있으나 나의 징험(徵驗)하는 바로서는 아직도 천의를 움직이는 데는 그 거리가 초원(稍遠)하나니 이는 그래도 제군의 마음 가운데 어떠한 사념이 남아 있는 연고이라, 제군이 사실로 인류 세계를 위한다고 할진대 제군의 몸이 죽어 없어지더라도 우리의 정법이 세상에 드러나서 모든 창생이 도덕의 구원만 받는다면 조금도 여한이 없이 그 일을 실행하겠는가?" 단원 일제히, "그리하겠습니다."고 고답(告答)하대…[20]

위『불법연구회창건사』 내용에서 '인류 세계를 위하여 몸이 죽어 없어지더라도 정법이 세상에 드러나서 모든 창생이 도덕의 구원을 받는다면 여한이 없음'의 대목이 회상 창립의 정신적 기초이며 무아봉공의 전무출신의 정신이다.

소태산이 구인제자들을 처음 내정할 당시, 제자들이 심중에 원하는 바는 무릇 이해하기 어려운 비결이며 난측한 신통 묘술이며 수고 없이 속히 되는 것 등이요, 진리의 묘체와 인도의 정의를 분석하는 공부는 원하지 아니하는 수준이었다. 그래서 소태산은 제자들의 의식을 개조하고 인격을 고양하는 일이 필요했다. 이에 법인기도를 통해 개인을 공인으로 변화시키는 작업을 하였다.

또한 소태산이 구인제자들을 처음 내정할 당시, 구인제자들 중에는 여러 가지 종교의 신자들이 있었기에 창생을 위하는 일을 실현하기 위해서는 차원을 변화시키는 일대 작업이 필요했다. 다음은 구인제자들의 가지가지 종교를 정리하였다.

> 구인제자 가운데 김기천은 유가에 속했고, 유건은 천도교를 믿었으며, 오창건은 태을교에 심취했고, 김광선은 복술을 공부했으며, 이재철은 동학 집안 출신이었고, 송규는 유가 출신으로 증산도에 경도되어 있었다.[21]

이처럼 소태산의 제자가 된 9인은 가지가지 종교의 신자들이었기에 소태산의 심통 제자를 만드는 작업이 필요했으며 속된 신분에서 성스런 신분으로 차원을 높이는 일대 작업이 절실히 필요했음을 알 수 있다. 따라서 소태산은 구인제자를 새로운 차원으로 성장시키기 위해 법인기도를 착수하였음을 알 수 있다. 7월 26일, 최후의 기도를 위해 모인 제자들과 소태산이 나눈

대화를 살펴보자.

> 7월 26일로써 최후 희생일로 정하고, 그날은 매인하(每人下) 단도 1매씩 준비하였다가 각각 기도 장소에 가서 그 시간 정각에 일제히 자수(自手)하기로 약속하였다. 어언간 26일이 당도함에 9인 등은 모두 만면의 희색으로써 각각 예리한 단도 1매씩을 가지고 시간 전기(前期)에 일제히 교실에 회집하는지라 대종사 물어 가라사대, "제군들이 비록 공사를 위한 정성이 지극하나 누구나 물론하고 육신 희생을 당할 시는 조금이라도 슬픈 마음이 있는 것이어늘, 이제 제군의 기상을 살펴본즉 모두 희색이 만면하였으니 이 희생에 대하여 이와 같은 즐거움까지 있는 것은 어떠한 이유인가?"
>
> 9인 등이 일제히 답하여 가로되, "사람의 생사라 하는 것은 누구나 물론하고 조만간 다 있는 것이로되 시방세계를 위하여 죽는다는 것은 천만인 중 가장 있기 어려운 바이며, 또는 저희 등이 본래 종사주를 만나지 못하였다면 평생에 궁촌 농민으로 그 사상이 항상 한 가정에 벗어나지 못하였을 것이어늘, 이제 저희 등 심중에 시방세계를 일가로 보는 넓은 생각을 얻게 되었으니, 그 사상 발전에 어찌 큰 영광이 아니며, 또는 저희 등의 희생한 공덕으로 만약 시방세계 중생이 영원한 행복을 받게 된다면 저의 등에 있어서난 얼마나한 큰 사업이 되겠습니까? 저희 등이 비록 영혼 세계로 돌아간다 할지라도 금세에서 하고 온 일을 기억한다면 항상 장쾌한 마음이 마지않으리라고 추측됩니다. 그리하여, 이 일 저 일을 생각하면 생각할수록 마음이 기쁘고 기운이 활발하여 자연 중 그 희색이 외면에 나타난 것 같습니다." 대종사께서 그 말을 일일이 들으시고 차탄(嗟嘆)함을 마지아니하셨다.[22]

소태산과 제자들과의 대화 중 '심중에 시방세계를 일가로 보는 넓은 생각을 얻게 됨과 희생한 공덕으로 시방세계 중생이 영원한 행복을 받는 큰 사업'이라는 대목에서 바로 스승이 제자들을 인류를 위하여 희생하는 대장부로 성장시켰음을 확인할 수 있다. 소태산이 구인제자들을 인류를 위하여 희생하는 무아봉공의 삶을 살 수 있도록 변화시킨 성스러운 일이 바로 법인성사이다. 따라서 법인성사는 소태산이 제자들에게 공중을 위해 희생하는 무아봉공의 정신을 확립시켜 주신 교단사적 큰 의미가 있는 일인 것이다.

종합하면, 법인성사는 법계로부터 원불교 회상 건설의 허가증을 얻었으며, 무아봉공의 전무출신의 정신을 확립하게 되는 교단사적으로 중요한 의미가 있는 일이다.

2) 법인성사의 종교사적 의미

(1) 법인기도의 의미(공익을 위한 기도, 자·타력 병진기도)

법인기도는 여러 가지 측면에서 소중한 의미가 있다. 특히 소태산은 방언공사를 마치고 기도하는 종교적 방법을 제생의세의 뜻을 실현하는 계기로 삼았다. 이는 원불교가 종교적 방법을 제생의세의 뜻을 실현하는 계기로 삼은 것으로 종교적 방향에 서 있음을 보여주는 중요한 의미가 있다. 따라서 우리는 법인기도의 종교적 의미를 충분히 이해할 필요가 있다.[23] 그렇다면 법인기도는 종교사적 입장에서 어떤 의미가 있을까?

일반적으로 기도하는 사람들은 기도를 행할 때 기복적이고 이기적인 동기에서 행하는 경우가 많다. 다시 말해 기존의 종교인들은 신앙의 대상에게 각자의 소망이 이루어지도록 비는 기복적인 동기와, 공익을 위하기보다 자신과 가족을 위하는 이기적인 동기에서 기도를 행하는 경우가 많다. 그런데 원기4년에 구인제자가 올린 법인기도에서는 새로운 차원의 종교적 의미를 찾아볼 수 있다.

법인기도의 종교사적 의미는 첫째, 공익적 동기의 기도라는 점이다. 기도의 목적이 개인의 안일과 성공을 위한 것이 아니라 모든 사람의 정신이 물욕에 끌리지 아니하고 물질을 사용하는 사람이 되어 주기를 기도하였던 것이다. 다음은 법인기도 시작 당시 소태산이 구인제자들에게 부탁한 내용이다.

> 대종사께서 방언역사를 마친 후 다시 구인단원을 한곳에 모으시고 말씀하여 가라사대, 현하 물질문명은 금전의 세력을 확장하게 하여 줌으로 금전의 세력이 이와 같이 날로 융성하여지니 이 세력으로 인하여 개인 · 가정 · 사회 · 국가가 모두 안정을 얻지 못하고 모든 사람의 도탄이 장차 한이 없게 될 것이니, 단원된 우리로서 어찌 범연히 생각하고 있으리오.
>
> 고래 현성도 일체중생을 위하여 지성으로 천지에 기도한 일이 있으니, 제군들이여 이때를 당하여 한번 순일한 마음과 지극한 정성으로써 모든 사람의 정신이 물욕에 끌리지 아니하고 물질을 사용하는 사람이 되어 주기를 기도하야 기어이 천지의 감동이 있게 할지어다.[24]

위 내용은 모든 사람의 정신이 물욕에 끌리지 아니하고 물질을 사용하는 사람이 되어 주기를 기도하자는 공익을 위한 기도 목적을 확실하게 밝혀 주었다. 바로 기도가 개인적 차원의 동기도 필요하지만, 법인기도는 공익을 위한 기도임을 확인할 수 있다. 이런 점에서 법인기도는 종교사적 의미에서 공익을 위한 기도라는 점이다.

둘째, 자력과 타력이 병진했던 기도라는 점이다. 기존의 타력 신앙으로 신앙의 대상에게 무조건 비는 기복적 행위에 더하여 각자 마음에 천의를 감동시킬 요소가 있음을 알아서 일심으로 기도하게 하였다는 점이다.

전이창은 내가 부처가 되지 않고서는 부처를 부처로 보지도 못하고 부처로 공경하지도 못한다. 타력은 자력이 밑받침되어야 얻을 수 있고 자력은 타력을 힘입어야 계발이 된다. 그러므로 기도를 통하여 진리의 위력을 얻고 자성불을 계발하여 자력을 얻어야 자타력을 병진해서 복혜양족할 것임을 밝혔다.[25] 그렇다면 법인기도는 자타력을 병진한 기도일까? 아니면 기복적 행위일까? 다음은 『불법연구회창건사』 내용이다.

> 제군의 마음은 곧 하늘의 성품이라, 그러함으로 마음이 한번 순일하여 조금도 사사한 낱[個]이 없게 된다면 이는 곧 천지로 더불어 그 덕을 합하여 모든 일이 다 그 마음을 따라 성공이 될지니, 제군은 각자의 마음에 능히 천지를 감동시킬 만한 요소가 있음을 알아야 할 것이며, 각자의 몸에 또한 중생을 구원할 책임이 있음을 항상 명심하여야 할 것이다 하시니, 9인 등은 황공희열한 마음으로 일제히 기도하심을 청하는지라(중략).[26]

위 내용 중 1919년 음력 3월, 기도를 처음 시작할 때, 소태산은 구인제자에게 "천의의 감동이 있게 할지어다. 그리고 제군은 각자의 마음에 능히 천지를 감동시킬 만한 요소가 있음을 알아야 할 것이다."라고 지도하였다. 이는 소태산이 기도를 시작할 때부터 구인제자들에게 각자의 마음에 천지를 감동시킬 만한 요소가 있음과 천지의 감동이 있도록까지 정성을 다하기를 지도하였음을 알 수 있다. 이에 기도가 신앙의 대상에게만 위력이 있는 것이 아니라 각자의 마음에 천지를 감동시킬 만한 요소가 있다는 것을 강조하였음을 확인해 볼 수 있다. 그리고 때로 정성스럽게 기도하지 않는 제자에게는 시간을 어긴 죄와 치재에 정성치 못한 죄를 백배사죄하게 하였다. 다음은 기도를 시작한 후 치재에 대한 영험 일화이다.

(일화) 치재에 대한 영험

기도를 시작한 후 어느 때에 단원 중 한 사람이 기도 당일에 다른 가사에 분망하다가 그 시간 정각에 교실에 참집(參集)치 못하고 또는 10일간 치재가 좀 정성치 못한 바가 있었더니, 그 단원이 방금 교실에 당도하여 기도 장소에 출발 준비를 하려 할 즈음에 문득 정신이 혼미하고 사지가 무력하며 얼굴빛이 급작히 변하는지라, 다른 단원들이 크게 경황하여 곧 대종사의 좌소에 달려와서 그 급변을 고한대, 대종사께서도 또한 놀라시사 여러 단원으로 하여금 그 사람을 대신하야 이번에 시간 어긴 죄와 10일간 치재에 정성치 못한 죄를 백배사죄케 하고 대종사께서도 친히 그 사람의 전신을 무마하시고 엄숙한 태도로 무엇을 묵상하신 듯하더니, 얼마 후에 그 사람의 정신이 다시 회복되고 사지도 다시 유력해지며 얼굴빛도 차차 본색이 돌아오는지라, 대종사께서 여러 단원에게 말씀하여 가라사대, "이 사람에게 금번 징벌이 있음은 곧 천지의 위력을 목전에 표현함이니 천지 허공이 비록 소리[聲]와 내음[臭]이 없다 하나, 그 밝음이 이와 같나니, 제군들이여! 더욱 조심하여 이 천지 대사업에 그르침이 없게 할지어다." 하시니 모든 단원 등이 이 실경을 보고 더욱 대종사의 말씀에 외복(畏服)하여 그 조약을 지키고 일심을 모으는 데에 일층 큰 힘이 되었다 한다.[27]

단원 중 한 사람이 기도 시간을 어기고 기도에 정성을 다하지 못하여 문득 정신이 혼미해지고 사지가 무력해지며 얼굴빛이 급작히 변함을 보시고 그 사람을 대신하여 이번에 시간 어긴 죄와 10일 간 치재에 정성치 못한 죄를 백배사죄케 하였음은 각자 스스로의 일심과 정성의 중요성을 알 수 있게 한다.

또한 "금번 징벌이 있음은 곧 천지의 위력을 목전에 표현함이니 천지 허공이 비록 소리와 내음이 없다 하나, 그 밝음이 이와 같나니, 제군들이여! 더욱 조심하여 이 천지 대사업에 그르침이 없게 할지어다."라는 대목 속에서는 '천지의 위력'과 '천지 대사업'을 강조하면서 천지에 기도 정성을 다하도록 촉구하여 결국 7월 26일에 백지혈인의 이적이 나타났다. 여기서 소태산이 구인제자들에게 무조건 천지에 비는 행위만 강조하기보다 스스로 기도를 행할 때 일심과 정성이 얼마나 중요한가를 가르침과 동시에 천지의 위력을 강조했음을 알 수 있다. 이에 법인기도는 자력과 타력이 병진한 기도로서 일심과 정성으로 천지에 기도 올린 증거로 천지신명의 감응을 얻었다는 점에서 종교사적 의미를 밝혀 볼 수 있다.

(2) 순교와 거듭남의 의미

7월 26일에 있었던 법인성사는 과거 종교사에서 나타났던 순교적 의미만으로 그치지 아니하고 아울러 거듭나고 부활하는 의미까지 함께하는 역사요 한 사람만의 희생정신이 아닌 전체 사이에 함께한 혈심으로 빚은 창건의 역사라는 점에서 새롭게 음미해야 할 역사적 사건이라 하겠다.[28]

소태산은 구인제자에게 인류와 세계를 위한 집단적 순교 희생을 요구하고, 7월 26일을 최후 희생일로 정한 후, 소태산의 입회 아래 '사무여한'이라는 최후 증서를 써서 각각 백지장을 찍은 뒤 결사의 뜻으로 심고를 올렸다. 심고를 올린 후 증서를 살펴보니 백지혈인의 이적이 나타났다. 소태산은 백지혈인의 이적을 구인제자들에게 보이시며 "이것은 그대들의 일심의 증거이다." 하시고 그 증서를 불살라 천지에 고하신 후, 일심된 바를 이미 천지신명이 감응하였으니 생명을 희생할 필요가 없어졌다고 하시며 오늘 죽은 셈 치고 각자의 신명을 다 바쳐 오직 창생을 위해 힘쓰라 하시었다.

이렇게 해서 이루어진 법인성사는 과거의 어떤 순교정신보다 훌륭했던 성스러운 사업이었다. 대개의 순교정신은 극한상황하에서 최후로 사수하는 방법상에서 나타나는 것이었지만, 겉으로 볼 때 평탄하고 순박한 궁벽 산촌에서 한 성자의 가르침만으로 구인의 집단이 자진하여 순교 희생의 대열에 참가했다는 것은 그야말로 성사라 아니할 수 없다.[29]

그 후, 소태산은 제자들에게 법명과 법호를 내려 주면서 이렇게 말하고 있다.

> 제군의 전일 이름은 곧 세속의 이름이요 개인적 사명(私名)이었던 바, 그 이름을 가진 자는 이미 죽어 매장되었으므로 이제 세계공명(世界公名)인 새 이름을 주는 바이니 삼가 받들어 가져서 많은 중생을 제도하라." 하시니 그 법명과 법호는 아래와 같다.
>
> 속명: 이재풍, 이인명, 김성구, 오재겸, 박경문, 박한석, 유성국, 김성섭, 송도군
>
> 법명: 재철, 순순, 기천, 창건, 세철, 동국, 건, 광선, 규
>
> 법호: 일산, 이산, 삼산, 사산, 오산, 육산, 칠산, 팔산, 정산[30]

소태산은 제자들을 종교적인 새로운 차원으로 성장시키기 위해 세속의 이름은 죽이고 법호와 법명을 주어 크게 다시 거듭나게 하였다. 종교에서 죽음과 부활은 중요한 의미가 있다. 예수의 경우, 광야에서 40일 금식을 하는데 이것은 상징적 죽음이요 그가 마귀의 시험을 이기고 났을 때 그는 재생한 것이다. 예수가 또 십자가에 못 박혀 '사람의 아들'로서 죽었고 3일 만에 '신의 아들'로서 재생했음이다.[31] 이런 의미에서 법인성사도 구인선진이

7월 26일 자결을 결심하고 사무여한의 증서에 백지장을 찍은 것은 상징적 죽음이요, 창생을 위해 세계의 공명으로 거듭남은 재생의 의미이다.

이상에서 살펴본 바와 같이, 법인성사는 일심과 정성으로 종교의 신앙 행위인 기도를 통해 백지혈인의 이적을 나투어 천의에 감동이 있게 한 거룩한 점과, 창생을 위해서는 죽어도 여한이 없다는 사무여한의 순교정신과 죽은 폭 잡고 창생을 위해 거듭나는 거룩한 점은 종교사적으로 큰 의미가 있다고 볼 수 있다.

IV. 법인성사를 실현하는 길

그렇다면 원불교 초창기에 성사된 법인성사는 원불교 2세기를 맞이하는 이 시점에 과연 어떻게 현실에서 또다시 실현시킬 수 있을까? 원불교 2세기에도 법계의 인증을 받는 성스러운 일은 제1, 제2, 제3 법인성사로 계속 이어져야 한다.

역사란 본질적으로 과거에 속한 일이지만 그 의미는 우리가 처해 있는 현재라는 눈을 통해 인식되는 것이다. 다시 말하면 우리가 처한 현재적 입장에서 또는 현재적 요구에 의해 과거 사실을 이해한다는 것이다.[32] 우리가 처해 있는 현재의 눈과 마음과 생활에서 어떻게 법인성사를 이어 갈 수 있을까?

오늘의 교단은 소태산과 구인선진의 정신을 순수하게 보전해 왔다.[33] 이는 소태산을 중심으로 한 교단 창업 과정에서 선진들이 보인 희생적 정열을 후진들이 본받고자 하는 열정과 맞물린다.[34] 서경전은 원불교 100년대 원불교의 새로운 창립정신을 새롭게 모색하여 조단정신은 소통정신으로, 방언

정신은 개척정신으로, 혈인정신은 희생정신으로 밝혔다.[35] 소태산은 처음 제자들을 만나 조단을 통해 소통을 하고, 원불교 창립을 위해 제자들의 응집력을 다진 것을 토대로 개척정신을 실현했으며, 조단정신과 방언정신의 토대로 혈인정신 즉 희생정신을 실현하였다.

현 시대의 특징은 개인주의 · 이기주의 · 물질주의 · 자본주의이므로 이 시대에 절실히 필요한 것은 지각이 열린 사람이요, 상대를 위하고 인류를 위하는 사람일 것이다. 이에 필자는 이 시대에 제2, 제3의 법인성사를 실현하는 길을 무아봉공의 실천이라 본다. 이에 이 시대에 법인성사를 실현하는 길을 살펴보고자 한다.

첫째, 무아의 실천이다. 무아의 삶은 지각의 열림이요, 영성회복이요, 정신개벽이요, 마음혁명이다. 지금 시대에는 나를 놓지 못하고 물질과 지식과 정보와 외모 등에 잡혀서 불행과 고통의 삶을 살아가는 사람이 많다. 그러기에 법인성사에서 사무여한의 정신, 죽어도 여한이 없는 마음으로 살아가는 무아의 삶을 깨달아야 한다.

따라서 구인선진들이 사무여한의 정신으로 무아의 삶을 살았듯이, 현 시대의 일상에서 무아의 삶으로 구별과 차별이 없는 사회를 만들어 경쟁과 시기와 다툼이 사라지고 서로 배려하고 하나가 되는 아름다운 낙원사회를 건설하자는 것이다.

둘째, 봉공의 실천이다. 무아가 될 때, 서로를 위하는 삶이 이루어질 것이다. 가정과 사회와 인류를 위하여 도움을 주고 희생할 수 있는 삶이 필요하다. 구인선진들이 물질의 노예 생활로 인해 고통스러워하는 모든 사람들을 위해 살고자 했던 서원처럼, 우리도 이 시대에 서로 없어서는 살 수 없는 은혜로운 관계를 회복하여 희생하고 봉공하는 풍요롭고 훈훈한 보은자가 되고 공동체가 되기를 기대한다.

“물질이 개벽되니 정신을 개벽하자.”는 개교 표어는 원불교의 출발점이자 목표지가 된다. 사대 강령인 정각정행, 지은보은, 불법활용, 무아봉공은 원불교가 나아갈 방향의 노선이 된다. 출발점과 목적지를 가지고 노선을 잃지 않는다면, 이 세상에 원불교가 나타나게 된 시대적 소명과 역할을 제대로 수행할 수 있으리라 본다.[36] 특히 사대 강령 중 무아봉공은 원불교의 시대적 소명과 역할임과 동시에 원불교 교리의 실천 방향이자 목표이다.

결론적으로 필자는 이 시대에 제2, 제3의 법인성사를 이어 가기 위해서 필요한 일은 법인정신인 무아봉공의 삶을 실천하는 것이라 본다. 소태산의 가르침이 담겨 있는 원불교 교리 중에서도 최종적으로 실천해야 할 방향은 무아봉공이다. 이에 원기4년에 성사된 법인성사의 핵심 정신인 무아봉공의 실천으로 원불교 2세기의 새로운 발전을 기원해 본다.

V. 맺음말

소태산은 1916년 대각을 하고 불법에 연원을 세우고서, 당시 시국을 살펴 보아 물질이 개벽 되니 정신을 개벽하자고 개교 표어를 발표한 후, 진실하고 신심 있는 구인제자를 내정하고 첫 조단을 구성하였으며, 구인제자를 조단하고 저축조합, 방언공사, 혈인기도를 통해 회상 건설의 정초를 이루었다. 이에 필자는, 회상 건설 당시 모든 일들이 다 의미가 있지만, 구인선진의 법인성사를 중심으로 살펴보았다.

구인선진의 법인성사의 시대적 배경과 법인성사의 개념과 법인성사의 교단사적 의미와 종교사적 의미를 살펴보았으며, 마지막으로 법인성사 실천의 길에 대해 알아보았다.

구인선진의 법인성사의 교단사적 의미는 원불교 회상(법) 건설의 인증과 무아봉공의 전무출신의 정신 확립이며, 종교사적 의미는 법인기도 그리고 순교와 거듭남이다. 따라서 구인선진의 법인성사는 교단적 위상으로 보나 종교사적 위상으로 볼 때 큰 의미가 있다. 그리고 법인성사를 실현하는 길로 무아봉공의 실천을 제시하였다.

원불교 2세기를 맞이하여 새 회상 건설의 정초가 되었던 구인선진의 법인성사가 무아봉공의 정신으로 새롭게 조명되고 실천되어, 이 땅에 원불교가 있음으로 인류 사회에 희망이 되고 도움이 되어 낙원세계로 안내되길 기원한다.

조합운동을 통해 본
구인선진의 종교적 구현

유지원(원광대학교 사학과 교수)

Ⅰ. 머리말

원불교는 소태산 박중빈 대종사(少太山 朴重彬 大宗師, 1891-1943, 이하 경칭 생략)가 1916년에 대각을 한 후 불법(佛法)에 연원을 두며 최초법어를 설파하고 본격적으로 포교 활동을 전개함으로써 시작되었다. 그리고 1917년 소태산은 전남 영광군 백수면 길룡리 영촌마을에서 처음으로 자신을 따르는 사람들 중 아홉 명을 골라 표준제자로 삼았는데, 이들이 바로 소태산의 구인제자요, 원불교 교단의 구인선진이다.[1] 소태산은 바로 이 구인제자—일산 이재철(一山 李載喆, 載馮), 이산 이순순(二山 李旬旬, 仁明), 삼산 김기천(三山 金幾千, 聖久), 사산 오창건(四山 吳昌建, 在謙), 오산 박세철(五山 朴世喆, 京文), 육산 박동국(六山 朴東局, 漢碩), 칠산 유건(七山 劉巾, 成國), 팔산 김광선(八山 金光旋, 成燮), 정산 송규(鼎山 宋奎, 道君)—와 함께 저축조합을 창설하여 경제적 기초를 마련한 후 곧바로 방언조합을 만들어 방언공사를 추진하였다. 또한 이들 구인제자들과 함께 법인성사를 완성함으로써 교단 성립의 정신적 기초도 마련하였다. 이러한 원불교 초기 교단 성립기를 살펴보면 소태산과 더불어 구인제자의 역할과 활동이 매우 중요함을 알 수 있으며, 또한 이들이 함께 추진한 조합운동은 원불교 성립에 가장 중요한 경제적 기초를 제공하고 있음을 알 수 있다.

원불교 초기 교단사에서 '조합'이라는 명칭이 등장하는 것은 대체적으로 저축조합과 방언조합 그리고 불법연구회 기성조합 등이 있다. 이러한 명칭에 대하여 신순철은, '저축조합'이라는 이름은 정산이 원기22년(1937)부터 2년간 〈회보〉에 발표한 글을 모아 놓은 『불법연구회창건사』에서 처음 사용된 명칭이고, '불법연구회 기성조합'은 1924년 이리에서 불법연구회가 창립된 이후 붙여진 이름인데 비해, '방언조합'이라는 명칭은 방언공사 준공의 명문(銘文) 등 여러 곳에서 보이기 때문에 소태산의 초기 조직의 이름은 바로 '방언조합'이라고 고증하고 있다.[2] 이렇게 볼 때 원불교 초기 교단사를 얘기할 때 '저축조합'과 '방언조합'을 구분하여 사용할 경우 혼란을 초래할 수도 있어서, 필자는 영산에서의 이 두 조합의 활동을 통칭하여 '조합운동'이라 부르고자 한다.

원불교 초기 교단사에서 영산의 조합운동은 맨 먼저 1917년에 저축조합을 통하여 경제적 토대를 이룩한 후 이를 바탕으로 이듬해인 1918년에는 방언공사를 성공적으로 추진하게 되었다. 그 후 다시 소태산을 위시로 조합원들은 1919년에 법인성사를 통해 교단 창립의 정신적 토대를 마련한 후,[3] 10월에는 소태산이 부안 변산으로 거처를 옮기면서[4] '불법연구회 기성조합'으로 이름이 바뀜에 따라 영산에서의 조합운동은 일단락되어진다.[5]

이후 소태산은 1924년 4월에 전라북도 이리(현재는 익산시)에서 창립총회를 개최하여 '불법연구회' 란 임시 교명을 대내외에 선포하면서 교단 조직도 새롭게 정비하였는데,[6] 이때 종래의 기성조합을 대신하는 '상조조합'이 만들어져, 교단의 각종 자금을 저축하고 적절하게 운용하는 전문 기관으로 자리잡게 되어, 오늘날 원광신용협동조합으로 계승되었다고 볼 수 있다.

이러한 변화 과정을 통해 볼 때, 영산시기의 조합운동은 그 명칭이 불법연구회 기성조합으로 바뀌면서 그 성격도 변화한 것으로 볼 수 있어서 글의 전개상 다루지 않을 예정이며, 영산시기 즉, 1916년부터 1919년에 이르기까지 4년에 걸쳐 진행된 조합운동―저축조합운동과 방언조합운동―을 중심으로 추진 과정과 전개 내용에서 구인선진들의 활동과 역할을 설명하고, 또 그들이 소태산의 대각정신을 생활 속에서 어떻게 실천하면서 종교정신을 구현하려 했는지를 밝힘으로써 원불교 초기 교단사에서 구인선진의 의미를 정리해 보고자 한다.

소태산이 영산에서 회상을 창립하면서 전개한 일련의 조합운동은 모두 구인선진들의 적극적 동참 속에 성공적으로 마무리되고, 교단 성립의 다음 단계는 제법(制法)의 변산시대를 거쳐 전법교화(轉法教化)의 익산시대로 이어지는데, 이러한 과정은 소태산이 교단 창립한도를 1회 12년씩 3회 36년을 제1대로 정하고 교단 발전 3단계 계획에 따라 1회 12년을 교단 창립의 정신적·경제적 기초의 확립에 두었던 것과 일맥상통한다.[7] 즉 제1대 1단계에서는 먼저 영산에서 근검저축·금주금연·허례 폐지·미신 타파·시미(匙米, 일종의 헌금) 장려·공동 노역 등을 통한 저축운동과 간석지 개간을 전개하였고, 이후 익산에 총부를 건설하고 난 후에는 상조조합의 운영, 산업부의 창설, 황무지 개간을 통한 과수원과 양잠 등의 활동으로 이어지게 되는 것이다. 이렇게 볼 때 소태산이 창립한도를 설정하면서 제시한 제1대 제1회에서의 주요 목표는 교단을 창립하기 위한 정신적·경제적 기초를 확립하는 데 있다는 점이 분명하다. 이런 점에서 영산에서의 조합운동은 교단 성립의 기반을 마련했다는 점에서 가장 중요한 역할을 하고 있는 것이다.

이렇게 원불교 초기 교단사에서 매우 중요한 역할을 담당한 조합운동에 대한 기존의 연구는 이미 상당히 많이 진행되어 왔다. 먼저 비교적 중요하다고 여겨지는 선행 연구로는 대개 다음 7편의 논문을 꼽을 수 있는데, 발표된 시기의 순서에 따라 열거하면 다음과 같다.

① 姜吉遠의「日帝下의 經濟 自立運動의 一硏究 : 貞觀坪 防堰工事의 例」(1982)

② 박용덕의「少太山의 組合運動과 吉龍里干拓事業에 관한 硏究」(1989)

③ 한정석의「저축조합과 방언공사」(1989)

④ 신순철의「1918년 길룡리 방언조합의 간척공사 연구」(1991)

⑤ 신순철의「신흥저축조합 연구」(2000)

⑥ 강현욱의「원불교 협동조합운동 연구」(2012)

⑦ 이승현의「막스베버(Max Weber)의 자본주의 정신과 원불교 저축조합 운동」(2012)[8]

위 7편의 논문에서는 교단 성립기 저축조합과 방언조합의 두 운동에 대하여 초기 교단사적 의미를 강조하거나 일본의 식민지 지배라는 시대적 배경을 검토하면서 민중들의 경제자립운동이라는 측면에서 다루고 있고, 또는 19세기 유럽에서 시작된 근대적 협동조합운동의 관점에서 그 의의를 찾고 있으며, 다른 한편으로는 독일의 종교사회학자 막스 베버의 근대 자본주의 정신에 입각해서 저축조합운동을 설명하고 있다. 이 밖에 원불교 초기 교단사를 설명하면서 조합운동의 의미를 함께 다룬 선행 연구들도 있으며,[9] 〈원불교신문〉이나 〈월간 원광〉 등에 게재된 단편의 글들도 상당수 있다.

따라서 앞에서 언급한 선행 연구의 연구 결과를 참고하고 원불교 초기 교서[10]의 내용을 검토하여, 소태산이 정한 교단 창립한도의 제1대 제1회 중에 원기원년(1916)부터 원기4년(1919)까지의 교단 창립기에 소태산과 구인선진이 일련의 조합운동을 통해 구현하고자 했던 종교적 신념이 무엇인가를 살펴보고자 한다.

II. 조합운동의 실제와 그 정신

원불교 교단 성립기 일련의 조합운동의 시기별 전개 과정은 다음과 같다. ① 원기2년(1917) 저축조합 ⇒ ② 원기3년(1918) 방언조합 ⇒ ③ 원기4년(1919) 불법연구회 기성조합 ⇒ ④ 원기5년(1920) 천정조합 및 묘량수신조합(신흥저축조합) ⇒ ⑤ 원기9년(1924) 상조조합으로 변화 과정을 거치게 되는데, 여기에서는 ①, ②, ④를 중심으로 살펴보고자 한다.

그럼 먼저 맨 처음 전개된 저축조합과 관련된 원불교 각종 교서의 기록을 살펴보면 다음과 같다. 먼저 원불교의 가장 중요한 교서 중 하나인 『대종경』에는

> 대종사 회상 창립의 준비로 저축조합을 설시하시고, 단원들에게 말씀하시기를 "우리가 시작하는 이 사업은 보통 사람이 다 하는 바가 아니며 보통 사람이 다 하지 못하는 바를 하기로 하면 반드시 특별한 인내와 특별한 노력이 있어야 할 것인 바 우리의 현재 생활이 모두 가난한 처지에 있는지라 모든 방면으로 특별한 절약과 근로가 아니면 사업의 토대를 세우기 어려운 터이니, 우리는 이 조합의 모든 조항을 지성으로 실행하여 이로써 후진에게 창립의 모범을 보여 주자." 하시고, 먼저 금주금연과 보은미(報恩米) 저축과 공동 출역(出役)을 하게 하시니라.[11]

라고 기록되어 있고, 『원불교교사』에는,

> 원기2년(1917, 丁巳) 8월에, 대종사, 저축조합을 창설하시고, 단원들에게 말씀하시기를, "우리가 장차 시방세계를 위하여 함께 큰 공부와 사업을 하기로

하면, 먼저 공부할 비용과 사업할 자금을 예비하여야 하고, 예비를 하기로 하면 어떠한 기관과 조약을 세워야 할 것이므로, 이제 회상 기성(期成)의 한 기관으로 저축조합을 실시하여 앞일을 준비하려 하노라." 하시었다.

이에 모든 단원이 술 · 담배를 끊어 그 대액(代額)을 저축하며, 의복 · 음식 등에 절약할 정도가 있으면 그 대액을 저축하며, 재래의 여러 명절 휴일을 줄여 특별 노동 수입을 저축하며, 각자 부인에게도 끼니마다 시미(匙米, 후일 報恩米)를 저축케 하며, 그간 실행해 온 천제(天祭)도 폐지하여 그 소비 대액을 조합에 저축하기로 하고, 대종사, 친히 조합장이 되시어 그 실행을 장려하시니, 불과 몇 달에 저축된 금액이 상당한 액수(200여 원)에 달하였다.

대종사, 조합원들에게 명하여, 그동안의 저축금으로 숯을 사 두라 하시고, 한편으로는 이웃 마을 부호 한 사람에게 빚(400원)을 얻으며, 대종사께서 그간 준비해 두신 사재(400원)도 판출제공하사 다 숯을 사 두게 하시니, 7 · 8개월 후 그 값이 일약 10배(倍)로 폭등하여 조합은 1년 안에 큰 자금을 이루게 되었다. 대종사의 사재는 대각 이후로 본 댁에 남아 있는 가구 등속을 매각작전(賣却作錢)하여 운용 조성한 것이요, 빚은 당시 조합의 신용으로는 얻기 어려운 일이었으나, 대종사께서 명령하신 다음 날, 부호가 자진하여 빚을 주었다. 조합원들은 뜻밖의 성공에 기뻐하는 동시에, 이것은 아마 하늘이 우리 사업을 도와주심이라 하여, 더욱 신심과 용기를 얻게 되었고, 숯 무역은 제1차 대전으로 숯 시세의 일대 변동을 당하여 그러한 이익을 보게 되었다.[12]

라고 더욱 자세히 설명하고 있다. 또한 정산이 집필한 『불법연구회창건사』에도 저축조합에 대하여

우리의 경영한 바 공부와 사업은 보통 사람이 다 하는 바가 아니며 보통

사람이 다 하지 못한 바를 하기로 하면 반드시 특별한 생각과 특별한 인내와 특별한 노력이 아니면 능히 그 성공을 기약하지 못할 것이며, 또는 우리의 현금(現今) 생활이 모두 무산자의 처지에 있으니 의복 음식과 기타 각 항 용처에 특별한 소비절약이 아니면 단기원(單機圓)의 자금을 판출하기가 어려울 것이다. 그런즉 아까 말한 바와 같이 우리의 생명 보호에 별 필요 없는 술과 담배를 끊되 재래의 매월분 얼마 가량 소비되는 것을 참조하야 그 소비 대금을 본 조합에 저축하고, 또는 의복 음식 등에 혹 절약할 정도가 있거든 그것을 단행하야 그 절약된 금액을 본 조합에 저축하고, 또는 재래의 휴식일을 정도에 따라 좀 축소하야 매월 특별 노동일을 정하여 그 수입된 이익을 본 조합에 저축하고, 또는 각자 부인의게 부탁하야 매시 시미[(匙米 금운(今云) 불미(佛米))]를 집합 저축케 하고 또는 전일에 실행하여 온 천제(天祭)에 대하야도 천제(天帝)께서 자금(自今) 이후난 그 행사를 폐하고 소비 대액으로써 본 조합에 저축하야 장래 사업에 실용케 하라는 분부가 계시니, 우리가 만약 이상에 말한 바 모든 조항을 지성 실행한다면 이것이 모다 폐물 이용과 진합태산(塵合泰山) 격으로 장차 큰 자원이 적입(積入)되야 우리의 공부와 사업하는 데에 반드시 완전한 토대를 이룰 것이다.[13]

라고 되어 있다.

이와 같은 내용을 종합해 보면, 소태산은 저축조합을 설립하여 교단 창립의 경제적 기초를 마련하려는 분명한 목적을 가지고 있었다. 이를 위하여 그는 구체적 방법을 구인제자에게 제시하였는데, 금주금연 · 근검절약 · 공동 출역 · 시미(보은미) 저축 · 허례 폐지 및 미신 타파 등이 바로 그것이다. 이러한 내용은 일본의 경제적 침탈을 저지하기 위하여 민족 지도자들이 전개했던 국채보상운동이나 금주단연운동과 일맥상통하는데, 이를 궁촌벽지 영광 지역에서 직접 실천에 옮기고자 한 것은 우리나라 민족경제운동사에서 매우 중요한 의미가 있는 것이다.[14]

또한 소태산은 스스로 저축조합의 조합장이 되어 구인제자들을 이끌고 이러한 구체적 운동을 직접 실천에 옮김으로써 몇 달 만에 일정 자금을 비축하였고, 이를 다시 숯 장사에 투자하여 불과 1년 만에 10배의 자금을 조성함으로써 교단 설립의 기초를 마련하기 위한 새로운 사업, 즉 방언공사를 계속적으로 추진할 수 있게 된 것이다. 이를 통해 우리는 다음 두 가지를 알 수 있다. 첫째, 소태산의 뛰어난 정세분석 능력과 경제적 안목을 알 수 있다. 당시 제1차 세계대전이 종전으로 치닫고 있는 시점에 물가 대폭등으로 인한 숯 가격 상승을 예견하였던 것이다.[15] 둘째, 구인제자들의 적극적 참여를 통해 기본 자금을 축적할 수 있었다는 점이다. 아무리 소태산이 저축운동을 추진한다 해도 제자들의 적극적 협조가 없었다면 자금의 축적은 불가능했을 것이다. 이런 점에서 구인제자의 역할이 매우 중요했다고 할 수 있다.[16]

다음 두 번째로 전개된 방언조합과 관련된 기록을 정리해 보면 다음과 같다. 먼저『대종경』8장에는

> 대종사 길룡리(吉龍里) 간석지(干潟地)의 방언(防堰) 일을 시작하사 이를 감역하시며, 제자들에게 말씀하시기를 "지금 구인은 본래 일을 아니하던 사람들이로되 대회상 창립 시기에 나왔으므로 남다른 고생이 많으나 그 대신 재미도 또한 적지 아니하리라. 무슨 일이든지 남이 다 이루어 놓은 뒤에 수고 없이 지키기만 하는 것보다는 내가 고생을 하고 창립을 하여 남의 시조가 되는 것이 의미 깊은 일이니, 우리가 건설할 회상은 과거에도 보지 못하였고 미래에도 보기 어려운 큰 회상이라, 그러한 회상을 건설하자면 그 법을 제정

할 때에 도학과 과학이 병진하여 참문명세계가 열리게 하며, 동(動)과 정(靜)이 골라 맞아서 공부와 사업이 병진되게 하고, 모든 교법을 두루 통합하여 한 덩어리 한 집안을 만들어 서로 넘나들고 화하게 하여야 하므로, 모든 점에 결함됨이 없이 하려 함에 자연 이렇게 일이 많도다."[17]

라고 나와 있고, 『원불교교사』에도

원기3년(1918, 戊午) 3월에, 대종사, 저축조합의 저축금을 수합하신 후, 조합원들에게 말씀하시기를 "이제는 어떠한 사업이나 가히 경영할 만한 약간의 기본금을 얻었으니, 이것으로 사업에 착수하여야 할 것인 바, 나의 심중에 일찍이 한 계획이 있으니, 그대들은 잘 생각해 보라." 하시고, 길룡리 앞 바닷물 내왕하는 간석지를 가리키시며 "이것은 모든 사람의 버려 둔 바라, 우리가 언(堰)을 막아 논을 만들면 몇 해 안에 완전한 논이 될뿐더러 적으나마 국가 사회의 생산에 한 도움도 될 것이다. 이러한 개척사업부터 시작하여 처음부터 공익의 길로 나아감이 어떠하냐." 하시었다. 조합원들은 원래 신심이 독실한 중에 몇 번의 증험도 있었으므로, 대종사의 말씀에는 다른 사량계교를 내지 아니하고 오직 절대복종하였다. 이에, 일제히 명을 받들어 오직 순일한 마음으로 지사불변(至死不變)하겠다는 서약을 올리고, 다음 날로 곧 방언공사에 착수하였다.

조합원들이 공사에 착수하니, 근방 사람들은 이 말을 듣고 모두 냉소하며, 혹은 장차 성공치 못할 것을 단언하여 장담하는 이도 있었다. 그러나 조합원들은 그 비평 조소에 조금도 꿀리지 아니하고, 용기를 더욱 내며 뜻을 더욱 굳게 하여, 일심합력으로 악전고투를 계속하였다. 삼복성염(三伏盛炎)에는 더위를 무릅쓰고, 삭풍한설에는 추위를 헤치면서, 한편은 인부들을 독촉하고 한편은 직접 흙짐을 져서, 조금도 피곤한 기색을 보이지 아니하였다.

방언공사는 이듬해인 원기4년(1919, 己未) 3월에 준공되니, 공사 기간은 만 1개년이요 간척 농토 면적은 2만 6천여 평(坪)이었다. 대종사, 피땀의 정성 어린 새 농장을 '정관평'이라 이름하시니, 이는 오직 대종사의 탁월하신 영도력과 구인제자의 일심합력으로써 영육쌍전의 실지 표본을 보이시고, 새 회상 창립의 경제적 기초를 세우신 일대 작업이었다.

공사를 마친 후에도 조합원들의 노력과 고생은 쉬지 아니하였으니, 넉넉지 못한 힘으로 근근히 준공은 하였으나, 아직 굳어지지 않은 언(堰)의 뒷일과 4·5년간의 해독(海毒)으로 수년간 작농에 손실을 보게 되었으며, 이에 따라 여러 해를 두고 조합원 외에도 육신과 재력(財力)으로써 직접 간접으로 후원을 한 이가 적지 않았으니, 특별 후원자는 유정천(劉正天) 등 18인(별록1)이었다.[18]

와 같이 기록되어 있다. 또한 『불법연구회창건사』에도 방언공사와 관련하여 다음과 같은 내용이 있다.

원기3년(1918) 3월경에 대종사께서 본 조합의 자금을 수집하신 후 조합원들에게 일러 가라사대 이제는 어떠한 사업이나 가히 경영할 만한 약간의 기본금을 얻었으니 이것으로써 무엇이라도 착수하여야 할 것인 바 내 심중에 일찍이 한 계획이 있으니 제군들은 이 말을 잘 생각해 보라 하시고 인하야 길룡리 전면에 해수래왕하는 간석지를 가리켜 가라사대 이것은 중인의 버린 바라 우리가 방언하여 작답할진대 불과 기년에 완전한 토지가 될 뿐 아니라 폐물 이용에 인하여 비록 적으나마 또한 국가 사회의 생산 중 한 도움이 될 것이니 우리는 이러한 개척사업에 노력하여 처음부터 이 공익의 길을 나아감이 어떠하냐 하시니 조합원들은 원래 신념이 독실한 중에 겸하야 몇 번의 경험이 있었으므로 대종사의 말씀에 사량계교를 내지 아니하고 이구동성으로 오직 유유복종하였다. 대종사께서 또 말씀하여 가라사대 우리의 약한 힘으로써 이 거대사를 착수하기로 하면 이 석상에서 한갓 언약만 할 것이 아니라 반드시 철저한 생각과 희생적 노력을 미리 결심하여야 할지니 제군은 오직 순일한 마음으로 지사불변하겠다는 서약 두 통을 써서 한 통은 천지허공에 그 사유를 고백하고 한 통은 조합에 보관하여 후일 증명케 하라 하시니 조합원들은 일제히 각각 엄숙한 마음으로 서약을 올리니 그 서약의 원문은 아래와 같다.

우리들은 다행히 대도 대덕의 초창 시대를 당하여 외람히 단원의 중한 책임을 맡았는 바 마음은 한 사문(師門)에 바치고 몸을 공중사에 다하여 영원한 일생을 이에 결정하옵고 먼저 방언공사를 착수하오니, 오직 여덟 몸이 한 몸이 되고 여덟 마음이 한마음이 되어 영욕 고락에 진퇴를 같이하며, 비록 천신만고와 함지사지를 당할지라도 조금도 퇴전치 아니하고 후회치 아니하고 원망치 아니하여, 종신토록 그 일심을 변하지 않기로써 혈심 서약하오니, 천지신명은 일제히 통촉하사 만일 이 서약에 어긴 자가 있거든 밝히 죄를 내리소서. 또는 종사주께옵서도 이 배신자에 대하여는 조금도 용서치 말으시고 상당한 중죄를 내리시며, 일반 동지께서도 공동 배척하여 어떠한 죄벌이라도 다하여 주소서. 만일 배신 행동을 자행한 자로는 일체 죄벌을 감수하겠으며, 또는 조금도 여한이 없겠기로 자(玆)에 서명날인함.[19]

이렇게 조합원들은 서약을 마치고, 그 다음 날부터 바로 간척사업에 착수하여 딱 1년 만에 2만 6천여 평의 간척지를 확보하게 되었다. 물론 이 간척사업이 진행되는 과정에서는 저축조합운동으로 모았던 자금도 바닥나 심각한 자금난에 직면하였으나, 구인제자를 비롯한 주변 사람들의 일심합력으로 극복하기도 하였다.[20] 또한 방언공사가 성공적으로 진행되는 것을 보고 이를 시기 · 질투하는 주변 사람들과의 소유권 분쟁이 있었지만, 소태산의 대승적 태도로 구인제자들을 설복시켜 슬기롭게 극복하기도 하였다.[21] 당시 성공 가능성이 거의 없다고 여겨져 주변 사람들로부터 냉소를 받았던[22] 이 방언공사가 불과 1년 만에 성공을 거둘 수 있었던 것은 소태산의 뛰어난 포용적 지도력과 실천적 추진력 아래 구인제자들의 희생적 참여가 있었기에 가능했던 것이다.[23]

그럼 소태산은 왜 도덕을 배우려 찾아온 구인제자들에게 육체노동이 절대적으로 필요한 방언공사에 참여하도록 하였는가 하는 의문이 든다. 이에 대하여 소태산은 방언공사를 추진한 자신의 목적을 다음과 같이 분명히 밝혔다.

> 하루는 이춘풍(李春風)이 와서 뵈오니, 대종사 말씀하시기를 "저 사람들이 나를 찾아온 것은 도덕을 배우려 함이어늘, 나는 무슨 뜻으로 도덕은 가르치지 아니하고 이 같이 먼저 언(堰)을 막으라 하였는지 그 뜻을 알겠는가?" 춘풍이 사뢰기를 "저 같은 소견으로 어찌 깊으신 뜻을 다 알으오리까마는 저의 생각에는 두 가지 이유가 있는 듯하오니, 첫째는 이 언을 막아서 공부하는 비용을 준비하게 하심이요, 다음은 동심합력으로 나아가면 이루지 못할 일이 없다는 증거를 보이시기 위함인가 하나이다." 대종사 말씀하시기를 "그대의 말이 대개 옳으나 그 밖에도 나의 뜻을 더 들어 보라. 저 사람들이 원래에 공부를 목적하고 온 것이므로 먼저 굳은 신심이 있고 없음을 알아야 할 것이니, 수만 년 불고하던 간석지를 개척하여 논을 만들기로 하매 이웃 사람들의 조소를 받으며 겸하여 노동의 경험도 없는 사람들로서 충분히 믿

기 어려운 이 일을 할 때에 그것으로 참된 신심이 있고 없음을 알게 될 것이요, 또는 이 한 일의 시(始)와 종(終)을 볼 때에 앞으로 모든 사업을 성취할 힘이 있고 없는 것을 알 수 있을 것이요, 또는 소비 절약과 근로 작업으로 자작자급하는 방법을 보아서 복록(福祿)이 어디로부터 오는 근본을 알게 될 것이요, 또는 그 괴로운 일을 할 때에 솔성(率性)하는 법이 골라져서 스스로 괴로움을 이길 만한 힘을 얻을 수 있을 것이니, 이 모든 생각으로 이 일을 착수시켰노라."[24]

이렇게 볼 때 소태산은 방언공사를 통해 구인제자들에게 스승에 대한 신심 정도를 보아 참된 가르침을 진정으로 받을 수 있는지를 확인하였을 뿐만 아니라, 시종여일(始終如一)의 정신 · 자립정신 · 고진감래의 정신을 체득시키고자 하였던 것이다.

세 번째로 살펴보고자 하는 것은 소태산의 저축조합운동의 직접적 영향을 받아 설립된 묘량수신조합[25](신흥저축조합)과 천정조합이다. 소태산이 변산으로 들어간 이후 영산 조합운동은 일단락되었지만, 구인제자를 비롯한 조합원들은 각자의 마을이나 부락에서 조합운동을 적극적으로 전개함으로써 이 두 조합이 설립된 것이다.

묘량수신조합은 소태산의 저축조합을 모델로 하여 구인제자 중의 한 명인 일산의 팔촌 동생으로 소태산의 제자로 귀의한 이동안(道山)이 1920년 3월에 10여 명의 동지와 함께 설립한 것으로, 농민들의 생활 향상과 자녀 교육을 위한 근검저축을 실시하였고, 농법 개량과 황무지 개척 등의 사업을 추진하여 농업생산력 향상을 이끌었다. 또한 조합의 자산 증식에 노력하여 설립된 지 7년 만에 총 자산이 1,100여 원에 이르렀다. 그 후 1927년에는 조합원의 결의에 따라 불법연구회 영광지부 신흥분회로 편입하게 되어, 일부

재산은 교당에 기부하고, 나머지는 조합원에게 분배하여 불법연구회 상조부 저축계에 예치되었다.[26]

이러한 묘량수신조합은 협동조합운동이라는 관점에서 보면 저축조합 혹은 방언조합보다 훨씬 진보된 형태의 조합운동이라고 할 수 있다. 특히 저축조합으로써 농민의 고리대를 해결해 주고 곡물 파동이 났을 때 과도한 이익을 취하지 않고 호혜의 정신을 발휘하여 농민들로부터 더욱 인정을 받게 된 것은 현대적 협동조합운동의 효시가 될 만한 사례라고 할 수 있다.[27]

천정조합은 1922년에 소태산의 구인제자 중 한 명인 삼산이 소태산의 저축조합을 모델로 삼아 결성하였다. 삼산은 길룡리 저축조합의 방식대로 농민들에게 근검절약과 저축을 장려하는 한편 소태산의 법설대로 도덕 교화에 힘썼다. 그리하여 마을 사람 거의 모두가 조합원이 되고, 열흘에 한 번씩 함께 모여 오전에 예회 보고 오후에는 공동 작업도 하며, 저녁에는 야학을 하였다. 그리하여 3년 만에 많은 자산이 증식되었을 뿐만 아니라 삼산을 따르는 사람이 늘어나 오직 삼산만을 스승으로 여기는 지경에 이르게 되었다.[28] 이에 소태산은 삼산을 꾸짖어 행동을 바로잡았으며, 천정조합도 1924년에 불법연구회가 익산에서 출범한 이후 상조조합으로 편입되었다.[29]

이렇게 볼 때 소태산이 구인제자들과 함께 전개한 조합운동은 원불교 교단의 정신적·경제적 토대를 마련했을 뿐만 아니라 당시 한국 사회가 처한 상황을 정확히 인식하고 그 병폐를 바로잡으려는 시도였던 것이다. 또한 이는 농촌 벽지의 기층 민중들의 의식 개혁을 이끌면서 생활 전반에 걸친 변화를 인도하여 정신과 물질 모두를 개벽시키려는 종교적 근대화운동의 핵심이었다고 말할 수 있겠다.

Ⅲ. 조합운동에 나타난 종교적 구현: 구인선진을 중심으로

앞 장에서 살펴본 바와 같이 원불교 교단 성립기 영산에서 소태산을 중심으로 구인선진들이 전개한 조합운동은 단순히 교단 설립을 위해 정신적 · 경제적 기초를 마련하기 위한 활동이었는가? 아니면 일제의 식민지 지배하에 놓인 당시의 한국 사회가 직면한 시대적 상황을 정확히 인식하고, 이에 대한 적절한 대응을 하기 위해 새로운 모색을 하는 과정이었는가? 이 두 가지 모두 소태산이 추진한 조합운동의 목적이었음은 부인할 수 없다. 그럼에도 불구하고 소태산과 구인선진의 조합운동에 또 다른 의미는 없는 것일까? 이 물음에 대하여 필자는 당연히 또 다른 중요한 목적이 반드시 있다고 생각한다. 본 장에서는 이 물음에 대한 답을 종교사적 입장에서 찾아보고자 한다.

소태산이 원불교를 개창하면서 내건 개교 표어가 바로 '물질이 개벽되니 정신을 개벽하자'[30]이고, 개교의 동기는 다음과 같다.

> 현하 과학의 문명이 발달됨에 따라 물질을 사용하여야 할 사람의 정신은 점점 쇠약하고, 사람이 사용하여야 할 물질의 세력은 날로 융성하여, 쇠약한 그 정신을 항복받아 물질의 지배를 받게 하므로, 모든 사람이 도리어 저 물질의 노예 생활을 면하지 못하게 되었으니, 그 생활에 어찌 파란고해(波瀾苦海)가 없으리요.
>
> 그러므로, 진리적 종교의 신앙과 사실적 도덕의 훈련으로써 정신의 세력을 확장하고, 물질의 세력을 항복 받아, 파란 고해의 일체생령을 광대무량한 낙원(樂園)으로 인도하려 함이 그 동기니라.[31]

이와 같이 소태산이 당시 사회에 대한 냉철한 인식 아래 팽배해진 물질 중심의 풍조를 바로잡고자 정신개벽을 주장했던 것이다. 이 정신개벽의 실천 방법으로 소태산이 제시한 것 중 가장 중요한 것이 바로 '영육쌍전(靈肉雙全)'이다. 그래서 그는 구체적으로 이를 실천할 수 있는 영육쌍전법을 다음과 같이 설파하였다.

> 과거에는 세간 생활을 하고 보면 수도인이 아니라 하므로 수도인 가운데 직업 없이 놀고 먹는 폐풍이 치성하여 개인·가정·사회·국가에 해독이 많이 미쳐 왔으나, 이제부터는 묵은 세상을 새 세상으로 건설하게 되므로 새 세상의 종교는 수도와 생활이 둘이 아닌 산 종교라야 할 것이니라. 그러므로 우리는 제불 조사 정전(正傳)의 심인인 법신불 일원상의 진리와 수양·연구·취사의 삼학으로써 의·식·주를 얻고 의·식·주와 삼학으로써 그 진리를 얻어서 영육을 쌍전하여 개인·가정·사회·국가에 도움이 되게 하자는 것이니라.[32]

이것이 바로 소태산이 당시 사회가 직면한 여러 문제를 극복하는 방법으로 제시한 것으로, 영과 육을 둘로 보지 않고 실제 생활 속에서 이 정신과 물질을 함께 수련해야 함을 제시한 것이다.[33] 전통 시대의 종교에서는 일정한 자력적인 경제활동이 없이 수행에만 치중하는 경향이 강했다지만, 새로운 세상 즉 새로운 시대의 종교는 수도와 생활이 둘이 아닌 산 종교이어야 함을 강조한 것이다. 이것이 바로 '이사병행(理事竝行)'[34]이고, '동정일여(動靜一如)'[35]인 것이다.[36]

이렇게 새로운 시대에 걸맞게 산 종교로 출발하는 원불교가 영육이 쌍전하고, 이사가 병행하는 종교적 정신을 구현하고자 소태산과 구인제자가 함께 제일 먼저 전개한 것이 바로 앞 장에서 자세히 설명한 조합운동—저축조합과 방언조합—의 실재적 내용인 것이다. 그래서 원불교의 제2대 종법사인 정산은 1956년 정관평 재방언공사 착공식에서 이 방언공사를 '영육쌍전'의 표본이라고 평가하였다.[37] 또 원불교의 제3대 종법사인 대산 김대거(大山金大擧, 1914-1998)도 '영산성지의 방언의 대역사는 영육쌍전 · 동정일여 · 이사병행하는 일원 회상의 시범을 보여 주신 것'[38]이라고 의미를 부여하였다.

이 두 조합운동에 반영된 또 하나의 종교적 구현은 바로 '이소성대(以小成大)' 정신이다. 소태산과 구인제자가 영광의 작은 마을에서 실천에 옮긴 절약절식 · 금주금연 · 근검절약 · 공동 출역 · 시미 저축 · 허례 폐지 등을 통한 저축 활동과 이렇게 저축된 자금을 다시 숯 장사에 투자하여 10배 자금을 조성하여 방언공사를 추진한 것은 바로 이 '이소성대'의 정신을 구체적으로 실천에 옮긴 것이다. 그래서 소태산은 바로 이 '이소성대' 정신의 종교적 구현을 다음과 같이 강조하였다.

> 대종사 말씀하시기를 "세상의 모든 사물이 작은 데로부터 커진 것 외에는 다른 도리가 없나니, 그러므로 이소성대(以小成大)는 천리(天理)의 원칙이니라. 이 세상에 크게 드러난 모든 종교의 역사를 보더라도 처음 창립할 때에는 그 힘이 심히 미약하였으나 오랜 시일을 지내는 동안에 그 세력이 점차 확장되어 오늘날 큰 종교들이 되었으며 다른 모든 큰 사업들도 또한 작은 힘이 쌓이고 쌓인 결과 그렇게 커진 것에 불과하나니, 우리가 이 회상을 창립 발전시키는 데에도 이소성대의 정신으로 사심 없는 노력을 계속한다면 결국 무위이화(無爲而化)의 큰 성과를 보게 될 것이요, 또는 공부를 하는 데에도 급속한 마음을 두지 말고 스승의 지도에 복종하여 순서를 밟아 진행하고 보면 마침내 성공의 지경에 이를 것이나, 만일 그렇지 아니하고 어떠한 권도

(權道)로 일시적 교세의 확장을 꾀한다든지 한때의 편벽된 수행으로 짧은 시일에 큰 도력을 얻고자 한다면 이는 한갓 어리석은 욕심이요 역리(逆理)의 일이라, 아무리 애를 쓰되 헛되이 세월만 보내게 되리라. 그런즉, 그대들은 공부나 사업이나 기타 무슨 일이든지 허영심과 욕속심(欲速心)에 끌리지 말고 위에 말한 이소성대의 원칙에 따라 바라는 바 목적을 어김없이 성취하기 바라노라."[39]

이렇게 소태산이 강조한 '이소성대' 정신을 저축조합과 방언조합의 활동을 통해 실천에 옮긴 사람들이 바로 구인선진들이다. 즉 종교적 이념에 입각하여 모든 인간, 모든 사물 그리고 금전(돈)을 대함에 있어서 '이소성대'의 정신으로 표현한 것이 조합운동으로 나타난 원불교 창립정신[40]인 것이다.[41]

근대 유럽의 저명한 종교사회학자인 막스 베버(Max Weber, 1864-1920)가 자신의 저서 『프로테스탄트의 윤리와 자본주의의 정신』에서 "금욕적으로 직업 노동에 종사하면서 모은 부를 낭비하면 종교정신이 퇴색한다. 그래서 가능한 한 많이 벌고 많이 절약하고 많이 희사하여 하늘에 보물을 쌓으라." 라고 금욕적 직업윤리에 대하여 설명한 것과 일맥상통하고 있다고 볼 수 있다.[42] 또한 중국에서 근세 이후 발달한 신유학이라는 종교적 윤리 관념의 강한 영향을 받은 명(明)과 청(淸)의 상인 윤리 중에는 '근검(勤儉)' 즉 '부지런함[勤, industry]과 검약[儉, frugality]'이라는 양대 요소와 '성신(誠信)'과 '속이지 않음[不欺]'이 중심적 덕목인데, 이는 소태산의 조합운동에 나타난 정신과도 비슷하다.[43]

이렇게 볼 때 소태산이 교단 성립 초기에 구인제자들에게 주창하여 그들로 하여금 조합운동을 통해 실천에 옮기게 한 '영육쌍전'과 '이사병행'이라는 종교적 구현은 동서양을 막론하고 비슷하게 나타나고 있는 것이다. 즉 어떤 사회에서든지 자본주의의 형성과 발전 과정에서 나타나는 병폐를 해결하려는 방법으로 제시된 것이 실천적 종교적 구현으로 나타난 것이다.

Ⅳ. 맺음말

소태산이 1916년 대각(大覺)한 이후 교단 창립에 나서면서 자신을 따르는 구인제자들을 이끌고 처음으로 전개한 것이 바로 1917년의 저축조합과 1918년의 방언공사로 이어지는 조합운동이었다. 이렇게 소태산의 지도 아래 구인제자들이 함께 전개한 일련의 조합운동은 당시 불리한 사회적 배경—궁촌벽지라는 지정학적 위치, 일제의 탄압과 견제 등—에도 불구하고 아주 짧은 기간 내에 가시적인 성과를 거둘 수 있었다.

먼저 교단 창립의 경제적 기초를 마련한다는 목적으로 전개된 저축조합운동에서 소태산은 스스로 조합장이 되어 구인제자들을 이끌고 금주금연 · 근검절약 · 공동 출역 · 시미(보은미) 저축 · 허례 폐지 · 미신 타파 및 숯장사 등 구체적 방법의 실천으로 자금을 축적하였다. 또한 소태산은 교단 창립을 위하여 계속적으로 새로운 사업—방언공사—을 전개하였는데, 이러한 일련의 조합운동에서 무엇보다도 구인제자들의 역할이 매우 중요한 것이었다. 다시 말하면 소태산의 뛰어난 포용적 지도력과 실천적 추진력 아래 구인제자들의 희생적 참여가 있었기에 가능했고, 이로써 구인선진들도 대종사의 가르침을 받아 시종여일(始終如一)정신 · 자립정신 · 고진감래 등의 매우 소중한 경험을 얻을 수 있었다.

또한 소태산과 구인제자가 함께 전개한 일련의 조합운동은 원불교 교단의 정신적 · 경제적 토대를 마련했을 뿐만 아니라 당시 사회와 기층 민중들의 의식 개혁을 이끌면서 생활 태도의 변화를 인도하여 정신과 물질 모두를 개벽시키는 종교적 근대화운동이었던 것이다.

소태산이 물질과 정신의 개벽을 위한 구체적 실천 방법으로 제시한 것이 바로 '영육쌍전(靈肉雙全)'과 '이소성대(以小成大)' 정신이었다. 이 두 가지 종교적 구현 방법은 동서양을 막론하고 자본주의의 형성과 발전 과정에서 발생하는 병폐를 해결하려는 종교적 실천 운동이었던 것이다. 그런데 소태산이 제시한 '영육쌍전'과 '이소성대'라는 두 가지 정신이 종교적으로 구현될 수 있었던 것은 구인선진이라는 제자들의 스승에 대한 신성과 복종·희생적 정열·실천적 추진력 그리고 개척정신 등이 있었기에 가능하였다고 생각된다.

제2부

구인선진의 생애와 사상

구인의 중앙
'정산 종사'

이 성 전(제타원 · 원광대학교 원불교학과 교수)

Ⅰ. 머리말

소태산 대종사(少太山 大宗師, 1891-1943, 이하 경칭 생략)는 교단 창립 시기 최초 제자들 중에서 '진실하고 신심 굳은 9인'[1]으로 첫 교화단을 조직하고 이들을 중심으로 창립의 역사를 수행하였다. 필자는 이 가운데 중앙 단원이었던 정산 종사(鼎山 宗師, 宋奎, 1900-1962, 이하 경칭 생략)의 생애와 사상을 재조명할 것이다.

정산은 소태산의 수제자로 창립 과정에서의 두드러진 역할로 주목받아 왔다. 〈정산종사찬송가〉 첫 소절에는 '하늘은 땅을 두고 해는 달 두듯'[2] 이라고 정산과 소태산의 관계가 표현되어 있다. 동아시아의 전통 사상에 의하면 하늘은 만물을 덮어 주시고 땅은 만물을 실어 주시는[3] 존재로서 천지는 만물을 생성 화육하는 덕의 근원이며 실현의 무대이다. 하늘의 우로지택을 받아 땅이 이를 생육한다는 상징적 표현으로 대변된다.

소태산은 교화단 조직에 대해 단장은 하늘을 응하고 중앙은 땅을 응하였으며, 8인의 단원들은 8방을 응한 이치라고 말한다. 곧 우주에 상응한 조직이라는 의미이다. 정산은 중앙으로서 단장인 소태산 대각의 경지를 체증하고 이를 구체화하고 현실화하는 역할을 충실히 수행하였다. 그는 〈소태산 대종사비명병서(少太山大宗師碑銘並序)〉에서 소태산의 일생과 사상, 업적을 집약하였다. 그 가운데 '우로지택이요 일월 지명'이란 구절을 지목하여 소태산의 덕을 더 찬양할 말씀이 없었다[4]고 자평한다. 이런 시각에서 하늘의 덕에 비견될 만한 소태산의 사상과 경륜을 계승하여 실현하는 것으로 자신의 역할을 삼았다.

정산의 생애와 사상에 대해서는 비교적 많은 연구가 진행되어 왔다. 특히 2000년 정산 종사 탄생 100주년을 기념하기 위한 각종 학술대회와 편찬 사업을 통해 연구의 성과들이 집적되었다.[5] 필자는 원불교 창립제자인 구인단원들의 자취와 업적을 드러내고자 하는 취지에 충실하고자 한다. 따라서 최초 단의 중앙으로서의 그의 역할과 소태산 열반 후 교단을 이끌어 가는 과정 속에서 드러나는 그의 사상을 포괄적으로 정리해 내는 데 주력하고자 한다.

II. 생애

1. 구도

정산은 1900년 8월 4일에 경북 성주에서 탄생하였다. 7세부터 가학(家學)[6]으로 전해져 온 유학을 수학하여 당시 영남학파를 대표하는 인물의 한 사람이었던 송준필(宋浚弼, 1869-1943)[7] 문하에서 학문을 연찬하였다. 수학 과정에서 『통감(通鑑)』, 『사서(四書)』를 비롯한 유학 서적들을 공부하는 동안 『사기(史記)』를 읽고 느낀 소감을 적어 주위의 이목을 집중시키기도 하였다.[8]

그러나 그는 학문적 연찬에 만족하지 못하였다. 당시에 내면의 웅지와 현실의 답답함을 "해붕천리고상우 농학십년칩울신(海鵬千里翶翔羽 籠鶴十年蟄鬱身: 바다 붕새로 천리를 날아갈 만한 깃을 가졌건만 조롱에 든 학으로 십년 세월을 갇혀 지냈네.)"[9]이라고 토로하고 있다. 이러한 그의 심정은 당시의 시대적 상황과도 무관하지 않을 것으로 보인다. 유학의 전통에 대해 반성적 성찰이 요청되던 시대 상황에서 이를 극복하려는 의지가 간절하였던 것이라 할 수 있다. 조선 말의 혼란한 상황을 맞이하여 '새로운 시대의 도래를 통찰한 안목에서 민족을 구원하고 세계를 바로잡는 큰 일꾼'[10]이 되려는 그의 웅지는 그를 구도의 길로 나아가게 하였다.

그는 영적 각성을 추구하는 많은 구도자들과 마찬가지로 기도를 통해 암울한 현실을 극복할 수 있는 더 높은 차원의 세계로 나아가고자 하였다. 천지의 기운이 응하기를 간구하기도 하였다. 그 과정에서 어느 정도 감응은 있었으나 만족하지 못하고 스승을 찾아 구도의 염원을 해결하고자 하였다.

이런 구도 과정은 사상사적 측면에서 한국 종교의 역사적 특성을 이루어 온 삼교원융적 종교관을 통해서 유불도의 종교적 세계관을 스스로의 구도 여정에 개방적으로 수용한 것[11]이라고 평가되기도 하였다. 삼교원융적 관점은 당시 신종교 사상의 공통된 기반이기도 했는데 정산은 이를 바탕으로 하여 새로운 세계에 열린 눈을 갖게 되어 자신의 독자적 세계관을 형성하게 된 것이라고 할 수 있다.

2. 소태산과의 만남

정산의 구도 정성이 깊어 가는 동안 전라남도 영광에서는 소태산이 오랜 구도의 역정 끝에 대각을 이루고 동방의 새 불토를 열어 갈 웅지를 펼칠 준비를 시작하고 있었다. 소태산은 '이제 나의 아는 바는 도덕의 정체(正體)요, 나의 목적하는 바는 새 회상을 이 세상에 건설하여 창생을 낙원으로 인도하자는 것'[12]이라고 소회를 밝혔다. 새로운 시대의 인류를 위한 새로운 도덕,

새로운 생명의 질서가 요청됨을 인식하고 이를 자신의 시대적 사명으로 받아들이고 있었다. 그는 주변에 따르는 사람들과 더불어 자각을 통한 새로운 삶으로 거듭나기 위한 훈련[13]을 시작하고 10인 1단으로 그 조직을 구성하였다. 그는 조단법이 장차 시방세계의 모든 사람을 교화할 법으로 '오직 한 스승의 가르침으로 모든 사람을 훈련하는 빠른 법'[14]이라고 선언하였다.

첫 조단 시에 소태산은 중앙의 자리를 비워 두었다. 간혹 밤 하늘의 별자리 운행[星宿]을 살피며 "만나야 할 사람이 가까이 오고 있다."[15]고 하였다. 정산은 이때 정읍 화해리에 근거를 두고 김제, 장성 등으로 스승을 찾아 헤매고 있었다. 1917년 11월경에 모악산 대원사에서 기도하는 중 당시 증산교도이던 김해운(金海運, 1872-1939)을 만나 화해리로 이석하여 머물고 있었다. 제자들은 저축조합을 통한 기금과 다방면의 합력으로 방언공사를 시작하고 있었다. 어느 날 소태산은 김성섭(金成燮, 光旋, 1879-1939)[16]과 길을 떠나 정읍 화해리에 이르렀다. 소태산은 그동안 찾고 있던 '체격이 작은 얼굴이 깨끗한 소년'을 만났다. 정산은 구도의 과정 중에 눈을 감으면 떠오르던 '고요한 해변에서 온 원만하신 용모의 큰 스승'[17]을 만나게 되었다. 원기3년(1918) 4월이었다. 숙겁의 서원을 실현하기 위해 인연을 찾아온 소태산의 절실함과 스승을 찾아 대원(大願)을 성취하고자 하는 정산의 간절한 기원이 마주하는 순간이었다. 이 만남의 순간을 박정훈은 '서로 간절히 찾으시던 스승과 제자의 만남이요, 영겁을 통해 이끌고 받들어 오신 숙연의 상봉이며 일원세계 건설의 새 역사가 창조되는 주세불과 아성의 제우'[18]라고 표현하였다. 류기현은 이들의 만남에 대해 "소태산 대종사는 대각한 바로 그 당시에 영적 혜안과 학문이 겸비된 정산이라는 인물을 만나게 되었다. 이러한 역사적 만남으로 인해 각자(覺者)인 교조의 가르침이 의역되거나 장엄화되지 않고 대종사의 뜻과 경륜이 그대로 피력되고, 도통의 진의가 사실적이고 실천적으로

감행 증거될 수 있었다."[19]고 한다.

3개월 후 7월에 정산은 영산[20]으로 오게 되었다. 정산은 후에 이때의 일을 상기하면서 다음과 같이 말하였다.

> 모든 사람이 다 같이 스승의 은혜를 느낄 것이나 나는 특히 친히 찾아 이끌어 주신 한 가지 은혜를 더 입었노라. 그러므로 다른 사람보다 천배 만배의 보은을 하여야 한다.[21]

소태산은 법인기도가 시작할 무렵까지 정산을 미리 마련한 토굴에 머물게 하였다. 낮에는 토굴에서 그동안 소태산이 설한 〈최초법어〉와 『법의대전』을 정독하고 저축조합 문서를 열람하며 팔인단원들이 진행해 온 자취를 세세히 살폈다. 밤에는 소태산과 팔인단원들과 함께 공부와 사업에 대한 이야기를 나누었다.

3. 구인의 중앙

소태산은 정산을 단의 중앙에 임명하였다. 단장은 하늘을 응하고 중앙은 땅을 응하였으며, 팔인단원은 팔방을 응한 이치에 따르며 정산은 소태산을 하늘로 받들고 땅의 상징적 역할을 수행하게 된 것이다.

원기4년(1919) 3월 방언공사를 마치고 단원들의 기도가 시작되었다. '물질문명은 날로 융성해지고 사람의 정신은 쇠약하여져서 앞으로 창생의 도탄이 한이 없게 될 것'[22]을 통찰하고 '천지에 기도를 올려 천의에 감동이 있게' 하려는 기도였다. 전일한 마음과 지극한 정성으로 인도의 대의가 바로 서서 사람이 물질에 끌리지 않고 선용하는 힘을 갖추도록 서원하였다. 정산도

이 기도에 참여하여 '몸이 죽어 없어지더라도 정법이 세상에 드러나서 모든 창생이 도덕의 구원을 받는다면 여한이 없다'는 죽음을 각오한 서약을 세웠다. 이 기도는 천지가 감응하신 법인성사(法印聖事)로 나타났다. 이후 아홉 단원들에게 법호와 법명이 주어졌다. 정산의 법호는 '정산(鼎山)', 법명은 '규(奎)'이다. 훗날 사람들은 법호 정산과 법명 규의 의미를 첫 단의 중앙으로서의 역할을 수행할 것을 수기(授記)한 것으로 풀이하였다.

그해 10월, 회상 창립한도(創立限度)가 발표되었다. 매대(每代)를 36년으로, 창립 1대 36년은 다시 3회로 나누어, 제1회 12년은 교단 창립의 정신적 경제적 기초를 세우고 창립의 인연을 만나는 기간으로, 제2회 12년은 교법을 제정하고 교재를 편정하는 기간으로, 제3회 12년은 법을 펼 인재를 양성훈련하여 교화에 주력하는 기간으로 정하였다. 정산은 이 기간 동안 소태산의 뜻을 받들어 이를 구현해 내는 데에 진력하였다. 소태산이 '새 회상의 법모이며 전무후무의 제법주'[23]라고 기대하였던 사명을 수행하게 되었다.

법인기도가 마무리되어 갈 즈음 소태산은 정산을 월명암으로 보냈다. 정산은 월명암에서 백학명(白鶴鳴, 1867-1929)과 함께 거주하다가 소태산이 실상사로 오자 이로부터 3년간 실상사에서 소태산을 모시고 원불교의 교법을 초안하는 데 보필의 역할을 다하였다. 새로운 인연을 만나기 위한 초석을 놓을 때나 교리를 발표할 때나 인재 양성을 위한 역할에서나 정산은 소태산 대각의 내용을 구체화하고 체계화하는 역할을 충분히 수행하였다.

원기28년(1943) 소태산 열반 후 수위단 중앙 단원이었던 정산은 종법사로 추대되었다. 대한민국의 광복과 6·25의 소용돌이 속에서 교단을 이끌며 초창기 교단의 정초를 놓는 사명이 그에게 주어졌다.

일제강점기 막바지의 극한상황에서 정산은 직접 부산으로 가서 초량교당 법당에 '사은상생지 삼보정위소(四恩相生地 三寶定位所)'라고 써 붙이고 시국의 안정을 위해 기도하였다. 광복과 함께 건국 사업에 협력하는 길의 하나로 전 교역자와 교도가 합력하여 '전재동포 구호사업'을 시행하는 한편, 『건국론』을 집필하여 정교동심으로 국민의 현실적 문제 해결과 정신적 구원을 함께 이루는 대한민국 건설의 길을 제시하였다. 『건국론』은 당시의 극도로 혼란했던 시국의 상황에서 종교 지도자로서 시국 수습의 기본 방향을 제시한 것으로 종교 지도자로서 자기 사명을 다한 현실 참여[24]였다.

정산의 사명은 '원불교'라는 교명 선포(원기32년, 1947.4.27)와 소태산이 주세불임을 천명하는 일에서 중요한 전기를 이루었다. 이는 교단사적으로 큰 역사적 사건이라고 할 수 있다. 그 후 그는 교재정비(敎材整備)[25], 기관확립(機關確立)[26], 정교동심(政敎同心)[27], 달본명근(達本明根)[28]이라는 사대 경륜을 발표하였다.[29] 정산은 이를 친히 써서 장수 정화사에 걸어 두고 그 실현을 염원하였다. 이 외에도 소태산 대종사 성탑 봉건으로 성체를 성탑에 모시고 성비를 제작하여 소태산의 생애와 업적을 기록하여 후대에 전해지도록 하였다. 사대 경륜을 통해 정산은 원불교 사상체제 정립, 교리 실천체재 확립, 교화체계 확립, 제도적 정착(정립) 등을 추진하는 한편, 대사회적 참여의 틀을 마련하였다. 이를 통해 교단의 기초를 마련하고 팔인단원과 후진들이 세상의 주인으로서 역할을 다할 수 있도록 기반을 마련하는 일에 일생을 헌신하였다.

Ⅲ. 사상

1. 시대에 대한 인식과 미래 전망

정산은 '지금은 묵은 세상의 끝이요, 새 세상의 처음'[30]이라는 소태산의 시대에 대한 통찰을 깊이 공유한다. 이러한 입장은 밝고 문명한 양세계(陽世界)의 도래에 대한 관점에서 확인된다.[31] 천지의 순환은 음세계에서 양세계로 이동하는 대전환의 시기를 맞고 있다. 정산은 이를 소태산이 '서가모니불을 성중성(聖中聖)이라 하고 사상적 연원을 부처님에게 정한'[32] 사실과 관련짓고 있다. 부처님의 '영산회상이 열린 후 정법과 상법을 지내고 계법시대에 들어왔다'는 점과 시대 상황이 크게 바뀌고 있음을 직시한다. 그에 따른 세상의 요청과 성자의 원력이 상응하여 '구주이신 대종사께서 다시 이 세상에 출현'[33]하게 되었다고 한다. 이는 소태산이 미래 세상의 주세불임을 선언한 것이라고 할 수 있다. 현재와 미래를 담당하여 인류를 구제할 부처님이란 의미이다. 이러한 정산의 주세불관은 '불불계세 성성상전(佛佛繼世 聖聖相傳)'이라는 신앙적인 면과 영산회상(靈山會上)으로부터의 정(正)·상(像)·계(季) 삼시(三時)의 흐름이라고 하는 사상사적 면으로 틀 잡혀진[34] 것으로 이해할 수 있다.[35]

주세불이라는 개념은 한 탁월한 구세 성자의 출현으로 인류 구원이 달성된다는 일반적 의미와는 구분되는 함의를 지닌다. 소태산이 밝혔듯이 천여래 만보살이 출현함으로써 모든 성인이 함께 만나고[衆聖共會] 회통하여 인류 구원이 달성되는 데 그 선구적 역할을 담당한 분이며 나아가 모든 민중이 보편적 자각을 이룸으로써 인류 구원이 달성될 수 있도록 크게 불법의 문을 개방해 놓은 분으로 이해할 수 있다. 미륵불과 용화회상에 대한 소태산의 견해가 그 내용을 뒷받침해 준다. 소태산은 미래불의 출세와 이상세계를 묻는 제자에게 다음과 같이 답한다.

> 미륵불이라 함은 법신불의 진리가 크게 드러나는 것이요, 용화회상이라 함은 크게 밝은 세상이 되는 것이니, 곧 處處佛像 事事佛供의 대의가 널리

행하여지는 것이니라.

그리고 그 주인은 하나하나 '먼저 깨치는 사람이 주인'이라고 한다. 정산은 새 회상을 미래 부처님의 회상, 대종사의 회상이라고도 표현하고 있다. 그 회상의 성격은 정법회상, 도덕회상이다. '인도정의의 요긴한 법'을 실현하는 대도회상이다. 소태산이 예견한 대명천지[37], 참으로 크게 문명한 도덕세계[38]가 실현되도록 이끌어 주는 회상이라는 의미이다.

천지 순환의 이법에 따른 대전환의 시기에 인류는 격변의 소용돌이에서 새로운 삶의 질서를 절실하게 찾고 있었다. 정산의 구도 여정은 소태산과 만남으로써 새로운 도약의 전기를 맞이한다. 소태산의 가르침에 따라 크게 문명한 도덕세계를 실현할 수 있으리라 자신하였다. 그는 '이 법으로 부처되는 길만은 확실히 자신'[39]하였다고 한다.

2. 교법의 체계화

1) 소태산 대종사 사상의 구체화

정산은 소태산의 대각 내용과 경륜을 구체화하고 체계화하여 세상과 소통시키려 하였다. 이 가운데 가장 중심은 대각의 내용인 일원상의 진리를 교법의 핵심으로 확립하고 신앙과 수행의 근본으로 정립하는 작업이었다.

소태산은 초창 당시에 몇몇 제자들에게 글을 짓도록 하였다. 정산에게는 '일원(一圓)'이라는 제목을 주었다. 정산은 '만유화위일 천지시대원(萬有和爲一 天地是大圓)'[40]이라 화답하였다. 일원상이 천지와 만물의 근본 이치를 상징한다는 뜻이 드러나 있음을 알 수 있다. 그 후 그는 자신의 공부 경지를 〈원각가(圓覺歌)〉[41]로 풀어 내었다. 그 글에서 궁극의 진리를 변과 불변의 이치를 통해 이해하고 천지자연과 인간의 원리를 깨달음의 경지에서 드러낸다.

원기22년(1937)에 정산은 소태산의 깨달음의 경지를 상징한 일원상에 대한 논증으로 「일원상에 대하야」[42]라는 글을 발표하였다. 그는 이 글에서 소태산 사상의 핵심을 일원상의 진리로 제시하면서 신앙과 수행의 종지로의 위치를 확립하려고 하였다. 불상 대신 일원상을 봉안하는 〈조선불교혁신론〉의 입장을 계승하면서 그 의미를 심화하려는 취지를 밝히고 있다. 이러한 노력은 불법을 생활화, 대중화하며 한 걸음 나아가 참된 진리를 자각케 하려는 데 본의가 있음을 천명한다.

즉, 일원상의 진리에 관해 외적으로는 우주만유의 본원이요 내적으로는 인간 본성이라는 시각을 제시함으로써 궁극적 실재로서의 기본 성격을 규정한다. 이러한 실상은 이미 불법에서도 밝힌 바 있으며 성자들의 공통된 증오처라고 봄으로써 보편적 진리로서의 근거를 제시한다. 그 과정에서 특히 유가적 인(仁)이나 태극(太極)과의 상통성을 강조하는 점이 눈에 띈다. 이는 성리학적 소양을 지닌 자신의 학문적 섭렵 과정에도 원인이 있지만 삼교융합적 시각으로 나아가는 토대를 잘 드러내 주고 있다.

일원상의 진리를 신앙하는 특징에 관해서는 사은당처에 대한 사실적 신앙과 지극히 공정한 진리의 근원처에 대한 신앙의 두 가지로 설명하였다. 이는 일단 인과의 이법을 중시한 해석으로 받아들여진다. 그 가운데 정산은 유학적 경(敬)과 성(誠)의 공부를 강조함으로써 성리학과의 회통적 시각을 보여주고 있다. 이는 다른 한편으로는 이성적 자각을 중시하는 성리학적 공부를 신앙적 경건성의 영역으로 확대한 의미로도 풀이할 수 있다.

이어 일원상을 체받는 법과 일원상을 이용하는 법은 삼학공부에 해당하는 것으로서 체받는 공부는 견성과 양성공부, 이용하는 법은 솔성공부에 해당한다. 이는 인간 삶 속에서 일원상의 진리가 생동력 있게 작용해야 함을 강조한 것이라고 할 수 있다.

정산은 이 글의 통론에서 신앙에 대한 실효, 숭배에 대한 실효, 체득에 대한 실효, 이용에 대한 실효가 발생하는 대도가 실천실학이라고 하였다. 다시 말하면 일원상 곧 참마음의 실효가 신앙에서, 숭배에서, 체득에서, 이용에서 나타나며, 그것을 증득하는 것이라고 하였다. 이러한 의미의 실학은 종전의 실학과는 그 내용에서 구별되는 것으로 보인다.[43] 여기서의 실학은 성리학을 극복하기 위한 의미의 실학이기보다는 참다운 마음공부라는 의미가 강한 것이다. 참마음, 참진리를 구현할 수 있는 법이란 의미이다.

일원상 진리에 관하여 정산은 불교적인 본성, 자성이란 표현 외에도 한 기운(氣運)[44], 천지지심(天地之心)[45], 천도(天道)[46] 등 전통적 개념을 활용하였다. 이는 유교, 도교의 사상적 기반을 공유하는 개념들이다. 〈원각가〉에서 강조된 변(變), 불변(不變)의 범주도 이와 관련이 깊다.

이 밖에 몇 가지 독특한 인식 범주로 체 · 용 · 영지[47], 진공 · 묘유 · 인과[48] 등을 활용하였다. 이는 대승불교, 특히 선불교에서 익숙한 개념들로서 불법에 뿌리를 두는 입장을 읽을 수 있다. 이 중 주목할 만한 것은 일원상의 진리를 영 · 기 · 질[49]이란 독특한 범주로 설명한 관점이다. 정산의 영기질론은 불교적 심론이 주체가 되어 중국적 기론(氣論)을 수용한 형태라고 말할 수 있다. 불교로 대표되는 인도적 인간관과 기를 중심하여 설명하는 중국적 인간관의 결합[50]이라고 풀이되는 이유이다.

2) 전통 사상과의 관계

정산은 구도 과정이나 소태산과의 만남을 통해 유 · 불 · 도 등 전통적 삼교와 동학 · 증산사상 등 신종교사상에 관해 폭넓게 섭렵할 기회가 있었다.

이러한 경험은 소태산의 사상을 심화, 해석하는 데 자산으로 작용하였다. 그는 우선 불교와의 관련성을 묻는 질문에 다음과 같이 언급하였다.

> 주로 창조하시고, 혹 혁신, 혹 인용(因用)하셨느니라.[51]

이는 불교에만 해당되는 입장은 아니며 유교, 도교 및 신종교사상에도 두루 적용된다고 말할 수 있다. 기본적으로 불법에 연원을 대고 불법을 교법의 주체로 삼는 관점에서 진일보한 개방적 태도라 할 수 있다. 이는 소태산의 관점을 계승한 것이기도 하지만 당시 신종교 일반에서 볼 수 있는 삼교융합 분위기의 연장선에서 이해될 수 있다.

> 예로부터 제불제성과 철인달사들이 우주의 본체를 각각 다르게 표현하였으니 불교에서는 법신 · 불성이라 하고, 유교에서는 성 · 리 · 태극이라 하며, 도교에서는 도 · 천하모라 하고, 기독교에서는 하나님이라 하며 (중략) 이름은 각각 다르나 우주의 본체를 표현한 것만은 사실이다. 이러한 우주의 본체를 대종사께서는 일원상이라 하시었다.[52]

모든 종교의 교지가 본질에 있어서는 하나의 진리에 통하며, 일원상의 진리는 이를 상징하는 것이라는 견해다. 그러나 각 사상의 특징과 한계를 지적하기도 하였다.

> 불교의 진수는 공(空)인 바 그릇 들어가면 공망(空妄)에 떨어지며, 유교의 진수는 규모인 바 그릇 들어가면 국집하며, 도교의 진수는 무위자연인 바 그릇 들어가면 자유 방종에 흐르며, 과학의 진수는 분석 정확인 바 그릇 들어

가면 유(有)에 사로잡혀 물질에만 집착하나니, 이 네 가지 길에 그릇 들어가지 아니하고 모든 진수를 아울러 잘 활용하면 이른바 원만한 법통을 이루며 원만한 인격이 되리라.[53]

위 언급에서는 역사적 전개 과정에서 드러난 삼교의 문제점을 잘 지적하고 있다. 진수는 계승, 발전시키고 문제되는 측면은 재해석이나 보완을 통해, 또는 혁신을 통해 살려 쓰자는 것이다. 이에 그는 수행 방법에서 불교의 삼학을 발전적으로 해석하고 도교 수행과 유교 수행의 요소를 보완하였다. 한편 유교의 강점인 수제치평의 도를 계승하면서도 충효열이나 오륜을 재해석하였다.[54] 수직적이고 차별적인 인간관계나 윤리를 수평적이고 평등한 윤리로 재해석하자는 것이다. 이러한 해석은 특히 사은 사요에 폭넓게 반영되어 있다.

3. 제도의 체계화

1) 상생, 화(和), 중도의 경세론

교단 창립기에 정산은 자신의 깨달음의 경지에서 소태산의 사상과 경륜을 계승하여 교단의 체제를 정비한다. 이는 정산이 어떻게 중생을 교화할 것인가의 문제를 고심한 끝에 제시한 교화방법론의 체계라고 할 수 있다. 그의 교화론, 즉 경세론은 근본적으로 일원상의 진리를 바탕으로 하면서 유・불・선 삼교와 근세 서구 사상과의 만남과 재해석을 통해 형성된 것[55]으로 보인다.

정산의 상생의 교화론은 이러한 은의 교리 실현을 위한 제도적 구체화 작업이라고 할 수 있다. 여기에는 불법을 주체로 하면서도 '인도상의 요법을 주체 삼아'[56] 실현의 방법을 구체화하는 특징을 보인다. 따라서 정산의 구체화의 작업에는 세간적 질서와 가치를 중시하는 입장이 융해되어 있다. '인도정의의 요긴한 법'이 세상에 서도록 상생 대도인 사은의 도리에 근원한 현실적 삶의 질서를 확립하자는 것이라고 할 수 있다.

상생의 대도 실현은 화(和)로서 결실을 맺는다. 소태산은 제자들에게 사회를 감화시키고 인류를 구제하는 도로서 화의 도를 제시한 바 있다. 상생의 정신을 바탕으로 하여 조화로운 마음과 기운으로 이웃과 사회를 감화시켜 심화기화(心和氣和)하라는 것이 그것이다. 여기에 소태산의 구세 이념이 함축되어 있음을 알 수 있다.[57]

화란 기본적으로 자신의 마음이 절도 있게 발현됨을 의미한다. 절도 있는 발현이란 내면적 조화를 바탕으로 하여 자신과 타자, 즉 사물과 사회와의 조화로운 관계를 견지한 삶을 의미한다. 이는 우주적 조화를 의미하는 말이기도 하다. 전통적으로 동양 사상의 입장을 『주역』에서는 "하늘의 도가 변화함에 만물이 각각 본성과 천명을 바르게 이루어 큰 조화에 보존하여 합한다."[58]고 대변한다.

이는 원불교 사상에서 참된 본성은 상생상화의 마음, 즉 은으로 충만한 마음이라고 하는 견해와 상통한다. 수많은 경계를 은으로 충만한 마음으로 만남을 의미한다. 정산은 그 구체적 실천의 형식이라 할 수 있는 예악(禮樂)을 제정한다. '인정과 의리가 도덕의 근본'[59]이라는 입장에서 그 실천을 통해 덕화를 이룰 것을 기대한다. 이러한 그의 예악론에는 자연과 혼연일체된 도가적 대동(大同)을 바탕으로 하여 사회 구성원의 화합과 조화를 견지하는 유가적 평화 개념이 융합되어 있다고 할 수 있다. 화합이 관계의 최상의 가치[60]가 되고 있다.

상생의 정신으로 덕화를 실현하고자 하는 교화방법론은 현실의 구체적 상황들과 만날 때 '중정의 도', '중용'이 표준이 된다. 정산은 '앞으로 중정의 도가 천하의 벼릿줄이 되리라.'[61]고 천명한다. 일원상의 진리가 구체적 현실의 장에서 작용하는 형태가 중정이다. 정산은 세상이 밝아질수록 일원과 중정의 법이 차차 세상에 서게 되므로 '일원은 진리의 체(體)요 중정은 진리의 용(用)'[62]이라고 한다. 중정의 도는 개인의 수행으로부터 사회를 다스리는 정치에 이르기까지 일관된 실천의 표준이 된다. 삼학수행의 결실인 취사의 표준이 '중정(中正)'[63]이라고 하는 의미와 관련된다.

정산은 '이해, 양보, 중정의 도' 세 가지를 가지면 개인으로부터 세계에 이르기까지 능히 평화를 건설[64]할 수 있다고도 한다. 앞으로 후천이 열리는 시대에 영세토록 중정의 인물들이 중정의 다스림을 계속하여 태평성대가 한이 없으리라[65]고도 한다.

삼동윤리 가운데 동척사업에서는 세상의 모든 사업과 주장이 마침내 중정의 길로 귀일하게 될 것이라고 하고 세계의 모든 사업을 중정으로 통일하는 데 앞장설 것[66]을 주문한다. 정산의 교법의 제도화 정신은 상생과 화와 중도로 요약될 수 있다. 이는 일원상 진리의 구체적 현현인 사은 신앙과 삼학수행의 실현 정신이라고도 할 수 있다.

2) 제가 치국 평천하의 경세론

소태산은 출세간 중심의 불교를 세간불교, 생활불교로 개혁하고자 하였다. 그 과정에서 출가 중심의 교단 조직 개혁이라든지 영육쌍전, 이사병행의 이념 등이 모색되었다.[67] 새 세상의 종교는 수도와 생활이 둘이 아닌 산 종교라야 하며, 불법을 실생활에 활용하여 개인 · 가정 · 사회 · 국가에 도움이 되게[68] 해야 한다.

이러한 현실적 존재와 그 삶을 중시하는 입장은 사은의 내역과 존재의 본질에 대한 인식에 뿌리를 두고 있다고 할 수 있다. 사은은 존재의 근원과 본질을 밝히고 광대무량한 공간의 모든 존재들이 상호 없어서는 살 수 없는 은혜의 관계에 있음을 드러낸다. 사은에 대한 보은의 실행은 삶의 장에서 어느 때 어디서나 이루어져야 한다.

정산은 『세전』을 통해 인간의 일생을 통찰하고 태교로부터 열반에 이르기까지 바람직한 삶의 길을 제시하였다. 사람의 영식이 모태에 들면서부터 이 세상에 나고 자라서 일생을 살다가 열반에 들기까지 법받아 행할 길을 제시하여 원만한 일생을 살며 영원한 세상에 원만한 삶을 누리게 하고자[69] 하였다. 『세전』이 인간 삶에 대한 총체적 통찰이라고 하면 『예전』은 인간 삶의 장에서 필요한 인간다운 삶의 구체적 모습이며 모든 관계에서 인간다운 삶을 살아가기 위해 적절한 구체적 삶의 형식들을 제시하고 있다. 정산은 예를 실현함으로써 사람으로서 최령의 가치를 이루고 공중도덕과 사회질서를 유지[70]하게 하고자 하였다.

정산은 개인 삶의 최선의 길뿐 아니라, 국가 세계 다스림의 방향을 제시하고자 하였다. 이에 『건국론』을 지어 광복 이후의 혼란한 정국의 안정과 바람직한 국가의 운영, 나아가 세계를 바르게 다스릴 방향과 원리를 제시하였다. 정산의 '치교의 도'는 그 원리를 종합하고 있다.

치교는 종교적 교화에서 사회적 교육, 정치, 경제활동 등을 포함한 넓은 의미로 사용된 개념이다. 정산은 그 다스리고 교화하는 도의 강령을 도치, 덕치, 정치의 세 가지로 밝힌다.

> 첫째는 도로써 다스리고 교화함이니, 모든 사람으로 하여금 각각 자기의 본래 성품인 우주의 원리를 깨치게 하여 불생불멸과 인과보응의 대도로 무위이화의 교화를 받게 하는 것이요, 둘째는 덕으로써 다스리고 교화함이니,

지도자가 앞서서 그 도를 행함으로써 덕화가 널리 나타나서 민중의 마음이 그 덕에 화하여 돌아오게 하는 것이요, 셋째는 정으로써 다스리고 교화함이니, 법의 위엄과 사체(事體)의 경위로 민중을 이끌어 나아가는 것이라, 과거에는 시대를 따라 이 세 가지 가운데 그 하나만을 가지고도 능히 다스리고 교화할 수 있었으나 앞으로는 이 세 가지 도를 아울러 나아가야 원만한 정치와 교화가 베풀어지게 되느니라.[71]

도로써 다스리고 교화함은 도치(道治)이다. 원리와 신앙으로 교화하는 의미로 법신불의 원리를 깨달아 무위이화의 교화를 받게 함이다. 정산은 이를 위해 소태산의 교법에 대한 전일한 신심과 철저한 자각이 필요함을 피력한다. 덕으로 다스리고 교화함은 덕치(德治)이다. 인정과 덕화로 교화함이다. 정치(政治)는 규칙과 방편으로 교화함이다. 세상의 대세도 잘 알고 교도 일반의 동향도 잘 살펴서 경우에 맞고 규칙에 모순됨이 없도록 천만 방편으로 교화를 행함이다.[72] 이들 세 가지 치교가 아울러 나가야 원만한 정치와 교화가 이루어진다고 한다. 동시에 인지의 정도에 따른 단계적인 길로도 설명할 수 있다. 정산은 이러한 세 가지 방법 중 과거에는 정치가 주요 수단이 되었지만 미래 사회에서는 도치와 덕치의 방법이 더 요청될 것이라고 전망하였다. 과거를 '영웅호걸의 시대'로 미래를 '성현군자의 시대'로 규정[73]하기도 했다.

이러한 세 가지 치교 방향의 형성에는 유·불·도 등의 전통 사상에 대한 섭렵뿐 아니라 일제와 해방 후의 격변기를 거치면서 접한 근대 서구의 사회사상에 대한 해석과 수용의 과정도 작용하고 있다. 개화기 이후 우리나라에는 서구의 종교, 과학뿐 아니라 자유 평등을 중심한 계몽주의 시대의 사회사상 등이 다양한 경로로 소개되었기 때문이다.

정산은 세계 보편 윤리로서 삼동윤리를 제창함으로서 그 경륜 실현의 장을 세계 인류와 미래 세계로 확장한다. 삼동윤리는 동원도리(同源道理)・동기연계(同氣連契)・동척사업(同拓事業)을 말한다. 그는 삼동윤리는 천하의 윤리요 만고의 윤리[74]라고 한다. '앞으로 세계 인류가 크게 화합할 세 가지 대동(大同)의 관계를 밝힌 원리'[75]이다. 정산은 장차 인지가 열리고 국한이 넓어져서 대동 통일의 기운이 천하를 지배할 때가 올 것을 예견한다. 즉 장차 인류는 모든 종교와 사상이 근본적으로는 한 근원의 도리이며, 모든 인종과 생령이 근본은 다 같은 한 기운으로 연계된 동포이고, 세상의 모든 사업과 주장이 모두 세상을 개척하는 데에 힘이 되는 것임을 알게 될 것이다. 이때에 세상은 대동 화합하게 될 것이다. 인류의 정신적 자각에 의해 세계를 한 권속으로 품는 큰 살림에 대한 구상이다.

동원도리와 동기연계의 가르침이 종교적 세계와 현실 세계에 내재한 원리와 그 원리를 바탕으로 한 인류의 나아갈 바를 모색한 것이라면, 동척사업은 이 두 가르침을 품고서 모든 인류와 더불어 살아갈 구체적인 실천 방안에 대한 것[76]이라고 이해되기도 한다. 현실적으로 삼동윤리의 가르침은 종교연합운동, 세계시민의 덕목 함양, 평화운동, 환경운동, 생활(사업)을 통한 연대 등 인류의 새로운 문명 개척에 다양하고 유용한 가르침들을 담지하고 있다.

이러한 모든 현실적 질서들이 바르게 실현되기를 염원하며 이를 점검하고 실현의 원동력을 재가동할 수 있는 계기를 마련하기 위해 역사를 중시하기도 하였다. 그는 『불법연구회창건사』를 써서 창립의 역사를 기록하고 '역사는 세상의 거울'이라고 한다. '우리 회상은 어떠한 사명을 가졌으며 시대는 어떠한 시대이며 대종사는 어떠한 성인이시며, 법은 어떠한 법이며 실행 경로는 어떻게 되었으며 미래에는 어떻게 결실을 맺을 것인가를 잘 연구하여야 할 것'이라고 한다. 근본정신과 실현 과정에 대한 끊임없는 반성적 성찰과 지속적 추진의 동력을 다시 일깨울 계기를 역사적 회고를 통해 찾고자 한 것이라고 말할 수 있다.

IV. 맺음말

정산이 원기32년(1947) 4월 27일 '원불교' 교명을 선포하고 소태산이 주세불임을 천명한 일은 소태산 열반 후의 원불교 교단적으로 가장 큰 역사적 사건이라고 할 수 있다. 이는 소태산의 성업을 계승하여 원불교의 정체성을 분명히 하고 종교적 사회적 위상을 확보하는 의미가 있다.

그의 행적에서 소태산과의 인연은 숙겁을 통한 간절한 기원에서 결과한 조응이었다. 하늘과 땅, 해와 달과 같이 서로 없어서는 자신의 존재가 완전할 수 없으며 서로의 존재를 통해 완성을 이루는 인연이었다. 소태산은 정산을 '새 회상의 법모이며 전무후무의 제법주'[77]라고 지칭하였다. 정산은 스승 소태산을 뵙고 '이 법으로 부처 되는 길만은 확실히 자신하였다.'[78]고 술회한다. 이러한 정산의 확신에 근거한 일생의 행적은 스승의 깨달음의 내용을 인류와 세상에 고스란히 소통시키는 것으로 드러난다. 후인에게 소태산은 대각한 바로 그 당시에 영적 혜안과 학문이 겸비된 정산이라는 인물을 만남으로써 그 뜻과 경륜을 그대로 피력하고, 도통의 진의를 사실적이고 실천적으로 증거할 수 있었다[79]고 보여진 것은 이 때문이다.

초창기 교단에서 교단 창립의 정신적 경제적 기초를 세우고 창립의 인연을 만나며, 교법을 제정하고 교재를 편성하는 일에서나, 법을 펼 인재를 양성 훈련하여 교화에 주력하는 일 등 교단의 전반에 걸쳐 소태산은 그의 보좌를 받아 깨달음의 경지를 구체화하고 현실화하여 나갔다. 정산은 팔인단원들과 더불어 소태산의 대각의 의지를 계승하여 두루 교단의 초석을 다지는 역할을 다하였다.

정산은 사상의 측면에서 소태산의 일원종지를 구체화하고 체계화하였다. 그 전개 과정에서는 학문적 깊이와 깨달음의 혜안으로 소태산의 대각의 의미를 드러내었다. 나아가 유・불・도 등 전통 사상을 섭렵하고 진수는 계승, 발전시키고 문제되는 측면은 재해석이나 보완을 통해, 또는 혁신을 통해 살려 쓰려고 하였다. 이러한 해석에는 특히 사은 사요의 정신이 폭넓게 반영되어 있다.

그의 경세론은 상생, 화(和), 중도 사상에 기반을 두고 시간적으로는 태교에서 열반에 이르는 전 생애의 과정을, 공간적으로는 개인에서 세계에 이르는 확충 과정을 포함하고 있다. 한편, 인류의 정신적 자각으로 세계를 한 권속으로 품는 큰 살림을 구상하고 있다.

소태산은 "내가 송규 형제를 만난 후 그들로 인하여 크게 걱정하여 본 일이 없었고, 무슨 일이나 내가 시켜서 아니 한 일과 두 번 시켜 본 일이 없었노라. 그러므로, 나의 마음이 그들의 마음이 되고 그들의 마음이 곧 나의 마음이 되었느니라."[80]라고 하였다. 정산이 원불교 사상체제 정립, 교리 실천체재 확립, 교화체계 확립, 제도적 정착(정립) 등을 추진하는 한편, 대사회적 참여의 틀을 마련하는 과정은 곧 소태산이 예견한 대명천지, 참으로 크게 문명한 도덕세계 실현의 기초를 다진 것이라고 할 수 있다.

일산 이재철 종사의 생애와 사상

김 귀 성(혜광 · 원광대학교 교육학과 교수)

I. 머리말

인물사 연구는 한 개인이 시·공간적 좌표 속에서 당시 정치, 경제, 사회, 문화 등 제 측면에 끼친 영향을 중심으로 그의 생애와 사상을 탐구함으로써 역사적인 맥락의 이해는 물론 후인들에게 역사적 교훈이나 시사점을 제시해 준다는 점에서 그 의의를 찾을 수 있다. 그러나 인물사 연구는 누가 그리고 어떤 관점에서 접근하느냐에 따라 다르게 비쳐질 소지도 있다. 어떤 인물에 대해 누가 접근하느냐는 집필자가 얼마나 객관적인 사실에 근거하여 기술해 낼 수 있겠는가가 관건이라면, 어떤 관점에서 접근하느냐는 필자의 사관의 문제와 관련될 수 있다.

그 밖에도 인물사 연구에서 특정 인물에 집중하다 보면 당시 사회적 상황을 놓칠 우려도 없지 않다. 가능하다면 인물사 연구에서 이런 점들을 고려하면서 접근하는 노력이 요구되는 까닭도 바로 여기에 있다. 원불교의 인물사 연구도 예외일 수는 없다. 따라서 이 연구의 대상이 되는 일산 이재철(一山 李載喆, 1896-1943) 종사에 대한 연구 역시 기본적으로 몇 가지 준거를 설정하여 접근하고자 한다(이하 일산이라고 약칭함).

첫째, 생애사(1896-1943)와 함께 한 우리나라의 구한말, 일제강점기 등의 시대 상황을 고려해야 할 것이다.

둘째, 원불교의 내적 준거가 되는 입교 및 출가의 동기, 교단 내 활동, 사상적 기반, 역사적 시사점 및 교훈 등을 위주로 접근하고자 한다.

셋째, 일산을 어떤 관점에서 접근하느냐의 문제인 바, 원불교의 초기 교단에서 구인선진이 차지하는 교단사적 위치, 역할에 주안점을 두고자 한다. 그 이유는 원불교 100년 성업을 앞두고 지난 원기100년에 구인선진에 대한 법훈 서훈이 임시수위단회에서 가결됨에 따라 구인선진에 대한 교단사적 의미를 더 드러내기 위한 노력의 일환과 맥을 같이 하고자 하기 때문이다.

비록 이런 준거 위에서 출발한다 하여도 가능한 한 사실적인 근거 위에서 접근하여야 함은 재론의 여지가 없다. 일산은 원불교 초기 교단 형성사에서 구인선진 가운데 한 사람으로 주로 교단의 외교가로서 역할을 담당했고, 저축조합, 방언공사 및 법인성사에 동참하였으며, 많은 동량인재를 교단에 인재로 배출시켰고, 교단 경제 산업 분야에서도 주목할 만한 업적을 남겼다.

원불교 초기 교단에서 그가 차지하는 위상이나 역할이 이와 같음에도 불구하고 그에 대한 대내외적인 자료와 연구는 상대적으로 미미한 편이다.[1] 따라서 이 연구에서는 교단 내 간행된 『원불교교고총간』, 『제1대성업봉찬회자료』 등과 선행 연구 및 각종 유관 자료를 참고로 일산의 생애와 사상을 당시의 사회·문화적 배경, 입교 및 출가의 동기, 교단 내 제 활동, 교단사적 의의 등에 주안점을 두고 접근하고자 한다.

생애와 사상을 보다 밀도 있게 규명하기 위해서는 질적 연구 등이 요구될 수 있으나, 제반 여건의 미비로 이 연구에서는 제한되었음을 밝힌다. 다만, 노출되지 않은 사실, 비록 노출되었다 할지라도 확인이 필요한 부분에 대해서는 유족을 대상으로 한 구조화된 면담 결과를 자료화하여 활용했다.[2] 그리고 사가와 관련된 자료는 주로 『함평이씨돈춘공세보(咸平李氏敦春公世譜)』 등의 자료를 참고로 했다.

II. 일산의 생애

1. 교단 입문 전(1891-1915)

일산의 생애는 우리나라 근대사와 일제강점기를 함께하였다. 특히 그가 출가하기 전은 한국 근대 사회의 역사적 과정과 궤를 같이하였다. 17세기 이후 서학 및 그리스도교의 전래, 외세에 의한 자극(병인양요 1866, 신미양요 1871), 일제 강요에 의한 개항(1876), 임오군란(1882), 갑신정변(1884), 동학창교(1860), 을미사변(1895), 동학농민전쟁(1894), 청일전쟁(1894-1895), 일제강점기(1910-1945) 등을 겪게 되었기 때문이다.

한편, 좀 더 민중의 역사 속으로 접근해 보면, 이 시기는 오랜 조선 시대 신분 질서의 와해(1801년 관노 6만 명 해방), 삼정의 문란에 의한 사회 불안과 민란(1811-1812년 홍경래의 난, 1862년 진주민란) 등 정치·사회적 격변기이자 불안한 시기였다.[3] 특히 당시 영광 지역은 의병 활동이 활발했던 지역이다. 종교적으로 영광 지역은 마라난타가 백제불교를 전래한 불교 전법 도래지로서 불교와 오랜 역사적 기연이 있는 고장이기도 하다.

일산은 1891년 2월 11일 전남 영광군 군서면 학정리에서 부친 이관현(李寬現, 족보명 仁範, 1865-1911) 선생과 모친 옥타원 김화옥(玉陀圓 金華玉, 1865-1938) 여사의 4남매 중 독자로 출생했다.[4] 그러나 함풍 이씨 관련 자료(『방산문집(方山文集)』, 1983; 『함평이씨돈춘공세보』, 1997)에 의하면 일산은 함평 이씨 29세손, 족보명 재복(載馥)으로 2남 3녀 중 장남으로 출생했다고 기록되어 있다.[5] 위 자료에 의하면 재풍(載豊)은 그의 속명이요, 자(字)는 윤백(允伯), 법명은 재철(載喆), 일산(一山)은 법호이다. 일산이 함풍 이씨 가문에서 처음으로 전무출신을 서원한 이후 이 가문에서 교단에 전무출신을 서원한 인물들이 많이 배출되었다. 그만큼 그는 가족, 친지들의 교화와 교육에도 적극적이었고 지대한 영향을 미쳤다. 예컨대 사촌인 재승(載昇, 법명 寶國, 1891-1937), 팔촌 아우인 재봉(載鳳, 법명 東安, 1892-1941), 재심(載心, 법명 完喆, 1897-1962) 등을 비롯하여 함평 이씨 문중에서 수많은 전무출신이 배출되었다.[6] 그뿐만 아니라 일산의 인품에 영향을 입어 지인들까지도 이 교단에 입문하게 되는데 그 대표적인 사례가 바로 유산 유허일(柳山 柳虛一, 1888-1958) 대봉도이다.[7]

그리고 일산은 구인선진 가운데 비교적 경제적으로 여유 있는 가문에서 출가한 사람이라고 할 수 있다. 그의 부친인 김관현은 함평, 영광 지역 동학 접주(接主)로서 농민운동에 앞장선 인물이었다. 당시 동학 접주[8]가 면 단위 책임자였다면, 그의 부친은 영광군 내 책임자였을 것으로 추정된다. 한편 며느리인 오순각(吳順覺, 1909-1951)의 외조부 사명 장군 이기풍 역시 진안 지역의 대접주로서 김개남(金開南, 1853-1894) 휘하의 동학군으로서 용맹을 떨쳤다. 한편 일산의 모친 김화옥은 대범하면서 내명한 인품을 지녀 법도에 밝았고 한글을 깨우쳤다. 또한 그는 일찍 가문의 아녀자들에게 태교를 가르쳤으며, 소태산 대종사(朴重彬, 1891-1943, 이하 경칭 생략)의 법하에 귀의한 후에는 독실한 신심으로 수행 · 적공하여 선력을 인증받기도 했다. 일산은 유시에 한문사숙에 나가 6-7년간 수학한 것이 근대 학문에 접한 전부이지만 새로운 문명에 대한 관심과 이상을 지닌 진보적인 성향의 인물이었다.[9]

2. 교단 입문 후(1916-1943)

원불교 원명부 기록에 의하면 일산의 입교는 원기2년(1917) 2월 13일(음)로 확인된다. 그리고 『원불교제1대창립유공인역사』 기록에 의하면 그의 입교는 원기9년(1924) 4월 19일로 각각 기록되어 있다. 그러나 실제로 소태산의 제자가 된 것은 원기원년에 이루어진 점으로 보아 교단 창립기로부터 인연을 맺은 것으로 보아도 크게 무리가 없을 것으로 본다. 당시 상황을 『불법연구회창건사』에서 보면 다음 〈1〉과 같이 기록하고 있다.

> 〈1〉 -중략- 때마침 증산 교파가 사면에 일어나서 서로 말하기를 하나님께 치성하고 주문을 읽으면 정성이 지극한 사람에게는 삼일통령 혹은 칠일통령으로 천제와 대화하며 인간 질병을 다 낫게 한다 하여 모든 인심을 충동케 하는 중 길룡리 부근에도 그 교의 전파가 자못 성행하는지라 대종사 생각하시되 내가 마땅히 이 기회를 이용하여 방편으로써 여러 사람의 단결과 신앙을 얻은 후에 정도를 따라 차차 정법교화를 하리라 결심하시고 -중략- 불과 數月에 인근 각처에서 信從한 자 40여 인에 달하였다. -이 중에서 특별히 진실하고 신념 굳은 자 몇 사람을 선택하여 좀 정력을 다하시고, 실정을 통하시어 첫 회상의 표준제자로서 장차 모든 사람의 신앙을 인도하리라 하시고 먼저 여덟 사람을 선택하셨으니 그 성명은 아래와 같다. 김성섭, 김성구, 박한석, 오재겸, 이인명, 박경문, 류성국, 이재풍, 우 팔 인 중-이인명, 김성구, 오재겸은 모두 지인이며 이재풍은 吳在謙의 지도로써 처음 배견하였다.[10]

위 기록에 의하면 원기원년 당시 증산교의 교세를 가늠하게 해 주며 일산은 지인인 오창건의 지도를 받은 것으로 보아 연원 역할 역시 미루어 이해된다. 그런데 일산의 교단 입문 과정에서 소태산이 직접 사산에게 "영광의 유지 한 명을 데려오라."[11]는 하명이 있었다고 한다. 때마침 일산이 부친상을 치른 후 영광읍 장에서 백수 학산리 사람 오재겸을 만나 그로부터 세상을 구원하려고 오신 처사님이 계신다는 소식을 듣게 되었다. 평소 정법에 바탕을 둔 지도자, 의인을 갈망하던 일산은 백수면 길룡리로 찾아가 소태산을 배견하고 그 자리에서 사제지의를 맺었다. 이날을 바로 일산이 원불교 입문한 때로 보아 입교 시점을 원기원년으로 보는 것이 적절하다고 본다.[12]

이후 소태산에게 일산은 특별히 진실되고 신념 굳은 회상의 첫 표준제자로 인증되어 선택되었다. 『원불교제1대창립유공인역사』 기록에 의하면 '제1회 공부성적 특신급, 사업 삼등 4인 중 1호, 제3회 공부 정식법강항마위, 사업 정특등, 원성적 준특등 8인 중 8호, 1종 전무출신(전무출신 종별), 3기(전무출신기별), 근무 연수 18년, 배우자 김평운, 자녀 1남(南行)'으로 확인된다. 그 밖에 가족 관계에 대한 자세한 기록은 『함평이씨돈춘공세보』에서 확인할 수 있다.

소태산이 대각 후 불경을 접하게 된 기연은 일산을 통해서 이루어졌다. 원기원년(1916) 5월 소태산의 명에 의해 영산에서 28km 떨어진 불갑사에 『금강경』을 구하러 다녀와 소태산에게 바쳤다. 이렇듯 일산이 초기 교단 형성사에 깊이 관련된 점으로 미루어 보아 실제 입교 및 전무출신 서원은 전술된 기록보다 앞서서 이루어진 것으로 보인다. 그는 원기2년(1917) 7월 26일 교단의 최초 통치단인 남자정수위단이 조직될 때 건방 단원으로 입명되었고 저축조합 초기, 구간도실 건축 등에 주로 외무와 금전출납 관련 사무를 맡아 처리했다. 원기3년(1918) 정관평 방언공사(1918.3-1919.3) 시 관련 허가 신청의 분쟁이 일어나자 일산은 군청에 출입하면서 뛰어난 식견과 언변으로 동분서주하며 위기를 모면하는가 하면, 익산총부 건설 시에 은행에 외교 등 총부 건설에 미약한 경제 토대를 세우는 데 크게 기여했다. 그는 출가 후 23년 동안 교단에 봉직하면서 저축조합, 방언공사, 혈인기도, 육영부창립단, 총부서무부장, 영산지부장 겸 상조부장, 총부상조부장, 서정원장, 산업부장, 농무단, 총부교무, 영산교무 등의 직무를 역임했다.

일산은 소태산과 같은 해인 1891년에 출생하고 같은 해인 1943년 53세에 영광 백수면 천마리 자택에서 열반에 든 특이한 기연이 있다. 열반 후 교단에서는 원기70년(1985) 고향에 안장된 유택을 영모묘원 법훈자 묘역으로 이장하였다. 정토회원 각타원 김평운(覺陀圓 金平雲, 1889-1963) 또한 일산의 전무출신에 내조의 공이 컸으며 아들인 남행(南行, 明振, 1911년생)[13]의 자녀들로 정무(正務), 정인(正仁), 대업(大業), 대은(大恩), 정진(正鎭), 정안(正晏), 정석(正碩), 용근(龍根), 정욱(正旭), 영음(永音) 등이 있으며 그중 일산의 손녀인 정무가 전무출신을 했다.

일산은 최후로 유족과 주변 사람들에게 "정산 종법사님을 모시고 이 공부 이 사업에 매진하라. 자손 대대로 원불교를 신앙하라." 등을 당부하면서 열반에 들었다.[14] 일산이 열반에 들자 교단에서는 당시 상황을 다음 〈2〉와 같이 기록하고 있다.

> 〈2〉 원기28년(1943) 11월 15일 宿症으로 천마리 자택에서 요양하시던 일산 이재철 선생이 입적하시다. 선생은 창립 초 구인선배의 일인이요 또는 19년간 전무출신에 제3회 내 일등공인이시였든 만큼 일반의 비애는 컸었으며 법사님을 비롯하여 총지부 중요 임원 참석하에 본회 전체장으로 성대히 장례식을 거행하다.[15]

열반 후 원기49년(1964) 제9회 임시수위단회에서 일산의 공덕과 공헌을 추모하여 대봉도 법훈이 추서되었고 이어서 원기100년 성업을 맞아 원기100년(2015) 5월 13일에 열린 제214회 임시수위단회에서 초기 교단의 구인선진을 출가위로 추존하여 종사 법훈이 추서되었다. 이러한 일산의 생애와 교단에 끼친 영향에 대하여 김학인 원로교무는 다음 〈3〉과 같이 조가(弔歌)

를 헌사(獻詞)한 바 있다.[16]

〈3〉 1. 만추에 국화꽃이 향기로운데/ 일원에 합일하신 해탈입니다/ 유난히 빼어나신 선비 인품에/ 금강경 구해 오신 신성입니다/ 정관평 방언공사 도실 건축에/ 흙짐에 금전출납 담당합니다.

2. 법계의 백지혈인 기도 위력에/ 주세불 심통제자 사표입니다/ 이동안 대봉보를 귀의시키며/ 산업계 선구자를 헌신합니다/ 새 회상 구인선진 대변인으로/ 외교에 앞장서신 일산 대봉도/ 만고에 거룩하신 둥근 빛이여.

Ⅲ. 일산의 사상

일산은 비교적 여유 있는 가정에서 출생하였다. 그리하여 일찍이 조선 후기 우리나라의 전통적인 교육의 한 패러다임이었던 한문사숙을 통하여 유가 교육의 기초를 다질 수 있었다. 그러나 한문사숙의 교육만을 받았다고 하기에는 놀라울 정도로 한학에 조예가 깊어 글도 잘 썼는데 문필의 정도가 삼산 김기천(三山 金幾千, 본명 聖久, 1890-1935)과 비슷할 정도였다고 한다. 이렇게 보면 그의 교육적 지평은 한문사숙의 수준을 넘어선 것으로 가늠할 수 있다. 이런 그의 교육적 배경은 관공서나 언론기관 등에 출입하여 관계자들과 대화하며 일을 무탈하게 처리할 정도였다.

그뿐만 아니라 주변 인연들의 교육에도 남다른 열정과 지원을 아끼지 않았다.[17] 그렇지만 일산은 앞장서서 자신을 내세우고 자랑하지 않는 온순하면서도 정직, 현량하고 단아한 성품의 소유자였다. 그러면서도 대의가 분명하고 강직한 면도 없지 않았다. 그리하여 영광의 인물이라는 평을 들었다.

한편 가정에서는 지극한 효자였다.[18] 혈인기도 시 일산은 "창생을 위해 자신 한 몸 죽는 것은 여한이 없으나 홀로 계신 모친이 걱정된다."고 말하니 소태산이 말씀하시기를, "모친의 시봉은 내가 책임질 테니 안심하라."고 하였다. 기도 마지막 날에는 환우 중인 모친에게 한약을 지어 인편에 전할 정도로 부모에게 효성이 지극했다.

대외적인 업무 처리나 문필을 통하여 의사 표현하는 것이며, 인품에서는 대내외적으로 교단을 대표할 정도였다. 반면에 당시 입선하거나 교당에 직무를 맡게 되면 강연, 설교를 해야 하는데 일산은 대중 앞에 나서서 자신을 드러내거나 내세우는 데 결코 모습을 허락하지 않으려는 성품을 보였다. 그럼에도 불구하고 한편으로 일산은 좌담, 외교, 경제 분야의 탁월한 식견과 능력을 발휘하여 누구든지 설복시키는 한편 그의 인격에 감화를 받게 할 정도였다. 그는 원불교에 전무출신으로 출가한 후 23여 년 동안 영광 혹은 총부에서 교단 사업계의 중책을 맡아 초기 교단의 경제적 기반 구축에 큰 기여를 했다.

그리고 총부서정원장으로 재직 시 교단의 위상을 대내외에 드러내는 데 전력을 다했다. 그렇지만 자신의 명예나 권리욕은 불고하고 오직 교단 발전만을 위해 헌신 봉공했다. 그러므로 소태산이 일산의 이런 면모를 보고 이렇게 표현한 적이 있다고 한다. "세세생생 나는 일산을 나의 꼴마리에 끌고 다니면서 이 공부 이 사업을 할 것이다.", "한 번은 대종사의 노성이 대각전까지 울려 들리자 대각전에서 청소하던 문산이 한 번도 그렇게 큰 노성을 듣지 못하여 뛰어가 보았더니 전구일이라는 사람이 조실 문밖 처마에 서 있는데 대종사님께서 그 어른(일산)한테 그럴 수가 있냐고 나무라고 계시는 것이었다."[19] 이런 내용은 소태산의 일산에 대한 신뢰와 사랑이 어느 정도인가를 짐작케 해 준다.

일반적으로 어떤 시대 현실 속에 있는 개인이나 집단이 자기가 처한 현실에 정당하게 대처하여 의미 있는 행동을 하기 위한 실천적 규준을 사상이라고 한다[20]면, 이런 의미에서 일산의 사상도 그의 삶의 행적과 운심처사를 중심으로 다음과 같이 정리할 수 있을 것이다.

1. 지공무사한 공심의 표상

원기2년(1917) 7월 26일 교단의 최고 의결기구인 수위단이 최초로 조직되었다. 이때 일산은 건방(乾方) 단원으로 임명되었다. 이어서 동년 8월 저축조합이 창설되고 원기3년(1918) 방언역사, 원기4년(1919) 법인성사 등이 차례로 이루어졌다. 이런 일련의 과정들은 교단 창립정신의 형성과 초기 교단 건립에 중요한 전기가 되었다. 일산은 이런 초기 교단 형성 과정에 동참하면서 교단 공동체에 대한 지공무사한 공심의 소유자로서 그의 사상적 면모를 확인케 해 준다.

먼저 그는 초기 교단의 명칭이자 공동체였던 저축조합에 참여했다. 교단 최초의 교체를 저축조합이라고 명명한 것은 단순한 지역경제공동체의 의미를 넘어서 자립정신과 자립경제의 두 가지 의미를 포함하고 있다.[21] 원기4년(1919) 10월 6일에 '저축조합'이라는 이름이 〈불법연구회 기성조합〉으로 개칭되었다.[22] 이 명칭은 원기9년(1924) 4월 29일 익산 보광사에 불법연구회 창립총회에서 불법연구회로 선포되기 전까지 사용되었다. 이때 일산은 주로 경제 관계 사무를 거의 맡아 처리했다. 원불교 초기 교단의 저축조합운동은 1923년 이후의 민족경제자활운동인 물산장려운동, 1919년 3·1운동 이후 민중경제자립운동이 금주단연운동보다 앞선 경제자립운동이었다. 저축조합운동의 목적은 자립의 창립정신 형성, 최초 사업 기초 확립, 허례 폐지의 예법 혁신, 미신 타파의 종교 혁신, 금주단연과 근검저축의 생활 혁신 등이었다.[23] 이어서 일산은 정수위단원으로 피선되고 저축조합, 방언역사, 법인성사에 참여하였다. 그뿐만 아니라 교단의 경제와 관련된 분야에 일관되게 참여하여 큰 기여를 했다.

초대 불법연구회 서정원장인 일산은 원기19년(1924) 5월에 설립된 보화당의 주무 겸직을 발령받았다. 그 배경은 추산 서중안(秋山 徐中安, 본명 相仁, 1881-1930)이 불법연구회 회장으로서 총부 유지 대책을 세우기 위해 건재약방을 만들었으면 좋겠다는 계획을 세우게 되었는데 이에 전무출신하고자 나온 도산 이동안(道山 李東安, 본명 亨天, 1892-1941)에게 인화당 약방의 총괄 일을 보게 했다. 이동안 외에 일산도 한때 교대로 약방 일을 보았다.[24] 이런 경험이 바탕이 되어 일산과 도산은 보화당 건립과 운영에 참여하게 되어 교단 경제의 기초를 확립하는 데 기여하게 되었다. 일산의 회상 공동체를 향한 공심의 일단은 아래 〈4〉에 제시된 바와 같다.

> 〈4〉 우리가 하는 일은 아무나 할 수 있는 일이 아니요, 아무나 할 수 없는 일이기 때문에 애로와 난관이 남달리 많지만 참고 견디어 나가면 언젠가는 성공하는 날이 온다. 지금은 교단 창립의 초창기라서 많은 역경과 고생스러움이 있지만 내 마음에 아무 사심이 없이 꾸준히 일하고 보면 교단의 발전과 더불어 자신의 발전도 따라서 있는 것이다. 아무리 조그마한 일이라도 다른 사람에게 신용을 잃어서는 안 된다. 내가 먼저 신용을 잃지 않아야 남도 나를 신용해 주는 것이다. 좋은 일이 있을 때나 나쁜 일이 있을 때 나를 가리지 말고 언제든지 한결같이 진실하게 살자, 진실하고 보면 모든 일이 이루어지는 것이다.[25]

일산은 교단 구성원이라면 교단 발전을 통하여 자신의 발전을 도모하는 공인으로서 자세를 견지해야 한다고 생각했다. 이런 공인으로서의 모습은 다음 일화에서도 잘 드러나고 있다.

원기3년(1918) 방언공사를 하면서 동내 부호와 허가 신청의 분쟁 사건이 일어나 곤경에 처했을 때 군청 출입을 하며 뛰어난 지식과 언변으로 이를 해결하여 교단 소유로 결정을 짓는 데 결정적인 역할을 했다. 또한 사재를 교단에 헌공하는가 하면 대외적으로 교단의 위상을 드러내는 데도 큰 기여를 했다.(아래 〈5〉~〈7〉 참조)

〈5〉 간고한 회중 경제를 꾸려 가는 데 있어서 회중을 위하는 마음이 지극하였던 일산은 선대에 유기점을 하여 집 안에 남아 있는 제기를 모두 처리하여 그 돈을 회중에 희사하였다. 그뿐만 아니라 종가에서 두 번째 준 송아지도 큰 소가 되자 명진(일산의 외동아들)에게 영광 우시장에 끌고 오게 하여 영광장에서 팔아 엿 두 가락을 주어 돌려보낸 일도 있었다. 일산은 소 두 마리의 희사공덕을 종부(조환국)에게 돌렸다.[26]

〈6〉 일산이 서정원장으로 재직 시인 원기22년(1937) 조선일보 자매지인 〈조광〉 6월호에 실린 '불법연구회의 정체 해부'라는 제하의 荒唐無稽한 기사를 보고 총부에서는 6월 25일-26일간 요인회를 거쳐 대책을 마련한 바 회중 대표로 서정원장 이재철과 그 수행원으로 서정원 공익부장 유허일을 경성에 파견했다. 일산은 조선일보 방 사장과 관계 직원들을 방문하고 그 사실무근함을 설명하였다. "재차 상세히 조사를 해 보아서 그보다 더 악한 사실이 있을 것 같으면 근본적으로 폭로하여 배격해야 할 것이요, 만약 그러한 사실이 없다면 그것은 귀사의 책임이니 기사 정정은 물론 우리 회중의 명예를 회복시켜주는 것이 사회 공중 표현 기관으로서 당연한 도가 아니겠습니까?"라고 일산의 정중하고 논리 정연한 말에 조선일보사 측은 호의로서 받아들였다. 그 후 조선일보 전북특파원, 이리지국장이 총부를 내방하여 취재(6월 1일) 후 〈조선일보〉 8월 10일 자 신문에 '불교 혁신의 실천자'라는 제하의 불법연구회 종법사 소태산에 대해 보도하였다.[27]

〈7〉 시창13년(1928) 무진, 본년 3월 26일은 본회 창립 후 만 12년을 경한 제일회 기념일이며 또는 연중행사인 정기총회일이다. 그리하여 2월 초순부터 본회 창립 후 12개년간 사업과 역사와 각 회원 성적을 일일이 편성하기 위하여 송규, 송도성, 조갑종, 김기천, 전음광 등이 이를 주재하여 그 정리에 분망하였다. 3월 26일이 당함에 총부 강당에는 각처에서 운집한 회원으로써 대만원이 되었다. 오전 10시에 송만경의 개회사를 비롯하여 각항 순서를 진행할 새 12개년간 사업 보고와 역사 보고를 마치고 임시 휴회하였다가 오후 다시 속회하여 임원 교체를 행한 바 회장 서중안은 신병으로 인하여 사임하고 조송광이 그 후임으로 당선되었으며 기외 임원은 서무부장에 김기천, 동서기에 김영신, 교무부장에 전음광, 연구부장에 송도성, 상조부장에 이재철, 동서기에 조갑종, 경성교무에 이춘풍, 영광지부장에 송규, 신흥주무에 이형국으로 각각 선임한 후 이어서 산업부 창립단과 육영부 창립단의 상황 보고를 마치고 폐회하다. 3월 27일 1회 12년 내에 창립유공인 기념 촬영을 행할 세. 재가 회원 중 일등 전무주력자—이형국, 김남천, 오창건, 이재철, 이공주, 구남수, 장적조, 이만갑, 박사시화, 최도화 등—.[28]

위와 같이 원기13년(1928) 간고한 교단의 제반 형편 속에서 상조부장을 역임하는가 하면 일등 전무주력자로 평가받은 것을 보면 일산의 회상 공동체에 대한 공심의 일단이 어떠했는가를 짐작케 해 준다. 일산은 원기12년(1927) 중앙총부의 서무부장에 피임되었고,[29] 이어서 원기13년(1928) 영광지부 상임임원으로 농무단(農務團)을 조성하여 매우 양호한 농무 성적을 냈다.[30] 그리고 당시 원기13년 제1회 총회 때 일산의 사업 성적은 삼등유공인, 공부성적 예비특신부에 각각 등재되어 있었다.(아래 〈8〉참고)

〈8〉 원기13년(戊辰, 1928) 제일회 기념총회 때 사업유공인 재가회원 중 일등 전무주력자에 이형국, 김남천, 오창건, 이재철, 이공주, 구남수, 장적조, 이만갑, 박사시화, 최도화 등과 함께 확인되며,[31] 일회 사업성적표 수여식에 삼등유공인(천 원 이상) 이재철, 송벽조, 유정천, 송규 등 4인이, 공부성적 예비특신부에 이재철이 확인된다.[32]

원기23년(1938) 사업보고서에 의하면 연원의무 이행자 성적(3월 말 현재) 96명 중 이재철도 확인된다. 원기17년(1932) 사업보고서에 의하면 다음과 같은 농업부 상황 보고가 있었다. 이처럼 당시 교단 내 지위 또는 제반 상황의 변화에 전혀 개의치 않고 오직 공동체의 발전을 위한 일념으로 주어진 직무에 최선을 다할 따름이었다.(〈9〉~〈10〉참고)

〈9〉 농업부는 연말에 일금 3천 원의 채무를 부하였든바 차중 1,200원은 과거 3년래의 한수재해 및 의외의 불경기로 인하여 형지 없이 사라진 손실금임으로 농업부원은 물론 회중에서도 여간 근심을 안했습니다. 그러나 다행하게도 거년에 농업부 순익이 465원 79전이나 되고 또는 우리 동지인 박창기 군으로부터 일금 750원의 의연을 수하였으며 또는 연래로 繭價(고치 가격)가 폭락하여 별 재미를 보지 못하던 桑園을 양잠부로 양도하고 그 대금

중 150원을 수입하고 또는 본회 상조조합의 정기예금이 처분될 시 농업부원들의 정기예금 300여 원을 전부농업무 보상금으로 수입하였으며 총합금 1,280여 원을 전부 보상금으로 처분하니 아직도 殘債가 1,280여 원이다. 연이나 차중에 현실 가치가 있는 桑木이나 牛車나 養牛값을 제하면 實殘債가 500여 원가량이다. 다시 이상에 말한 사무원들의 보상금연조금 510여 원의 내력을 개인별로 표시하면 여좌하다. 송도성 20원 17, 조갑종 29원 82, 이재철 11원 95, 전음광 47원 83, 서대원 8원 84, 김광선 20원41, 송규 7원 00, 김기천 10원 58, 합계 156원 24錢也.[33]

〈10〉 원기21년(1936) 대각전을 지을 때 건물 설계와 감독을 일산 님이 하셨다. 마지막으로 벽에 회칠을 하는데 경험이 없으므로 회칠해 놓은 벽이 소나기에 모두 떨어지고 말았다. 일산 님은 바로 군산으로 가시어 회를 사용하는 방법을 배워 오셨다. 그래서 손수 벽에 회를 칠했다. 일산 님은 그렇잖아도 대각전을 짓는 데도 빚을 졌는데 또 인부를 부리면 어찌 되겠는가 하시고 일을 하셨다. 일산 님의 노심초사로 총부에 제일 처음으로 큰 건물이 세워졌다.[34]

위와 같이 일산은 교단 공동체 발전을 위해 정신, 육신, 물질로 혼신의 열과 성의를 다한 지공무사한 공심의 표상이었다.

2. 소태산 및 정법에 대한 신성

일산은 소태산과 동갑이지만 소태산을 스승으로 모시고 그에 대한 신성이 지극했다. 소태산이 그에게 어떤 명을 내려도 절대복종했다. 원기원년

(1916) 불갑사에 가서 『금강경』을 구해 오라는 소태산의 명을 받고 즉시 이행한 것에서부터 이를 확인할 수 있다. 이런 그의 스승에 대한 태도는 그 후에도 일관되게 나타났다. 교단 전반의 서정원장 직무를 수행하다가 하위 부서인 산업부의 일을 맡겨도 조금도 불평불만을 드러내지 않았다.

이렇듯 일산은 원기2년 교단 최초의 수위단 조직 시 건방 단원으로 선정된 이래 스승과 정법에 대한 태도는 일관된 모습을 보였다. 한산 이은석 교무의 구술 증언에 의하면 일산의 소태산에 대한 신성의 일단은 다음 〈11〉과 같다.

> 〈11〉 총부 산업부장 재임 시 비 내린 어느 날 일산은 명주 두루마기를 단정히 차려입고 어디를 다녀와 세탁부를 올라가다가 종사주를 뵈었다. 일산은 그 자리에서 흙바닥에 오체투지하였다. 대종사 계신 자리에는 절대로 뒷모습을 보이지 않고 고개를 숙이고 뒷걸음질을 쳐 나온다든지, 동년배인데도 이토록 스승에 대한 절대적 신성을 바치자 다른 제자들도 대종사님을 위대하신 어른으로 알았다.[35]

일산은 소태산이 어떤 어른이신가를 다음과 같이 밝힌 바 있다. "우리 종사님은 전만고 후만고에도 없었던 어른이시니 추호도 마음 가운데 이 어른이 하는 일에 대해 의심하는 것은 천벌을 받을 것"이라고 했다. 이런 일산의 신성을 매우 갸륵하게 여긴 소태산은 일산에게 귀한 수정염주를 희사했다[36]고 한다. 이처럼 일산은 소태산의 위대함에 깊이 감명을 받아 성인으로서 받드는 신성이 여일했음을 알 수 있다. 그런 그의 소태산에 대한 신성의 일단을 『선외록』에는 다음 〈12〉와 같이 수록하고 있다.

〈12〉 한 사람이 이재철에게 묻기를 "들은즉 귀하의 선생님이 성인이시라 하니 사리 간에 무엇이든지 다 알으시는가? 재철이 말하기를 다 알으시느니라. 그 사람이 말하기를 비행기나 기차 제조하는 법도 알으시는가? 재철이 말하기를 성인은 사리의 대체를 알으시는 것이요, 그러한 기술 부분은 거기에 전문하는 사람이 아느니라. 그 사람이 말하기를 그러면 사리 간에 다 알으신다는 것이 모순된 말이 아닌가. 재철이 말하기를 대체라 하는 것은 그 근본을 이름이니 무엇이든지 그 근본을 알면 가지와 잎은 다 그 가운데 있느니라. 이에 한 예를 들어 말하자면 가령 한 지방의 방관이나 한 나라의 원수가 저 말단에 가서는 한 서기나 기사의 아는 것을 다 알지 못할 수가 있으니 그 행정의 대체를 잘 알아서 각 부분을 순서 있게 지도한다면 그가 그 일을 알았다고 하겠는가 몰랐다고 하겠는가. 성현의 지견도 또한 이와 같아서 대소유무와 시비이해의 대의를 통달하시므로 사리를 다 알으신다는 것이요, 말단의 기술 부분까지 알으신다는 것은 아니니, 그 대의에 통달하므로 천만 지식이 모두 그 강령과 범위 안에 들어 있느니라. 하고 돌아와 대종사께 그대로 고하였더니 대종사 말씀하시기를 일산의 말이 대의에 옳다 하시니라.[37]

위와 같이 일산은 소태산을 성인으로 보는 데 주저하지 않았다. 그 이유를 대소유무와 시비이해의 대의를 통달하신 성인으로 보았기 때문이다. 그러면서도 한편 일산은 종교가에서 이적보다는 성현의 마음을 찾아야 한다는 이른바 정법을 받드는 자세, 인과의 이치가 무서운 것을 깨우쳐 주고 있다.(이하 〈13〉~〈14〉 참조)

〈13〉 이재풍은 본시 풍골이 늠름하고 세상 상식이 풍부하여 매양 대종사를 친견할 때마다 보통 사람과 다르신 점을 대종사의 體相에서 살피려 했다. 대종사 하루는 재풍에게 배코를 쳐 달라고 명령하신 후 상투머리를 풀어 그의 앞에 보이시었다. 재풍이 배코를 치려고 대종사의 두상을 들여다보니 곧 대종사의 泥丸玄宮이 샘 같이 뚫어지며 재풍의 몸이 그 속에 빠져드는 것 같았다. 재풍이 어찌할 바를 알지 못하고 서 있었다. 대종사 웃으시며 말씀하셨다. "성현을 마음의 법으로 찾으려 하지 아니하고 몸의 표적으로 찾으려 하는 하열한 근기인 것이다."재풍이 정신을 차려 다시 보니 대종사의 이환에 아무 흔적도 없었다. 재풍이 크게 깨달아 다시는 이적을 살피지 아니하고 평생토록 정법을 받들었다.[38]

〈14〉 원기4년(1919) 5월에 대종사는 이재철과 잠시 변산에 다녀온 일이 있었다. 영광에서 변산으로 가던 도중 곰소항의 어느 여관에서 하룻밤을 유숙할 때 일어난 일이다. 밤이 깊어 막 잠이 들 무렵 여관방 문 앞에서 사람의 발자국 소리가 들렸다. 이재철이 문을 열어 보니 하얀 소복을 입은 젊은 여인이 서 있었다. -중략- 대종사께 자비로써 금사망보를 벗게 해 주옵소서 하고 여인은 엎드려 서럽게 우는지라, 대종사 말씀하시기를 너의 마음은 실로 기특하나, 죄와 복은 지은 대로 받는 것이 만고불변의 법칙이다. 그러나 이제 내가 하늘에 사무치는 진실한 마음과 지극한 정성으로 과거의 죄업을 참회하고 앞으로 다시는 악업을 짓지 아니하면 천지가 감동하고 불보살들의 호렴하심을 힘입어 그 죄업을 쉽게 벗을 것이다. -중략- 대종사, 이재철에게 물었다. 재철이, 이제 그 여인의 죄업을 잘 알겠는가? 이제 그 여인을 잘 알겠습니다. 인과의 이치가 그렇게 무서운 줄을 이제야 알았습니다.[39]

3. 창립정신의 표본

원불교 창립정신을 목적의 측면에서 보면 저축조합운동은 자립정신, 방언공사는 개척정신, 법인성사는 봉공정신을 함양하기 위한 것으로 정리할 수 있다.[40] 일산은 이런 초기 교단의 창립정신의 표본을 몸소 보여준 구인선진 가운데 한 사람이다. 그가 보여준 창립정신의 표본을 정리하여 제시하면 다음과 같다.

첫째, 저축조합운동은 원기2년(1917) 8월경에 소태산에 의해 창립되었으며 창립정신의 형성과 교단의 사업 기초 확립에 그 의미가 있다. 저축조합운동은 허례 폐지의 예법 혁신, 미신 타파의 종교 혁신, 금주단연과 근검저축의 생활혁신이라는 예법과 종교, 생활의 혁신에 그 목적을 두고 있었다. 특히 저축조합운동이 교단의 경제적 기반을 구축하는 데 기여한 점에서 보면 일산의 초기 교단에서 경제 자립을 도모하는 데 끼친 역할은 크다 할 것이다. 저축조합운동의 배경은 저축조합 창립 취지에 잘 드러나 있다.(〈15〉 참고) 길룡리에서 저축조합을 모델로 창립된 것이 신흥저축조합(1920.3)이었다. 이 신흥저축조합은 일산과 그의 족친 아우 이동안이 신흥에 창립하여 경제 발전은 물론 의식계몽운동을 도모하고, 고리대금 및 빚을 청산하고 저금리로 돈을 빌려 사용케 함으로써 지역 주민들이 불법연구회에 대하여 긍정적인 이미지를 갖게 해 주었다. 그러다 원기12년(1927) 조합 자체의 결의에 의해 불법연구회 영광지부 신흥분회로 편입되었다. 이 무렵인 원기13년(1928) 일산은 영광상조부장, 조갑종은 서기에 임명되어 신흥분회의 조합 예탁금 관리를 한 것으로 이해된다.[41] 이후 불법연구회는 길룡리저축조합과 신흥저축조합의 목적과 이념을 계승하여 상조부를 출범시키고 교단 조직에서는 원기21년(1936) 영광상조부 직제가 폐지되고 일산은 상조부장과 육영부장을 겸직하게 된다. 이처럼 일산은 상조조합운동을 전개하여 영광 본점 또는 익산의 지점장을 맡아 성공적으로 교단 경제의 기반을 구축하는 데 기여했다. 이어서 일산이 열반하기 직전인 원기17년(1942)에는 상조부 직제도 사라진다.

〈15〉 우리가 장차 시방세계를 위하여 한 가지 큰 공부와 사업을 하기로 하면 부득불 어떠한 기관과 어떠한 조약을 세워야 할 것이므로 내 이제 기성조합의 한 기관을 건설하여 내두에 모든 일을 준비하려 하노니 제군은 내의 지도에 잘 신행하기를 바래노라.--(창건사) 하시며 이어서 우리의 경영한 바 공부와 사업은 보통 사람이 다 하는 바가 아니며 보통 사람이 다 하지 못한 바를 하기로 하면 반드시 특별한 생각과 특별한 인내와 특별한 노력이 아니면 능히 그 성공을 기약하지 못할 것이며 또는 우리의 현금 생활이 모두 무산자의 처지에 있으니 의복 음식과 기타 각항 용처에 특별한 소비 절약이 아니면 단기원의 자금을 판출하기가 어려울 것이다. 그런즉, --우리의 생명보호에 별 필요 없는 술과 담배를 끊으되 재래의 매월분 얼마 가량 소비되는 것을 참조하여 그 소비 대 대금을 본 조합에 저축하고 또는 의복 음식 등에 혹 절약할 정도가 있거든 그것을 단행하여 그 절약된 금액을 본 조합에 저축하고 또는 재래의 휴식일을 정도에 따라 좀 축소하여 매월 특별 노동일을 정하여 그 수입된 이익을 본 조합에 저축하고 또는 각자 부인에게 부탁하여 매월 시미를 집합 저축케 하고 또는 전일에 실행하여 온 천제에 대하여도 천제께서 지금 이후는 그 행사를 폐하고 소비 대액으로써 본 조합에 저축하여 장래 사업에 실용케 하라."[42]

둘째, 방언공사는 원기3년 3월부터 이듬해 3월까지(1918-1919) 전라남도 영광군 백수면 길룡리에 2만 6천여 평의 간석지를 개간한 공사로 이 공사는 초기 교단 형성 과정에서 창립의 경제적 기초를 세우는 한편 구인제자들의 일심합력과 영육쌍전의 실지 표본을 보여준 사례 중의 하나이다.(〈16〉-〈17〉 참고)

〈16〉 대종사 길룡리 간석지의 방언 일을 시작하사 이를 감역하시며, 제자들에게 말씀하시기를, 지금 9인은 본래 일을 아니하던 사람들이로되 대회상 창립 시기에 나왔으므로 남다른 고생이 많으나 그 대신 재미도 또한 적지 아니하리라. 무슨 일이든지 남이 다 이루어 놓은 뒤에 수고 없이 지키기만 하는 것보다는 내가 고생을 하고 창립을 하여 남의 시조가 되는 것이 의미 깊은 일이니 우리가 건설할 회상은 과거에도 보지 못하였고 미래에도 보기 어려운 큰 회상이라, 그러한 회상을 건설하자면 그 법을 제정할 때에 도학과 과학이 병진하여 참문명세계가 열리게 하며 동과 정이 골라 맞아서 공부와 사업이 병진되게 하고 모든 교법을 두루 통합하여 한 덩어리 한 집안을 만들어 서로 넘나들고 화하게 하여야 하므로 모든 점에 결함 없이 하려 함에 자연 이렇게 일이 많도다.[43]

〈17〉 원기3년(1918) 3월경에 조합의 자금을 수집하신 후 조합원들에게 일러 가라사대 이제는 어떠한 사업이나 가히 경영할 만한 약간의 기본금을 얻었으니 이것으로써 무엇이라도 착수하여야 할 것인 바 내 심중에 일찍이 한 계획이 있으니 제군들은 이 말을 잘 생각해 보라. -중략- 길룡리 전면에 해수 내왕하는 간석지를 가리켜 가라사대 이것은 중인의 버린 바라 우리가 방언하여 작답할진대 불과 기년에 완전한 토지가 될 뿐 아니라 폐물 이용에 인하여 비록 적으나마 또한 국가 사회의 생산 중 한 도움이 될 것이니 우리는 이

> 러한 개척사업에 노력하여 처음부터 이 공익의 길을 나아감이 어떠하냐 하시니, -중략- 이 거대사를 착수하기로 하면 이 석상에서 한갓 언약할 것이 아니라 반드시 철저한 희생적 노력을 미리 결심하여야 할지니 제군은 오직 순일한 마음으로 지사불변하겠다는 서약 두 통을 써서 한 통은 천지 허공에 그 사유를 고백하고 한 통은 보관하여 후일 증명케 하라 하시니.[44]

소태산은 방언공사의 의의를 다음과 같이 천명한 바 있다.(아래 〈18〉 참고)

> 〈18〉 원래 저 사람들이 공부를 목적하고 온 것이므로 먼저 굳은 신심이 있고 없음을 알아야 할 것이니 수만 년 불고하던 간석지를 개척하여 논을 만들기로 하매 이웃 사람들의 조소를 받으며 겸하여 노동의 경험도 없는 사람들로서 충분히 믿기 어려운 이 일을 할 때에 그것으로 참된 신심이 있고 없음을 알게 될 것이요, 또는 이 한 일의 시와 종을 볼 때에 앞으로 모든 사업을 성취할 힘이 있고 없는 것을 알 수 있을 것이요, 또는 소비 절약과 근로작업으로 자작자급하는 방법을 보아서 복록이 어디로부터 오는 근본을 알게 될 것이요, 또는 그 괴로운 일을 할 때에 솔성하는 법이 골라져서 스스로 괴로움을 이길 만한 힘을 얻을 수 있을 것이니, 이 모든 생각으로 이 일을 착수시켰노라.[45]

원기3년 방언공사를 하면서 동네 부호와 허가 신청의 분쟁사건이 일어나 곤경에 처했을 때 일산은 군청 출입을 하며 뛰어난 지식과 언변으로 이를 해결하여 교단 소유로 결정을 짓는 데 결정적인 역할을 했다. 소태산은 이런 분쟁에 대해서 다음과 같이 법문을 내렸다.(아래 〈19〉 참고)

〈19〉 공사 중에 이러한 분쟁이 생긴 것은 하늘이 우리의 정성을 시험하심인 듯하니 그대들은 조금도 이에 끌리지 말고 또는 저 사람들을 미워하고 원망하지도 말라. 사필귀정이 이치의 당연함이어니와 혹 우리의 노력한 바가 저 사람의 소유로 된다 할지라도 우리에 있어서는 양심에 부끄러울 바가 없으며, 또는 우리의 본의가 항상 공중을 위하여 활동하기로 한 바인데 비록 처음 계획과 같이 널리 사용되지는 못하나 그 사람도 또한 중인 가운데 한 사람은 되는 것이며, 이 빈궁한 해변 주민들에게 상당한 논이 생기게 되었으니 또한 대중에게 이익을 주는 일도 되지 않는가.[46]

셋째, 원불교 법인성사는 창립정신의 결실을 의미한다. 법인성사는 원불교 창립 당시인 원기4년(1919) 7월 26일에 구인제자들이 소태산의 지도에 따라 새 회상 창립의 정신적 기초를 다지기 위해 천지신명에게 기도를 올려 백지혈인이 나타난 것을 의미한다. 그리하여 교단에서는 이날을 법계의 인증을 받은 성스러운 날로 기념하고 있다. 원기4년(1919) 봄에 방언공사를 마친 후 소태산은 구인제자를 한곳에 모으고 혈인기도를 올리게 된 취지를 다음과 같이 밝힌 바 있다.(아래 〈20〉 참고)

〈20〉 지금 물질문명은 그 세력이 날로 융성하고 물질을 사용하는 사람의 정신은 날로 쇠약하여, 개인 · 가정 · 사회 · 국가가 모두 안정을 얻지 못하고 창생의 도탄이 장차 한이 없게 될지니, 세상을 구할 뜻을 가진 우리로서 어찌 이를 범연히 생각하고 있으리오. 옛 성현들도 창생을 위해 지성으로 천지에 기도하여 天意를 감동시킨 일이 없지 않나니, 그대들도 이때를 당하여 전일한 마음과 지극한 정성으로 모든 사람의 정신이 물질에 끌리지 아니하고 물질을 사용하는 사람이 되어 주기를 천지에 기도하여 천의에 감동이 있게 하여 볼지어다. 그대들의 마음은 곧 하늘의 마음이라 마음이 한번 전일하여 조금도 私가 없게 되면 곧 천지로 더불어 그 덕을 합하여 모든 일이 다 그 마음을 따라 성공이 될 것이니, 그대들은 각자의 마음에 능히 천의를 감동시킬 요소가 있음을 알아야 할 것이며, 각자의 몸에 또한 창생을 제도할 책임이 있음을 항상 명심하라.[47]

이런 취지에 공감한 단원 각자에게 일자와 방위를 지정하고 일제히 기도를 올리게 하니 이해 음력 3월 26일부터 음력 7월 26일까지 매 삼륙일마다 4개월 동안 계속되었다. 구인선진이 기도했던 장소 중에 설래바위봉은 일산이 기도했던 곳으로 아홉 봉우리 가운데 북서쪽 즉, 건방에 속한다. 열 번째 기도를 맞는 7월 16일(음) 소태산은 구인단원에게 다음과 같이 엄숙히 말했다.(아래 〈21〉~〈22〉 참고)

〈21〉 제군들이 지금까지 기도해 온 정성은 심히 장한 바가 있으나 나의 징험하는 바로서는 아직도 천의를 움직이는 데는 그 거리가 소원하나니 이는 그래도 제군들의 마음 가운데 어떠한 사념이 남아 있는 연고라 제군이 사실로 인류 세계를 위한다고 할진댄 제군의 몸이 죽어 없어지드래도 우리의 정법이 세상에 드러나서 모든 창생이 도덕의 구원만 받는다면 조금도 餘恨이 없이 그 일을 실행하겠는가? 이에 단원 일제히 그리하겠습니다라고 답한데-.[48]

〈22〉 옛말에 살신성인이란 말도 있고 또는 그를 실행하여 이적을 나툰 사람도 있었으니, 그대들이 만일 남음 없는 마음으로 대중을 위한다면 천지신명이 어찌 그 정성에 감동치 아니하리요. 멀지 않은 장래에 대도 정법이 다시 세상에 출현되고 혼란한 인심이 점차 정돈되어 창생의 행복이 한 없을지니,

그리된다면 그대들은 곧 세상의 구주요, 그 음덕은 만대를 통하여 멸하지 아니할 것이요, 그런즉 그대들은 각자의 심정으로 대답해 보라 하시니, 구인은 잠깐 비장한 태도를 보이다가 일제히 희생하기로 고백하였다.[49]

원기4년(1919) 7월 26일(음) 구인단원들은 희색이 만면하여 각자 준비를 완료하고 시간 전에 옥녀봉 아래 도실(道室)에 모였다. 마침내 이날 밤 8시가 되자 청수를 도실 중앙에 진설하고 각자 단도(短刀)를 청수상 위에 올려놓은 다음 일제히 '사무여한(死無餘恨)'이라는 최후 증서에 백지장(白指章)을 찍어 상 위에 올린 후 마지막 결사(決死)의 심고를 올렸다. 심고가 끝난 후 소태산이 증서를 살펴보자 백지장 찍은 자리가 혈인으로 나타남을 보시고 다음과 같이 말하였다.(아래 〈23〉 참고)

〈23〉 그대들의 마음은 천지신명이 이미 감응하였고 陰府公事가 이미 판결이 났으니 우리의 성공은 이로부터 비롯되었도다. 이제, 그대들의 몸은 곧 十方世界에 바친 몸이니, 앞으로 모든 일을 진행할 때에 비록 천신만고와 함지사지를 당할지라도 오직 오늘의 이 마음을 변하지 말고, 또는 가정의 애착과 오욕의 경계를 당할 때에도 오직 오늘 일만을 생각한다면 거기에 끌리지 아니할 것인즉, 그 끌림 없는 순일한 생각으로 工夫와 事業에 오로지 힘쓰라 하시고 法號와 法名을 주시며 말씀하시기를, 전날의 이름은 곧 세속의 이름이요 개인의 私事 이름이었던 바 그 이름을 가진 사람은 이미 죽었고, 이제 世界公名인 새 이름을 주어 다시 살리는 바이니 삼가 받들어 가져서 많은 창생을 제도하라.[50]

이때 이재풍은 소태산으로부터 일산이라는 법호와 재철이라는 법명을 각각 받았다. 일산 등 구인선진이 참여하여 법계의 인증을 받은 원불교의 법인성사가 시사하는 바 그 정신은 인류 사회를 위해 죽어도 여한이 없는 대서원과 사무여한 정신, 법계에 다시 태어난 공인으로서 어떠한 역경에도 변함없이 공부와 사업에 순일한 마음으로 정성을 다하는 대봉공의 정신, 일심합력의 표본을 보여준 정신 등 창립정신으로 이를 후세에 증명해 보여준 것이다.

Ⅳ. 맺음말 : 남겨 주신 법훈

원불교의 구인선진이 초기 교단사를 통하여 후인들에게 남겨 준 유산은 무엇일까? 그 유산을 여러 가지 측면에서 찾아볼 수 있지만, 무엇보다도 일산은 초기 교단의 표준제자로서 종교적인 측면에서 창립정신인 저축조합, 방언공사, 혈인기도 등에서 잘 드러내 주었다.

일산의 생애는 우리나라의 근대 변혁기, 일제강점기 등 급변하는 정치, 사회적 변동기와 함께했다. 그러나 비교적 유복한 가정환경에서 성장했고 성품이 온유하고 따뜻하여 많은 사람들의 의지처가 되어 주었다. 유시로부터 한문사숙을 통하여 유가의 기본 교육을 받은 기초 위에서 문장, 언변 등은 타인을 설득하기에 부족함이 없었다. 그는 출가한 후 주로 교단의 경제 분야의 책임을 맡아 교단 발전에 초석을 다졌다. 이렇듯 일산이 전무출신으로서 초기 교단 생활에 나툰 행적이나 기록으로 보건대 그가 교단사와 함께 길이 평가받고 후손에게 물려줄 교훈을 들자면, 이소성대 · 일심합력 · 무아봉공 · 근검저축 · 이사병행의 표본을 그대로 보여주었다는 것이다. 일산은 소태산과 같은 해 출생하여 같은 해 열반에 이르기까지 일생을 함께한 묘한 인연이 있다.

23년의 교단 생활에서 보여준 그의 생애와 사상은 후진에게 다양한 측면에서 많은 귀감을 남겨 주었다. 일산은 키가 크고 신상이 구족하며 위풍이 좋아 영광의 인물이라는 평을 받았다. 또한 일산은 천성이 온순, 정직, 현량하여 누구를 대해도 항상 화기로웠고 겸손했으나 대의가 분명하고 강직한 면도 없지 않았다.[51] 이런 인간적인 면모와 함께 교단 생활을 통해 보여준 행적을 중심으로 남겨 주신 교훈을 정리해 보면 다음과 같다.

첫째, 일산은 공동체 발전을 위하여 낱 없는 무아봉공의 정신을 보여주었다. 항상 겸허한 자세로 남 앞에 드러내기보다는 묵묵히 그 일 그 일에 정성을 다하는 한편 공의에 의한 인사가 이루어지면 지위의 높고 낮음에 계교를 부리지 않고 공을 위해서는 사를 놓았다. 저축조합, 방언공사, 혈인기도에서 보여준 봉공의 정신, 소태산에 대한 불변의 확고한 신심, 교단에 대한 투철한 신심을 보여주었다. 그뿐만 아니라 자리에 계교하지 않으며 정신과 육신을 온통 이 회상에 내놓고 생활하면서도 때로는 공중이 힘들고 어려우면 사가의 물질까지도 흔쾌히 쾌척하였다.

둘째, 간난한 초기 교단사에서 이사병행, 영육쌍전의 표본을 보여주었다. 일산은 초기 교단의 서정원, 서무부, 농무단, 기성조합, 보화당 등 각종 기관 및 사업체의 책임을 맡아 교단 경제의 기초를 세우는 데 혼신의 열과 성을 다했다. 그리하여 일정한 성과도 냈다. 그럼에도 불구하고 전혀 이를 과시하거나 드러내 보이지 않았다. 한편 일 속에서 공부하는 모습을 보여준 점, 자립자급을 통해 복의 소종래를 여실히 보여주고 실천으로 확인시켜 준 점 등은 후진이 본받아야 할 것이라고 생각된다. 특히 교단을 대표하여 관공서나 기관을 방문하여 유창하면서도 설득력 있는 언변과 태도로 교단의 크고 작은 일을 해결해 냄으로써 교단의 대사회적 인지도나 외교에도 큰 기여를 한 점은 오늘에도 되새겨 보고 본받아야 할 바이다.

셋째, 겸양과 결단력 있는 정의행의 표본을 보여주었다. 일산은 비교적 유복한 가정환경에서 성장하고 교육받았음에도 불구하고 늘 겸양의 모습을 보여주었다. 반면에 방언공사에 시비가 붙어 회상 공동체와 관련하여 문제가 발생하자 곧 바로 관청에 가서 그 정당함을 잘 해명하고 바로잡아 주었다. 정의롭지 않은 것에 대해서는 분명한 행동으로 보여주었다. 불법연구회가 언론에 잘못 보도되자 이를 바로잡기 위해 신문사 관계자를 찾아가 해명과 잘못의 시정을 당당하게 요구하였다. 이처럼 평소 온유하고 겸허한 성품이지만 정의에는 단호하고 강직한 모습을 보여주었다.

넷째, 스승과 정법에 대한 돈독한 신심의 표상이었다. 일산은 소태산과 동갑이었지만 스승에 대한 신성을 여일하게 보여주었다. 소태산 앞에서는 공수를 한 모습이나 스승의 하명이나 가르침에는 절대 따르는 모습을 보였다. 성현을 마음의 법으로 찾으려 하지 아니하고 몸의 표적으로 찾으려 하는 것은 하열한 근기임을 안 일산은 크게 깨달음을 얻고 다시는 이적을 살피지 아니하고 평생토록 정법을 받들었다고 전해 온다. 또한 원기4년(1919) 5월에 소태산은 이재철과 잠시 변산에 다녀온 일이 있었는데, 한 여인이 소태산에게 자비로써 금사망보를 벗게 해 주옵소서 하자 소태산이, "죄와 복은 지은 대로 받는 것이 만고불변의 법칙이다. 그러나 이제 내가 하늘에 사무치는 진실한 마음과 지극한 정성으로 과거의 죄업을 참회하고 앞으로 다시는 악업을 짓지 아니하면 천지가 감동하고 불보살들의 호렴하심을 힘입어 그 죄업을 쉽게 벗을 것이다."라는 소태산의 법문을 받들고서 일산은 인과의 이치를 깨달아 알았다는 이야기 등이 이를 잘 증명해 준다.

〈일산 이재철 종사 연보〉

서기(원기)	나이	주요 사항	교단 및 국내 상황
1891(-25)	1	2월 11일 전남 영광군 군서면 학정리에서 父 관현과 母 김화옥의 2남 4녀 가운데 장남으로 출생, 본명: 載馮(世譜名: 載馥)	대종사 탄생
1892(-24)	2		동학교도 교조신원, 탄압중지 요청
1893(-23)	3		전봉준 순창에서 체포, 경성 압송, 홍범14조 제정
1894(-22)	4		동학농민운동 청일전쟁(1894-95), 갑오개혁
1895(-21)	5		을미사변(고종32)
1896(-20)	6		아관파천(건양1)
1897(-19)	7		대종사 관천기의
1898(-18)	8		동학교주 최시형 처형
1899(-17)	9		대종사 인간사 의문
1900(-16)	10		대종사 한문서당 수학
1901(-15)	11		대종사 삼밭제 삼신기도
1902(-14)	12		영일동맹
1903(-13)	13		러일협상
1904(-12)	14		러일전쟁(1094-1905)
1905(-11)	15		을사조약(1905) 대종사 양하운과 결혼 대종사 구호동으로 이사(15세)
1906(-10)	16		통감부 설치 대종사 求師苦行
1907(-9)	17		순종 즉위, 丁未의 변
1908(-8)	18		
1909(-7)	19		삼밭제 움막 지음
1910(-6)	20		경술국치 대종사 부친 열반
1911(-5)	21	부친 열반 장자 남행 출생	신해혁명 대종사 귀영바위 인근 이사
1912(-4)	22		대종사 탈이섬 파시 행가
1913(-3)	23		대종사 노루목으로 이사.
1914(-2)	24		고창 심원 연화봉 정진
1915(-1)	25		대종사 장남 박광전 출생
1916(1)	26	사산 오창건의 연원으로 대종사께 귀의 제자가 됨 대종사 명에 의해 불갑사에 가서 『금강경』을 구해 대종사께 드림	대종사 대각 최초법어
1917(2)	27	7월 26일 최초 남자정수위단원 조직 시 건방 단원에 임명	『법의대전』 찬술 저축조합운동

1918(3)	28	방언공사 참여 회실(영산원) 건축에 전력 전무출신 서원	방언공사 구간도실 준공
1919(4)	29	법인성사, 법호(일산) 법명(재철) 5월에 대종사와 변산에 다녀옴	법인성사, 삼일운동 봉래산 법회 불법연구회 기성조합
1920(5)	30	본교 교강 작성에 후원	봉래정사 전무노력 교강 선포 신흥저축조합 결성
1921(6)	31		석두암 완공
1922(7)	32		대종사 만덕암 행가 김기천 천정조합 설립
1923(8)	33	8월 교당 신축공사 조력	영산원 준공
1924(9)	34	중앙총부 건설 참여	창립총회 임원 선정 대종사 만덕산 행가 익산총부 건설, 훈련법 발표
1925(10)	35	육영부 창립단원 교단 전문훈련의 근원이 됨	학력고시법 발표 제2회 정기훈련(하선) 대종사 봉래정사 행가 훈련법 제정
1926(11)	36	〃	신정의례 발표 제3회정기훈련(하선)
1927(12)	37	총부서무부장	산업부 창립단 조직 인재양성소 창립단 조직 유공인 대우법 발표 첫 교서 발간 신흥저축조합 영광지부 신흥분회로 편입
1928(13)	38	제1회 기념총회(3월 27일)(사업 1등, 공부 예비특신급), 재가회원 중 일등전무주력자-이형국, 김남천, 오창건, 이재철, 이공주, 구남수, 장적조, 이만갑, 박사시화, 최도화/장자 남행 결혼 영산교당 교무(13.1.1-16.12.31)	제1회 기념총회(3월) 제7회 정기훈련(하선) 제8회 정기훈련(동선)
1929(14)	39	영산상조부장	은부모시자녀법(4월) 본관 내 문맹 퇴치-야학 실시
1930(15)	40	영산상조부장 겸 영산지부장	첫 은부시녀 결의식 거행
1931(16)	41	영산상조부장 겸 영산지부장	『불법연구회 통치조단규약』 발간
1932(17)	42	가정 형편으로 휴무 유산 유허일 대종사 친견 인도로 입교	『보경육대요령』 발간
1933(18)	43	중앙총부교무(18.1.1-23.12.31) 중앙총부상조부장	5회 정기총회 개최-공익, 인재양성, 통신부 증설
1934(19)	44	보화당 대표이사(3개월)	보화당창설(5월) 『불법연구회회규』 간행 『보경삼대요령』 발간 총부예회 일요예회로

1935(20)	45	총부서정원장	삼산 김기천 종사 열반 『조선불교혁신론』(4월) 『예전』간행(8월) 총부 대각전 준공 도산 안창호 총부내방
1936(21)	46	총부서정원장 겸 총부상조 및 육영부장	영산지부 대각전 낙성 신흥교당 설립
1937(22)	47	〃 조선일보 자매지인 조광지 사건 해결	원평지부 강당 건축
1938(23)	48	총부서정원장-내간상(모친) 연원의무이행자 성적(3월 말 현재)이재철	첫 교무강습회(11.21) 팔산열반(1.3)
1939(24)	49	가정 형편으로 휴무	정기총회 개최, 대종사 개성 행가
1940(25)	50	〃	창립제1대 제2회 결산총회 『불교정전』 발간 제3회 교무강습회(8.20-9.5) 불교전수학원수속서 제출(1.25)
1941(26)	51	총부이사 겸 산업부장 중앙총부교무(26.1.1-28.11.14)	도산 이동안 열반(5.8)
1942(27)	52	대종사 일산, 유산, 서공남, 권우현 등을 데리고 수계농원 행가	교단 국어보급 운동(7.13) 제35회 동선(12.26)
1943(28)	53	영광군 백수면 천마리 자택에서 숙환 열반(11.15), 교회전체장 엄수	대종사 열반 정산 종사 종법사 추대
1953(38)		제1대 성업봉찬회 때 법위 정식법강항 마위, 사업성적 정특등 원성적 특등, 8인 중 8호에 해당	제1대 성업봉찬회
1957(42)		4월 제1차 법훈 증여식 거행	
1964(49)		제2차 법훈 증여 대봉도 추존	
2015(100)		제214회 임시수위단회(5.13)에서 출가위 법위 추존 및 종사위 서훈	

이산 이순순 종사의
생애와 실천적 삶

박 광 수(도광 · 원광대학교 원불교학과 교수)

Ⅰ. 머리말

이산 이순순 종사(二山 李旬旬 宗師, 1879-1945, 이하 이산)는 원불교를 창시한 소태산 박중빈 대종사(少太山 朴重彬 大宗師, 1891-1943, 이하 소태산)의 첫 아홉 제자 중 한 사람이다. 소태산은 1916년 26세에 깨달음을 얻고 '원불교(圓佛教, 초창기 불법연구회)'의 종교운동을 자신의 고향인 전라남도 영광군 백수면 길룡리 영산(靈山) 지역에서부터 시작하였다.

소태산의 깨달음 이후 제자들이 모이기 시작했다. 원불교 교단 초창기 아홉 제자 가운데 이산의 호적명은 인명(仁明)이며, 1879년 9월 1일 전라남도 영광군 백수면 천정리에서 태어났다. 같은 마을에 살던 삼산 김기천(三山 金幾千, 1890-1935)의 인도로 소태산의 제자가 되었다. 그는 저축조합운동과 허례 폐지 운동, 방언공사(防堰工事)와 혈인기도(血印祈禱)에 동참하면서 원불교 창업의 중요한 역할을 하였다. 혈인기도에 참여하는 과정에서 소태산은 법호를 이산(二山)으로, 법명을 순순(旬旬)으로 작명하여 주었다.

이산은 천성이 호걸다워 호탕하게 놀기를 좋아하는 남자다운 성격을 가진 일면 온순하고 다정한 면이 있었다. 온유하고 선량한 성품과 솔성(率性)의 정직함은 원불교 창업의 과정에서 대중들에게 인화(人和)의 표본이 되었다. 2016년 원불교가 창립 101년을 맞이하여 국내뿐만 아니라 세계의 보편적 종교로 성장할 수 있었던 것은 소태산의 '물질이 개벽되니 정신을 개벽하자'는 개교 정신을 토대로 삶의 현장에서 실천하는 초창기의 아홉 제자들이 있었기 때문이다.

필자는 이산의 생애와 소태산의 제자로서 원불교 창립정신을 자신의 삶을 통해 실천하고자 한 운동들을 조명하였다. 또한, 소태산 대종사는 재가생활을 하는 이산 이순순에게 생활 속에서 '외정정 내정정의 수행'을 할 수 있도록 가르침을 주었다. 이하에서는 초기 원불교 수행의 면모를 알 수 있는 중요한 가르침인 외정정(外定靜) 내정정(內定靜)의 수행을 중심으로 살펴보고자 한다.

II. 이산의 생애와 소태산과의 만남

원불교에는 성립 과정에서 나타난 역사적 사실과 초창기에 참여한 선진들의 유고와 연구가 많이 남아 있다. 먼저 정산 송규 종사(鼎山 宋奎 宗師, 1900-1962)의 『불법연구회창건사』는 원불교 최초의 개괄적 역사서라 볼 수 있다. 주산 송도성(主山 宋道性, 1907-1946) 종사가 쓴 것으로 여겨지는 『대종사약전』은 더욱 간명하게 소태산의 생애와 사상을 그리고 있다. 또한, 〈월말통신〉·〈월보〉·〈회보〉 등의 교단 소식지는 당시의 상황을 파악할 수 있게 하는 소중한 기록들이다. 그 후 이루어진 『원불교교사』는 원불교 반백년 역사를 담고 있는 기본 역사서라 볼 수 있다.

『선진문집』은 원불교 초창기 선진들에 관한 기초적인 자료가 되고 있다. 박용덕의 『원불교초기교단사』를 통한 소태산의 생애에 관한 글, 서문성의 원불교 성적지에 관한 글, 송인걸의 『대종경 속의 사람들』 등은 원불교 역사, 인물, 그리고 성지 이해에 대한 기본적인 자료를 제공하고 있다. 또한 원불교사상연구원에서 출간한 『원불교 인물과 사상』 2권은 원불교 초창기 인물에 대해 학문적으로 연구하는 계기를 제공하였다. 이러한 연구 결과는 원불교를 전반적으로 이해하는 데 큰 도움이 되고 있다.

이 중에서 이산의 생애에 관한 기록은 『원불교교사』, 『대종사약전』, 『법보』, 『수위단회의록』, 『원불교대사전』, 송인걸의 『대종경 속의 사람들』, 박용덕의 『少太山의 대각 · 방언조합운동의 전개』 등에서 간략한 내용들이 일부 소개되어 있으나, 전체적으로 자료가 많지 않고 그나마 있는 자료도 편편이 흩어져 있는 상황이다.

『원불교교사』에서는 소태산이 원기원년(1919) 대각을 이룬 후, 구인제자를 선정하는 과정을 간략하게 기술하고 있다. 소태산은 깨달음 이후, 당시의 시국을 살피면서 '물질이 개벽되니 정신을 개벽하자'는 개교 표어를 제창하였다. 그가 가르침을 편 지 4, 5개월이 지난 1916년 12월경에 따르는 사람이 40여 명에 이르자, 그중에서도 특별히 진실하고 신심이 굳은 김성섭(金成燮), 김성구(金聖久), 박한석(朴漢碩), 오재겸(吳在謙), 이인명(李仁明), 박경문(朴京文), 유성국(劉成國), 이재풍(李載馮) 등 여덟 사람을 먼저 선택하여 표준제자로 삼았다. 약 2년 후에는 송도군(宋道君)을 맞이하여 원불교 교단의 첫 구인제자로 삼았다.

소태산의 구인제자 중 첫 제자는 김성섭이다. 그는 소태산이 깨달음을 얻기 이전부터 형제와 같이 교류를 하였으며, 소태산의 수행을 위해 많은 도움을 주었다. 박한석은 소태산의 친동생이며, 유성국은 외숙이며, 박경문은 족질(族姪), 이인명 · 김성구 · 오재겸은 모두 이웃 마을에서 친하게 지내던 사람들이다. 이재풍은 군서(郡西) 사람으로 오재겸의 인도로 소태산의 제자가 되었으며, 송도군은 경북 성주 사람으로 정법을 찾아 수행하며 스승을 찾던 중, 원기3년(1918) 3월에 소태산의 제자가 되었다.[1]

아홉 제자 가운데, 이산은 1879년 9월 1일 전남 영광군 백수면 천정리에서 부친 이다익(李多益) 선생과 모친 김일원(金一圓)의 2남 중 장남으로 출생하였다.[2] 그의 부인은 박본일화(朴本一華)이며 두 딸을 자녀로 두었다. 몸집이 우람하고 키가 크며 기상이 늠름하고 의용(儀容)이 활달한 그는 한때 어떠한 인연으로 서울의 신여성과 가정적 향락 생활을 한 적도 있었던 것으로 알려져 있으나, 소태산을 만나 제자가 된 후에는 세간의 향락 생활을 일시에 청산하고 수도에 발심하여 원불교 창립에 헌신하였다.

이산은 소태산의 초창기 아홉 제자의 일원으로서 원불교 교단 창립에 지대한 역할을 하였다. 그는 저축조합 · 방언공사 · 법인기도 등에 동참하였으며, 허례 폐지와 미신 타파, 금주단연 등으로 저축조합 자금 조성에 경주하였다. 원기9년(1924)에 불법연구회(佛法硏究會) 총부를 전북 익산에 건설할 때에도 소태산을 돕기 위해 고향을 떠나 익산에 거처를 옮겨 생활하였다. 그러나 가정을 돌보아야 할 형편에 이르자, 재가(在家)교도로서 돌아갈 것을 허락받아 생활 속에서 스승의 가르침을 실천하고자 하였다.

이산은 깨달음 이전에 가사를 돌보지 않고 수행하는 소태산의 가난한 가정환경을 알게 되어, 그에게 민어파시(民魚波市)로 유명한 전라남도 신안군 탈이섬으로 장사하러 떠날 것을 권하였다. 전라남도 서해 상의 안마군도(鞍馬群島)에 속해 있는 탈이섬은 법성포 앞바다인 칠산바다를 지나 남쪽에 위치한 임자도 곁에 붙어 있는 조그만 섬이었다.

소태산은 구호동 가족들과 상의하고 이산에게 보리 석 섬을 빌려 장사를 위해 배꾼들에게 필요한 물자며 그동안 먹고 잘 살림 도구도 장만하여 여러 달이 걸리는 장삿길을 떠났다. 이때 소태산과 더불어 이산, 칠산 유건(七山 劉巾, 1880-1963), 사타원 이원화(四陀圓 李願華, 1884-1964)가 동행하였다. 사타원은 이들을 위해 밥을 해 주고 살림을 돌봐 주는 역할을 하였다. 이때가 소태산이 대각하기 6년 전인 1910년경이다.

이산은 소태산을 도와 탈이섬에서 뱃사람들에게 식량 등 물자를 대 주고 잡아 온 고기를 받아서 판매하는 장사를 하였다. 소태산이 함께하는 고깃배는 위험한 일을 당하지 않고 고기를 가득 잡아 가지고 돌아왔다. 이와 같이 석 달 정도 장사를 해 상당한 돈을 벌게 된 소태산은 부친이 남긴 부채를 청산하고 다시금 구도에 정진할 수 있었다.

이산과 소태산의 만남에 대한 다른 일화도 전해지고 있다. 소태산은 귀영바위 집이 무너져 머물 수 없게 되자, 영산 노루목 빈집으로 이사하여 구도에 전념하고 있었다. 어느 여름날, 비바람이 몰아쳐 노루목 초가집의 지붕 나래가 걷어져 비가 새는 가운데 소태산은 입정삼매에 든 채로 온몸이 흠뻑 비에 젖고 있었다. 이때에 이산은 어떤 알 수 없는 힘에 이끌려 자신도 모르게 천정리 집에서 백두개재를 넘어 소태산이 거처하는 노루목 집으로 발걸음을 옮겼다. 그는 자신도 모르게 불가사의한 힘에 끌려 억수같은 비를 맞으며 지붕을 고쳤다.

이와 같이 교분을 갖고 내왕하던 이산은 원기원년(1916) 소태산이 대각을 이루자 삼산의 인도로 12살 연하인 소태산의 제자가 되기를 원하여 사제지의(師弟之義)를 맺었다. 그는 원기2년(1917) 7월 26일, 교단 최초의 조직 체계인 남자정수위단(正首位團)이 조직될 때 감방(坎方) 단원으로 임명되었다. 소태산 대종사의 10인 1단(團)으로 구성된 조직은 세계 모든 사람을 통치 교화할 법으로서 오직 한 스승의 가르침으로 원근 각처의 모든 사람을 고루 훈련시키기 위한 방식으로 이루어져 있다.[3]

소태산은 매월 예회 보는 법을 구인제자들에게 지시하여, 삼순일(三旬日, 1·11·21일)에 공부 수행의 모임을 갖도록 하고, 신(信)을 어긴 이에게는 상당한 벌이 있게 하였다. 또한, 『성계명시독(誠誡明示讀)』이라는 책을 두어,

단원들의 10일 동안 지낸 바 마음을 청(靑)·홍(紅)·흑점(黑點)으로 조사하여, 그 신성 진퇴와 실행 여부를 대조케 하였다.[4] 이와 관련하여, 『한 울안 한 이치에』에서는 "대종사께서 법인기도를 명하시고 제자들의 정성을 파랑, 빨강, 검정빛의 점을 찍어 나가시는데, 정산 종사는 전부 파란 점뿐이었다."[5]라고 한 기록이 보인다.

이산은 재가교도임에도 불구하고, 일정한 기간 동안 남자수위단원의 한 사람으로서 역할을 하였다. 소태산은 원기10년(1925) 4월 26일에 정수위단 제1차 보결 및 대리단원을 조직하였다. 손방(巽方) 오산 박세철(五山 朴世喆, 1879-1926)의 건강 악화로 인한 대리단원으로 도산 이동안(道山 李東安, 1892-1941, 당시 34세), 감방(坎方) 이산의 대리에 주산(당시 19세), 이방(离方) 육산 박동국(六山 朴東局, 1897-1950)의 대리에 전음광(全飮光, 1909-1960, 당시 17세), 곤방(坤方) 칠산의 대리에 조갑종(趙甲鍾, 1905-1971, 당시 21세) 등 젊은 청년들을 중심으로 불법연구회의 수위단회를 활발하게 운영하였다. 도산은 오산이 원기11년(1926) 7월 30일 열반하자 손방의 보결단원이 되었다.[6] 소태산은 원기16년(1931)에 수위단원의 대리로 삼았던 젊은 청년들을 정식 수위단원이 되도록 하였으며, 그해 3월에 여성수위단 시보단을 조직하였다.[7]

원기20년(1935) 9월 10일에 기록된 제1회 남자정수위단 조직위원회 회의록은 이에 대한 자세한 내용을 담고 있다. 현재 원불교 교단에 존재하는 최초의 〈수위단회 회의록〉의 전문은 다음과 같다.

> 宗師主 法座에 오르시와 "금번 조직위원회를 개최하는 것은 정수위단원 중 三山 金幾千이 열반하였으니 不可不 그 자리를 보결하여야 될지라 그러므로 본 위원회를 개최하는 바이며 그러자면 단규 제12조에 의하여 조직위원을 선거하여야 되겠으니 제군은 각각 선택하라"… 宗師主께서 말씀하시

대, "諸君들이 이미 조직위원으로 선정되었으니 각자 의견대로 今自 제군들이 이미 조직위원으로 선정되었으니 각자 의견대로 금번 열반한 김기천의 보결원을 선정하려니와 정수위단의 자격으로 말하면 단규 제8조대로 하자면 此에 전부 합격자가 희귀할 것이니 그중에 가급적 합격자로 하되 현재 諸君의 이해하는 중에는 年高者로 송벽조 · 박대완 · 유허일 등이 有하고 年少者로는 서대원 · 김홍철 · 이완철 등이 有하나 현 수위단원 중 年高者가 多한 만큼 차제 열반이 有할 것은 사실이요. 따라서 年少者는 거개 補缺員으로 들어가게 될지라. 그러므로 금번은 年高者 중에서 선정하되 직접 사무 취급을 할 만한 사람으로 선택해 보라." 하시니 宋奉煥 씨는 徐大圓 씨를 柳虛一 씨는 宋碧照 씨를 추천하는 外에 전부 柳虛一 씨를 지명한즉, 柳虛一 씨 즉석에서 응답하되 入會한 時日로나 功勳으로나 知識으로나 여러 방면으로 부적당한 이 사람을 그처럼 愛護하여 주시니 感謝無地오나 猥濫히 여러분의 動議를 取消하여 주시라고는 할 수 없지만은 宗師主께옵서 更히 下命하시와 적당한 자격자를 선택하여 주시기를 伏願하옵나이다 하였다. 종사주께서 말씀하시대, "정수위단으로 말하면 本會 最高支配機關이니 그 보결원을 선정하는 것은 실로 중대한 일이나 누구나 물론하고 衆人의 신망이 돌아와 피선거(자)가 된 이상에는 자기의 정신, 육신, 물질 삼 방면으로 오로지 이에 다하야 그 重且大한 의무를 감당할 공고한 자신이 있는가? 없는가? 자체를 반성해 볼 뿐이요, 타인이 나를 선거하고 안 하는 것은 관계할 바가 없이 오직 衆人의 지도에만 순종할 것이 아닌가?" 하신즉, … 宗師主 말씀하사대, "柳虛一에게 그만한 결심과 각오만 있다면 일은 이미 衆人의 추천을 받은 이상 容易가결되었으니 虛一로써 幾千의 보결원을 삼거니와 이상에 말한 바와 같이 수위단은 본회 중요 기관인 만큼 금일로써 정식 보결원으로 인증하는 바가 아니요, 앞으로 만 三個年의 기한을 두어 가지고 기간에 虛一의

지행상 자격 불충분한 점이 표현될 時는 다시 변경할 수도 있을지니 지금은 보결이 아니고 곧 首位團 試補라 명칭할지라 제군은 이대로 諒解하라" 하시고 … "열반한 오산 박세철의 보결원으로 李東安으로 試補를 세웠으나 본시 年高者는 만 삼 개년으로 시험 기한을 정하고 연소자는 만 육 개년으로 시험 기한을 정하였는데 동안이로 말하면 벌써 만 육 개년의 시험기를 통과하였으니 금일로써 정식 보결원으로 인증한다. 또는 이산 이순순, 육산 박동국, 칠산 유건으로 말하면 비록 생존은 하였으나 재가하여 수위단의 직무를 이행치 못하게 되었으므로 수년 전 송도성, 전음광, 조갑종 삼 인으로 각각 그 대리인을 정한 바 此亦 滿 六個年을 경과하였으므로 금번에 此를 정식 대리인으로 승인할 터인 바 그러자면 허일이나 동안이나 도성, 음광, 갑종 三人은 각각 식을 거행하여야 하겠는데 이는 중대한 일인 만큼 式이라도 존엄하게 하여야 하겠으니 후일 유허일 보결식 거행 동시에 행하기로 한다. 그리고 동안과 허일은 법호를 줄 것이니 동안은 道山, 허일은 柳山으로 칭호할 것이며 도성, 음광, 갑종 三人으로 말할지라도 대리식을 행할 時 호를 줄 것이니 그리 알라. 그러나 이 호로 말하면 정식 법호는 아니고 다못 수위단은 최고 지위인 만큼 그 지위를 존중하자는 의미에서 주는 호이요, 정식 법호는 何時든지 법강항마부 승급 시 수여할 것이니 그리 알라."[8]

위의 〈수위단회 회의록〉에 의하면, 초창기 아홉 제자들로 구성된 수위단회가 원기20년(1935)에 어떠한 변화가 있었는지를 알 수 있다. 이산을 비롯한 육산과 칠산은 재가하여 수위단의 직무를 이행치 못하게 되었으므로 수년 전 송도성, 전음광, 조갑종 삼 인으로 각각 그 대리인을 정하였음을 밝히고 있다.

이산은 원기30년(1945) 11월 28일에 자신의 고향인 전남 영광군 백수읍 천정리에서 열반에 든 것으로 기록하고 있다.[9] 원기70년(1985) 6월 1일에 익산시 왕궁면 영모묘원에 묘적(墓籍)지를 두게 되었다. 그는 원기62년(1977) 3월 제2대 말 결산 시 수위단회에서 정식 법강항마위로 추존되었으며, 원기70년(1985) 3월 제103회 수위단회에서는 그의 호법공덕(護法功德)을 깊이 추모하면서 대호법(大護法)의 법훈을 추서키로 결의하였다. 원기100년(2015)을 맞이하여 수위단회(제214회)에서 구인선진의 종사위(宗師位) 추존에 따라, 12월 1일 명절대재부터 일산, 이산, 사산, 오산, 육산, 칠산, 팔산 선진이 대봉도 · 대호법위에서 종사위로 좌위가 변경되었다.

Ⅲ. 조합운동과 방언공사 참여와 실천

소태산은 초창기 아홉 제자들과 함께 두 가지 일을 추진하게 되는데, 하나는 '방언공사(防堰工事)'이고 다른 하나는 '법인기도(法認祈禱)'이다. 소태산이 제자들과 함께 시작한 경제실천운동으로 처음 선택한 방법은 저축조합운동이었다. 원기2년(1917) 8월에 저축조합을 창설하고 원기3년(1918) 3월에 저축조합의 저축금을 수합한 후, 영산 길룡리에 조수 내왕하는 간석지를 막는 방언공사를 실시하였다. 일제 식민지하의 조합의 조직은 여러 가지 형태로 나타나고 있는데 근대적인 조합이 발전하기 시작한 것은 1907년 전국에 일제히 실시되었던 지방금융조합이다.[10] 이러한 초창기 조합운동에 이산은 정성을 다해 조력하였다. 이산은 다른 제자들과 함께 금주금연, 의식 절약, 시미(匙米) 저축, 천제(天祭) 폐지 운동 등을 통해 자금을 성공적으로 모아 각종 자금과 저축 제도를 마련하는 데 큰 역할을 하였다.

소태산은 저축조합을 창설하여, "우리가 장차 시방세계를 위하여 큰 공부와 사업을 하기로 하면 먼저 공부할 비용과 사업할 자금을 예비하여야 하고 예비하기로 하면 어떤 기관과 조약을 세워야 할 것이므로 회상 기성의 한 기관으로 저축조합을 설시하여 앞일을 준비하려 하노라."[11]고 그 동기를 밝히고 있다. 이산은 소태산을 도와 저축조합운동을 성공적으로 이끌었다. 저축조합의 창설 내역을 살펴보면 다음과 같다.

1) 창설 기간: 원기2년(1917) 8월 창설－원기4년(1919) 10월 6일 저축조합의 이름을 고쳐 '불법연구회 기성조합'이라고 함.[12] 원기9년(1924)까지 존속함.[13]

2) 이념(목표):

(1) 장차 시방세계를 위하여 함께 큰 공부와 사업을 하기로 하면 먼저 공부할 비용과 사업할 자금을 예비하여야 함.

(2) 회상 기성의 한 기관으로 저축조합을 설시.[14]

3) 저축 방법:

(1)술, 담배를 끊어 그 대액을 저축.

(2)의복, 음식 등에 절약할 정도가 있으면 그 대액을 저축.

(3)재래의 여러 명절, 휴일을 줄여 특별 노동 수입을 저축.

(4)각자 부인에게도 부탁하여 끼니마다 시미(匙米)를 저축하며,

(5)그간 행해 오던 천제(天祭)도 폐지하여 그 소비 대액을 조합에 저축함.

4) 조합장: 소태산 대종사.

5) 조합원: 구인제자 외 약간 명.[15]

6) 활동 내용: 원기3년(1918) 3월 저축조합의 저축금을 수합한 후 영산 길룡리에 조수 내왕하는 간석지를 막는 방언공사를 실시함.

소태산은 조합운동을 성공리에 전개한 후, 이에 만족하지 않고 영산 지역에 들어오는 바닷물을 막아 못 쓰게 된 갯벌을 농토로 개간하는 방언공사를[16] 시작하자고 제언하였다. 이산을 비롯한 아홉 제자들은 마을 사람들의 조소에 아랑곳하지 않고 갯벌을 막아 농토를 만드는 일에 적극 동참하였다. 그는 방언공사가 시작되었을 때 동지들과 함께 흙짐을 져 나르는 등 온갖 어려운 일을 하면서도 일호의 사심도 없이 모든 난관을 감수하며 정성을 다했다.

〈사진1〉 제명바위[17]

세계를 열고자 한 소태산의 사상과 포부의 한 단면을 갯벌을 막는 일에서 보여주고 있다. 그는 제자들에게 "우리가 건설할 회상은 과거에도 보지 못하였고 미래에도 보기 어려운 큰 회상이라, 그러한 회상을 건설하자면 그 법을 제정할 때에 도학과 과학이 병진하여 참문명세계가 열리게 하며, 동(動)과 정(靜)이 골라 맞아서 공부와 사업이 병진되게 하고, 모든 교법을 두루 통합하여 한 덩어리 한집안을 만들어 서로 넘나들고 화하게 하여야 하므로 방언 일을 시작한다."[18]고 밝혔다. 방언공사는 '영육쌍전(靈肉雙全)'과 '이사병행(理事竝行)'의 이념을 실천한 사례이며, 일제치하라는 어려운 시대적 상황에서 조선의 민초들이 먼저 정신, 육신, 물질 3방면에서 자립운동을 해야 함을 행동으로 옮긴 것이다.

원기4년(1919) 10월 6일 저축조합의 이름을 고쳐 '불법연구회(佛法硏究會) 기성조합'이라는 명칭을 내걸었다. 이때부터 소태산은 '불법'이라는 명칭을 공공연히 내세웠고 모든 기록에도 일제히 '불법'의 명칭을 쓰게 하였다. 그 까닭은 소태산이 "이제는 우리가 배울 바도 부처님의 도덕이요 후진을 가르칠 바도 부처님의 도덕이니, 그대들은 먼저 이 불법의 대의를 연구해서 그 진리를 깨치는 데 노력하라. … 불교는 장차 이 나라의 주교가 될 것이요, 또한 세계적 주교가 될 것이니라."[19]고 한 데서 그 의미를 찾아볼 수 있다. 소태산은 미래의 불법은 재래와 같은 제도의 불법이 아니라, 사농공상을 여의지 아니하는 불법이 되도록 할 것이라고 하였다. 즉 세상 일을 잘하면 그것이 곧 불법 공부를 잘하는 사람이요, 불법 공부를 잘하면 그것이 곧 세상 공부를 잘하는 사람이 되도록 하였다. 불법연구회 기성조합이라는 명칭을 내세운 것은 위와 같은 의미의 부각 때문이었고 저축조합의 후속 사업을 계속하였던 것으로 짐작된다.

방언공사는 원기3년(1918) 3월에 영산 지역 길룡리에서 간석지를 막기 시작하여 2만 6천 평의 논을 원기4년(1919) 3월에 완성하였다.[20] 공사 기간은 만 1년이 걸렸으며, 공사를 마친 후에도 조합원들의 노력과 고생은 쉬지 않았다. 아직 굳어지지 않은 언(堰)을 보강하는 일과 4~5년간의 해독으로 수년간 작농에 손실을 보게 되었으나 그 이후 수확하기 시작하였다.[21] 정관평의 소작 계약 기간은 특별한 규정이 없이 별다른 사유가 없는 한 무한으로 이루어졌다.

소태산의 저축조합을 본받아 제자들 가운데 몇몇은 자신의 고향에서 조합운동을 성공적으로 이끌어 나갔다. 이 중 삼산의 천정조합과 도산의 신흥수신조합은 매우 성공적인 마을경제 자립운동으로 자리 잡았다. 이와 같이 원불교의 초기 저축조합운동은 단순히 교단 창립 기금 육성만을 목적으로 했던 것이 아니라, 오랫동안 우리 민족의 고질처럼 유전되어 왔던 허례허식, 낭비, 나태, 단결할 줄 모르는 마음을 근본적으로 개조하려는 사회혁신

〈사진2〉 원불교 영산성지 1차 방언공사 장면

운동의 한 시작이었다고[22] 볼 수 있다.

Ⅳ. 혈인기도 참여와 그 종교적 의미

소태산은 일심합력과 영육쌍전의 정신으로 영산에서 방언공사를 마무리 할 무렵, 자신의 아홉 제자들과 함께 창생을 제도하기 위해 '법인기도(法認祈禱)' 또는, '혈인기도(血印祈禱)'라 부르는 산상기도를 드리자고 하였다. 원기 4년(1919) 3월 1일 전국에서 독립만세운동이 일어나자 그는 "개벽을 재촉하는 상두 소리니 바쁘다. 어서 방언 마치고 기도 드리자."[23]라고 하였다. 이러한 제안에 대해, 이산을 비롯해 아홉 제자들은 기도를 드리기 시작하였다. 소태산은 함께 산상에서 기도 드리는 중요한 목적을 창생구원에 두었다.

지금 물질문명은 그 세력이 날로 융성하고 물질을 사용하는 사람의 정신은 날로 쇠약하여, 개인 · 가정 · 사회 · 국가가 모두 안정을 얻지 못하고 창생의 도탄이 장차 한이 없게 될지니, 세상을 구할 뜻을 가진 우리로서 어찌 이를 범연히 생각하고 있으리요, 옛 성현들도 창생을 위하여 지성으로 천지에 기도하여 天意를 감동시킨 일이 없지 않나니, 그대들도 이때를 당하여 전일한 마음과 지극한 정성으로 모든 사람의 정신이 물질에 끌리지 아니하고 물질을 사용하는 사람이 되어 주기를 천지에 기도하여 천의에 감동이 있게 하여 볼지어다.[24]

소태산은 도탄에 빠진 모든 생령을 구하기 위해 목숨을 아끼지 않고 '사무여한(死無餘恨)'의 정신으로 천지신명(天地神明)에게 기도하게 하였다. 그는 기도에 동참한 아홉 제자들에게 시방세계(十方世界) 전체가 서로 감응하고 있음을 주지시키고, 각자의 마음에 천의(天意)를 감동시킬 요소가 있으며, 각자의 몸에 모든 생령을 제도할 책임이 있음을 강조하였다. 혈인기도는 '기도(祈禱)'의 종교적 제의(祭儀) 형태를 통하여 일으킨 원불교의 정신운동이다.

소태산은 구인제자들과 함께 원기4년 3월 26일(양 4.26)에 기도를 시작하여 10일간 재계(齋戒)함으로써 매월 삼륙일(三六日, 6 · 16 · 26일)에 기도식을 거행하였으며, 기도는 그해 10월 6일(양 11.28)까지 이어졌다. 혈인기도는 '백지혈인(白指血印)'이라는 법인성사가 나기 전 117일, 법인성사가 난 후로도 음력 7월 26일로부터 동년 음력 10월 6일까지 정확히 100일간 계속된 것으로 나타난다.[25]

열흘마다 함께 올린 기도 기간이 100일을 넘은 7월 16일, 소태산은 단원들의 정성이 부족함을 일깨우고 천의를 감동시키기 위해 살신성인(殺身成仁)의 정신을 실현할 것을 당부하였다. 다음 기도일인 7월 26일(양 8.21)을 최후 희생일로 정하였으며, 그날 각 기도 장소에서 일제히 자결하기로 약속하였다. 아홉 제자는 마지막 정성을 다해 열흘간 각자의 처소에서 기도 드린 후, 7월 26일 도실(道室)에 모여 기도 드리는 상황을 『원불교교사』에서 자세히 기술하고 있다. 혈인기도의 의례의 시간, 기간, 장소 등을 재구성해 보면 다음과 같다.

1) 기도인(기도의 주체적 참여자) : 소태산과 구인제자. 구인제자는 일산 이재철(一山 李載喆), 이산 이순순(二山 李旬旬), 삼산 김기천(三山 金幾千), 사산 오창건(四山 吳昌建), 오산 박세철(五山 朴世喆), 육산 박동국(六山 朴東局), 칠산 유건(七山 劉巾), 팔산 김광선(八山 金光旋), 정산 송규(鼎山 宋奎) 등이다. 법인성사가 난 후로도 7월 26일로부터 해서 동년 10월 6일까지 정확히 100일간의 기도 중 혹 연고가 있을 경우, 대리 참석의 경우도 있었다고 여겨진다.[26]

2) 기도 시간 및 기간 : 1919년 3월 26일에 시작하여 10일간 재계(齋戒)로써 매 삼륙일(每三六日, 6일 · 16일 · 26일)에 기도식을 거행하여 '백지혈인'이라는 법인성사가 나기 전 117일, 법인성사가 난 후로도 7월 26일로부터 해서 동년 10월 6일까지 100일간 기도를 하였다. 도합 217일간 기도를 올린 셈이다. 기도 시간에 있어서, 기도 당일에는 오후 8시 안에 道室에 모여 少太山의 교시를 받은 후, 9시경에 기도 장소로 출발하게 하였다. 기도는 오후 10시부터 자정까지 하며, 기도를 마친 후 또한 일제히 도실에 돌아오도록 하였다. 단원들이 각각 시계를 가져, 기도의 시작과 그침에 서로 시각이 어긋나지 않게 하였다.

3) 기도 장소 : 少太山은 십인일단(十人一團)의 단 조직 방법을 제정하고 구인제자의 방위를 따라 정하되, 중앙봉을 비롯하여 8방의 봉우리를 지정하고, 단기(團旗)인 팔괘기(八卦旗)를 기도 장소 주위에 세우게 하였다. 중앙봉,

옥녀봉, 마촌앞산봉, 촛대봉, 장다리봉, 대파리봉, 공동묘지봉, 밤나무골봉, 설래바위봉 등에서 기도하였다.[27] 기도 장소는 촛대봉 같은 경우에 기도하는 과정에서 바닷물이 들어오는 내를 건너야 하는 위험성 때문에 장소의 변동이 있기도 하였다. 이 가운데, 이산 이순순은 마촌앞산봉에서 기도를 드린 것으로 알려져 있다.

4) 치재 방식 : 마음 정결을 위주로 하고, 계문을 더욱 준수하며, 육신도 자주 목욕재계하도록 했다.

5) 기도 진행 : 중앙봉으로 비롯하여 8방의 봉우리를 지정하고, 단기(團旗)인 팔괘기(八卦旗)를 기도 장소 주위에 세우게 하며, 기도식을 시작할 때에는 먼저 향촉과 청수를 진설하고 헌배와 심고를 올리며, 축문을 낭독한 다음 지정한 주문을 독송케 하였다.

(1) 단기(團旗)인 팔괘기(八卦旗)를 기도 장소 주위에 세움.

(2) 향촉과 청수를 진설함.

(3) 헌배와 심고를 올림.

(4) 축문을 낭독함.

(5) 지정한 주문을 독송함.

소태산이 도실(道室) 한가운데 청수(淸水)를 진설해 놓고, 사무여한의 서약과 살신성인을 실현하기 위해 하늘에 고하는 심고(心告)를 올리는 과정에서 맨손으로 지장을 찍은 부분이 곧 혈인(血印)으로 변하는 신비 현상이 일어나게 되었다. 그는 이러한 백지혈인(白指血印)을 보고 창생을 제도하기 위한 아홉 제자들의 목숨을 바치려 한 기도 정성에 천지신명이 이미 감응하였고 음부공사(陰府公事)가 이제 판결이 났다고 하였다. 아홉 제자들의 전날의 이름을 가진 이는 이미 죽었다고 선포하고 세계공명(世界公名)인 새 이름을 주어 많은 창생을 제도하라는 책임을 새로이 부과한다. 이때에, 아홉 제자들은 법호와 법명을 새롭게 받았다. 이는 종교적으로 죽음과 새로운 탄생의 의미가 담겨 있는 중요한 내용이다.

Ⅴ. 재가생활과 수행공부: 외정정 내정정의 수행

『대종경』「수행품」 19장에는 소태산이 재가교도인 이산에게 바른 공부길을 일러 주기 위해 해 주신 다음과 같은 내용의 법문이 수록되어 있다.

> 대종사 이순순에게 물으시기를 "그대는 재가공부(在家工夫)를 어떻게 하는가?" 순순이 사뢰기를 "마음 안정하기를 주장하나이다." 또 물으시기를 "어떠한 방법으로 안정을 주장하는가?" 순순이 사뢰기를 "그저 안정하고자 할 따름이옵고 특별한 방법을 알지 못하나이다." 대종사 말씀하시기를 "무릇, 사람에게는 항상 동과 정 두 때가 있고 정정(定靜)을 얻는 법도 외정정(外定靜)과 내정정(內定靜)의 두 가지 길이 있나니, 외정정은 동하는 경계를 당할 때에 반드시 대의(大義)를 세우고 취사를 먼저하여 망녕되고 번거한 일을 짓지 아니하는 것으로 정신을 요란하게 하는 마(魔)의 근원을 없이하는 것이요, 내정정은 일이 없을 때에 염불과 좌선도 하며 기타 무슨 방법으로든지 일어나는 번뇌를 잠재우는 것으로 온전한 근본정신을 양성하는 것이니 외정정은 내정정의 근본이 되고 내정정은 외정정의 근본이 되어 내와 외를 아울러 진행하여야만 참다운 마음의 안정을 얻게 되리라."[28]

여기에 나오는 '외정정(外定靜) 내정정(內定靜)'은 매우 중요한 수행 방법이다. 『원불교교전』에 실린 외정정 내정정의 수행 방법은 원기12년(1927) 5월에 발간된 초기 교서인 『수양연구요론(修養硏究要論)』[29]에서 자세하게 밝히고 있다. 『수양연구요론』은 1장 『정정요론(定靜要論)』(상), 2장 『정정요론』(하) 등 7장으로 구성되어 있는데, 이 중에서 『정정요론은 원래 『정심요결(正心要訣)』이라는 독립된 서적으로 도교 계통의 전래된 수련서이다. 『정심요결』은 부안 사람 이옥포(李玉圃)가 1900년대에 기술한 것으로 전하여진다. 정산이 스승을 찾아 전라도로 와서 수행하던 중 원기2년(1917) 증산교단(甑山敎團)을 방문했을 때 강일순(姜一淳, 1871-1909)의 딸 강순임(姜舜任, 1904-1959)을 통해 수집하였으며, 이를 소태산의 감수 아래 원기9년(1924)부터 원기10년(1925)까지 이춘풍(李春風, 1876-1930)이 번역하고 도교적인 수양 방법을 불교적인 흐름으로 조정하여 『수양연구요론』의 1장과 2장에 수록하여 초기 원불교 교단의 수양 보조 교재로 사용하였다.[30]

소태산은 보통 사람들이 항상 조용히 앉아서 좌선하고 염불하고 경전이나 읽는 것만 공부로 알고 실지 생활에서 단련하는 공부가 있는 것은 알지 못함을 한탄하고, 내정정(內定靜) 외정정(外定靜)의 큰 공부법을 제시하였다. 그는 '큰 공부는 먼저 자성(自性)의 원리를 연구하여 원래 착(着)이 없는 그 자리를 알고 실생활에 나아가서는 착이 없는 행(行)을 하는 것'[31]이라 하였다. 내정정 외정정의 수행법을 삼학수행에 연결시켜 그 관계를 밝히고 있다.

> 공부하는 사람이 처지 처지를 따라 이 일을 할 때 저 일에 끌리지 아니하고, 저 일을 할 때 이 일에 끌리지 아니하면 곧 이것이 일심 공부요, 이 일을 할 때 알음알이를 구하여 순서 있게 하고, 저 일을 할 때 알음알이를 구하여 순서 있게 하면 곧 이것이 연구 공부요, 이 일을 할 때 불의에 끌리는 바가 없고, 저 일을 할 때 불의에 끌리는 바가 없게 되면 곧 이것이 취사 공부

며….[32]

결국 내정정 외정정의 수행은 한가한 때에는 염불과 좌선으로 일심에 전공도 하고 경전 연습으로 연구에 전심전력을 다하는 것이다. 또한 일이 있는 때나 일이 없는 때를 오직 끊임없이 지속적으로 공부하게 되면, 저절로 정신에는 수양력이 쌓이고 사리에는 연구력이 얻어지고 작업에는 취사력이 생겨나는 것임을 밝혀 내정정과 외정정의 수행이 삼대력을 얻는 중요한 수행 방법임을 보여주고 있다.

소태산은 내정정 외정정의 수행으로 삼대력을 얻은 대표적인 인물로 정산을 예로 들었다. 그는 정산에 대해 "…그는 오래지 아니하여 충분한 삼대력을 얻어 어디로 가든지 중인에게 이익 주는 귀중한 인물이 될 것인 바, 이는 곧 동정 간에 끊임 없는 공부를 잘 한 공덕이라, 그대들도 그와 같이 동정일여(動靜一如)의 무시선(無時禪) 공부에 더욱 정진하여 원하는 삼대력을 충분히 얻을지어다."[33]라고 칭찬을 아끼지 않았다.

정산도 또한 『수심정경』의 강령을 외수양(外修養)과 내수양(內修養)으로 자세하게 밝히고 있다. 그는 외수양은 밖으로 경계를 대치하는 공부로서 구체적으로 피경(避境) 공부, 사사(捨事) 공부, 의법(依法) 공부, 다문(多聞) 공부를 제시하고 있다.

> 첫째는 피경(避境) 공부니 처음 공부할 때는 밖에서 유혹하는 경계를 멀리 피하는 것이요, 둘째는 사사(捨事) 공부니, 긴하지 않은 일과 너무 번잡한 일은 놓아 버리는 것이요, 셋째는 의법(依法) 공부니, 해탈의 법을 믿어 받들고 진리로 안심을 구하는 것이요, 넷째는 다문(多聞) 공부니, 위인들의 관대한 실화를 많이 들어 상상 국량을 크게 하는 것…."[34]

이러한 외수양의 공부는 자연히 '바깥 경계가 평정되어 마음이 편안'하게 하는 수행임을 밝혔다. 반면, 내수양은 안으로 자기의 마음을 닦는 공부로서 집심(執心) 공부, 관심(觀心) 공부, 무심(無心) 공부 등 세 가지 방법을 아래와 같이 제시하고 있다.

> 첫째는 집심(執心) 공부니, 염불 좌선을 할 때와 일체 때에 마음을 잘 붙잡아 외경에 흘러가지 않게 하기를 소 길들이는 이가 고삐를 잡고 놓지 않듯 하는 것이요, 둘째는 관심(觀心) 공부니, 집심 공부가 잘 되면 마음을 놓아 자적(自適)하면서 다만 마음 가는 것을 보아 그 망념만 제재하기를 소 길들이는 이가 고삐는 놓고 소가 가는 것만 제재하듯 하는 것이요, 셋째는 무심(無心) 공부니, 관심 공부가 순숙하면 본다는 상도 놓아서 관하되 관하는 바가 없기를 소 길들이는 이가 사람과 소가 둘 아닌 지경에 들어가 동과 정이 한결같이 하는 것…."[35]

결국, 내수양을 통한 수행은 '한 마음이 청정하면 백천 외경이 다 청정하여 경계와 내가 사이가 없이 한가지 정토'를 이루는 결실을 맺게 된다고 하였다.

정산은 외수양과 내수양을 외정정과 내정정으로 재해석하여 설명하고 있다. 그는 외정정은 밖으로 입지가 부동하게 하는 공부라고 말하고 있다.

> 첫째는 큰 원을 발함이니, 원하는 마음이 지극하면 천만 가지 세상 인연이 앞에 가로놓여도 보되 보이지 않고 조금도 마음에 걸리지 않기를 서가세존께 한 번 대도에 발심하매 왕궁의 낙과 설산의 고가 조금도 마음에 머물지 않듯 하는 것이요, 둘째는 큰 신심을 발함이니, 신심이 지극하여 천만 가지

세상 법이 비록 분분하여도 다시 사량 취사하는 마음이 없기를 혜가(慧可)께서 한 번 믿어 뜻을 결정하매 몸을 잊고 법을 구하듯 하는 것이요, 셋째는 큰 분심을 발함이니, 분심이 지극하여 천만 장애가 포위 중첩하여도 두렵고 물러나는 마음이 없기를 십이사도가 위험을 무릅쓰고 도를 지켜 죽어도 말지 않듯 하는 것….[36]

외정정의 세 가지 수행을 통해 수행자의 뜻이 태산 같이 서서 흔들림이 없는 경지에 이르게 된다고 하였다. 반면, 정산은 내정정에 대해 안으로 마음이 요란하지 않게 하는 공부로서 구체적인 수행의 방법으로는 “첫째는 염불 좌선을 할 때와 일체 일 없는 때에 어지러운 생각이 일어나지 않게 하여 그 일심을 기르는 것이요, 둘째는 행주 동작과 일체 일 있는 때에 그 뜻이 올발라서 비록 찰나 간이라도 망념이 동하지 않게 하는 것이요, 셋째는 사상(四相)이 공하고 육진(六塵)이 조촐하여 경계를 대하되 경계를 잊고 착되지도 물들지도 않는 것”[37]임을 밝히고 있다. 내정정의 이러한 세 가지 수행의 힘을 얻게 되면, 자연히 마음 바다가 평정하고 번뇌가 길이 끊어지게 된다고 하였으며, 이러한 수행은 동하고 정할 때에 누구에게나 필요한 것임을 밝혔다.

VI. 맺음말

일제강점기하에서 원불교의 사회참여 양상은 크게 두 가지로 특징지을 수 있다.[38] 하나는 개벽의 세계를 향한 영육쌍전의 터전을 일군 것이다. 원불교 개교 초창기에 순수한 민간 자본을 모아 영산 지역의 간석지를 개간함으로써 정신과 육신의 조화로운 발전을 도모하였다. 원불교 초기 창립 과정에서, 토지를 개간하고 작농, 양잠, 과원, 축산, 원예 등에 재투자하는 사업 성과를 보여주었다. 이와 같은 경제적 활동은 신앙심과 결합된 아홉 제자를 비롯한 여러 신자들의 헌신이 뒤따랐기 때문에 가능하였다.

원불교는 생활종교로서 경제적 자립도가 매우 높고 건실한 재정적인 안정을 이루었을 뿐만 아니라 한국 민족종교 중에서 가장 모범적인 모델을 제공하는[39] 중요한 역할을 하였다. 또한, 일제강점기하에서 원불교 교단 내적으로는 남녀 구분 없이 교육을 시키고, 대외적으로는 어린아이를 대상으로 야학을 설치하여 일본식 교육 체제에서 가르치지 못하였던 한글을 가르치면서 사회의 제도와 모순을 혁신할 수 있는 지도자 양성에 정성을 다함으로써 정신개벽의 요람을 만들고자 하였다.

이산은 재가교도로서 소태산의 가르침인 '생활시불법(生活是佛法) 불법시생활(佛法是生活)'을 실천하였다. 특히, 소태산이 직접 이산에게 가르침을 준 외정정 내정정의 수행법은 동할 때와 정할 때의 공부법으로 재가공부의 핵심적인 길을 제시하고 있다.

소태산은 삼학 병진의 대도를 닦아야 함을 강조하고 '편벽되이 정정(定靜)만 익히어 신통을 희망하는 것'[40]을 경계하였다. 그럼에도 불구하고, 이산에게 가르침을 준 외정정 내정정의 수행법은 원불교 초기 수행 방식으로 매우 중요한 내용을 담고 있다. 재가교도가 일상생활에서 어떻게 수행하는 삶을 영위할 것인가를 보여준 것이다.

외정정은 밖으로 입지가 부동하게 하는 공부법이다. 외정정은 큰 원을 발하여, 큰 신심과 분심으로 공부를 하게 되면, 자연히 수행자의 뜻이 태산 같이 흔들림 없는 경지에 이르게 된다. 이와 병행하여 내정정의 수행은 안으로 마음이 요란하지 않게 하는 공부로서 일심을 길러 망념(妄念)에 흔들리지 아니하면, 육근 경계를 대하되 경계를 잊게 되고, 그 경계에 착(着)하여 물들지도 않게 된다. 따라서 내정정의 수행법은 번뇌가 길이 끊어져 바다와 같이 평정한 마음을 얻게 되는 길을 보여주는 것이다. 몸과 마음이 고요하거나 동하여 작용할 때, 드러나거나 숨어 있는 정의 상태를 떠나지 않고 수행하는 공부 길이다. 인간 개개인이 동(動)하고 정(靜)하는 가운데 외정정과 내정정의 수행을 병행하여 원만한 인격을 이루도록 한 것이다.

〈이산 이순순 종사 연보〉

원기	서기	연령	주요 내용
	1879.9.1	1세	전남 영광군 백수면 천정리에서 부친 이다익 선생과 모친 김씨의 형제 중 장남으로 출생
	1910	32세	소태산이 대각하기 6년 전, 소태산과 더불어 낙월도(落月島)로 장사를 다녀와 소태산의 가정 경제에 도움을 주는 등 교분이 있음
1년	1916	38세	삼산 김기천 종사의 인도로 소태산의 제자가 됨
2년 7월 26일	1917	39세	교단 최초의 통치단인 남자정수위단 조직 시 감방(坎方) 단원에 임명
3년	1918	40세	간석지 방언공사에 팔인동지와 함께 참여
4년 3월 26일	1919	41세	팔인단원과 함께 창생구원을 위해 기도를 시작
4년 8월 21일(양)	1919	41세	백지혈인의 이적으로 법인성사를 이루고 소태산으로부터 법명을 받음. 그 후 전무출신은 하지 못했으나 거진출진으로서 영산에 있으면서 교단 창업에 기여함
30년 11월 28일	1945	67세	영광에서 열반
62년 3월 29일	1977		수위단회에서 법위 정식법강항마위로 추존
70년 3월 20일	1985		수위단회에서 대호법 법훈 증여 결의
100년 5월 13일	2015		제214회 임시수위단회에서 출가위 법위 추존 및 종사위 서훈

출처: 송인걸, 『구인선진』, 〈월간 원광〉, 1988, 85-86쪽. 〈교단표준연표〉

삼산 김기천 종사의 생애와 사상

김 영 두(성택 · 원광대학교 명예교수)

Ⅰ. 머리말

삼산 김기천 종사(三山 金幾千 宗師, 1890-1935, 이하 삼산)의 본명은 성구(聖久), 법호는 삼산(三山), 법훈은 종사이다. 1890년 2월 5일 전남 영광군 백수면 천정리 천기동에서 부친 경주 김씨 다유(多有-법명)와 모친 이씨[1]의 1남 2녀 중 둘째로 출생했으며, 소태산 대종사(少太山 大宗師, 1891-1943, 이하 소태산)의 최초 구인제자 가운데 한 사람이다. 삼산의 일생을 통한 교리 활용 및 고준한 수행의 경지, 헌신과 인품의 총평은 원기67년(1982)에 출판된 『선진문집』 제5권 『삼산 · 육타원 종사문집』 중 삼산종사문집의 간행사에 잘 나타나 있다. 당시 교정원 박정훈 교화부장은 간행사에서 "삼산 김기천 종사께서는 원기원년에 입교하시어 정신과 육신을 오롯이 공중에 바치시고, 대종사님의 지도와 명령에는 수화라도 불피(不避)하시어 방언공사에 남다른 노력을 많이 하시고, 법인성사에 백지혈인의 이적을 나투시었다. 수양력이 장하시어 언제나 청한자적(淸閑自適)하시고, 연구가 깊으시어 대종사님으로부터 견성인가를 최초로 받으셨으며, 계행이 청정하시며 공심이 출중하시고, 임무에 성실하시고 원근과 증애에 초월하신 원만한 인격과 지식과 덕행을 갖추셨으나 항상 빼어남을 보이지 아니하시어 범인으로 더불어 같으면서도 다르고, 다르면서도 같으신 무애도인이요, 자재성자이셨다."[2]라고 하였다.

원불교에서의 구인제자는 소태산의 첫 표준제자 아홉 사람을 가리키는데 일산 이재철(一山 李載喆), 이산 이순순(二山 李旬旬), 삼산 김기천(三山 金幾千), 사산 오창건(四山 吳昌建), 오산 박세철(五山 朴世喆), 육산 박동국(六山 朴東局), 칠산 유건(七山 劉巾), 팔산 김광선(八山 金光旋), 정산 송규(鼎山 宋奎) 등이다. 원불교에서는 이들을 구인선진(九人先進)이라 부르기도 하며, 삼산은 이러한 구인선진 중 한 분이다.[3]

필자는 먼저 이러한 삼산의 생애를 조명하고, 저술 중에서 소태산과의 문답을 통해 찾아볼 수 있는 사상, 시가편에 속하는 〈심월송〉에 나타난 사상, 한문 독본인 『철자집』의 구성과 사상 등을 살펴서 삼산의 신성으로 뭉쳐 있고, 성리로 열려 있는 정신세계를 고찰, 파악하여 후인들이 귀감을 삼도록 함에 목적이 있다.

II. 삼산의 생애

삼산은 어려서부터 기골이 장대하고 총명하여 주위의 사랑을 한 몸에 받았고, 7세부터 서당에서 한문을 배우기 시작하여 13세에 한자의 문리(文理)를 체득했다. 또한 조숙하여 15세(1904) 시에 영광군 군서면 마읍리의 김해김씨 김순천(金順天, 1886-1952)과 결혼했다. 결혼은 2월 8일(음 12.23)에 하였는데 이로부터 한 달 후인 3월 8일(음 1.22) 부친이 별세하여 가사를 전담하게 되었다. 17세부터 3년간 한문 서당 훈장으로 근동 아이들을 가르쳤고, 이후 25세(1913) 때에 모친도 별세하였다. 삼산이 27세 때인 1916(원기원년) 4월 28일(음 3.26) 소태산은 대각을 이루었다. 한 달여 뒤인 5월에 사돈(삼산 여동생이 팔산 제수)인 팔산 김광선 종사(八山 金光旋 宗師, 1879-1939)의 인도로 길룡리 범현동 이씨 제각에서 친구인 소태산(당시 명-處化)을 만나 바로 문하에 귀의하여 제자가 되었다.

원기2년(1917) 단 조직할 때 아홉단원 중 간방(艮方) 단원이 되었고, 이해 8월에 창립된 저축조합에 가입했다. 원기2년(1917)에 단장의 명을 받아 동네 사람 김덕일로부터 400원을 빌려 숯을 구입했고,[4] 이어서 진행된 방언공사와 법인기도에 적극 동참했다. 단원의 기도는 매 삼륙일(6, 16, 26일)마다 한 번 씩 기도를 올렸고, 일단 8월 11일(음 7.16)까지를 기도일로 정했으나 소태산은 이날 모인 제자들에게 시방세계 일체중생을 위해 전 단원이 희생하기로 결의하고 열흘간 더 기도를 올리기로 하고 이를 시행하여 8월 21일(음 7.26) 백지혈인 법인성사를 이루었고, '기천(幾千)'이란 법명과 '삼산(三山)'이란 법호를 주었다.[5] 삼산이란 법호를 받은 시기는 『원불교교사』에는 법인성사 후에 바로 법호와 법명을 내린 것으로 되어 있는데,[6] '연보'에는 원기5년(1920, 31세)에 받은 것[7]으로 되어 있으므로 법호를 받은 시기에 대하여 추후라도 통일이 요청된다.

삼산의 '연보' 등에 의하면 소태산은 법인성사 후에도 기도를 계속해 오다가 동년 11월 26일(음 10.6)에 기도를 해재하였고[8], 12월 11일(음 10.20) 부안 변산에 입산하였으며,[9] 삼산은 영산에 남아 후속 사업을 계속 진행한 것으로 되어 있다. 삼산은 원기6년(32세)에 천정리에서 저축조합을 모방하여 '천정조합'을 설립하였는데 2년 뒤인 원기8년(1923) 소태산으로부터 경책을 듣고 바로 자진 해체를 하였다. 원기9년(1924, 35세) 6월 1일(음 4.29), 익산 보광사에서 열린 〈불법연구회〉 창립총회에 참석하였고, 영광출장소 책임자로 선임되면서 출가 전무출신을 하였으며, 4년간 영광지부 서무부장 겸 지부장으로서 살림을 전담했다.

원기13년(1928, 39세) 5월 15일(음 3.26)에 익산총부에서는 제1대 제1회 기념총회가 열렸으며, 바로 서무부장에 피임되어 1년간 근무하는 도중에 법위가 특신급으로 승급되었고, 이해 가을에 소태산으로부터 견성인가를 받았다. 1년 뒤인 원기14년(1929, 40세)에 본관교무[禪時敎務]로 전보되었다. 이해 11월 8일에는 영광교무로 부임했다가 원기15년(1930, 41세) 4월 13일(음 3.15)에는 총부교무부장으로 선임되었고, 이때 후학 교육을 위한 교재로 교리를 바탕으로 하는 내용의 『철자집』을 저술하였다. 원기16년(1931, 42세)에는 선원교무가 되어 해박한 지식과 명철한 지혜로 선원생들을 지도했다. 원기17년(1932, 43세)에는 부산출장소 초대 교무로 부임했고, 2년 뒤인 원기19년(1934, 44세)에 남부민동출장소를 설치했으며, 6월 14일(음 5.3) 김영신 교무가 부임했다. 이때 부산출장소 명칭을 하단지부로 고쳐 불렀으며 야학을 실시하는 등 교화에 전념하였고, 이해 겨울부터 남부민출장소에서 초량에 출장 법회를 보기 시작하였다. 이렇게 동분서주하는 교화 일선의 생활 중에서 원기20년(1935, 만 45세) 3월 16일에 출발하여 영광, 영산, 신흥, 전주 등의 지역을 방문하여 유연교도들과 법동지들을 찾아보았으며, 6월 4일(음 5.4) 부산으로 돌아와 여러 저술을 하였으며, 8월 18일(음 7.20) 장티푸스가 발병하여 치료하지 못하고 9월 6일(음 8.9) 열반에 들었다. 당시에 소태산은 서울에 머물며 금강산에 가기로 결정했었는데, 삼산이 위독하다는 급보를 듣고, 바로 총부로 돌아가 일산에게 전주 의사를 대동시켜 부산으로 급히 파견하는 한편, 대중과 더불어 완쾌를 기원하면서, "기천으로 말하면 나와 상종한 후 시창3년(戊午)부터 지금까지 만 18년을 일호의 사심과 퇴보가 없이 참으로 향내 나는 전무출신을 한 유일무이한 공인이며, 또한 창립 초창 수위단원 중 1인이고, 제1회 결산 시에도 2등 1호의 사업을 하였으니 그 성적을 조사하면 알리라." 하셨으며, 열반 전보를 접하고는 "가는 기천이도 섭섭하거니와 우리의 한 팔을 잃었소." 하시며 말을 마치지 못하고 통곡을 하셨으니,[10] 여기에서 삼산의 순일무사한 공도헌신의 모습을 그려 볼 수가 있다. 이러한 삼산의 연보[11]는 후술하기로 한다.

삼산은 참으로 지혜가 출중하고, 수양력이 특출하며, 계행이 청정하여 대중들로부터 존모를 받았고, 소태산으로부터도 '시비를 초월하고 희로애락에 끌리지 않는 부처'라는 칭찬을 받기도 했다. 삼산이 얼마나 철저한 공사정신을 가졌는가를 『문집』의 여러 곳에서 찾아볼 수 있지만, 특히 삼산의 셋째 딸(정귀원, 정인덕 교무의 모친)이 학교에 다닐 때 오랜만에 집에 오신 부친께 용기를 내어 학비를 주시라고 하자 "아버지는 네 아버지라도 돈은 네 아버지 돈이 아니니다."라고 답하신 일화[12]에도 잘 나타나 있다.

열반에 든 삼산에 대하여 정산(鼎山, 1900-1962)과 주산(主山, 1907-1946) 등 여러분들의 추모 글이 당시 회보 등에 발표되었는데 그중 이리경찰서 경부인 육무철(陸武哲, 필명 壽川居士)의 '三山을 吊喪함'의 간절한 글에 삼산의 폭넓은 인간관계와 존경받는 인품이 잘 담겨 있음을 볼 수 있다.

어이 어이 서러워라
한날 한시 다시 살아 한 맘 한 뜻 나가자고
굳게 맹세하온 것이 그대 이 웬일인가

어이 어이 서러워라
이 바다를 건너자고 함께 잡은 이 돗대를
가다 말고 이 중도에 그대 이 웬일인가

어이 어이 서러워라
바다 건너 저 언덕은 거의 거의 바라뵈네

같이 가다 이 중도에 그대 이 웬일인가
어이 어이 서러워라
온갖 고초 같이 겪고 그 이룸을 못 보시니
같이 가다 이 중도에 에구 이 웬일인가[13]

Ⅲ. 교단 최초의 견성인가

원기13년(1928, 39세) 5월 17일, 삼산이 특신급에 승급된 그해 가을, 소태산은 강당에 법좌를 차리라 하고 종을 쳐 대중을 불러 모은 뒤 "수도하는 사람이 견성을 하려는 것은 본래 자리를 알아, 그와 같이 결함 없게 심신을 사용하여 원만한 부처를 이루는 데에 그 목적이 있나니, 이는 목수가 목수 노릇을 잘하려면 잣대가 있어야 하고, 용이 승천하려면 여의주(如意珠)를 얻어야 하는 것과 같다. 견성을 하려면 성리 공부를 하여야 하나니, 성리는 내가 손을 내놔라 하면 손을 내놔야지 발을 내면 안 되는 것이다. 이제 내가 그대들에게 성리를 물어야겠다."[14] 하고 의두 요목을 하나씩 놓고 물었다.

제자들이 차례로 대답을 하였으나 소태산은 응답이 없었고, 마지막으로 대답한 사람은 삼산뿐이었다. 삼산이 성리 설하는 것을 듣고 소태산은 흡족한 웃음을 머금고 말했다. "오늘 내가 비몽사몽간에 여의주를 삼산에게 주었더니 받아먹고 즉시 환골탈태하는 것을 보았는데, 실지로 삼산의 성리 설하는 것을 들으니 정신이 상쾌하다."며 이어 말하기를 "법은 사정(私情)으로 주고받지 못할 것이요, 오직 저의 혜안이 열려야 그 법을 받아들이나니, 용은 여의주를 얻어야 조화가 나고 수도인은 성품을 보아 단련할 줄 알아야 능력이 나느니라."[15] 소태산의 말씀이 끝나자 대중의 찬탄과 선망을 한 몸에 받으며 삼산은 견성인가를 받은 것이다. 우레와 같은 박수와 아울러 제자 몇 인은 자리에서 일어나 "우리 회상에 견성도인 나셨다."며 덩실덩실 춤을 추기도 했다. 이것이 새 회상이 생긴 이래 공식적으로 소태산이 제자에게 내린 최초의 견성인가이다.

그런데 여기에서 주목되는 점은 삼산이 소태산의 문하에 입문한 지 불과 10여 년 후에 견성인가를 받은 일은 일대 사건으로 삼산이 특별히 별도로 수행 정진한 기간은 찾아볼 수 없기에 필자의 판단으로는 13세에 한학을 통해 문리를 얻으면서 이미 초견성의 경지에 이르러 있다가 소태산을 만나 기도와 일속의 삼학 정진을 통하여 확연한 견성의 경지에 이른 것이 아닐까 이해된다.

견성인가를 받은 이후 후진들의 질의와 요청에 의해 초학자들의 교리를 바탕으로 효과적인 한문 공부를 위한 『철자집(綴字集)』을 저술했고, 원기18년(1933)에는 교리 전반에 걸쳐 읊조린 의욕적인 장시(長詩) '교리송(教理頌)'을 발표했으며, 이어서 〈사은 찬송가〉와 유명한 〈심월송(心月頌)〉을 남겼다. 견성인가를 받은 삼산은 주로 해탈에 관한 도리를 많이 설법했다. 소박한 화술과 간명한 내용으로 교리 전반에 걸쳐 무애자재하고 사통오달 되게 법을 설했던 삼산은 문필에도 능해 많은 시문을 남겼다.

『대종경』「변의품」 34장에 의하면, 삼산이 소태산에게 "견성을 못한 사람으로서 정식 법강항마위에 승급할 수 있나이까?"라고 말씀 올리자 소태산은 "승급할 수 없느니라."[16]라고 단정적으로 답함에서 볼 수 있듯이 견성은 법강항마위에 오르는 관문임과 동시에 바로 진정한 성불의 문턱에 들어섬이 됨으로 삼산의 '견성인가'의 의의가 매우 큼을 알 수 있다.

Ⅳ. 소태산과의 문답에 나타난 사상

삼산과 소태산과의 문답 내용을 『대종경』「인도품」, 「인과품」, 「변의품」, 「전망품」 등에서 찾아볼 수 있다.

『대종경』 제4 「인도품(人道品)」 9장에 의하면,

> 김기천(金幾千)이 여쭙기를 "사람이 어찌하면 순(順)과 역(逆)을 알게 되오리까?" 대종사 말씀하시기를 "순이라 함은 저 춘하추동 사시의 변천이 차서를 잃지 아니함과 같이 모든 일에 그 순서를 찾아서 하는 것이요, 역이라 함은 일의 순서를 알지 못하고 힘에 감당 못할 일을 구태여 하고자 하며, 남의 원 없는 일을 구태여 권하며, 남의 마음을 매양 거슬려 주는 것이니, 사람이 무슨 일을 할 때에 먼저 이 순과 역을 잘 구분해서 순을 주로 하여 행한다면 성공하지 못할 일이 거의 없으리라."[17]

위의 순과 역에 관한 문답을 볼 때 삼산이 실제로 의문이 들어 소태산에게 문의할 수도 있지만, 삼산의 지적 수준이나 혜안을 감안하면 당시 대중을 깨우치기 위한 문의요, 또한 소태산의 답변이 아닐까 하는 생각도 든다.

또한 『대종경』 제5 「인과품(因果品)」 21장에 의하면,

> 한 걸인이 김기천에게 복을 지으라 하매, 기천이 묻기를 "내가 복을 지으면 그대가 나에게 복을 줄 능력이 있느냐?" 하니, 그 걸인이 대답하지 못하는지라, 기천이 말하기를 "어리석은 사람들은 흔히 제 개인이 살기 위하여 남에게 복을 지으라 하니, 그것이 도리어 죄를 짓는 말이 되리로다." 하였더니 대종사 들으시고, 말씀하시기를 "기천의 말이 법설이로다. 세상 사람들이

> 복을 받기는 좋아하나 복을 짓는 사람은 드물고 죄를 받기는 싫어하나 죄를 짓는 사람은 많으니, 그러므로 이 세상에 고 받는 사람은 많고 낙 받는 사람은 적느니라."[18]

이와 같이 삼산의 문의에 대한 소태산의 응답과 아울러 삼산이 걸인에게 행한 대처의 평가에서 삼산은 이미 혜안이 열린 분이기에 그대로 인정받고 있음을 알 수 있다.

또한 삼산이 후천개벽에 관련된 의문을 소태산에게 질문한 내용이 『대종경』「변의품」 32장이다.

> "김기천이 여쭙기를 선지자들이 말씀하신 후천개벽의 순서를 날이 새는 것에 비유한다면 수운 선생의 행적은 세상이 깊이 잠든 가운데 첫새벽의 소식을 먼저 알리신 것이요, 증산 선생의 행적은 그 다음 소식을 알리신 것이요, 대종사께서는 날이 차차 밝으매 그 일을 시작한 것이라 하오면 어떠하오리까. 대종사 말씀하시기를 그럴 듯하니라." 했다.[19]

위의 문답에서도 삼산의 혜안을 찾아볼 수 있다. 수운과 증산과 소태산 출현의 시대적 배경과 경세의 역할 구도를 유기적으로 연관시켜 소태산에게 말씀드렸고, 소태산은 "그럴 듯하니라."라고 인정해 주신 것이다. 삼산 자신도 이미 하늘 이치와 인간 만사의 도리를 깨달았으나 겸허하게 대중과 함께 수행에 힘쓰면서 대중 앞에서 소태산에게 묻기를 서슴지 않았는데 이러한 자세는 공경과 함께 당시 여러 계층으로 구성된 대중의 공부심을 진작시키고 또한 의구심을 갖는 등의 미망을 타파해 주고자 그러한 것으로도 이해된다.

또한 소태산과 주고받은 문답을 『대종경』 「변의품」 35-38장[20]의 내용에서도 찾아볼 수 있다.

『대종경』 「변의품」 35-

또 여쭙기를 "보통급에서 항마위에 오르는 공력과 항마위에서 여래위에 오르는 공력이 어느 편이 어렵나이까?" 대종사 말씀하시기를, "그는 근기에 따라 다르나니 혹 최상 근기는 항마하면서 바로 여래위에 오르는 사람도 있고 항마위에 올라가서 오랜 시일을 지체하는 근기도 있느니라."

삼산은 소태산에게 점수돈오와 돈오점수에 상통하는 문의를 드렸고, 이에 대한 소태산의 응답은 명확하게 첫째는 공부인의 근기에 따라 차이가 있다는 말씀과 최상 근기는 항마하면서 바로 여래위에 오르는 돈오돈수의 경지가 있고, 돈오 후의 보림 즉, 내공 기간이 긴 공부인이 있음을 천명하였다. 삼산은 수행에 있어서 필수적이고 핵심적인 문의를 한 것이며 당시 삼산 자신도 오후수의 과정에 있음을 간파할 수 있는 문제가 아닐까 생각된다.

『대종경』 「변의품」 36-

"수도인이 공부를 하여 나아가면 시해법(尸解法)을 행하는 경지가 있다 하오니 어느 위에나 승급하여야 그리되나이까", "여래위에 오른 사람도 그리 안되는 사람이 있고, 설사 견성도 못하고 항마위에 승급도 못한 사람이라도 일방 수양에 전공하여 그와 같이 되는 수가 있으나, 그것으로 원만한 도를 이루었다고는 못 하느니라. 그러므로, 돌아오는 시대에는 아무리 위로 천문을 통하고 아래로 지리를 통하여 골육이 분형되고 영통을 했다 할지라도 인간 사리를 잘 알지 못하면 조각 도인이니, 그대들은 삼학의 공부를 병진하여 원만한 인격을 양성하라."

위에서 보는 바와 같이 시해법을 행할 수 있는 경지에 대한 삼산의 문의에 "돌아오는 시대에는 영통을 하는 등 어떠한 능력을 갖춘 도인이라 할지라도 인간 사리를 잘 알지 못하면 조각 도인이므로 삼학의 공부를 병진하여 원만한 인격을 양성하라."는 소태산의 말씀에서 음시대의 신비적인 도인상이 아닌 양시대, 즉 열린 시대의 활불상과 삼학수행으로 원만한 인품을 갖춤이 필요함을 알 수 있다.

『대종경』「변의품」37-

"법강항마위 승급 조항에 생로병사에 해탈을 얻어야 한다고 한 바가 있사오니, 과거 고승들과 같이 좌탈입망(坐脫入亡)의 경지를 두고 이르심이오니까?", "그는 불생불멸의 진리를 요달하여 나고 죽는 데에 끌리지 않는다는 말이니라."

여기에서 삼산의 "법강항마위 승급 조항 중, 생로병사에 해탈을 얻음에 대한 문의에 대종사는 정의하기를 '불생불멸의 진리를 깨쳐 나고 죽는 데에 끌리지 않는다는 말'이라 함에서 '해탈'의 의미를 정확하게 파악하게 하는 중요한 내용이다.

『대종경』「변의품」38-

또 여쭙기를 "앞으로 종법사 선거에 어느 위에 오른 분이라야 추대될 수 있사오리까?" 대종사 말씀하시기를 "아무리 말세라도 항마위 이상이라야 종법사의 자격이 있느니라." 또 여쭙기를 "혹 당대 종법사보다 법력 높은 도인이 날 때에는 법위 승급을 어떻게 하오리까?" 대종사 말씀하시기를 "대중의 공의를 얻어 하느니라."

위의 문답은 교단 운용에 중심축이 되는 종법사 추대의 법위 기준과 당대 종법사보다 법력 높은 도인이 날 때의 법위 승급에 대한 내용이다. 이러한 삼산의 첫 번째 문의에 소태산은 "아무리 말세라도 항마위 이상이라야 종법사의 자격이 있다."고 했고, 두 번째 문의에는 "대중의 공의를 얻어 한다."고 응답하였다.

첫 번째 문의인 '종법사 추대 시 법위 기준'의 변천을 찾아보면, 원기9년(1924)에 제정된 최초의 〈불법연구회규약〉 제7조에서는 '총재는 불법에 정통하고 범사에 모범이 될 만한 자로 총회에서 선정하야 본회를 지도 감독하기로 함'[21]이라 했고, 원기19년(1934)에 개정된 〈불법연구회규약〉 제8조에서는 '종법사[22]는 도리에 정통하고 범사에 모범이 될 만하며 일반 회원이 존위를 올릴 만한 인물로 총대회에서 선정하야 본회 공부사업 양 방면을 지도 감독함'[23]이라 했으며, 원기27년(1942) 개정된 〈불법연구회 회규〉 제21조에서는 '종법사는 법강항마위 이상의 수위단원을 피선거인으로 본지부 연합회의에서 선정하여 此에 취임함'[24]이라고 하여 처음으로 법위가 수위단원 중 '법강항마위 이상'으로 명시되었다. 이후 원기33년(1948)에 제정 공포된 〈원불교 교헌〉으로부터 제3차 개정교헌에 이르기까지는 종법사 피선 자격을 '원정사(출가위) 이상 수위단원'으로 명시하여 오다가 제4차와 5차 개정 교헌에서는 '원정사 이상을 피선 자격으로 한다'[25] 라고 하여 법위만 명시하고 수위단원으로 한정된 구절을 삭제하여 오늘에 이르고 있다. 이렇게 교단을 대표하며 지도하는 종법사의 선정에 관한 법위 기준이 삼산 종사의 문의에 대한 소태산의 응답을 통하여 제시된 공적을 교단의 역사와 함께 높이 평가하지 않을 수 없을 것이다.

삼산의 두 번째 문의에 대하여 "대중의 공의를 얻어 하느니라."라는 소태산의 응답은 원정사를 포함한 대각여래위의 법위를 종법사가 추천하고 수위단회에서 투표를 통한 만장일치로 결정하므로 이 말씀대로 시행되고 있는 것이다. 이 또한 종사의 공적이라 아니할 수 없다.

또한 『대종경』 제14 「전망품(展望品)」 8장에 의하면,

> 김기천이 여쭙기를 "근래에 여러 사람이 각기 파당을 지어 서로 옳다 하며 사방에서 제 스스로 선생이라 일컬으오나 그 내용을 보면 무엇으로 가히 선생이라 할 가치가 없사오니, 그들을 참선생이라 할 수 있사오리까?" 대종사 말씀하시기를 "참선생이니라." 기천이 여쭙기를 "어찌하여 참선생이라 하시나이까?" 대종사 말씀하시기를 "그대가 그 사람들로 인하여 사람의 허(虛)와 실(實)을 알았다 하니 그것만 하여도 참선생이 아닌가." 기천이 다시 여쭙기를 "그것은 그러하오나 그들도 어느 때가 되오면 자신이 바로 참선생의 자격을 갖추게 되오리까?" 대종사 말씀하시기를 "허를 지내면 실이 돌아오고 거짓을 깨치면 참이 나타나나니, 허실과 진위(眞僞)를 단련하고 또 단련하며 지내고 또 지내 보면 그중에서 자연히 거짓 선생이 참선생으로 전환될 수 있느니라."

위에서 볼 수 있는 바와 같이 삼산의 문의와 소태산의 응답은 두 가지로 나누어 고찰할 수 있다. "당시 몇몇 사람들이 각기 파당을 지어 서로 옳다 하며 스스로 선생이라 호언하는데 이들이 참선생인가?" 하는 물음에 소태산은 '참선생이라'고 답변하였고, 그 까닭은 "그대가 그 사람들로 인하여 사람의 허(虛)와 실(實)을 알았다 하니 그것만 하여도 참선생이 아닌가."라는 답

변에서 소태산의 광활하여 둘로 보지 않는 심법과 심량을 찾아볼 수 있으며, 또한 이러한 문의를 하여 대중에게 열린 심법을 깨우치도록 한 삼산의 마음세계 역시 호대함을 알 수 있다. 뒤이어 삼산의 "그들도 어느 때가 되오면 자신이 바로 참선생의 자격을 갖추게 되오리까?"라는 물음에 소태산은 "허를 지내면 실이 돌아오고 거짓을 깨치면 참이 나타나나니, 허실과 진위를 단련하고 또 단련하며 지내고 또 지내 보면 그중에서 자연히 거짓 선생이 참선생으로 전환될 수 있느니라."라고 한 소태산의 응답에서, 본래마음에서 볼 때는 거짓은 순간의 무명이므로 단련하고 또 단련하면 본래마음으로 회귀할 수 있다는 큰 가르침을 간파할 수 있다. 이러한 소태산의 큰 가르침은 삼산의 물음이 있기에 받들 수 있으니 이 또한 삼산의 공덕이다.

여기에서 삼산의 혜안을 알 수 있음과 동시에 소태산이 삼산을 진정으로 소중히 생각할 수밖에 없는 점을 능히 짐작할 수 있다. 이러한 문답 법문이 주는 당시의 영향과 아울러 후래에 미치는 영향을 생각해 볼 때 삼산의 수승한 인품과 혜안과 공덕을 높이 평가하지 않을 수 없다.

Ⅴ. 시가에 나타난 사상

『삼산종사문집』「시가편」에는 〈단법 찬미곡〉과 교리 전반을 총섭한 장편의 〈교리송〉, 〈문법(聞法)유감〉, 〈결제가〉, 〈해재가〉, 〈회가(會歌)〉[26], 〈추기(秋期)제사기념가〉, 〈안심곡〉, 〈낙도하는 가정소식〉, 〈사은찬송가〉, 〈심월송〉, 〈설중(雪中)의 박노래〉, 〈육일가〉, 〈착심 해탈가〉 등이 있다. 이 논문에서는 이 중에서 〈심월송(心月頌)〉을 중심으로 삼산의 정신세계를 고찰해 보고자 한다.

저 허공에 밝은 달은 다만 한낱 원체로되
일천 강에 당하오면 일천 낱이 나타나고
나의 성품 밝은 맘도 또한 한낱 원체로되
일만 경계 당하오면 일만 낱이 나타나니
맘과 달이 둘이오나 그 이치는 하나일세
달 사랑는 벗님네야 강 밑에 잠긴 달은
참달이 아니오니 부디 그 달 사랑 말고
허공 달을 사랑하소 마음 찾는 주인공아
경계에 착된 맘은 참마음이 아니오니
부디 그 맘 딸치 말고 본성마음 찾아보소
고요한 밤 홀로 앉아 이 마음을 간 하올제
분별주착 딸치 않고 무심적적 들어가니
달도 이미 그믐 되고 심행처도 멸하였네
적적요요 본연한데 일각심월 원명하다
소소영영 저 심월아 보고 봐도 둘 아니요
홀로 비친 너 하나라 取하여도 얻음 없고
捨하여도 버림 없다 그러하나
一覺相은 眼前에 歷歷하니 없는 것도 아니로다
존귀하다 저 심월아 짝한 물건 없었으니
삼계독존 아닐런가 아름답다 저 심월아
일점 瑕子 없었으니 氷玉인들 당할쏘냐
견고하다 저 심월아 불생불멸 그 眞體가
만고장존하였으니 금강인들 당할쏘냐
광명하다 저 심월아 시방세계 대천계를

여지없이 비추오니 千日인들 당할쏘냐
신통하다 저 심월아 감추면 개자 속에
펴 놓으면 우주밖에 능소능대 하는구나
지혜롭다 저 심월아 천만사리 당한 대로
걸림 없이 분석하네 여보소 주인공아
보배할 것 무엇이며 귀의할 것 어디 있나
寶貝함도 심월이요 귀의함도 심월일레
여보소 벗님네야 이 심월을 구경하소.[27]

이러한 〈심월송〉 전문 중에서,

저 허공에 밝은 달은 다만 한낱 원체로되
일천 강에 당하오면 일천 낱이 나타나고
나의 성품 밝은 맘도 또한 한낱 원체로되
일만 경계 당하오면 일만 낱이 나타나니

위의 구절에서는 성품의 체와 무한 작용의 묘용이 간명하게 잘 표현되고 있다. 또한

맘과 달이 둘이오나 그 이치는 하나일세
달 사랑는 벗님네야 강 밑에 잠긴 달은
참달이 아니오니 부디 그 달 사랑 말고
허공 달을 사랑하소 마음 찾는 주인공아
경계에 착된 맘은 참마음이 아니오니

부디 그 맘 딸치 말고 본성마음 찾아보소

이 구절에서는 현상과 경계에 착되는 마음을 벗어나 본성 찾기를 권장하고 있다.

고요한 밤 홀로 앉아 이 마음을 간 하올제
분별주착 딸치 않고 무심적적 들어가니
달도 이미 그믐 되고 심행처도 멸하였네
적적요요 본연한데 일각심월 원명하다
소소영영 저 심월아 보고 봐도 둘 아니요
홀로 비친 너 하나라 取하여도 얻음 없고 捨하여도 버림 없다

이 구절에서는 고요한 밤에 홀로 앉아 깊은 선정에 들어감에 심행처가 멸하여 심월이 원명한 경지를 나타내고 있다.

그러하나 一覺相은 眼前에 歷歷하니 없는 것도 아니로다
존귀하다 저 심월아 짝한 물건 없었으니
삼계독존 아닐런가 아름답다 저 심월아
일점 瑕子 없었으니 氷玉인들 당할쏘냐
견고하다 저 심월아 불생불멸 그 眞體가
만고장존하였으니 금강인들 당할쏘냐
광명하다 저 심월아 시방세계 대천계를
여지없이 비추오니 千日인들 당할쏘냐
신통하다 저 심월아 감추면 개자 속에

펴 놓으면 우주밖에 능소능대 하는구나
지혜롭다 저 심월아 천만사리 당한 대로
걸림 없이 분석하네 여보소 주인공아
보배할 것 무엇이며 귀의할 것 어디 있나
寶貝함도 심월이요 귀의함도 심월일레
여보소 벗님네야 이 심월을 구경하소.[28]

이 구절의 "일각상(一覺相)은 안전(眼前)에 역력(歷歷)하니 없는 것도 아니로다"에서는 심행처가 멸하여 적적성성하고 성성적적한 경지에 이르매 또한 소소영영하여 내외를 막힘없이 조명할 수 있는 경지에 이름을 간파할 수 있다.

이러한 삼산의 〈심월송〉은 참선의 진경에서 체험할 수 있는 마음 달을 다양하고 구체적으로 찬미한 노래로 여기에서 삼산의 견성오도의 경지와 심오한 선의 체험과 그 사상을 짐작할 수 있다. 또한 일원상과 둘 아닌 본성의 경지에서 다양한 표현을 통하여 견성, 양성, 솔성의 중요성과 정신세계를 노래하고 있음을 볼 수 있다. 이러한 〈심월송〉은 그간 많은 선사들이 내놓은 선시(禪詩)에서도 찾아보기 어려운 내용이다. 다양한 언어로 번역하여 널리 보급한다면 반응이 매우 클 것으로 본다. 이 〈심월송〉은 삼산 열반 다음해인 원기21년(1936) 불법연구회 〈회보〉 제24호에 실렸으며, 삼산의 시가 중 〈교리송〉, 〈사은찬송가〉와 더불어 대표작으로 불린다. 〈심월송〉은 후일 그 내용을 요약하여 『원불교성가』 107장으로 제정되었다. 삼산의 가사는 대부분이 교리와 의식에 관한 내용이고, 산문은 자신의 수행과 관조에서 얻은 감각 감상이 중심으로 되어 있다.

VI. 『철자집』의 구성과 사상

『철자집(綴字集)』은 삼산 종사가 교리를 활용하여 원기15년(1930, 41세)에 저술한 4자 1구의 운문으로 되어 있는 한문 교본이다. 전반적인 내용은 처음 입문하여 신행을 시작하는 공부인의 마음공부 안내서 역할도 하는 내용으로 『육대요령』 등 초기 교서의 내용을 활용하는 점에 특징이 있다.

『철자집』의 구성은 ① 권학론(勸學論) ② 수양권면론(修養勸勉論) ③ 연구권면론(研究勸勉論) ④ 취사론(取捨論) ⑤ 평교론(評敎論) ⑥ 현세론(現世論) ⑦ 제가론(齊家論) ⑧ 유벽론(幽僻論) ⑨ 수련론(修練論) ⑩ 회론(會論) ⑪ 개론(概論) 등의 내용으로 되어 있다.

『철자집』의 각 편별 주요 내용은 아래와 같다.[29]

① 권학론: 『철자집』의 서론 격으로 사람의 삶에서 배움의 중요성을 강조하면서 새 회상에 참여한 다행함과 소태산 대종사를 만난 기쁨을 강조한다. 삼학팔조와 사은 등 교리의 특징을 들며 지도하기 쉽고 원만한 법도임을 시사하고 있으며, 선은 서로 권장하고 四重恩의 보은에 힘써 일체중생이 복과 혜를 구족하여 모두 극락에 들어가기를 염원하고 있다. '심허무형 만법구비(心虛無形萬法具備)'에서 이 『철자집』도 견성의 경지에서 작성됨을 파악할 수 있다.

② 수양권면론: 수양을 권면하는 내용으로 수양의 필요성과 방법, 결과를 깊이 있게 설명한다. 지극한 원(願)을 발하여 내년으로 미루지 말고 바로 정신을 수양함으로써 안정을 얻고 자성을 떠나지 않는 공부를 통해 기질을 변화시켜 나갈 수 있음을 알아 정신 수양에 힘쓸 것을 권장하고 있다. 불리자

성(不離自性) 공부를 하면 무명번뇌는 잠깐 사이에 사라지고, 기질변화 이룸을 강조하면서 삼강령 팔조목 공부를 제시한다.

③ 연구권면론: 삼학 중 사리 연구에 해당하는 부문으로, 보고 듣고 말하는 가운데 생각 없이 지나칠 것이 아니라 항상 사리 연구하기를 권장한다. 참된 의심과 정성으로 문득 일과 이치를 깨치면 우주와 강산이 나와 더불어 한 몸이요, 우주 현상이 모두 묘용(妙用) 아님이 없음을 강조하고 있다.

④ 취사론: 삼학 중 작업 취사의 내용으로 죄복이 오게 되는 원인을 알아서 악을 놓고 선을 실천하도록 강조한다. 도의 본체인 원형이정과 인의예지는 물론 중용과 충서를 강조한 점에서 유학에 대한 깊은 관심도 볼 수 있다. 계문 중 보통급과 특신급 조항 중 일부를 넣어 금기 사항과 권장 사항을 아울러 제시하고 있다.

⑤ 평교론: 평교론에서는 역사적으로 병든 신앙 풍토를 지적하면서 정도와 사도를 구분하여 올바른 신앙을 갖도록 권장하고, 수행함에 있어서 금기 사항과 권장 사항을 구분하여 정진할 것을 당부한다. 또한 조주의 차 마심, 황벽의 몽둥이 메질, 위산의 소에 대한 비유와 달마의 신발 한 짝은 일찍이 승단을 이끌어 가는 힘이 되었음을 가리키면서 오욕을 벗어나 내외가 공(空)하고 차별과 계교를 벗어나는 선정의 방법을 깨닫고 해탈에 들기를 역설하고 있다.

⑥ 현세론: 사농공상은 억조(億兆)의 직업이요, 복록임을 강조하고, 방방곡곡에 학교와 선원을 세워 영재교육 하기를 강조한다. 이상적인 현세 건설을 교리에 근거하여 제시하고 있다. 백성을 좋은 밭에 비유하고, 좋은 밭이 나라를 다스리는 데 근본이 되는 자산이며 사악하고 요괴한 것을 경계해야 함을 강조한다. 요행을 구하지 말며 가난하다 할지라도 노동을 중시하고 어려움을 극복하며 덕을 닦아 간다면 안정을 얻는다고 했다.

⑦ 제가론: 가정을 다스리는 요법과 액화를 피하고 온전함을 얻는 처세의 비결을 제시하고, 가정을 다스리는 근본으로 부모에 효, 부부간에 화합, 형제간에도 공순을 강조했다. 또한 사치하는 태도를 경계하고, 검박한 생활을 강조하였다.

⑧ 유벽론: 천지는 곧 태극으로 무한 순환하고 한계가 없어서 그 조화에 따라 만물이 생성 발전한다는 우주관이다. 이러한 천지의 도는 초목 곤충 등에도 차별을 두지 않는 바로 천지의 응용무념의 도를 태극의 도를 빌려 설명하고 있다. 또한 사시 순환과 음양 상승의 원리에 의해 생로병사와 길흉화복이 나타나는 역수(曆數)의 원리도 말하고 있다.

⑨ 수련론: 야반이나 기운이 맑은 새벽 등 단전주 수련의 방법을 설명하면서 공덕 등도 자세히 밝히고 있다. 일상생활 속에서도 운동과 휴식을 절도있게 하면 약을 먹지 않아도 건강을 유지할 수 있음을 강조한다.

⑩ 회론: 새 회상(교단) 예찬론으로 대중의 단합과 조직의 공평함과 법규에 의한 운영을 밝히면서 아울러 초기 교단의 공부와 여러 생활상을 자세히 설명하고 있다. 더 나아가 법규 준수, 수입과 지출, 인연과 교화, 법문수필, 교서 발간 등 여러 공공 활동을 찬탄하면서 대중에게 희망을 안겨 주고 공부와 사업 의욕을 북돋아 주는 내용으로 되어 있다. 초창기 공부인들의 기개와 의욕을 고양시키고 향상시켜 주고자 하는 의지를 간파할 수도 있다.

⑪ 개론: 『철자집』의 맺음말이며, 공부인의 심법과 처세훈이 들어 있고, 삿된 신앙을 경계하고 새 회상의 정법 신앙을 하게 하기 위한 가르침을 상세히 제시하고 있다. 학문과 수행의 필요성을 강조하면서 삼계를 제도할 수 있는 새 회상이 도래함을 천명하고 있다. 물질에 얽매어 전도되는 생활에서 벗어나 정신의 주체를 세우는 새 회상 개교와 일원의 진리를 널리 찬탄하면서 『철자집』을 끝맺고 있다.

이러한 『철자집』은 사찰에서 승려들이 처음 출가하여 배우는 〈초발심자경문〉과 같이 처음 입문한 공부인들에게 필요한 교재로서 교단 초기에 많이 사용되었으며, 학습의 결과 자연스럽게 인간사와 우주 변화의 이치를 통달하게 하는 내용으로 구성되어 있다. 명칭은 『철자집』이지만 단순한 철자집이 아니고 교리 공부와 함께 한자 공부를 재미있고 다양하게 익혀 갈 수 있도록 창안된 독자적인 교재이다. 여기에서 삼산의 대중 교육 사상을 찾아볼 수도 있다.

Ⅶ. 맺음말

필자는 대학 재학 중 처음으로 삼산의 〈심월송〉을 접했을 때 매우 신선하고 심오하면서도 내외에 구애 없고 체 · 용에 임운자재하는 참선의 진경에 빠져드는 감정을 느낄 수 있었다. 이러한 심경을 잃지 않고 지내 오다 이번 기회에 삼산의 생애와 사상을 고찰하게 됨을 매우 다행스럽게 생각한다. 이번 고찰을 통하여, 첫째, 삼산의 초기 교단 기여가 일부 가려져 있었음을 발견했다. 당시에 이미 앞선 선각자요, 뛰어난 지식인이었으며 자애로운 교육자였음을 그의 저술을 통하여 찾아볼 수 있기 때문이다.

둘째, 삼산은 팔산의 인도를 받아, 소태산의 이웃 마을 친구이면서도 친구를 스승으로 받들고 일호의 사심 없이 수화도 피하지 않는 자세로 임지마다 크게 그 임무를 다해 교화 발전을 이루었다는 점을 높이 평가하지 않을 수 없다.

셋째, 이미 13세에 한학의 문리를 얻었고, 많은 전적(典籍)을 통하여 이치에 통달함은 물론 소태산으로부터 교단 최초 견성인가를 받았을 정도로 교단사에 지대한 공훈을 남기셨다.

넷째, 자신은 이미 체득하고 있는 내용이지만 대중의 이해와 수행 및 신앙심 고취를 위하여 소태산에게 여러 가지 문의를 통하여 대중을 각성하게 함은 물론, 일부 문답은 오늘날은 물론 향후 오랜 기간 교단 운영의 귀중한 지침이 될 것이고 또한 오래도록 높이 평가될 것으로 본다.

다섯째, 교리를 총섭하는 내용의 많은 가사를 저술하여 대중과 후인들의 공부심을 진작시키고 방향을 바르게 제시해 준 점은 높이 평가하지 않을 수 없는 삼산 생애의 큰 사상적 특징으로 볼 수 있다.

이렇게 삼산의 생애와 공적을 간추려 볼 수 있지만, 이러한 대도인도 수행 과정에서는 어렵고 힘든 이른바 중근의 시기가 있었음을 아래의 글에서 찾아볼 수가 있으며, 후진들에게 큰 귀감이 되어 주기도 한다.

『대종경선외록』에 의하면,

> 대종사 이어서 말씀하시었다. "예전 삼산(三山)이 중근에 시달릴 적에 삼산 문하 패와 내 패가 나누어져서 한참 동안 내가 괴로웠었다. 그런데, 삼산은 원래 신심이 있는 사람이라 내 말을 잘 듣고 별일이 없었으며 나중에 삼산은 중근을 벗어난 후 죽었고, 지금 도성(道性)이 중근을 벗었느니라." 하시며 "중근에 있는 사람이라도 본래 출발한 서원과 신심을 자주 챙기고 세워서 중근만 뛰어넘으면 서울 가려고 목적하는데 비행기 타고 가는 폭은 되리라."[30] 하시었다.

위에서 볼 수 있는 바와 같이 삼산은 중근의 시기를 소태산의 지도를 받아 무난히 극복함을 알 수 있으며, "중근에 있는 사람이라도 본래 출발한 서원과 신심을 자주 챙기고 세워서 중근만 뛰어넘으면 서울 가려고 목적하는

데 비행기 타고 가는 폭은 되리라."라는 소태산의 말씀에서 큰 교훈을 받들 수가 있다. 또한 삼산의 중근병 극복을 위한 소태산의 따뜻한 가르침을 더 찾아볼 수가 있다.

원기28년 계미(癸未) 1월 4일에 대종사 대중을 모으시고 중근의 병증과 그 말로에 대하여 간곡한 법문을 내리시었다. 때에 한 제자 여쭈었다. "무슨 방법이라야 그 중근을 쉽게 벗어나오리까?" 대종사 말씀하시었다. "법 있는 스승에게 마음을 가림 없이 바치는 동시에 옛 서원을 자주 반조하고 중근의 말로가 위태함을 자주 반성하면 되는 것이다. 초창 당시에 도산(道山)을 두대하는 사람들과 삼산(三山)을 두대하는 사람들이 있었는데, 도산은 그 사람들의 신앙 계통을 직접 나에게 대었으나 삼산은 미처 대지 못하고 이단 같이 되어 장차 크게 우려되므로 내가 삼산에게 말하기를 '지금 이 일이 작은 일 같으나 앞으로 큰 해독 미침이 살인 강도보다 더 클 수도 있고, 또한 삼산이 함정에 빠져 버린 후에는 내가 아무리 건져 주려 하여도 건질 수 없게 될 것이다.'고 제재하였더니, 삼산이 그 말을 두렵게 듣고 두대하는 사람들을 이해시켜 신앙 계통을 바로잡고 공부에만 독공하더니, 결국 중근을 무난히 벗어나 참지각을 얻었느니라. 그리고 현재 송도성도 중근은 벗어나 보인다." 하시며 "그대들이 이 지경만 벗어나고 보면 불지에 달음질하는 것이 비행기 탄 격은 되리라."[31] 하시었다.

삼산 열반 후, 정산의 삼산에 대한 추모의 심경을 찾아볼 수도 있다.

원기20년 9월 삼산 열반 후에 '선생은 참으로 순진한 옥입니다.'라는 제목으로 글을 쓰시었다. "순진한 옥이라면 옥 가운데에도 가장 완전하여 티끌

만한 흠도 없어야만 순진하다고 하지 않습니까? 그러면 선생은 참으로 순진한 옥입니다. 18년 전무출신에 티끌만한 흠이 없었고 수천 동지를 접응하는 데에 하나도 나쁜 사람이 없었으니 선생의 공덕과 그 인격은 이제 구구히 다 말하지 아니하여도 이상 두 가지에 이미 나타난 줄로 생각합니다. 그런데, 그러한 선생을 잃은 본회의 손실이야 무엇이라 다 말할 수 없으며, 더욱이 18년 동안이나 심간을 통하고 고락을 같이하며 종사주 슬하에 영원히 마음을 변하지 않기로 혈심을 다하여 같이 서원하던 한 동지, 한 단원, 나아가 한 몸으로 여기던 그 선생을 잃은 우리 몇 사람의 마음은 슬프다 섭섭다 하기보다 오직 정신이 멍멍하여 무엇이라고 그 감회를 표현하기가 어렵습니다."[32]

정산의 이러한 글은 삼산 생애를 총괄하여 따뜻하고 깊이 있게 평해 주는 내용이라 할 수 있다고 본다. 대산 종사(大山 宗師, 1914-1998)의 법문집 수처에서도 삼산에 대한 말씀을 찾아볼 수가 있다.

> 내가 항상 잊지 아니하고 염원(念願)하는 분이 있는데 삼산 종사(三山 宗師)와 도산(道山), 구타원(九陀圓) 대봉도(大奉道) 님들이시다. 삼산 종사는 독자(獨子)가 열반했다는 소식을 전해 들으시고는 대종사님께서 다녀오라는 말씀이 계셨으나 인연 다해 갔으니 내가 이제 간들 무슨 소용 있겠습니까. 지금 선중(禪中)이니 다 마치고 가겠습니다 하고 마칠 때까지 안 가셨다. 그때 선방(禪房) 교무이셨다. 우리 교단이 만대를 통해 잘되어 나가는 것이 모두 이런 불보살들이 계시므로 되는 것이다.[33]

이러한 내용에서 삼산의 순일한 대공심과 공과 사를 분명히 취사하는 냉철한 심법도 찾아볼 수 있다. 그러므로 대산은 "우리 교단이 만대를 통해 잘

되어 나가는 것이 모두 이런 불보살들이 계시므로 되는 것이다."라고 한 것이다. 또한 대산은 『대산종사법어』 제1「신심편」 30장에서, '공부심을 일으켜 준 김기천 선진은 발심사(發心師)'[34]라고 하였다.

지금까지 고찰해 본 삼산의 생애와 공적, 그리고 저술을 통하여 조명해 볼 수 있는 사상을 종합해 볼 때, 삼산은 소태산의 가르침에 충실한 선진이면서 뛰어난 선각자요, 공심가이며, 또한 교육자이면서 문장가인 참으로 보기드문 대도인이요, 선지식임을 알 수 있다.

〈삼산 종사 연보〉

서기	원기	연령	삼산 종사 관계 사항
1890		1세	2월 22일(음2.5) 전남 영광군 백수면 천정리 천기동에서 부친 경주 김씨 多有(법명), 모친 이씨의 1남 2녀 중 둘째로 출생, 본명 聖久
1896		7세	서당에서 한문 배우기 시작
1903		13세	한문 문리 얻음
1904		15세	2월 8일(음12.23) 군서면 마읍리 사람 김해 김씨 金順天(법명)과 결혼
1906		17세	3월 8일(음1.22) 부친喪 당함, 가사 전담, 治產에 전력
			동네 아이들 가르치기 시작함(3년간)
			장남 출생 후에 夭折
1909		20세	장녀 정도(법명) 출생
1913		25세	3월 7일(음2.10) 모친喪 당함
			6월 6일(음5.5) 차녀 修練 출생
1916	1년	27세	4월 28일(음3.26) 박처화 出定悟道
			5월, 사돈 김성섭으로부터 친구 박처화, 도통했다는 소식 듣고 길룡리 범현동 이씨 제각에서 만나 제자 됨
1917	2년	28세	9월 12일(음7.26) 박처화, 단 조직할 때 아홉 단원 중 김성구 艮方 단원으로 선정됨
			貯蓄組合(조합장 박처화) 가입
1918	3년	29세	조합장 명 받들어 동제 사람 김덕일에게 400원 빌려 숯 구입
			봄, 숯 장사로 번 이익금으로 길룡리 전면 개펄의 방언공사에 적극 참여
			여름, 만성 학질로 辛苦

1919	4년	30세	봄, 방언역사 완공
			4월 26일(음3.26) 구인단원기도 시작, 열흘(음력 6, 16, 26일마다)에 한 번씩 기도. 8월 11일(음7.16)까지 시행
			8월 11일(음7.16) 시방세계 일체중생을 위해 희생하기로 결심하고 재기도하기 시작
			8월 21일(음7.26) 최후 희생일. 백지혈인 감응. 세계의 공명인 새 이름(법명)을 받음. 김성구, 幾千이라 법명 받음
			11월 26일(음10.6)기도 해재
			12월 11일(음10.26)저축조합장 박중빈, 부안 변산에 입산
			김기천 영광에 남아 방언공사 후속 사업함
1920	5년	31세	법호 삼산으로 받음
1921	6년	32세	7월 1일(음6.26) 삼녀 兩華(법명) 출생
1922	7년	33세	천정리에서 저축조합 본따 천정조합 설치
1923	8년	34세	소태산으로부터 경책 듣고 천정조합 자진 해체시킴.
			가을, 범현동 산기슭에 도실 건축에 진력함
1924	9년	35세	6월 1일(음4.29) 불법연구회 창립총회에 참석
			영광 출장소 책임자로 선임됨. 출가 전무출신함
1928	13년	39세	5월 15일(음3.26) 제 1대내 제1회 기념 총회
			익산 본관 서무부장으로 배명(1년간)
			5월 17일, 삼산 특신급에 승급됨
			가을, 총재로부터 견성인가 받음
1929	14년	40세	감상담,「나의 무기는 인내다(월 3)「마가 무궁한 악업을 짓는다(월 5)」「몽견시(월 8)」「꽃이 화려하다(월 9)」「도우청담(월 9)」 5월 7일(음3.28), 본관 교무(禪時教務)로 전보
			8월 1일(음6.26), 이호춘(李昊春)과 은부시자녀(恩父侍子女) 결의식(結義式)
			11월 8일, 영광교무로 부임
1930	15년	41세	4월 13일(음3.15), 교무부장으로 선임
			「단법찬미곡(월 34)」
1931	16년	42세	총부 주재 선시교무 일 봄 『철자집(綴字集)』 저술
1932	17년	43세	5월 6일(음4.1), 부산(하단) 출장소 초대 교무로 부임
1933	18년	44세	가사 〈교리송(월 44)〉, 〈결제가〉, 〈해재가〉(회보 창간호), 〈추기제사 기념가〉(회5), 〈불법연구회 회가〉(공동작) 발표
1934	19년	45세	남부민동출장소 냄
			6월 14일(음5.3), 남부민출장소 김영신 교무 부임
			부산출장소, 하단지부로 이름 고침
			여름, 야학 실시. 남녀 학인 10여 명에 이름

1934	19년	45세	겨울, 남부민출장소에서 초량에 출장 예회 보기 시작함
			가사 〈안심곡〉(회9) 감각감상 〈대중살이 하는데 몇 가지 감상〉(회6) 〈술취한 운전수를 보고〉(회9) 발표
1935	20년	46세	3월 16일, 예년보다 이르게 귀관. 영광 길룡, 신흥, 전주 등지의 유연동지 찾아 만나며 정을 나누고 꽃과 나무를 심음
			6월 4일(음5.4) 부산에 도착
			여름, 삼녀 양화에게 꽃씨 편지 보냄
			가사 〈낙도하는 가정 소식〉(회16), 〈사은 찬송가〉(회17), 감각감상 〈무형한 함정〉(회15), 〈원이 없는 자는 마른 나무와 같다〉(회17) 발표
			유고에는 〈심월송〉(회24)과 미 발표작으로 〈雪中 박노래〉, 〈육일가〉, 〈착심해탈가〉 등이 있음
			8월 18일(음7.20), 장티푸스 발병
			9월 6일(음8.9), 열반
1936	21년		유고 〈심월〉(회24) 발표

사산 오창건 종사의 생애와 사상

정 성 미(원광대학교 사학과 조교수)

Ⅰ. 머리말

원불교는 다른 종교에 비해 역사가 비교적 짧음에도 불구하고 한국 사회에서 4대 종교의 하나로 성장하였다. 그 이유는 무엇보다 보편적 가치를 추구하는 교리 이념과 그것을 사회적으로나 개인적으로 실천에 옮기려는 교도들의 노력이 있었기 때문이라 생각된다.

원기원년(1916) 깨달음을 얻은 소태산 박중빈 대종사(少太山 朴重彬 大宗師, 1891-1943, 이하 경칭 생략)는 그를 추종하던 9명을 표준제자[1]로 선택하고 이들과 함께 저축조합[2] · 방언공사 · 혈인기도 등 교단 창립의 중요 터전을 일구어 오늘날의 원불교를 이루었다.

오창건(吳昌建, 1887-1953)은 9명의 표준제자 가운데 한 사람으로 원불교 초기 교단 안팎으로 중추적인 역할을 담당하였다. 그는 희생과 공도정신(公道精神)으로 교단의 안살림을 도맡아 하였다. 호적명은 재겸(在謙)이며 법호는 사산(四山)이다.[3]

사산은 1916년 소태산을 만나 원불교에 입문하여 원기38년(1953) 1월 26일 열반에 이르기까지 40여 년 가까이 원불교에 헌신하였다. 그는 방언공사에서 항상 앞장서서 일했고, 영산과 익산총부 건설 그 밖의 지방의 교당 신축 때에는 공사 감독을 도맡아 하였다. 또한 근검절약과 꼼꼼한 일 처리로 영산 서무부장 · 상조부장, 원평교무, 총부 서무부장 · 예감 · 감찰원장 · 서정원장 등을 역임하였다.

소태산을 묵묵히 수행하였으며 소태산 역시 그를 가장 가까이 두고 허물없이 대했다. 생애 말기에는 한국전쟁의 혼란 속에서 영산성지를 지켰다. 뒷모습이 소태산과 많이 닮아 좌우 동지들은 그를 '작은 대종사'라 부르기도 하였다.

사산이 이처럼 원불교 초창기 중요한 역할을 하였음에도 불구하고 그의 생애에 대한 단독 연구는 아직 이루어지지 않았다. 이는 그에 대해 알 수 있는 자료가 빈약하고 그가 저술한 저서나 글이 거의 없기 때문이다.[4] 그에 대해 부분적이나마 알 수 있는 자료는『대종경』「서품」6장·「인도품」55장·「실시품」9장·「교단품」11장 등이다. 이 밖에『불법연구회창건사』,『사업보고서』등에 그의 이름이 보이며 〈회보〉, 〈원광〉 등에 단편적인 기록이 있다. 이를 정리한 기록으로는 이공주의『원불교제1대창립유공인역사』, 송인걸의『구인선진』·『대종경 속의 사람들』, 박용덕의『구수산구십구봉: 구인선진이야기』등이다.[5]

이러한 자료들 외에 필자가 면담한 손자 오성직(吳性直, 1940-)의 구술 자료와『화순오씨세보』등을 통해 그의 생애와 사상을 살펴보고자 한다. 그러나 위의 자료들은 그의 활동과 인간적 면모, 그리고 삶의 자세에 대해서는 어느 정도 추적이 가능하겠지만 사상을 분석하기에는 한계가 있다. 따라서 사상의 단면을 방언공사와 소태산 수행의 일화, 영산과 익산총부 건설 등의 활동, 가족들의 눈에 비친 그의 생활 태도 등을 통해 그가 어떠한 자세로 살았으며 그가 지향한 세상은 무엇인지, 이를 통한 원불교 정신이 무엇인지에 대해 알아보도록 하겠다.

II. 출생과 성품

사산은 1887년 전남 영광군 백수면 학산리에서 아버지 오윤안(吳允安, 1865-1943)과 어머니 김중풍(金中風, 1864-1927) 사이의 3남매 중 장남으로 태어났다.[6] 화순 오씨 송암공파 28세손이다.

선대 대대로 학산리에서 세거하였는데 부친 오윤안은 대절산에 정사를 짓고 당호를 구구당(九九堂)이라 하였다. 조부는 병린(秉麟, 1844-1905)이며 증조는 수화(壽和, 1807-1877)이다. 수화는 70세에 수직(壽職)으로 가선대부 동지중추부사(嘉善大夫 同知中樞府事)[7]를 하사받은 것으로 기록되어 있다. 벼슬살이한 선대는 없는 것으로 보아 평민 신분으로 추정된다. 경제적으로 넉넉하지는 않았지만 가사를 일구어 갈 정도의 농토를 가졌고 집안에서 불교를 믿었는데 특히 부친은 구구당에서 자연을 벗 삼아 심신을 수양하였다고 한다.[8]

사산은 12세에 한문사숙에 입학하여 4~5년간 수학하여 문리를 터득하였다. 성년이 되어서는 전급 받은 약간의 농토로 생활하였으며 소태산을 만나기 이전 태을교를 믿었다고 한다.

3남 2녀의 자녀를 두었으나 가족생활은 평탄하지만은 않았다. 진주 정씨와 혼인을 맺고 1남 1녀를 낳았으나 5년 만에 사별하였다. 이후 인동 장씨와 혼인하였다. 부인 장하욱(1892-1968)과의 사이에 2남 1녀를 두었지만 두 아들을 먼저 저세상으로 보내는 비운을 맞이하였다. 한국전쟁 당시 특히 영광지역은 인민군과 국군이 낮밤을 두고 첨예하게 대립했던 지역이었다. 장하욱과의 사이에서 출생한 아들 정종(正鍾, 字 天權)은 부친 사산과 함께 영산지부를 지키며 국군이 오기를 기다렸지만 오히려 좌익으로 오해받아 끌려간 후 생사를 알 수 없다.[9]

막내아들 효종(曉鐘, 1919-1942)은 아버지를 따라 원불교에 입문하였으며 영산학원에서 공부하였고 총부 산업부원으로 근무하였다. 그러나 제2차 세계대전이 한창이던 1942년에 형 정종과 함께 북해도 탄광에 징용되었고 그 해에 사고로 죽음을 맞이하였다. 당시 그의 나이 23세였다.

사산은 두 아들을 모두 자신보다 먼저 보내고 자식을 가슴에 묻는 큰 시련을 겪었다. 하루아침에 아버지와 남편을 잃은 손자와 며느리를 보살펴야 하는 책임과 의무도 뒤따랐다. 후일 그의 아내 장하욱이 회고하기를 "부처님(사산)이라도 자식 잃은 슬픔이 크니 물소리, 바람소리도 슬프다."고 탄식하였다고 한다.[10]

두 아들을 잃은 후 심신이 허약해진 그는 병을 얻고 시름시름 앓다가 1953년 1월 26일 66세의 일기로 생을 마감하였다. 장례는 원불교 교회전체장으로 엄수하였고 영산성지에 모셨다가 원기70년(1986) 3월에 왕궁 영모묘원 법훈 묘역으로 이장하였다.

딸 용봉은 전무출신를 서원하였으나 혼란했던 전쟁의 와중에 영산학원에서 공부하던 서만국과 결혼하여 가정을 이루고 영산에서 재가로 활동하였다. 외손녀 서정길은 원불교학과를 나와 전무출신의 길을 걷고자 했으나 현재 재가교도로 활동 중이며 정길의 막냇동생인 서심덕이 현재 전무출신으로 봉직하고 있다. 손자 성직(姓直), 성해(性海)[11]는 할아버지 손에 이끌려 이리 보화원에서 성장하였다. 성직은 원불교학과를 나온 전무출신이지만 할머니의 병 구환으로 교직으로 전환한 후 서울에서 재가교도로 활동 중이다. 차손 성해는 할아버지를 이어 영산을 지키며 영산교당에서 재가로 활동 중이다. 그의 장남은 함평 신광교당 오종원 교무이다.

〈사산 가계도〉[12]

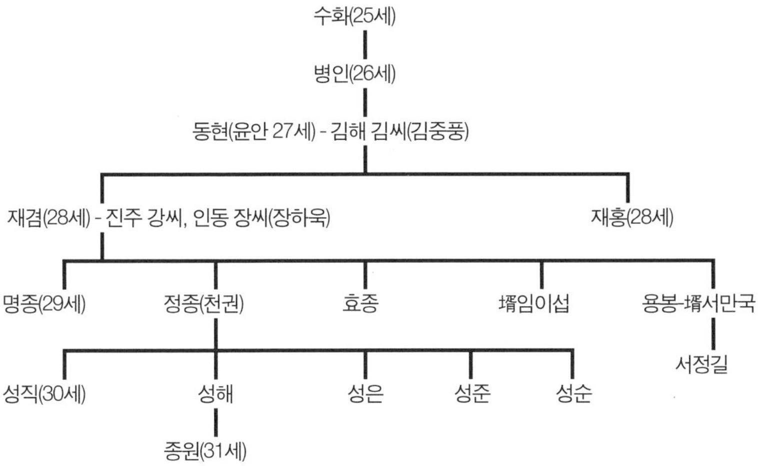

오창건은 기골이 장대하고 건장하였다. 특히 구인선진 가운데 소태산과 체격이 가장 비슷하여 소태산의 의복을 많이 얻어 입기도 하였다고 한다. 소태산보다는 4살 연상이었지만 한결같은 신심으로 측근에서 시봉했으며 소태산이 가장 격의 없이 대했던 이도 사산이었다고 한다. 처제 인동 장씨는 육산 박동국(1879-1926)의 부인으로 소태산 가문과도 인연을 맺었다.

그는 공적인 일에는 결단력과 추진력이 있으면서도 사적으로는 한없이 자비롭고 인정이 많았다. 사가를 돌보지 못해 늘 가족에게 미안해 했고 손자들에게 효자효녀에 대한 이야기를 들려주곤 했다.[13] 특히 주도면밀하고 꼼꼼하여 정확성을 요구하는 건축 관련 일에 재주가 있었다. 원기4년(1919) 소태산이 내린 '창건(昌建)'이라는 법명은 그의 건축 감역의 수고와 업적을 의미하는 것일 것이다.

그의 교단 경력을 살펴보면, 원기2년(1917) 남자정수위단 진방(震方) 단원으로 임명되었고, 공석 중이던 중앙 단원의 대리 임무 봉도(奉道)를 맡기도 했다. 근검절약하는 철저한 공도정신으로 원기12년(1927)부터 영산 서무로 1년, 서무부장으로 1년간 근무하였고, 원기14년(1929)년부터는 총부 서무부장으로 5년간 근무하면서 초창기 어려운 교단 살림을 알뜰히 살폈다. 이어 원기19년(1934)부터 영산 서무 · 상조부장으로 2년간 봉직하였으며, 원기21년(1936)에는 총부 서무부장으로 일했다. 원기23년(1938)부터는 전주교무로 1년, 김제 원평교무로 3년간 근무하는 등 일선 교화에도 정성을 다했다. 이어 원기29년(1944)부터 총부 예감으로 3년, 감찰원장으로 1년, 영산지부장으로 2년간 근무하였다.

원기49년(1964) 10월 제9회 임시수위단회는 그의 공덕을 높이 기리면서 대봉도(大奉道)의 법훈을 추서했다.

Ⅲ. 교단 입문과 활동

1. 영산 교단 입문기(1916-1923)

사산은 일찍이 소태산과 같은 백수읍 출신으로 이웃 마을에서 자랐기 때문에 서로 잘 아는 사이였다. 1916년 대각을 이룬 소태산을 길룡리 노루목에서 만나 그 인격과 도덕에 감동하여 두말없이 제자가 되기로 하였다. 그는 당시 태을교에 심취했던 군서면 학정리 출신인 이재풍(일산 이재철)을 소태산에게 인도하여 사제의 관계를 맺게 하였다. 일산의 사촌 형수는 화순 오씨로 일산과는 사돈 관계로 돈독한 사이였다.[14] 그뿐만 아니라 초기에 뜻을 같이하였지만 일찍 세상을 떠난 오내진(吳乃辰)도 소태산에게 인도하였

다. 오내진은 사산과 같은 학산리 출신으로 사산의 종질이다.[15]

소태산은 제자들의 공부를 지도하고 상호 간의 결속을 다지기 위해 원기 2년(1917) 조단법(組團法)을 실시하였다. 사산은 진방(震方)으로, 이때 조직한 십인일단이 원불교 최초의 교화단이고, 그는 교단 최초의 수위단원이 된다.

소태산과 구인제자들은 1917년 저축조합운동을 통하여 자금을 마련한 뒤 계속하여 길룡리 앞 해수지에 둑을 쌓는 간척공사를 하였다. 밤에는 소태산의 법설을 들으며 마음공부를 하는 주경야독의 생활을 영위하였다. 이 시기 누구보다도 열심히 앞장선 인물은 바로 사산이다. 방언공사 중 고된 일로 피로하여도 소태산이 "자 시작하자." 하시면 맨 먼저 일어나 다시 일을 시작하는 분이 사산이었다고 한다. 흙짐을 지어 나르는 고난 속에서도 항상 맨 앞에서 다른 이들을 위로하였다. 공사를 시작한 지 1년 만인 원기4년(1919) 3월 선진들의 이러한 노고의 결과로 2만 6천여 평의 농토를 마련하였다.

원기4년(1919) 3월 26일(양4.26) 소태산은 동지들과 함께 창생구제를 위한 법인기도에 들어갔다. 매월 6 · 16 · 26일이 되면 제자들은 몸과 마음을 재계하고 저녁 8시경에 옥녀봉 아래에 새로 지은 구간도실에 모여 소태산의 지시를 받은 후, 9시경에 각 봉우리로 출발하여 10시부터 12시까지 기도를 거행하였다고 한다. 기도봉은 각 단원의 방위에 따라 정해졌고 각 단원은 단도와 시계, 청수, 향, 초를 가지고 중앙봉을 비롯한 각각 9개의 봉우리에 올라가 기도를 마치고 다시 구간도실로 돌아와 보고를 마친 후 해산하였다고 한다.[16]

사산의 기도봉은 서남쪽의 눈썹바위봉이다. 9개의 기도봉은 마촌앞산봉 박세철(박경문)을 기점으로 시계 방향으로 돌아가면서 촛대봉 이순순(이인명), 대파리봉 김광선(김성섭), 공동묘지봉 유건, 눈썹바위봉 오창건(오재겸), 밤나무골봉 김기천(김성구), 설래바위봉 이재철(이재풍), 옥녀봉 박동국(박한석) 순이다. 사산은 오산 박세철, 이산 이순순, 팔산 김광선, 칠산 유건에 이은 연장자 서열 5위에 해당한다.[17] 3개월의 기도 후 7월 26일(양8.21) 백지혈인의 이적이 나타났을 때 소태산은 제자들에게 법명과 법호를 주었다. 이때 창건(昌建)이라는 법명과 사산(四山)이라는 법호를 받고 중생을 제도하는 새로운 사람으로 거듭난 것이다.

1919년은 전국 각지에서 일제의 치하에 항거하는 3·1운동이 일어났다. 영광 지역 역시 독립운동의 여파로 일본 경찰의 감시가 삼엄하였다. 소태산이 일본 경찰에 의해 영광경찰서에 연행됐을 때도 사산은 함께했다. 같은 유치장에서 하루를 지내다가 사산은 바로 풀려났고, 소태산은 1주일 만에 영산으로 돌아오게 된다.

소태산은 1919년 봄과 초겨울 일본 경찰에 의해 두 차례나 피체되었다가 풀려난 직후 월명암을 방문하였다.[18] 경찰에 연행되는 수난을 당하면서 소태산은 영광을 벗어날 필요성을 느꼈으며 한편으로는 새로운 대책도 정립해야 했다. 그것은 자신의 포부를 실현하기 위한 새로운 교단 창립과 이를 위한 교강 제정, 인연의 결속 등이다. 이때 소태산을 모신 이는 사산이었다. 3월 사산을 대동하고 김제 금산사를 거쳐 부안 봉래산 월명암에서 10여 일 머무른 후 영광으로 돌아와 이어 그해 10월 20일 정식으로 변산에 입산할 때도 사산이 함께했다.[19] 또한 소태산과 함께 송규, 사산은 월명암 상봉인 쌍선봉에 올라가 영광 쪽을 향하여 법인기도의 마지막 기도를 올리기도 하였다.[20]

1922년 12월경 사산은 송도성과 함께 소태산을 보좌하며 교단 최초의 초선지인 진안군 성수면 만덕산에서 소태산과 함께 기거하였고, 이어 내장사 등지를 다닐 때도 지게 짐을 지고 시봉의 정성을 다했다. 다음은 당시의 생활을 전해 주는 일화이다.

만덕암에서 식량 문제로 곤란을 겪었다. 최도화가 화주로 나서 식량을 구해 그의 아들 조갑종이 쌀가마니를 지고 오기도 하였지만 한계가 있었다. 선회 초기에 한 번은 식량을 구하러 최도화가 오창건과 같이 좌포리 노덕송옥의 집에 갔다. 노덕송옥은 곳간에서 가져가고 싶은 만큼 가져가라고 했다. 최도화가 쌀을 많이 얻으려고 "머슴을 데려왔으니 쌀 한 짝을 주세요."라고 하자, 옆에 있던 오창건이 머슴이라는 말을 듣고 분통이 터졌다.

머슴으로 취급 받으며 기를 쓰며 무거운 짐을 메고 오다가 중간에서 지게 하나를 구해서 이미 저물어 어두워진 10여 ㎞의 험한 산비탈을 힘겹게 오르고 있었다. 그때 "거 창건이 오느냐." 하는 대종사의 목소리가 들려왔다. 사산은 반갑고 감격한 마음으로 괴로움도 잊고 날아오르듯 산 위에 올라 대종사를 뵈었다. 대종사가 저간의 사정을 알고 오창건도 최도화도 위로하였다.[21]

소태산은 사산을 대하기가 가장 허물없이 편했던 것 같다. 소태산은 수행 시에 수시로 사산과 동반하였다. 사산은 요즘처럼 교통이 발달하지 않았던 시절 영광에서 변산, 진안으로 산길과 바닷길을 마다하지 않고 먹을 것, 입을 것 등 필요한 물품을 지게에 지고 조달하였다. 이를 말해 주는 사진이 〈봉래정사시봉실경〉 기념사진이다.[22] 지게를 멘 오창건의 모습에서 당시의 상황을 엿볼 수 있다. 정신적 육체적 고통을 감내하였을 시봉 생활의 모습이다.

이러한 노고에 대해 원기7년(1923) 봉래회상을 끝낸 후 공적 평가에서 대종사는 전무노역자로 김남천, 송적벽, 김해월, 이청풍, 송도성, 오창건, 송규를 꼽았다. 7월 소태산의 모친상 후 구간도실이 협소해 범현동 앞 기슭에 목조 초가 10칸 1동과 8칸 2동을 지어 이전하였다. 건축 후 소태산은 사산을

첫 번째 건축 주력자로 선정하였다.[23]

2. 익산 교단 창립기(1924-1953)

원기9년(1924) 4월 29일(양6.1) 이리 보광사에서 불법연구회 창립총회를 개최하였다. 이때 사산은 영광 지방 대표로 참석하였다.[24] 영광으로부터 전무출신을 서약하고 익산에 온 사산은 김광선, 이동안, 이준경 등과 함께 이리 박원석 집에 잠시 머물렀다. 이들은 서중안의 주선으로 송학동에 소재한 동양척식주식회사로부터 토지를 빌려 농사를 짓고 여기에서 얻은 약간의 소득을 공부 자본으로 삼았다.

9월에 신용동 기지에 총부 본관 신축 공사를 착수하여 11월에 목조 초가 2동 17칸을 완성하였다. 이때 전무노력자로 사산의 이름이 두 번째로 올려져있다.[25] 총부 회관의 공사는 근근이 마쳤으나 10여 명 되는 전무출신의 생활이 막연하였다. 이때 송적벽, 문정규, 김광선 등의 발의로 12월에 엿 장사를 시작하였다. 만든 엿은 사산을 비롯한 인원 모두가 엿판을 메고 황등, 이리 등지의 근거리와 멀리는 김제 부용역까지 시골 촌락을 배회하며 행상하였고 거기에서 얻은 약간의 돈으로 하루하루를 지탱하였다.

익산총부 건설 시기 익산에서의 생활은 그야말로 빈한하기 짝이 없었다. 엄동설한에 변변한 의복도 없었고, 먹을 것이 부족하여 엿밥에 아카시아잎 조림으로 식사를 대신했다. 잠자리는 좁고 침구도 부족하였으며 습기가 많아 해충과 싸우는 등 불편하기 짝이 없었다. 엿장수 시절 당시의 상황을 전하는 우스운 일화도 전한다. 엿을 짠 후 남은 엿밥을 보고 전음광은 맨날 허천나게 먹고 싶어 해서 '전허천', 송도성은 먹을 만한 것이 보이면 껄떡댄다 해서 '송껄덕', 나이가 지긋한 사산은 허기는 지나 체면상 나서질 못하고 있다고 하여 '오천연'이란 별명이 붙었다고 한다. 이러한 환경 속에서도 선진들은 전무출신에 한뜻을 세우고 오롯이 그 고통을 견디었다.[26]

1936년 도산 안창호의 불법연구회 방문을 계기로 익산 경찰은 불법연구회를 감시하기 위해 북일면 순사주재소[27]를 총부 안에 설치하였다. 문화정치기(1920-1930)까지는 한국 내각 종교에 대하여 천황제 국체에 대해 어긋나지 않는 한 종교 자유를 어느 정도 허용하는 입장을 보였다. 그래서 1924년 불법연구회라는 이름으로 합법적인 종교 활동을 재개할 수 있었다. 그러나 대륙 침략을 본격화하면서 종교 분야에서도 철저한 탄압과 황민화 정책으로 변화하였다.[28] 익산의 불법연구회도 예외는 아니었다.

주재소를 설치한 후 일본인 순사 고지마(小島京市)와 한국인 황가봉[29]이 파견되었다. 특히 황가봉은 도경에서 비밀경찰로 내정되어 사복 차림으로 불법연구회 내에서 숙식을 같이 하며 불법연구회의 대소사와 소태산의 일거수일투족을 감시하였다.

당시 황가봉이 소태산의 이름을 함부로 부르며 가볍게 대하자 사산은 그 무례함에 분개하여 크게 꾸짖었다. 소태산은 사산에게 "그 사람이 나를 아직 잘 알지 못하여 그러하거늘 크게 탓할 것이 무엇이리요, 사람을 교화하는 사람은 항상 심복으로 저편을 감화시키는 데 힘써야 하나니, 질 자리에 질 줄 알면 반드시 이길 날이 올 것이요, 이기지 아니할 자리에 이기면 반드시 지는 날이 오니라."라는 말씀으로 오히려 사산을 달랬다.[30]

일제강점기 서슬이 퍼런 권력을 가진, 더구나 공무를 수행하는 순사를 꾸짖는다는 것은 어떤 명분이든 대단한 용기와 결단, 배짱이 필요했던 것으로 소태산에 대한 신심을 엿볼 수 있는 대목이다. 이러한 예는 부안 봉래정사를 찾았을 때도 알 수 있다. 1936년 영산상조부장 재임 시 후배 동료들과 봉래정사 어귀에 이르자 "종사님, 종사님 창건이가 왔습니다." 하며 눈물을 흘리며 외쳤다고 한다.[31] 소태산이 익산총부에 계심을 알지만 아마도 교강(敎綱)과 초기 교서의 초안을 마련했던 내변산의 시봉 생활을 떠올리자니 그리움과 감격이 복받쳐 올랐을 것이다.

오늘날 사산의 활동을 보여주는 극명한 실체는 땀과 공력을 기울인 건축물들의 흔적일 것이다. 그는 구간도실[32]을 비롯하여 영산원 대각전, 익산총부 외에 개성 · 당리 · 신흥 · 서울 · 초량교당 등을 감역하였다. 1934년 4월 서울지부는 돈암동 기지 580평을 매입한 후 교당 건축 공사를 착수하였다.[33] 이때 사산은 소매를 걷어올리고 직접 일꾼들과 같이 공사에 참여하였다. 항상 얼굴에 희색이 만면하여 "15, 6년 전 우리 회가 전남 영광 일우에서 유야무야 중에 있다가 갑자년에 익산총부를 건설하고 이제 또다시 경성지부까지 창설케 되니, 빈약하던 과거가 회고되는 동시에 앞으로의 발전을 생각함에 하도 기뻐서 잠이 오지 않는다."며 밤잠을 이루지 못하고 밤을 새워 가며 건축에 참여하였다고 한다.

1937년 부산초량지부는 초량동 967번지에 147평의 부지를 매입하여 교당 건축 공사를 착수하였다. 총부에서 감독으로 온 사산은 폭풍우 속에서 밤을 새워 가며 교당을 지켰다. 그 생생한 광경을 목격한 융타원 김영신은 "사람마다 말은 쉬우나 행동하기는 어려운 일이며, 남의 시비는 가장 밝으면서도 나의 시비는 어두우니 선생님의 공심이야말로 우리로서는 감탄치 않을 수 없다."고 술회하였다.[34] 1940년 가을에 화해교당 강당을 신축할 때는 감역을 맡아 남녀 교도와 함께 삼태기에 흙을 담아 퍼 나르며 수고를 아끼지 않았다.

일선 교화에도 힘을 썼다. 1938년부터는 전주교무로 1년, 김제 원평교무로 3년간 근무하였고 이때 제타원 송자명을 익산총부로 인도했다. 정읍 화해지부에도 조갑종과 함께 출장 교화하였다.[35]

익산총부에서 예감, 감찰원장 등으로 활동하다 말년에 영산지부장으로 근무하였다. 한국전쟁 당시 사타원 이원화, 서만국, 화산 김석원 등과 함께 영산총부를 지켜 냈다.[36]

IV. 사산의 인간상

원불교의 창립 정신은 첫째, 이소성대(以小成大)의 정신, 둘째, 사무여한(死無餘恨)의 정신, 셋째, 일심합력(一心合力)의 정신으로 이해된다. 작은 것으로써 큰 것을 이루는 이소성대는 초범입성의 계기이자 경제생활의 법칙이며 근검절약의 근본이다. 지금 당장 죽어도 한이 될 것이 없다는 사무여한이란 생에 집착하지 않고 오히려 죽음으로써 영원히 죽지 않는 법을 말한다. 사산은 원불교 초기 전무출신의 정신적 자세로 대신봉, 대단결, 대봉공행을 지향하였다. 일심합력은 반대 없는 단결력이며 흩어지지 않는 화합력이며 깨지지 않은 통일력이다.[37] 이러한 원불교정신에 입각하여 중생을 구제하고 대도를 지향했던 사산의 삶의 자세와 실천 이념에 대해 일화를 중심으로 살펴보고자 한다.

1. 공사(公事)에 대한 태도

첫째, 성실성과 책임감이다.

작은 것으로써 큰 것을 이루는 이소성대의 정신은 선진들이 맨몸으로 방언공사를 통해 농토를 만들어 낸 개척정신이자 경제생활의 법칙이다. 몸을 낮추어 묵묵히 공도를 실천하려 했던 사산의 정신 자세이기도 하다. 사산의 성실성과 책임성은 원불교 창립정신인 이소성대와 맥락을 같이한다.

1987년 〈원광〉에는 다음과 같은 그의 친필 좌우명이 실려 있다. 1947년 정해년에 쓴 것으로 '石竇寒泉不息流 成江成海自洋根'라는 글귀이다.[38] 이 글귀의 뜻은 "돌 틈의 찬 샘 쉬지 않고 흘러 강을 이루고 바다를 이루어 양양한 뿌리가 된다."라는 의미로 해석된다. 그의 나이 61세, 중생을 구제하고 대도를 지향하기 위해 원불교에 입문한 지 30여 년이 지나 당시를 돌이켜 보며 평생의 행동 지침으로 삼았을 구절이다. 사산의 성실성과 근면성을 보여주는 글귀로 이러한 정신의 실천은 방언공사와 소태산 수행 시절, 건축 감역 등에서 찾아볼 수 있다.

『대종경』「교단품」 11장에도 그의 말 없는 실천 모습을 볼 수 있다. 소태산이 서울교당에서 이완철에게 짐을 지고 역에 갈 것을 청하였는데 완철은 체면을 앞세워 짐 들기를 꺼려 하였다. 소태산은 그 짐을 건축 감역하던 사산에게 맡겼다. 사산은 소태산의 말씀에 두말없이 따랐다.[39] 당시에 사산은 이완철보다 10년 연상이었다. 사산인들 위신이나 체면이 없지는 않았을 것이나 행동하는 지극한 신심을 보여준 것이다.

또한 폭풍우 속에서 초량교당을 지킨 그 생생한 광경을 융타원 김영신은 다음과 같이 회고한다.

> 초량지부 건축할 때 어느 날 밤, 비는 그칠 줄 모르고 바람은 심하여 천둥 번개가 여간 무서웠지요, 그때 우리 가역(家役)은 겨우 기둥을 세우고 벽을 맞추고 기와를 덮기 시작한 때였습니다. 비바람으로 각 상점의 간판이 떨어지고 이웃집 유리창이 깨지는 소리와 여기저기서 집이 쓰러지는 소리, 바다에서는 풍랑이 일어나 사람 살리라는 아우성이 들렸습니다. 인적은 고요한데 선생님은 그 공청에서 공사를 위하여 밤을 새신 것입니다. --중략-- 여름

옷은 비와 땀으로 몸에 척척 감기고 저녁까지 굶으시고 문 하나도 없는 그 추운 곳에서 위에서는 흙물이 쏟고 불 하나도 없는 깜깜한 칠야에 애를 쓰시어 안색은 검푸르시고 두 눈은 들어가 초췌하신 모양을 대하니 하도 기가 막혀 감격의 눈물을 금할 수가 없었습니다.[40]

사산은 막 기초를 세운 교당이 폭풍우에 무너질 것을 염려하였다. 사산은 "걱정으로 잠을 못 이룰 바에는 차라리 공사 현장을 지키는 것이 공사하는 사람의 떳떳한 일이며 만일 몸을 돌보다가 집이 넘어가는지도 알지 못한다면 그것은 너무나 무책임하다는 생각이 나서 밤을 새워 지켰다."고 한다. 생각을 실천으로 옮기는 그의 공심이, 책임감이 얼마나 절박하고 처연하였는지를 보여준다.

둘째, 근면하고 절약하는 생활 태도이다.

사산의 두 번째 이소성대의 정신은 근검성과 절약성이다. 서무 담당의 책임을 맡고 있는 그로서는 당연한 일인 것 같지만 몸에 밴 절약성과 경제적 관념이 없으면 실천하기가 쉽지 않다. 사산의 절약 정신은 공사를 막론하고 투철하였다.

영산과 익산 왕래 시 사산은 차비가 아까워 익산총부에서 영광까지 걸어 다녔다고 한다. 그 거리는 이백 수십 리로 하루 종일 걸어도 3일 이상이 걸린다. 공금이 아까워 걸어다니면서도 하루에 5전밖에 쓰지 않았으니 잠자는 것, 먹는 것은 어떠했을까 짐작이 간다. 그뿐만 아니라 총부에서 서무부장으로 재임 시에는 시장에 물건을 사러 나가면 함께 간 일행과 국수 한 그릇씩 먹는 것도 아까워 겨우 3전짜리 국수 한 그릇을 나눠 먹으며 끼니를 해결하였다고 한다.

이러한 절약은 손자를 데리고 다니면서도 예외가 없었다. 주로 걸어 다녔으며 어쩌다 한 번 버스를 타면 사산은 버스비가 아까워 어른인 본인 것만 치르고 어린 손자의 차비를 아끼기 위해 운전사와 실랑이를 벌이기도 했다고 한다.[41]

한 번은 사산이 영산에 있을 때의 일이다. 시세보다 훨씬 싼 가격의 논이 매물로 나왔다. 교단의 일은 반드시 여러 사람과 협의를 거쳐 진행시켜야 하는 것이 당연한 일이지만 그럴 시간이 없었다. 다른 사람에게 기회를 빼앗기면 싼 가격에 논을 매입할 수 없어 급한 마음에 사산은 단독으로 계약을 체결하였다. 비록 교단과의 협의는 없었으나 경제적 이윤을 남겼기 때문에 소태산이나 교단 사람들에게 칭찬받을 것이라는 기대를 가지고 사실을 보고하였다. 그러나 소태산은 크게 노하여 작은 일이라도 공적인 일은 반드시 상의를 거쳐야 한다며 앞일을 경계하기 위해 다시 계약을 파기시켰다.[42] 이 일은 공적인 일은 반드시 협의를 거쳐야 한다는 경각의 사례로 교훈을 주고 있지만 한편으로는 사산의 교단을 위한 경제적 관념과 노력을 엿볼 수 있다.

셋째, 온화함과 친근성이다.

온화하고 친근함은 일심합력의 정신 곧 소통과 맥락을 같이한다. 사산의 너그럽고 부드러운 성격은 남녀노소 누구나 그를 믿고 따르게 하는 큰 장점이었다. 그는 교단 내에서는 소소한 것까지 신경 써 주는 정이 많은 어머니와 같은 존재로 통했다고 한다. 심지어 여자 동료들이 '언니'라고 부를 정도로 허물없이 다정다감하게 그를 대했다.[43] 그의 친화력과 순박함을 보여주는 일화를 소개한다.

어느 날 정기훈련차 총부에 온 육타원이 담배를 끊고 소화가 되지 않았다. 은단을 먹으면 좀 나아질까 하여 솜리에 장을 가는 사산에게 은단 가오루(ガウル)를 사 오라고 부탁하였다. 그런데 사산은 무심하게 생선 가오리를

사 왔다. 육타원은 "가오루를 사 오랬는데?"라고 묻자 사산은 "이게 가오리가 아니다요?" 하였다. 육타원은 재차 "은단 가오루 말입니다." 라고 말했다. 여기에 대한 사산의 답변은 "은단은 또 뭐라요, 가오리라면 이것뿐이지라우." 라며 좌중들을 폭소케 하였다. 물론 은단임을 알고도 생선을 사 오지는 않았겠지만 결과적으로 모처럼 대중들이 가오리로 포식하였다고 한다. 이처럼 가족 같이 화기애애하게 지냈던 총부에서의 생활이 끝나고 집으로 돌아가야 할 날이 다가오자 육타원은 정이 든 총부를 떠나기가 섭섭하여 눈물을 흘렸다고 전한다.[44]

송도성과의 두루마기 일화는 20살 아래인 동료들과 얼마나 격의 없이 지냈는가를 보여준다.[45] 특히 건축 감역 시에는 총감독의 수장에 있으면서도 궂은일도 마다하지 않았다. 사실 공동 노력을 필요로 하는 역사(役事)를 기획, 감독하면서 지도자의 이런 인화와 친화가 없이는 성공리에 마치기는 불가능하였을 것이다. 그러나 한편으로는 서열과 명분, 체통을 중요시하는 유교적 전통이 뿌리 깊게 남아 있는 한국 사회에서 그의 이러한 행동은 쉽지는 않았을 것으로 그의 일심합력의 자세는 더 뜻 깊어 보인다.

2. 삶과 죽음에 대한 태도

첫째, 수심정기(守心正氣)의 자세이다.

사산의 삶에 대한 자세를 엿볼 수 있는 자료는 그가 동선 때 남긴 휘호이다. '수기심 정기기(守其心 正其氣)'(1940), '동정일여(動靜一如)'(1941), '대자대비 제도중생(大慈大悲 濟度衆生)'(1944), '진리위사(眞理爲師)'(1947)[46] 등이 남아 있다.

그 가운데 마음을 지키고 기를 바르게 하고자 하는 수심정기(守心正氣)의 자세는 원불교의 진리적 신앙을 지키고 도덕의 훈련을 통해 그 기운을 바르게 한다는 것으로 보여진다. 이에 대한 행동 실천은 동정일여의 태도이다. 동정일여는 '동과 정을 한결같이' 라는 의미로 선의 수행법이자 더 나아가 해탈에 이르는 경지이다. 움직임 속에서나 정지 상태에 있을 때나 마음이 흔들리지 않음으로써 동하여도 분별에 착(着)이 없고 정하여도 분별이 절도에 맞는 마음가짐이자 행동 철학이다. 그는 동정일여의 자세를 화두로 삼고 정진하여 소소한 일에도 늘 흔들리고 고민하는 인간사에서 평정을 찾고 생멸 없는 이치를 깨달아 영원한 행복을 추구하고자 노력하였다.

더 나아가 사산의 이러한 수행의 의미는 정신의 고양을 추구하는 수도의 삶과 건강하고 건전한 육신의 삶을 함께 온전히 완성해 가는 소태산의 구세이념인 영육쌍전[47]을 이루기 위한 자세이기도 하다.

둘째, 천명사상(天命思想)이다.

그의 삶과 죽음에 대한 인식을 엿볼 수 있는 자료는 『대종경』「인도품」에 나오는 소태산과 이춘풍, 송적벽, 사산과의 문답 내용이다. 이춘풍이 소태산에게 포수가 잘못 쏜 탄환에 자식이 불행한 일을 당한다면 어떻게 처리할지를 묻자 거꾸로 소태산이 오히려 이들에게 각자 어떻게 대처할 것인가를 되물었다. 이때 사산은 공부하는 처지가 아니라면 반드시 법에 호소하겠으나 인간에 관한 모든 생사는 인과에 따른 운명이므로 천명으로 삼고 묻어두겠다고 대답하였다.[48]

자식이 뜻하지 않게 불행을 당했다면 아버지로서 당연히 잘잘못을 따지기 위해 관에 호소하여야 하겠지만 그는 공부하는 입장이므로 하늘에 맡기겠다는 것이다. 여기에서 사산은 행복과 불행은 업보에 따른 결과이기 때문에 하늘의 뜻으로 알고 받아들이며, 또 다른 업보를 짓지 않기 위해 늘 절제함과 동시에 선한 일을 하여야 할 것이며 수행 또한 게을리하지 말아야 한다는 삶과 죽음에 대한 자세를 보여주고 있다.

당시 사산은 첫 번째 아내를 잃었고 후일 두 아들을 잃고 만다. 불행은 누구에게나 예고 없이 다가오지만 이러한 그의 자세는 불행이 닥쳤을 때 그를 지탱해 주는 힘이자 불행한 다른 사람들을 다독여 주는 원천이 되었을 것이다. 이러한 정신은 지금 당장 죽어도 한이 될 것이 없다는, 생에 집착하지 않고 오히려 죽음으로써 영원히 죽지 않는 법, 곧 원불교 창립정신인 사무여한의 정신이라고 할 수 있겠다.

셋째, 중생 구제에 대한 한결같은 염원이다.

원기33년(1948) 8월 25일 남원교당 대각전 낙성을 기념하며 교단의 주요 인사 21인이 모여 한시 창화 모임을 가졌다. 성(城), 명(名), 청(淸), 명(明), 생(生) 등의 다섯 운을 기에 2자 승, 전, 결에 각각 1자를 넣은 칠언율시이다. 이 시들은 교단 선진들의 유일한 한시들로 창화 인물들의 사상을 밝히는 데 도움을 주고 있다.[49] 사산의 시를 통해 사상의 단면을 살펴보자

남원이 크다더니 옛 성이로다
원래의 빼어난 땅 빈말이 아니로라
앞에는 금양봉 우뚝 서 인연도 지중하고
커다란 대각전 이룩하니 맑은 기운 감도는구나
물 위에 바람 없으매 파도는 절로 쉬고
하늘에 달 걸리니 그림자도 또렷하다
어찌하면 이내 몸이 천만으로 나타나서
모든 중생을 구제할 수 있으리오
雄鎭南原占一城　元來勝地不虛名
錦岩峯屹前緣重　圓佛堂成大氣淸

水面無風波自定 天心有月影分明

如何化得身千億 到處人間濟衆生

이 시에서 사산은 그가 소태산을 만나 온전하고 한결같은 신심을 다한 삶 그대로 천억의 화신이 되어 중생을 건지겠다는 염원을 표현하고 있다. 중생 구제에 대한 신념과 바람은 1944년의 '대자대비 제도중생(大慈大悲 濟度衆生)'이라는 휘호에서도 확인할 수 있다. 그의 삶은 보살이 되어 중생들을 고통의 세계에서 열반의 피안으로 구제하여 이끌어 주는 염원으로 일관하였다. 원불교에 입문한 것도 인간의 생로병사에 대한 철학적 고민 때문이었다고 볼 수 있다.

Ⅴ. 맺음말

사산은 원불교 초기 교단사에서 매우 중요한 인물로 소태산 구인제자 중의 한 사람이다. 교단 안팎으로 중추적인 역할을 담당하였다. 그러나 그의 생애를 다룬 단독 연구는 없었다. 비록 자료의 한계로 인해 그의 생애와 사상을 추정하기에는 다소 무리가 있었지만, 이 기회를 통해 그나마 자료를 정리하고 부분적이나마 그의 생애와 사상의 일면을 추적하고 되살려 보는 작업은 매우 의미가 있었다. 지금부터라도 선진들의 기록 정리와 기념 사업의 절실함을 느끼며, 그의 생애와 사상을 통해 교단사적 의미를 정리 요약하면 다음과 같다.

첫째, 공과 사를 명확히 구분하고 허식을 경계하였다.

사산은 희생과 공도정신(公道精神)으로 교단의 안살림을 도맡아 하였다.

공적인 일에는 결단력과 추진력이 있으면서도 사적으로는 한없이 섬세하고 인정이 많았다. 허식을 경계하고 누구에게나 다정하며 공적인 일에는 늘 앞장섰다.

둘째, 시봉 생활, 건축 감역, 교화 등을 통해 회상 건설의 기초를 닦았다.

그는 한결같은 신심으로 방언공사에 앞장섰으며 월명암, 만덕산, 내장사 등지를 왕래하며 소태산을 보필하였고 초창기 교당 신축과 수리를 감독하였으며 일선 교화에도 정진하였다.

셋째, 교단 초기 창립정신의 표본이다.

그는 이소성대, 사무여한, 일심합력의 교단 창립정신을 행동으로 실천한 사표의 표본이다. 궂은일을 마다하지 않은 성실함과 책임 정신, 공사를 막론하고 몸에 밴 근검절약 정신, 그리고 누구와도 소통하며 자신을 낮추는 친화성은 오늘날에도 본받아야 할 정신 자세이다.

넷째, 그는 늘 거스르지 않고 순응하려는 자세로 중생 구제에 정진하였다.

그는 공부하는 사람으로 늘 절제함과 동시에 선한 일을 추구하려 했으며 수행 또한 게을리하지 않았다. 동정일여의 자세를 화두로 삼고 소소한 일에도 늘 흔들리는 인간사에서 평정을 찾고자 했으며 생멸 없는 이치를 깨달아 중생을 구제하길 염원하였다. 이를 통해 영원한 행복을 추구하고자 하였다.

그의 좌우명인 "돌 틈의 찬 샘 쉬지 않고 흘러 강을 이루고 바다를 이루어 양양한 뿌리가 된다."를 되새기며 꽃피울 원불교 100년을 꿈꾸어 본다.

〈사산의 가계〉

曾祖 오수화(1807-1877)

↓

祖 오병린(1884-1905)

↓

父 오동현(윤안 1865-1943)

↓

오재겸(창건 1887-1953)

↓

子 오정종(천권 1916-1950)

↓

孫子 오성직(1940-)

〈사산 오창건 종사 연보〉

원기	서기	연령	주요내용
	1887.10.17	1세	전남 영광군 백수면 학산리에서 부친 오윤안 선생과 모친 김중풍 선생의 3남매 중 장남으로 출생
	1898	12세	한문사숙에 입학 4-5년간 수학. 성년이 되어서는 태을교(太乙敎)를 신봉
1년	1916	30세	소태산에게 귀의하여 제자가 됨
2년 7월 26일	1917	31세	교단 최초의 통치단인 남자정수위단 조직 시 진방(震方) 단원으로 입명됨
3년	1918	32세	간석지 방언공사와 구간도실 건축에 팔인동지와 함께 참여
4년 3월 26일	1919	33세	팔인단원과 함께 창생구원을 위해 기도를 시작함
4년 3월	1919	33세	소태산이 새 회상 창립의 준비를 위한 휴양처를 물색하기 위해 부안 변산 월명암에 1차 행가 시 배종함
4년 8월 21(양)	1919	33세	백지혈인의 이적으로 법계의 인증을 받고 소태산에게 법명을 받음
4년 10월	1919	33세	소태산 부안 변산 입산 시 배종하여 정산과 함께 월명암 뒷산인 쌍선봉에서 혈인기도 해재식을 가짐. 그 후 만덕산 내장산 등을 소태산이 내왕할 때에는 식량을 지고 배종하였으며, 영광에서 식량 등 짐을 지고 변산까지 왕래했음
7년	1922	36세	소태산의 만덕산 만덕암 행가 시 송도성과 함께 배종함
12년	1927	41세	영산 서무로 1년 근무
13년	1928	42세	영산 서무부장으로 1년 근무
14년	1929	43세	총부 서무부장으로 5년간 봉직하며 초창기 어려운 교단 살림을 알뜰히 보살핌
19년	1934	48세	영산 서무 · 상조부장으로 2년간 근무
21년	1936	50세	총부 서무부장으로 2년 봉직
23년	1938	52세	전주 교무로 1년 근무
24년	1939	53세	원평 교무로 3년 근무
29년	1944	58세	총부 예감으로 3년 근무
32년	1947	61세	감찰원장으로 1년 근무
33년	1948	62세	영산지부장으로 2년 근무 여름 부안 봉래정사 개축에 근로감역
34년 4월 26일	1949	63세	대종사성업봉찬회장 봉임
38년 1월 23일	1953	66세	영산교당에서 열반
38년 4월	1953		제1대 성업봉찬회 때 법위 정식법강항마위, 사업등급 정특등으로 원성적은 준특등 8인 중 7호에 해당
49년	1964		제2차 법훈 증여 시 대봉도위 추존
100년 5월 13일	2015		제214회 임시수위단회에서 출가위 법위 추존 및 종사위 서훈

출처: 송인걸, 『구인선진』, 〈월간 원광〉, 1988, 130-132쪽. 〈교단표준연표〉

오산 박세철 종사의
생애와 인품

백 준 흠(광문 · 원불교 정책연구소 소장)

Ⅰ. 머리말

원불교의 근원 또는 뿌리는 무엇이라 말할 수 있을까. 원불교 100주년을 곳곳에서 축하하며 그 기쁨을 나눌 수 있게 된 것은 어느 분들로부터 비롯이 되었을까. 그것은 모두가 주지하듯이 대종사 이하 구인선진이라 할 수 있을 것이다. 일찍이 소태산 대종사(박중빈, 1891-1943, 이하 경칭 생략)는 파란고해의 일체생령을 광대무량한 낙원으로 인도하기 위해 원불교를 창립하면서 표준제자로 구인제자를 선정하였다. 소태산은 그들과 함께 저축조합을 설시하고, 방언공사, 혈인성사 등을 이루며 명실상부한 새 시대 새 종교로서 원불교 창립의 기초를 마련하게 되고, 그 과정에서 형성된 창립정신으로 지금의 원불교로 성장 발전해왔다. 종교사를 돌아볼 때, 석가, 공자, 예수 등과 같은 대성자들이 각각의 핵심제자[1]들이 없었다면 어찌 대성자로서 존재가치를 찾을 수 있었겠는가. 마찬가지로 원불교의 구인제자가 아니었다면 지금의 원불교를 기대할 수 없었을 것이다. 이런 점에서 구인선진의 생애와 사상 업적 등에 대한 연구 정리는 교단사적으로 큰 의미가 있다.

필자는 구인선진 가운데 오산 박세철(五山 朴世喆, 속명은 京文, 1879-1926, 이하 오산으로 약칭) 종사의 생애와 교단적 주요 활동 그리고 인품의 특징을 살펴보고자 한다. 그리하여 후진들로 하여금 오산의 근본정신과 심법을 바르게 체받아 원불교 2세기 결복교운을 열어 가는 주역이 되게 하는 데 일조하고자 한다.

II. 오산의 출생과 열반

오산은 1879년 1월 16일 전남 영광군 백수면 길룡리에서 부친 박다여 선생과 모친 노 선생의 2남 중 차남으로 태어났다. 오산의 호적명은 경문(京文), 족보명은 문림(文林)이며, 본관은 밀양 박씨, 규정공파이다. 오산은 열다섯 살에 먼 친척의 양자로 들어간 적이 있었다. 오산은 대흥리 사람 박군서(朴君瑞, 1859-1933)에게 출계되었으나[2] 양부보다 먼저 죽어 결국 집안에서 문제가 되었다.[3] 그의 성장 과정을 보면 가정이 간구하여 비록 학문을 배우지는 못했으나 농업에 근면하였고, 부모 공양과 함께 형제 우애가 극진하였다. 오산은 천성이 어질고 공손하며 부지런하고 순박한 농사꾼이었으나 은근과 끈기의 인내력이 있었으며, 남이 하기 어려운 일에 앞장섰다. 또한 농사일을 하면서도 아녀자처럼 집안일을 잘 돌보는 곰살궂은 데가 있었다.[4]

오산은 47세가 되던 원기10년(1925) 2월에 내종병에 걸려 큰 위험에 처했으나 양의의 치료 덕분에 차도를 보이자 '아, 이러다간 내가 전무출신도 못하고 변을 당하겠구나. 이 핑계 저 핑계 미루다가 이도 저도 아니겠다.' 싶어 세속을 떠나 출가자로서 전무출신의 길을 결정하고 익산총부로 나와 교중사업에 전무하였다. 그러나 오산은 원기11년(1926) 6월부터 내종병이 재발하여 한 달 정도 신음하다가 7월에 부득이 영산 자택으로 귀가하여 백방으로 치료에 정성을 다하였으나 차도를 보지 못하고 점점 병이 깊어만 갔다. 이에 오산은 자신의 병세가 심상치 않음을 짐작하고 자녀손들에게 "나의 심신은 공중에 바친 지 이미 오래되었으니 너희는 나를 사가 인물로 알지 말

고 사후에도 교중의 지시를 받아 초상 절차도 신정예법에 의하여 집행하여 달라."고 유언하였다.[5]

원기11년(1926) 7월 30일 오산은 삼산 김기천(三山 金幾千, 1890-1935)과 정산 송규(鼎山 宋奎, 1900-1962)에게 최후를 부탁하며 열반에 든다. 오산은 자신의 임종을 지켜보는 삼산과 정산의 손을 잡고 비창(悲愴)한 어조로 "불초 아우는 대종사님과 형님들을 길이 모시지 못하고 먼저 가게 되어 죄송하옵니다. 형님들께서는 부디 오래 사시어 공부와 사업을 잘 하시와 인도정의의 기초를 확립하시고 세계 문명의 선구자가 되어 주시며, 불초 아우의 앞길을 선도하여 주시기 바랍니다."라고 최후를 부탁한 후 48세를 일기로 열반하였다. 원기11년(1926) 7월 30일에 열반에 든 오산의 장의는 영광 지방장으로 엄수하였고, 묘지는 영산성지에 있었으나 원기70년(1985) 3월 영모묘원 법훈 묘역에 모시었다.

여기서 오산의 법위 승급 과정을 살펴보면, 원기13년(1928) 제1대 제1회말 기념총회 시 사후(死後) 정식법강항마위로서 춘산 서동풍(春山 徐東風, 1868-1925)과 함께 교단 최초의 정식법강항마위였으며, 제1대 성업봉찬회 시 법위가 정식법강항마위요, 사업등급 정4등으로 원성적은 정3등 28인 중 28호였다. 그 후 원기70년(1985) 3월 20일 제103회 임시수위단회 결의에 의해 대봉도로 추존되었고, 원기100년 5월 26일 제214회 임시수위단회 결의로 종사위로 추존되었다.

한편 오산의 발인식 고사와 종재식 고사가 전해 내려오고 있다.[6] 이 고사는 훈산 이춘풍(薰山 李春風, 1876-1930)의 글로 일산 이재철(一山 李載喆, 1891-1943)이 대독하였다. 발인식 및 종재식 고사의 내용은 아래와 같다.

천지포태 이 가운데 사람으로 생겨나서 사람 직업 찾는 자가 참으로 드물도다. 형님은 진실 도를 알아 가지고 말법 세계 지나와서 영산회상 다시 높아 구인조합(九人組合) 시창(始創)하니 팔방중앙(八方中央) 생겼구나. 구인단체(九人團體) 그 가운데 산자 표호(山字 表號) 오산되어 서명 날인 맹세하니, 생사동고 굳은 마음 지장혈인(指章 血印) 분명하고, 생활 근원 지도받아 방언조합 실시하니 십유여년 동고 중에 성적표가 분명하다. 그러나 형님은 이런 사업 종(終) 못 짓고 거연 열반 웬일인고, 슬프고 슬프다. 형님이시여.

불생불멸 그 이치며 무거무래 그 자리를 참으로 알고 보면 거년 금일 다시 오며, 묵은 가지 새 꽃 피니, 거래 자취 분명하고 원적태허 묘망(圓寂太虛 妙茫)일레. 우리 어찌 형님의 열반 일을 잊을쏜가. 일행루(一行淚) 일주향(一炷香)으로 재배 일축하옵기는 본분사를 영위(永爲) 매각치 말고 속환청산(速還青山) 다시 와서 36年 마치고, 육신 · 정신 · 사업 성적 영각대(影閣臺)에 높이 올라 영세무궁하옵시다(발인식 고사).

생사는 이치요 거래는 기틀이라 생종하처래(生從何處來)며 사종하처거(死從何處去)라. 명명(冥冥)한 저 사부(士府)요 소소(昭昭)한 이 하늘에 춘추질대(春秋迭代) 순서요 日月 교환 변태로다. 일기(一氣)운전 그 가운데 만물 포태 형색 달라 어떤 자는 품부(稟賦) 좋아 장구(長久)하고, 어떤 자는 품부 낮아 요절(夭折)인고, 장구도 항상 장구하는 것이 아니요 요절도 항상 요절되는 것이 아니로다. 최령하다 사람이여. 장구 요절 없으리요.

오호, 惜哉라, 우리 형님은 품부 장구했다 할까, 요절되었다 할까. 과거 미래는 부지(不知)니와 현재사로 말하면 어찌 요절이 아니리오. 서약 날인 우리 사업 구인단체 일심으로 무극대도 건판(建判)되어 영산회상 높은 도덕 다시 보니 장석(丈席)이요, 조합하니 단체로세. 생활 방침 육신 근무, 지식 근원 정신 근무 쌍방으로 진행하여 전도자가 되기로 서로서로 애호하고 서로서로 상조하니, 그런 중 형님은 특히 인자하여 굴기하심 주장하고 기소불욕 물시(己所不欲 勿施)하니, 십유여 년 동고사업 퇴굴심이 없었기로 방언조합 성적계(係)에 육신근무 드러나고, 전무출신 하려다가 불행히 병고를 못 이기어 거연 별세 웬일인고.

오호, 석재라. 우리의 유감된 바는 형님의 정신 근무 성적이 많지 못하여 쌍방으로 아름다움이 없고, 또한 우리의 사업을 終 못 짓고 잠시 이별되었으니 어찌 우리의 비루(悲淚)를 금하리요. 형님이시여, 불생불멸 그 이치를 알거든 이 자리를 속속히 여의지 말고 다시 만나 육신·정신 쌍전되어 영세무궁하옵시다(종재식 고사).

III. 소태산과의 인연

15세 때 족숙인 박군서에게 양자로 출계(出系)[7]한 후 농업에 종사하며 가정을 돌보던 중 소태산이 대각을 이루자 39세 시 칠산 유건(七山 劉巾, 1880-1963)의 인도로 집안 아저씨 되는 소태산을 찾아와 사제지의를 맺었다. 오산은 소태산보다 12살이나 연상이었으며 먼 친척 관계였다. 그러나 특별한 신성과 인품을 지닌 오산은 회상 창립의 표준제자로 발탁되어 회상 창립의 뿌리 역할을 하였다.

대종사 처음 교화를 시작하신 지 몇 달 만에 믿고 따르는 사람이 사십여 명에 이르는지라 그 가운데 특히 진실하고 신심 굳은 아홉 사람을 먼저 고르시사 회상 창립의 표준제자로 내정하시고 말씀하시기를 "사람은 만물의 주인이요 만물은 사람의 사용할 바이며, 인도는 인의가 주체요 권모술수는 그 끝이니, 사람의 정신이 능히 만물을 지배하고 인의의 대도가 세상에 서게 되는 것은 이치의 당연함이어늘, 근래에 그 주체가 위(位)를 잃고 권모술수가 세상에 횡행하여 대도가 크게 어지러운지라, 우리가 이때에 먼저 마음을 모으고 뜻을 합하여 나날이 쇠퇴하여 가는 세도(世道) 인심을 바로잡아야 할 것이니, 그대들은 이 뜻을 잘 알아서 영원한 세상에 대회상 창립의 주인들이 되라."[8]

위 법문에 나타난 바와 같이, 오산은 원불교 회상 창립의 뿌리요 근원이라 할 수 있는 표준제자에 내정됨으로서 원불교 역사에 길이 남을 인물로 등장하게 됨과 동시에 새롭고 영광된 인생이 열리기 시작한다. 오산은 소태산과 사제지의를 맺고 원불교에 입문한 후 원기2년(1917) 7월에 남자정수위단 조직 시 손방 단원이 되었다.

대종사 앞으로 시방세계(十方世界) 모든 사람을 두루 교화할 십인일단(十人一團)의 단 조직 방법을 제정하시고 말씀하시기를 이 법은 오직 한 스승의 가르침으로 모든 사람을 고루 훈련할 빠른 방법이니, 몇 억만의 많은 수라도 가히 지도할 수 있으나 그 공력은 항상 아홉 사람에게만 드리면 되는 간이한 조직이니라 하시고, 앞서 고르신 구인제자로 이 회상 최초의 단을 조직하신 후, 이 단은 곧 시방세계를 응하여 조직된 것이니 단장은 하늘을 응하고 중앙(中央)은 땅을 응하였으며 팔인단원은 팔방을 응한 것이라, 펴서 말하면 이 단이 곧 시방을 대표하고 거두어 말하면 시방을 곧 한 몸에 합한 이치니라 하시니, 단장에 대종사, 중앙에 송규(宋奎), 단원에 이재철(李載喆), 이순순(李旬旬), 김기천(金幾千), 오창건(吳昌建), 박세철(朴世喆), 박동국(朴東局), 유건(劉巾), 김광선(金光旋)이러라.[9]

오산은 단순히 소태산의 한 제자를 넘어서서 원불교의 핵심 조직인 수위단회의 일원으로서 시방세계 즉 일체생령을 구제하고 세상을 바르게 만드는 대낙원세계 건설의 핵심 주역으로 지명이 된 것이다.

Ⅳ. 오산의 주요 활동

소태산은 회상 창립의 준비로 저축조합을 만들고 오산을 포함한 단원들에게 특별한 절약과 근로로 후진들에게 창립의 모범을 보여주자고 하고, 먼저 금주금연과 보은미 저축과 공동 출역을 하게 하였다.[10] 이어 오산은 원기 3년(1918) 3월에 시작되는 방언공사에 참여하게 된다.

> 대종사 길룡리(吉龍里) 간석지(干潟地)의 방언(防堰) 일을 시작하사 이를 감역하시며, 제자들에게 말씀하시기를 지금 구인은 본래 일을 아니하던 사람들이로되 대회상 창립 시기에 나왔으므로 남다른 고생이 많으나 그 대신 재미도 또한 적지 아니하리라. 무슨 일이든지 남이 다 이루어 놓은 뒤에 수고 없이 지키기만 하는 것보다는 내가 고생을 하고 창립을 하여 남의 시조가 되는 것이 의미 깊은 일이니, 우리가 건설할 회상은 과거에도 보지 못하였고 미래에도 보기 어려운 큰 회상이라, 그러한 회상을 건설하자면 그 법을 제정할 때에 도학과 과학이 병진하여 참문명세계가 열리게 하며, 동(動)과 정(靜)이 골라 맞아서 공부와 사업이 병진되게 하고, 모든 교법을 두루 통합하여 한 덩어리 한 집안을 만들어 서로 넘나들고 화하게 하여야 하므로, 모든 점에 결함됨이 없이 하려 함에 자연 이렇게 일이 많도다.[11]

오산은 방언공사가 진행되는 동안 매양 선두에서 심혈을 다해 일하면서도 공은 언제나 타인에게 양보하였기 때문에 그의 주위에는 덕화의 기운이 연하였고, 얼굴에는 기쁨의 미소가 항상 넘쳐흐르고 있었다. 그러한 기쁨의 생활로 인해 종전에 병으로 신음하던 몸이 약도 쓰지 않고 건강 회복에 이르게 되었다.[12] 사실 오산은 신병이 있어 육신 생활이 온전치 못하였다. 방언공사 때에도 구인제자들 중 가장 연장자로 근력이 따르지 못하므로 직접 흙짐을 지지 못하고 밥 심부름, 물 심부름 등 잔심부름을 연하의 동지가 시키더라도 자기의 소임으로 알고 책임을 다하였을 뿐이다. 그는 몸도 빈약하고 학식도 없었으나 오직 공손, 근검, 끈기로 공사를 제 일로 알고 책임을 다하였던 것이다.[13]

이어 오산은 원기4년(1919) 소태산의 지도로 단원들과 함께 창생의 구원을 위해 아래와 같이 특별기도, 이른바 법인기도에 동참하였다.

> 대종사 구인단원에게 말씀하시기를 지금 물질문명은 그 세력이 날로 융성하고 물질을 사용하는 사람의 정신은 날로 쇠약하여, 개인 · 가정 · 사회 · 국가가 모두 안정을 얻지 못하고 창생의 도탄이 장차 한이 없게 될지니, 세상을 구할 뜻을 가진 우리로서 어찌 이를 범연히 생각하고 있으리요. 옛 성현들도 창생을 위하여 지성으로 천지에 기도하여 천의(天意)를 감동시킨 일이 없지 않나니, 그대들도 이때를 당하여 전일한 마음과 지극한 정성으로 모든 사람의 정신이 물질에 끌리지 아니하고 물질을 사용하는 사람이 되어 주기를 천지에 기도하여 천의에 감동이 있게 하여 볼지어다. 그대들의 마음은 곧 하늘의 마음이라 마음이 한번 전일하여 조금도 사가 없게 되면 곧 천지로 더불어 그 덕을 합하여 모든 일이 다 그 마음을 따라 성공이 될 것이니, 그대들은 각자의 마음에 능히 천의를 감동시킬 요소가 있음을 알아야 할 것

이며, 각자의 몸에 또한 창생을 제도할 책임이 있음을 항상 명심하라. 하시고, 일자와 방위를 지정하시어 일제히 기도를 계속하게 하시니라.[14]

마침내 생명 회생의 대서원을 올림으로써 천지신명이 감응하여 백지혈인[15]을 나툰 후, 소태산으로부터 법호와 법명을 받게 된다. 그 후로도 단원의 기도는 여전히 계속되어 모든 절차에 조금도 해이함이 없다가, 그해 10월, 소태산의 명에 의하여 드디어 해재(解齋)하였다. 이 구인기도와 법인 성사는 곧 무아봉공의 정신적 기초를 확립하고, 신성 · 단결 · 공심을 더욱 굳게 한 새 회상 건설의 일대 정신 작업이었다.[16]

원기4년 8월 21일(음7.26)에 생사를 초월 한 구인단원의 지극한 정성이 드디어 백지혈인의 이적으로 나타남을 보시고, 대종사 말씀하시기를 "그대들의 마음은 천지신명이 이미 감응하였고 음부공사(陰府公事)가 이제 판결이 났으니 우리의 성공은 이로부터 비롯하였도다. 이제, 그대들의 몸은 곧 시방세계에 바친 몸이니, 앞으로 모든 일을 진행할 때에 비록 천신만고와 함지사지를 당할지라도 오직 오늘의 이 마음을 변하지 말고, 또는 가정 애착과 오욕의 경계를 당할지라도 오직 오늘 일만 생각한다면 거기에 끌리지 아니할 것인즉, 그 끌림 없는 순일한 생각으로 공부와 사업에 오로지 힘쓰라." 하시고, 법호와 법명을 주시며 말씀하시기를 "그대들의 전날 이름은 곧 세속의 이름이요 개인의 사사 이름이었던 바 그 이름을 가진 사람은 이미 죽었고, 이제 세계공명(世界公名)인 새 이름을 주어 다시 살리는 바이니 삼가 받들어 가져서 많은 창생을 제도하라."[17]

이 백지혈인과 관련하여 양하운(十陀圓 梁夏雲, 1890-1973) 대사모[18]에게는 하나의 기억이 있었다. 그날은 어쩐지 분위기가 심상치 않았다. 아홉제자들이 종일 숫돌에 칼을 갈고 있었기 때문이었다. 대사모가 조카뻘 되는 오산에게 "뭐할려고 번뜩번뜩 하도록 그리 칼을 가요?" 하고 묻자, "암말 마시오. 올 저녁에 쓸려고 그라요."라고 대답하였다. 당시 아홉단원들은 자결하는 일을 일체 비밀에 붙였기에 단장과 그 아홉 사람 외에는 아무도 이 비장한 결의를 알지 못하였다.

이 밖에도 오산은 원기4년(1919) 겨울 소태산이 부안 봉래산에 갈 때 동행하게 되었는데, 그 길이 험난하고 고생이 심했으나 소태산을 모시는 기쁨으로 충만하였다. 당시 오산이 소태산을 배종할 때는 설한풍이 휘몰아치는 엄동이었다. 길은 험악하고 살과 뼈를 파고드는 추위에 온몸의 촉각이 굳어 버릴 정도였다. 이런 추위 속에도 오산은 오직 '하늘 같으신 우리 스승님을 이 제자가 못나 제대로 편안히 모시지 못함을 죄스럽고 송구합니다.'라고 생각하였다고 한다.[19] 또한 소태산의 명에 의해 봉래산에서 영산으로 돌아온 오산은 옥녀봉 아래 구간도실의 수호 책임과 언답 관리 등의 일에 정성을 다하였으며, 양하운을 일가로 알고 사모댁 일을 이모저모 곰살궂게 잘 돌봐 드렸다.[20] 또 오산은 43세 시인 원기6년(1921)에 수년간 저축해 왔던 금액 전부를 불법연구회 기성조합에 희사하였다. 그 당시 어려운 시절을 감안해 볼 때 오산의 교단에 대한 공심과 신성이 어떠했는지 능히 짐작할 수 있다.

여기서 오산과 방화석(蚌化石)에 관련된 사연 하나를 소개하고자 한다. 오산은 첫 부인 양주 편씨와 사별하고 다시 진주 정씨(법명 順月)와 가정을 이루었다. 오산은 슬하에 세 아들을 두었다. 장남 길수(吉守, 1903년생)는 결혼하여 아이까지 낳았으나 일찍 죽고,[21] 막내는 열 살 때 집을 나가 소식을 알지 못한다. 오산의 대를 이은 차남의 본명은 화백(化白, 1913-1996.10)이다. 소태산은 이 아이에게 계축(癸丑)이라는 법명을 주었다. 계축년에 났다고 지어 준 이름이다. 오산의 차남 박계축은 소태산에 대한 기억 하나를 잊어버리지 않고 있었다. 박계축이 구호동에 살던 28세 때 일이다.

하루는 소태산이 박계축에게 밥상을 물려 주며 "밥 먹고 나 따라 가자." 하여 옥녀봉에 가더니 지게로 조개껍질이 더덕더덕 붙은 바윗덩이 방화석을 지고 오게 하였다. 이 괴석을 두고 당시 영광지부장 주산 송도성(主山 宋道性, 1907-1946)은 '수륙변경참고지물(水陸變更參考之物)'이라고 명명하였다. 바다가 육지가 되고 육지가 바다로 변경된 것을 볼 수 있는 참고 되는 물건이란 뜻이다. 원산 서대원(圓山 徐大圓, 1910-1945)은 그의 〈성지순례기〉[22]에서 영광지부(현 영산원) 앞에 안치된 귀물(貴物) 방화석에 대한 소감을 이렇게 적었다. '방화석이란 조개껍질과 굴 껍질이 한데 엉키어 이루어진 바위인데 해면으로부터 100여 척 이상의 거리를 격하여 있다. 이는 분명히 전일에 조수가 이곳까지 내왕하였다는 것을 여실히 증명하는 바로써 성주괴공의 순서로써 수륙이 변경된다는 진리를 여기에서 넉넉히 터득할 수 있다.'

지금도 영산에 가면 구간도실 앞의 화단 방화석을 볼 수 있다. 조개껍질이 붙은 이런 방화석은 히말라야 산꼭대기에 가서도 찾아볼 수 있는 바윗돌이다. 바닷속의 대륙과 대륙이 충돌하여 양쪽의 그 밀리는 힘에 의해 높은 산이 된 것이다. 못생겨 기이한 느낌을 주는 이 방화석은 수십만 년 시공을 넘어 우리들에게 무엇인가 일러 주고 있다. 세상에 모든 형상 있는 것은 언젠가 변화하여 사라지기 마련이다. 소태산은 변하지 않는 불변의 이 마음을 소중히 여겨 "나는 오산을 조선 총독하고도 안 바꾼다."고 하였을 것이다.[23]

Ⅴ. 오산 인품의 특징

짧은 생이었지만 의미 있게 살고 간 오산의 인품에 나타난 특징을 몇가지로 정리해 봄으로써 후진들의 교훈을 삼고자 한다.

첫째, 오산은 어질고 섬세하나 강인한 정신력의 소유자였다. 천성이 온량공순하고 근검겸양[24]하여 무슨 일이나 하기 어려운 일은 항상 스스로 담당하는 특성을 가졌다. 성격은 누구 못지않게 어질고 섬세온후하였으나 그 심중에는 불같은 의지와 어려움을 참는 무서운 힘이 숨어 있었다.

둘째, 무서운 공심가요 상 없는 무상 도인이었다. 언제나 남이 하기 어려운 일은 앞장서고 도맡아 하는 무서운 공심가였으며, 스스로 한 일에 대해 조금도 장하다는 생각을 갖지 않는 상 없는 무상 도인이었다. 오산은 남이 하기 어려운 일을 몸소 앞장서서 하는 것에 추호도 자기 자신의 몸이나 주어진 상황에 붙들리는 적이 없이 충천의 신성으로 생애를 일관하였다. 언제나 어떠한 일이 있을 때나 남이 하기 싫고 남이 하기 어려운 고경(苦境) 중의 고경을 찾아서 이를 능히 개척해 내는 주동적인 역군으로서 그의 독특한 저력을 적극적으로 체현하였다.

셋째, 무계교의 겸양 도인이었다. 방언공사 때는 구인선진 가운데 40세로 최고 연장자였으나 힘이 부족해 직접 흙짐을 짊어지기가 어려우므로 밥 심부름, 물심부름을 비롯, 모든 잔심부름을 연하인 동지가 시키더라도 조금도 싫어하지 않고 그것이 방언공사하는 데 자신의 소임으로 알고 했다 한다. 이처럼 오산은 몸도 약하고 학식도 없었으나 공손, 근검, 끈기로 공사를 제일로 알고 책임을 다하였던 것이다.

넷째, 희생적 이타행으로 보살행을 나투었다. 오산은 자리(自利)를 버리고 이타희생적(利他犧牲的)인 각행실천(覺行實踐)으로 선행(先行)하는 보살의 천품을 지녔으며, 그러한 힘은 신성과 인행(忍行)이 어리고 어리어서 마침내 그의 어진 인격을 현창(顯彰)하는 데 중요한 밑받침이 되었다.

다섯째, 소박순실함을 지닌 진국의 도인이었다. 후인들은 오산의 숨은 보살된 인격을 앙모(仰慕)하거니와, 오산 자신으로서도 자신이 외관상으로 봐서 잘 드러나지 않는 인물이라는 약점과 부조리한 사회적 생활환경을 능히 깊이 트인 향내력(向內力)으로 극복하고 융화시켰던 것이다. 이처럼 겉으로 나타나지 않은 착하고 진실되고 어진 내성적(內性的)인 모습과 말이 없고 소박순실(素朴淳實)한 정신이 오산의 인품에 나타난 주요 특징이라 하겠다.

한편 위와 같은 인품을 지닌 오산을 소태산은 어떤 시각으로 바라보고 있었을까. 소태산의 오산관(五山觀)을 살펴보자. 그 당시 오산을 종래의 인물 관념이었던 신언서판(身言書判)의 기준에서 살펴본다면 정말 거의 영점에 가까웠다. 말하자면 오산은 남달리 얼굴이 잘난 것이 아니라 오히려 남보다 못났고, 빈농의 출신이라서 무학(無學)인데다 견문마저 넓지 못하니 글이나 말 또한 남만 못하고, 판단에 있어서도 역시 마찬가지였다. 당시 외부 인사들은 소태산의 구인제자 중 오산이 인물이나 사회적 지위에 있어 제일 뒤떨어졌다고 평했다.

그러나 소태산은 그의 위대한 천품, 훌륭한 특징을 인정하여 오산을 어느 국왕이나 재상과도 바꾸지 않고 당시 조선 총독과도 바꾸지 않겠다고 했다. 오산은 소태산의 명에 한 번도 거슬리는 바가 없었고, 소태산의 말씀에 이의가 없었다. 이에 소태산은 오산이라는 한 인간을 종래의 인물 관념인 신언서판의 기준에서 보지 않고 그 심법을 높이 평가하여 제자로 삼았던 것이다.[25] 밖으로 나타난 외모는 비록 저 조선 총독보다 못하겠지만 안으로 상없는 용심(用心)과 그 희생적 보살행은 조선 총독과 비교할 수 없는 뛰어난 인물이었음을 짐작케 해 준다.

VI. 맺음말

지금까지 오산의 출생과 성장 과정, 그리고 소태산과의 만남, 원불교에 입문해서 행한 주요 활동, 투병과 열반에 이르기까지 과정을 살펴보고, 그 과정에서 오산이 보여준 소태산에 대한 특별한 신성과 교단에 대한 공심 그리고 전후좌우 동지들에게 보여준 심법을 다시금 조명해 보았다.

오산에 대한 평가는 소태산이 남긴 다음과 같은 말 속에 다 녹아 있다고 본다. 소태산은 오산의 위대한 천품, 훌륭한 특징을 인정하여 "나는 세철이를 어느 국왕이나 유명한 재상과도 바꾸지 않겠다.", "나는 세철이를 조선 총독하고도 안 바꾼다."고 하였던 것이다. 우리 후진들은 소태산의 이 말씀을 깊이 되새겨 볼 일이다.

『불법연구회창건사』에 보면, "본회가 처음 창립되려고 영광 일우(一隅)에서 고고(呱呱)의 소리를 발(發)할 때, 처음 종사님을 친견하게 된 동지자 8~9인은 이 공부 이 사업을 성취하기 위하여 오직 죽음으로써 맹서를 올렸다." 하였으며, "그 순일무사한 참된 맹서는 결국 무형한 백지 상에 완연한 혈인으로 표현되었다 하니, 우리는 재가회원이나 출가회원을 물론하고 이 사실을 보고 들을 때 그저 보통 역사적 사실로만 범연히 간과할 것이 아니다. 구인선배는 인생 최대의 생애 대한 애착도 모두다 도외시하고 오직 죽음으로써 법을 구하였으며, 오직 죽음으로써 이 사업을 창조하기로 맹서하였으니, 이들이야말로 불가(佛家)의 이른바 위법망구를 여실히 실행한 활(活) 모범이요 희생적 정신을 그대로 발양한 선각자들이다. 그런즉 우리는 이 희생적 정신을 체득하자."[26]고 하였다. 이처럼 원불교 재가 출가 전 교도는 오산을 포함한 구인선진들이 보여주었던 순일무사한 창립정신을 몸소 체받아 원불교 교단 2세기 결복 교운을 당당하게 열어 가길 바란다.

〈오산 박세철 종사 연보〉

서기(원기)	연령	주요 내용	교단/국내 사항
1879(-37)	1	전남 영광군 백수면 길룡리에서 부친 박다여 선생과 모친 노씨의 2남 중 차남으로 출생	
1880(-36)	2		
1881(-35)	3		
1882(-34)	4		
1883(-33)	5		
1884(-32)	6		
1885(-31)	7		
1886(-30)	8		
1887(-29)	9		
1888(-28)	10		
1889(-27)	11		
1890(-26)	12		
1891(-25)	13		대종사 탄생(4남 2녀 중 3남)
1892(-24)	14		
1893(-23)	15	족숙(族叔)인 박군서 씨에게 양자	
1894(-22)	16		대종사, 동학군 온다 하여 아버지 놀라게 함
1895(-21)	17		
1896(-20)	18		
1897(-19)	19		대종사 친동생 육산 박동국 출생 대종사, 자연현상 의심함(7세)
1898(-18)	20		
1899(-17)	21		대종사 인간사에 대해 의문함(9세)
1900(-16)	22		정산 종사 탄생 대종사, 한문서당 다니기 시작 대종사, 서당 훈장 놀라게 함(솔잎가지 더미에 불 지름)
1901(-15)	23		대종사, 산신에 대한 이야기 들음(11세) 대종사, 삼밭재 기도 시작
1902(-14)	24		
1903(-13)	25		
1904(-12)	26		
1905(-11)	27		대종사, 홍곡리 양하운과 결혼 대종사, 구호동으로 이사(15세)
1906(-10)	28		대종사, 고대소설 듣고 도사 만날 결심함(16세)
1907(-09)	29		주산 송도성 탄생
1908(-08)	30		
1909(-07)	31		대종사, 삼밭재 움막 지음(19세)

1910(-06)	32		대종사, 장녀 박길선 출생 회산 박회경(대종사父) 열반
1911(-05)	33		대종사, 귀영바위 인근으로 이사
1912(-04)	34		대종사, 탈이섬 파시 다녀옴(채무 상환)
1913(-03)	35		대종사, 노루목으로 이사(23세)
1914(-02)	36		대산 김대거 탄생 대종사, 고창 심원 연화봉에서 정진 3개월 대종사, 모든 생각을 잊은 입정 상태
1915(-01)	37		대종사, 모든 생각을 잊은 입정 상태(-02~-01) 대종사, 장남 박광전 출생
1916 (01)	38	칠산 유건 대호법의 인도로 집안 아저씨 되는 대종사께 귀의, 제자가 됨	대종사 대각 대종사, 천 제도 방편(증산교 치성법) 대종사, 팔인제자 내정 대종사, 각 종교 경전 열람 후, 불법에 연원 정함 대종사, 최초법어 발표 〈탄식가〉, 〈경축가〉 저술 대종사, 7일 치성
1917 (02)	39	교단 최초의 통치단인 남자정수위단 조직 시 손방(巽方) 단원이 됨	대종사, 첫 교화단 조직(수위단) 저축조합 결성 시창 기원과 창립한도 정함(음 병진 3월 26일) 삼순일로 집회 시작 『성계명시독』 『법의대전』 저술
1918 (03)	40	간석지 방언공사와 구간도실 건축에 8인 동지와 함께 참여	대종사와 정산 종사 만남(정읍 화해) 방언공사 착공, 방언공사 대부 허가받음 정산 종사 중앙 단원 임명 구간도실 준공함
1919 (04)	41	팔인단원과 함께 창생구원을 위해 기도를 시작 백지혈인의 이적으로 법인성사를 이루고 대종사께 법명 받음 그해 겨울 대종사 부안 변산 행가 시 배종, 시봉 절차를 다함	대종사, 영광 경찰서로부터 조사받음 대종사, 변산 월명암 다녀옴 방언공사 준공, 법인기도 시작 방언공사 준공기념 명문 설치(제명바위) 법인성사 정산 종사 변산 월명암으로 보냄 대종사, 금산사에서 일원상 그림 법인기도 해재식 불법에 대한 선언 대종사 영산에서 변산으로 출발 구인제자 법호 수여 대종사, 실상 초당으로 거처 옮김(변산성지) 대종사, 변산 월명암 도착
1920 (05)	42	구간도실 수호 책임을 맡음	묘량수신조합 설립 교강 발표(3강령 8조목, 사은사요) 대종사, 관심입정, 견성성불 법설 『법의대전』 소각

1920 (05)	42		『조선불교혁신론』『수양연구요론』 초안
1921 (06)	43	수년간 저축한 금액 전부를 본교 기성조합에 희사	영광 지방 남자1단 조직 영광, 김제, 전주 등지 단 조직함 변산 석두암 완공, 이춘풍 입문
1922 (07))	44		삼산 김기천 천정조합 설립 이춘풍 일가 변산 종곡으로 이사 대종사, 정산 종사를 만덕산으로 보냄 주산 송도성 대종사께 변산에서 〈출가시〉 올리고 출가 대종사, 만덕산 만덕암 행가(오창건과 송도성 데리고 감)
1923 (08)	45		전음광 만덕암에서 입문 대종사 명에 따라 전음광 전주로 이사 대종사, 만덕산에서 봉래정사로 환가 서동풍, 서중안 대종사 봉래정사에서 만남 서중안, 정세월 부부 대종사 하산 간청 대종사 모친 정타원 유정천 열반 영산원 착공 및 영산원 건설 완공 전주에 임시 출장소 설치 창립 준비를 위해 내장사에 제자 파견
1924 (09)	46		대종사, 내장사 행가 대종사, 첫 상경(박사시화 성성원집에서 입문) 서울 당주동 임시출장소 설치 영광출장소 설치(김기천 책임) 불법연구회 창립 발기인 모임(전주) 조송광 장로 입문함 불법연구회 창립총회-이리보광사 (총재 대종사, 회장 서중안) 만덕산 만덕암 1개월 초선회 총부기지 익산으로 확정 송학리 소작경영(총부성지) 총부기지 북일면 신룡리로 확정, 총부 건설 착수 이공주 입문 총부 도치원 완공(現 본원실 17칸) 엿방 운영 및 엿 장사 시작 대산 김대거, 만덕산에서 입문 익산총부 사무 개시(서무부, 교무부, 상조조합부)
1925 (10)	47	총부로 나와 전무출신 단행	서동풍 열반(상장예법 효시), 훈련법 제정 금산지부(現 원평) 신설 총부 유지답 논 70두락 확보(이청춘 희사) 수위단 개편(송도성, 이동안, 전음광, 조갑종) 대종사 변산 봉래정사 행가(1개월간 머묾) 제1회 정기훈련(하선), 학력고시법 발표

1925 (10)	47		제2회 정기훈련(동선), 사업고시법 발표 만석평 동양척식회사 소작 경영 시작 임원에 대한 규정 발표
1926 (11)	48	대종사와 양하운 대사모가 전북 임실에 잠시 머물 때 가사를 팔산 김광선 대봉도와 함께 돌봄 9월 6일(음 7.30) 영산에서 열반	총부 양잠 시작, 신정의례, 4기념법 발표 제3회 정기훈련(하선) 경성출장소 설치(송도성교무 부임) 오산 박세철 대봉도 열반(9월 6일, 음7.30) 제4회 정기훈련(동선)
1928 (13)	-	제1대 제1회 말 기념총회 시 정식법강항마위로 추존	
1953 (38)	- -	제1대 성업봉찬회 때 법위 정식법강항마위, 사업등급 정4등으로 원성적은 정3등 28인 중 28호에 해당	
1985 (70)	-	수위단회에서 대봉도로 추존	
2015(100)	-	수위단회에서 종사로 추존	

육산 박동국 종사의 생애와 사상

: 이 사업에 큰 창립주되리라

이 경 옥(경진 · 영산선학대학교 교수)

Ⅰ. 머리말

원기101년(2016)은 원불교 2세기의 시작점이다. 1916년 소태산 대종사(1891-1943, 이하 경칭 생략)의 대각은 원불교의 시작이다. 소태산은 태어나고 자란 영광에서 대각하였고, 제자를 모았으며, 초기 교단을 시작하였다. 저축조합을 조직하여 근검절약과 허례 폐지, 금주금연 등으로 경제적 기초를 세웠다. 버려진 갯벌을 막아 방언공사를 이루어 2만 6천여 평의 옥답을 개간하였다. 산상기도를 통해 법계의 인증을 받는 법인성사를 이루어 새 회상 창립의 기틀을 이루어 냈다. 이때를 '영산시대'라 한다. 영산시대에 소태산은 구인제자를 주축으로 모든 일들을 해냈다. 즉 구인제자는 영산시대의 주인공들이다.

육산 박동국 종사(1897-1950, 이하 육산)는 구인제자 중 한 사람으로, 소태산보다 6살 아래인 바로 아래 친동생이다. 육산은 형 소태산이 대각을 하자 제자가 되었다. 그러나 육산의 교단 초기부터 시작한 공부와 사업이 법인성사에서 멈추었다. 이후 모친 열반과 소태산 열반으로 구인제자뿐 아니라 창립 인연을 잠깐 만났을 뿐이다. 한국전쟁이 시작한 지 얼마 안 되어 육산은 열반하였다. 구인제자 중 육산은 법인성사 후 교단에 남긴 자취가 약하였고, 재가로서 열반을 맞이하였다. 이러한 이유에서인지 그의 일생에 관한 연구 자료[1]도 다른 구인제자들과 비교할 때 그리 많지 않다.

소태산은 구인제자들과 함께 법계의 인증을 받았다. 사무여한의 남김 없는 마음은 마침내 백지혈인의 이적을 나투었다. 육산은 구인제자 중 한 사람으로 이 거룩한 역사의 현장에 동참한 인물이었다. 또, 소태산 대신에 말년의 모친을 곁에서 모시어 소태산이 교단 창립에 전념할 수 있도록 하였다. 이러한 육산의 영산시대 공적을 받들며, 그의 생애와 사상을 살펴보고자 한다.

II. 육산의 생애

1. 어린 시절

육산은 1897년 음력 1월 18일 전라남도 영광군 백수면 길룡리 영촌에서 태어났다. 부친 박회경(晦傾, 호적명 박성삼)의 4남 2녀 중 막내이다. 소태산보다 6년 아래로 이름은 한석(漢碩)이며, 호는 육산(六山)이다. 큰 키에 외모는 소태산과 비슷하였고, 기품은 호협(豪俠)하고 성격은 강직하였다. 어려서 한문사숙에 입학하여 수학하였다. 소태산과 육산은 외형적으로 비슷하여 혼동하는 경우가 많았다. 육산이 한 행동을 소태산이 했다고 하여 오해하는 사람이 있을 정도였다고 한다.

육산의 어린 시절 기록이 부족하여 다만 짐작하건대, 육산이 자라서 소태산의 존재를 인식했을 때, 소태산은 일념으로 수도 정진하는 구도자의 모습이었을 것이다. 육산은 하루도 빠짐없이 삼밭재 마당바위로 향하는 형 소태산의 모습을 옆에서 지켜보았을 것이다. 또 소태산의 도사 모시는 극진함도 보았을 것이다. 육산은 처음부터 구도자 모습의 형을 보았을 것이다. 이런 모습을 익숙하면서도 당연한 모습으로 인식하였으리라 여겨진다.

2. 부친 열반

1910년 음력 10월 부친 박성삼의 열반으로 형 소태산은 모친의 봉양과 권속의 부양을 책임지게 되었다. 소태산의 큰형과 아우 육산은 당숙에게 출계하였고, 작은형은 일찍 열반에 들었기에 모든 책임이 소태산에게 주어졌다. 부모의 적극적인 후원으로 구도 일념에 몰두할 수 있었던 과거와는 달리, 소태산은 뜻 없는 살림과 경험 없는 고생에 그 괴로움은 이루 다 말할 수 없었다. 게다가 가세가 급격히 기울어져 갔는데, 이 가운데 소태산의 구도 일념은 오히려 점점 커져만 갔다. 마침내 소태산은 도사 찾는 것도 그만두고 '이 일을 어찌할꼬.' 하는 한 생각이 점점 깊어지기만 하였다. 또 그의 육신은 폐인의 지경에 이르렀다.

부친 열반은 육산에게도 영향을 미쳤을 것이다. 부친은 마음씨가 좋아 마름 일을 하면서 소작농들의 세정을 봐주었다. 농장 주인이 부친과 같은 해에 열반하면서, 농장집 아들은 이 모든 것을 그냥 두지 않았다. 농장집 아들은 소작농들의 빚까지 받으려 했기에 소태산의 경제적 압박은 더욱 크고 심하였다. 육산은 당숙에게 출계하였지만 이러한 경제적인 어려움을 해결하기 위해 구수미, 법성, 영광읍, 무장 등지로 장사를 다녔다고 한다. 구도자의 모습이었던 형 소태산이 가산을 책임지게 되면서 상황이 변하였던 것이다. 이런 상황에서 육산은 형 소태산을 과연 어떻게 보았을까.

1914년 육산은 18세의 나이로 분가하였다. 형 소태산이 대각하기 2년 전이다. 육산은 이전에 결혼하였을 것이라 짐작된다. 그리고 1915년 음력 5월에 첫째 딸 일춘이 태어난다. 부친의 열반으로 날로 가세는 무너져 가고 소태산은 스승 찾아 방황하는 상황에서 모친은 막내아들인 육산에게 가서 남은 생을 보낸다. 육산은 군도리라고도 불리는 연성리로 분가하여 가정을 이끌어 나가고 있었다. 육산이 당숙에게 출계했음에도 불구하고 모친이 연성리로 갔다는 것은 경제적인 어려움 때문이다. 모친이 막내아들에게 가자 소태산의 부인 양하운 대사모는 마음의 공허함과 육신의 피로와 생활의 곤란이 극도에 다달았다. 소태산은 거의 폐인이 되다시피 하여 가정의 형편은 날이 갈수록 어려워지기만 하였다.

3. 구인제자

1916년 음력 3월 26일 형 소태산은 드디어 대각을 하였다. 소태산이 대각하자 가장 먼저 가족들이 입교하거나 제자가 되어 입문하였고, 다음으로 동네사람들이 제자가 되려고 모여들었다. 몇 달 되지 않아 이웃 각 처에서 믿고 따르는 사람이 40여 명에 달하였다. 그중에서 소태산은 특별히 진실하고 신심 굳은 여덟 사람을 먼저 선택하였다. 김성섭, 김성구, 박한석, 오재경, 이인명, 박경문, 유성국, 이재풍이다. 2년 후에 경북 상주에서 온 송도군이 합류하여서 구인제자 또는 구인선진이 된다. 육산은 연성리에서 길룡리까지 20리가 넘는 길을 찾았다. 분가하여 떨어져 생활했던 육산이 소태산 대각을 기점으로 다시 만난 것이다. 1917년 음력 7월 26일 남자수위단은 이들 구인제자로 구성되었다. 육산은 팔방 중에서 이방(离方) 단원이 되었다.

육산은 1917년 음력 7월 26일 저축조합이 설립되면서 함께 노력하였다. 1918년 3월부터 시작된 방언공사에도 동참하였다. 방언공사는 다음 해 1919년 3월까지 이어졌다. 그 사이에 옥녀봉 아래에 새 회상 첫 교당인 구간도실이 건립되었다. 낮에는 언을 막고 밤에는 구간도실에 모여 법설을 듣는 재미로 가득하였다. 후에 언을 막아 만든 곳을 정관평(貞觀坪)이라 불렀다.

4. 법인성사

방언공사를 마친 뒤 소태산은 구인제자들에게 천지에 기도할 것을 명하였다. 이 기도는 세상을 건지고자 염원하는 기도였다. 소태산은 날로 물질문명의 세력이 융성한데 반해 물질을 사용하는 사람의 정신은 날로 쇠약해진다고 하였다. 그리고 장차 창생의 도탄이 한이 없게 될 것이라 하며 세상을 건지는 기도를 하자고 하였다. 소태산의 제자가 되어 방언공사까지 이루어 낸 구인제자 모두는 흔쾌히 이에 동참을 하였다. 그들에게 능히 천의를 감동시킬 요소가 있고, 창생을 제도할 책임이 있다는 소태산의 말을 믿었다. 기도는 중앙봉을 중심으로 팔방의 방위를 따라 구인기도봉[2]에서 기도를 올렸다. 구인기도봉 중에서 마천앞산봉과 촛대봉은 와탄천 건너이기에 물을 건너야 했다. 칠산 유건(七山 劉巾, 1880-1963)은 그 두 기도봉에 비교적 가까운 거리에서 왕래하고 가장 젊고 힘이 있는 육산을 추천했다. 그러나 기도를 시작한 지 얼마 안 되어 와탄천을 건너다가 물이 불어나 건너는 데 위험이 있었다. 이후 두 기도봉은 가지 않고 와탄천을 건너지 않는 봉우리로 바꾸었다.

법인기도는 1919년 음력 3월 26일에 시작하여 음력 7월 6일까지 열흘 간격으로 100일 동안 이루어졌다. 100일 되었을 때 기도에 대한 감응이 없기에, 음력 7월 16일에 소태산은 구인제자들에게 목숨을 내놓을 것을 명하였다. 그리고 음력 7월 26일에 마침내 법인성사가 이루어졌다. 법명과 법호를 받으니 박한석의 법호는 육산(六山)이요 법명은 박동국(朴東局)이다.

그러나 이 법인성사가 이루어진 후 육산은 더 이상 길룡리를 찾지 않았다. 육산은 법인성사를 눈으로 보고 몸으로 확인하였다. 무엇이 육산으로 하여금 길룡리를 찾지 않게 했는지 궁금할 뿐이다. 이후 10월의 해재기도 때까지 이동안(道山 李東安, 1892-1941)[3]이 자리를 지켰다. 박동국과 이동안은 법명에 모두 동녘 동(東) 자가 들어 있다. 박동국은 동쪽 방향의 봉우리에 갔을 때를 기념한다는 설도 있지만, 박동국을 대신해 이동안이 법인기도 자리를 지킨 것에는 왠지 기연이 있었다는 느낌이 든다. 세월이 흘러 1926년에 오산 박세철(五山 朴世喆, 1879-1926)의 열반으로 이동안이 입단하고,[4] 이순순 · 박동국 · 유건의 대리로 송도성 · 전음광 · 조갑종이 내정되었다가 1931년 2월에 정식 입단하였다.

5. 모친 시탕

1919년에 있었던 법인성사 후 소태산은 영산을 떠나 변산 봉래정사에 머물며 교법을 제정하였다. 또 이곳 변산에서 교단 창립의 중요한 인연들을 많이 만나게 되었다. 1923년 6월에 서중안 정세월 부부가 소태산을 찾아와서 새 회상 창립을 권하였다. 이에 관해 구체적으로 논의하던 중 소태산은 모친이 위독하다는 연락을 받게 된다. 소태산은 급히 문정규를 대동하여 영광 연성리에 있는 육산의 집으로 향하였다. 영광에 도착한 소태산은 모친의 환후를 시탕하다가 아우 육산에게 모친 시탕을 부탁하였다. 이는 『대종경』 「인도품」 49에 있다.

> 도덕을 밝힌다는 나로서 모친의 병환을 어찌 불고하리요마는, 나의 현재 사정이 시탕을 마음껏 하지 못하게 된 것은 너도 아는 바와 같이 나를 따라 배우기를 원하는 사람이 벌써 많은 수에 이르러 나 한 사람이 돌보지 아니하

면 그들의 전도에 지장이 있을 것이요, 이제까지 하여 온 모든 사업도 큰 지장이 많을 것이니, 너는 나를 대신하여 모친 시탕을 정성껏 하라. 그러하면 나도 불효의 허물을 만일이라도 벗을 수 있을 것이요, 너도 이 사업에 큰 창립주가 될 것이다.[5]

소태산은 교단 생활과는 거리가 멀었던 육산에게 창립주가 될 것이라고 했다. 어떻게 보면 삼위일체 공덕[6]과 일맥상통한다. 그리고 소태산은 모친에게는 위로의 말을 하였다.

인간의 생사는 다 천명(天命)이 있는 것이오니 모친께서는 안심하시고 항상 일심 청정의 지경에 주하시옵소서.

그리고 소태산은 영광 연성리를 떠나 정사로 돌아와 제도사업에 전력을 다하였다. 법인성사 이후 교단을 떠나다시피 한 육산이었다. 그런데 육산의 법인성사가 모친의 환후로 다시 이어지면서 교단 공사에 참여하는 형태가 되었다.

얼마 되지 않아 1923년 음력 7월 15일 모친은 열반하였다.[7] 모친상에 문상하기 위해 제자들이 각처에서 영광으로 모였다. 마치 단합대회 같이 많은 제자들로 북적였다. 이때에 길룡리 구간도실을 이전하자는 것과 새 회상 창립의 일들이 구체적으로 논의되었다. 구간도실은 좁은데다 습기가 많아 돛드레미 옆 산기슭에다 터를 정하고 이전하였다. 육산은 모친상 중이기에 합력하진 못했다. 지금 현재 영산출장소의 영산원이 예전에 옮겨 왔던 구간도실이다. 새 회상 창립은 다음 해인 1924년 4월 29일 '불법연구회'라는 교명으로 이리 보광사에서 공개하였다. 육산은 모친 열반 후 다시 교단과는 멀어지게 되었다.

1943년 6월 1일 소태산이 열반하였다. 육산은 부음을 받고 익산에 있는 총부로 갔다. 교단 초창기 구인제자 몇 명과 재회를 하였다. 이때 일산 · 이산 · 사산 · 정산 종사와 함께 아래의 기념사진을 찍었는데, 칠산은 당시에 영광에 있어 함께하지 못했다. 현재 이 사진은 거의 유일하게 전하는 사진이라고 할 수 있다.

6. 열반

1950년 6월 25일 한국전쟁으로 영광 일대는 엄청난 희생을 당했다. 이러한 희생 속에서 육산은 열반의 길에 들게 된다. 당시 육산의 장남 용진은 홍농지서 주임이었다. 전쟁이 점점 확산되면서 빨치산의 세상이 되었는데, 용진은 부산으로 피난을 가지 않고 가족들과 함께 길룡리로 돌아와 숨었다. 용진은 육산에게 숨어 있다가 자수하였으나 무참한 죽음을 당하였다. 육산은 그 울분을 참지 못하였으나, 빨치산은 육산 역시 그냥 두지 않았다. 달아나는 과정에 부인과 3남 용주가 함께 참변을 당하였다. 이때가 1950년 9월 21일로 육산은 54세를 일기로 노루목에서 생을 마감하였다. 묘지는 백수 길룡리에 있었으나, 1985년 3월 영모묘원 법훈묘역으로 이전하였다.

1950년 음력 11월 23일에 경찰 · 군경이 합동으로 용암 일대 등 산에 불을 놓았는데 피신한 자들은 살았고, 피신하지 못한 자들은 죽었다. 이때 무고한 이들이 많이 죽었는데, 전쟁으로 인한 대립의 결과였다. 육산의 큰딸 일춘 부부는 길룡리 용암에서 살았다. 이날 만사위인 이상행이 열반하였다. 한국전쟁이 끝나면서 일춘, 영춘, 용만, 호춘 사남매들만이 남았다. 일춘 슬하의 이중원 교무와 영춘 슬하의 김현국 교무가 후에 전무출신하였다.[8]

1953년 4월 26일 제1대 성업봉찬대회에서 법위가 정식법마상전급, 사업등급 정3등으로 원성적 정3등 23인 중 5호였다. 법위는 1977년 3월 29일 수위단회에서 정식법강항마위로 추존되었으며, 1985년 3월 20일 대호법의 법훈을 추서하였다. 영묘전묘위는 거진출진 제3좌위이다.

2015년 5월 12일 제214회 임시 수위단회에서 수위단원들은 구인선진에 대한 출가위 법위 추존과 종사 법훈 서훈을 만장일치로 승인해 신앙의 축을 새롭게 세웠다. 13일 진행된 임시 수위단회에서 구인선진의 출가위 법위 추존과 종사 법훈 서훈이 통과됨에 따라 일산 이재철, 이산 이순순, 사산 오창건, 오산 박세철, 육산 박동국, 칠산 유건, 팔산 김광선 선진이 법강항마위에서 출가위로, 대봉도 · 대호법위에서 종사위로 추존됐다. 구인선진은 교단 최초의 수위단원이며 법인성사와 방언공사를 주도해 영육을 다 바쳤다.[9] 이제, 후세 만대의 법과 정신의 축을 세우기 위해 구인선진의 법위를 추존해야 한다고 경산 종법사는 법문하였다.

Ⅲ. 육산의 사상

육산은 교단 초창기 영산시대를 끝으로 재가로서 삶을 살았다. 법인성사를 이룬 뜨거운 열정에 비해 그의 사상적 기반을 확인하는 과정은 어려움이 있었다. 육산의 짧은 공중사업을 돌아보며, 그의 사상을 살펴보고자 한다.

첫째, 초지일관의 정신이다. 소태산 대각과 동시에 제자가 되어 연성리에서 길룡리까지 오가며 저축조합, 방언공사, 그리고 법인성사를 이루어 냈다. 그는 어떤 한 생각으로 소태산을 믿고 따라갔을 것이다. 그리고 그 한 생각으로 법인성사 이후 재가의 길을 갔을 것이다.

둘째, 전무출신의 정신이다. 육산은 법인성사를 이루어 낸 인물이다. 일체생령의 앞날을 열어 주기 위해 자신의 생명을 기꺼이 내놓은 분이다. 이는 한 가정을 벗어난 세계를 일가로 본 것이다. 전일한 마음과 지극한 정성으로 천지에 기도하여 천의의 감동이 있게 하였다. 무아봉공(無我奉公)의 정신적 기초를 확립하고, 신성 · 단결 · 공심을 더욱 굳게 한 새 회상 건설의 일대 정신 작업에 동참하였다.

셋째, 거진출진의 정신이다. 법인성사 이후 재가로서 살아가지만, 모친을 열반까지 봉양하였다. 모친의 책임은 부친의 열반 후 소태산에게 있었다. 소태산이 대각 전 구도 일념으로 갈 수 있었고, 대각 후 교단 창립에 온 힘을 쓸 수 있었던 것은 육산이 있었기 때문이다. 소태산은 모친이 위중할 때 육산에게 모친의 시탕을 맡기며 이 사업의 창립주가 될 수 있다고 했다.

Ⅳ. 육산의 일가

1. 형제자매

육산은 4남 2녀 중 막내였다. 큰누나는 군서면 마읍리 김씨가로 시집 갔으나 일찍 남편과 사별하였다. 그녀는 후손 없이 살다가 열반하였다. 맏형 군옥은 구호동에서 살며 부친의 유업인 아부농장의 마름을 이어 받았다. 저축조합 때 목탄업 운반책을 맡았고, 큰형수 문화순은 남편보다 10년 일찍 소태산의 제자가 되었다. 군옥은 당숙에게 출계되어 당고모의 땅을 관리하며 살았다. 당고모가 열반한 후 육산이 있는 연성리로 옮겨와 살았다. 둘째형 만옥은 17세의 나이로 일찍 요절했다. 만옥의 유복녀 근애는 군서면 매산리에 사는 이천 서씨가로 출가하였다. 근애 슬하에 원광대학교 교학대학 교수를 지낸 서경전 교무가 있다.

작은누나 도선화는 법성면 용덕리에 사는 이천 서씨가로 출가하였다. 도선화 슬하 3남이 원산 서대원(圓山 徐大圓, 1910-1945)이다. 원산은 손이 없는 백부에게 출계하였으며, 슬하에 서대준이 태어났다. 용타원 서대인(龍陀圓 徐大仁, 1914-2004)이 원산의 사촌 여동생이다. 소태산은 육산의 셋째 형이다. 육산은 막내로 당숙에게 출계한다. 육산의 양부는 본명이 영만(永萬), 법명은 영환(永煥)인데, 원기원년 9월 30일에 소태산 문하에 제자가 되었다. 『불법연구회창건사』에 보면 박영만은 방언공사에 특별 후원한 것으로 기록되어 있다. 방언공사에 자금 지원을 했다는 것이다. 도선화, 소태산, 육산의 모친은 유정천 대희사다. 부친 박성삼은 유정천 대희사 이전에 천정리 대홍 마을의 임씨 부인과의 슬하에 큰누나, 군옥, 만옥으로 2남 1녀가 있었다.

2. 후손

육산의 자녀는 4남 4녀였다. 김해월과의 사이에 2녀 일춘, 만화가 있었지만, 김해월은 세상을 떠났다. 한때 일춘이 전무출신을 서원하고 총부에 머물러 있었으나, 이보국(李寶局, 1881-1937)의 아들 이상행(李商行, 1913-1950)과 결혼하게 되었다. 이를 볼 때 육산은 재가이지만 공도사업에 힘을 썼다는 일면을 볼 수 있다. 소태산은 조카들을 무척 어여삐 여겼다. 특히 〈경축가〉에 있는 구절에서 일춘, 만화의 이름을 지어 불러 주었다. 조카 삼녀 영춘(永春), 사녀 호춘(好春)은 일춘, 만화를 더욱 살린 이름이다.

영산에 꽃이 피어

一春萬花 아닐런가
일춘만화 되고 보면
사시절이 이 아닌가

김씨 부인의 열반 후 사산(四山 吳昌建, 1887-1953)의 처제인 장씨를 육산에게 소개하였다. 장씨 부인과의 사이에 2남 1녀를 두었다. 용진, 영춘, 용관이었다. 육산은 연성리에서 주막을 열기도 했지만, 혼자 길룡리로 거처를 옮겨 노루목에서 주막을 열어 크게 번창하였다. 길룡리에서 김씨 부인과는 2남 1녀를 두었는데, 용주, 용만, 호춘이었다. 당시 길룡리 주막 풍경을 말하자면 장사는 홍청거려 돼지 잡노라 멱따는 소리, 술 마시고 취한 육자배기 시끌짝하게 다투는 소리로 노루목이 한창 번성하여 '작은 서울'이란 소리를 들을 정도였다 한다. 비위가 틀리면 다짜고짜 받아 버리는 육산의 서슬에 근동의 누구 하나 대거리하고 나서는 자가 없었다고 한다. 첫째 딸 일춘의 아들인 이중원 교무는 당시 영산학원(현 영산출장소 학원실)을 오갈 때 밥을 먹는 등 주막에 가면 할아버지 육산의 범상함에 같이 가까이하지 못했다고 한다.

Ⅴ. 맺음말

육산이 가족주의에 힘썼다면 소태산은 공중사업에 전념하여 두 형제는 마치 평행선과 같은 모습이었다. 소태산이 대각하여 저축조합, 방언공사, 법인성사의 영산시대 공중사업을 하던 시절과 모친 열반의 때는 나란히 가던 평행선이 만나는 순간들이었다.

육산은 법인성사 이후 재가의 길이라 하지만, 출가도 재가도 아닌 그냥 평범한 사람으로 돌아갔다. 그러나 평범한 사람의 평범한 삶을 살지는 못했다. 특히 전쟁의 폭력 속에서 열반을 맞았다. 이러한 사실들로 인해 뭇사람들은 법인성사를 이룬 육산의 공적을 잊을 수도 있다. 연구 자료가 적다는 것은 이에 대한 반증이기도 하다.

시대의 아픔 속에서 육산에게는 선구적인 기질이 있었다. 어지러운 세상을 통해 육산에게도 세상을 바꾸고자 하는 마음이 있었을 것이다. 그래서 형 소태산을 믿고 제자가 되어 법인성사까지 이루어 낸 것이다. 그런데 그 어떤 무엇이 육산으로 하여금 다시 세상 속으로 가게 했는지는 모른다. 하지만 후래 대중은 목숨까지 기꺼이 내놓은 육산이 법인성사의 주인공이었음을 잊어서는 안 된다.

교단 초창기는 혼란의 시대를 배경으로 한다. 소태산은 그 한가운데에서 구인제자들과 함께 교단 창립의 길을 하나씩 밟아 나갔다. 구인제자뿐 아니라 교단 창립의 인연들은 기쁘게 일하면서 공부하였다. 그 100년의 시간이 지나 2세기를 내딛는 지금은 우리는 이 자리에 서 있을 수 있었다. 이제는 교단 초창기의 선진도 손으로 꼽을 수 있다. 희미해지고 없어지는 백 년 전의 자취를 육산을 통해 생생하게 느끼며, 내가 밟는 영산의 땅들이 앞서 가신 선진님들의 숨결로 꿈틀꿈틀하는 듯하다.

〈육산 박동국 종사 연보〉

원기	서기	나이	주요 사항	
	1897	1	2.19	전남 영광군 백수면 길룡리에서 부친 박회경 대희사와 모친 유정천 대희사의 6남매 중 넷째 아들로 출생, 소태산 대종사의 친동생
	1910	14	11.30	부친 박회경 대희사 열반
1	1916	20		친형인 소태산 대종사의 제자가 됨
2	1917	21	9.12	교단 최초의 통치단인 정수위단 조직 시 이방 단원에 임명
3	1918	22		간석지 방언공사와 구간도실 건축에 팔인동지와 함께 참여
4	1919	23	5.16	팔인단원과 함께 창생을 구원하기 위한 법인기도를 시작함
			8.21	백지혈인의 이적으로 법계의 인증을 받고 소태산 대종사께 법호와 법명을 받음
8	1923	27	10.26	모친 유정천 대희사 열반
28	1943	47	6.01	소태산 대종사 열반
35	1950	54	10.04	육산 박동국 종사 열반
38	1953		4.26	제1대성업봉찬회 시 '정식법마상전급'추존, 사업등급 정3등 원성적 정3등으로 2인 중 5호에 해당
62	1977		3.29	'정식법강항마위'로 추존
70	1985		3.20	'대호법' 법훈 서훈
100	2015		5.12	'출가위' 추존, '종사' 법훈 서훈

칠산 유건 종사의
생애와 사상

최 미 숙(정윤 · 원불교 교정원 교육부 과장)

Ⅰ. 머리말

새 시대 새 종교 원불교를 창교한 원각성존 소태산 대종사(朴重彬, 1891-1943, 이하 경칭 생략)[1]는 구인제자를 회상 창립의 표준제자[2]로 선정하고 그들과 함께 회상 창립 역사를 일구어 왔다. 소태산은 이들과 함께 저축조합[3]·방언공사·법인성사 등 교단 창립의 중요 터전을 다졌다.

원불교 교단은 개교 100년을 맞이하여 최초의 수위단원이며 방언공사와 법인성사를 주도해 영과 육을 온통 다 바친 구인선진을 후세 만대의 법과 정신의 축으로 세우기 위해 원기100년 5월 13일 제214회 임시 수위단회에서 이들의 법위를 출가위로 추존하고 종사법훈 서훈을 승인하였다. 이에 구인선진은 사무여한의 상징이자 신앙 수행의 극치로 성인의 반열에 올라 교단의 표준제자로 만대에 길이 모시게 된 것이다.[4]

원불교의 지난 100년은 소태산을 비롯한 구인선진들이 대한민국 격동의 시대를 함께하면서 창립정신으로 헌신봉공하여 교단의 기반을 다져 왔고, 역대 선진들의 혈심혈성으로 국내뿐 아니라 해외 23개국까지 일원의 법음을 전해오면서 세계적 종교로 성장 발전하게 된 것이다. 이에 교단은 2016년(원기101) 구인선진 학술대회를 통해 그들이 회상을 창립하면서 직접 체현(體現)한 이소성대·사무여한·일심합력의 정신을 원불교 창립정신으로 계승 발전시켜 가고자 구인선진 한 분 한 분의 생애와 사상을 정리하여 후세에 길이 존숭받는 계기를 마련한 것이다.

필자는 원불교 100년의 으뜸 성업인 교화대불공과 자신성업봉찬 사업을 앞두고 향후 초창기 창립정신을 어떻게 살려 나갈 것인가에 대한 의문을 갖게 되었고, 구인선진들의 생애를 통해 새 시대 새 삶의 표본으로 그들의 정신을 어떻게 체받을 것인가를 고민하게 되었다. 따라서 구인선진에 대한 교단사적 의미를 탐색하기 위해 문헌에 밝혀진 사실에 근거하여 당시의 시대 상황과 교단 내 활동 및 업적을 정리하고, 그것들의 사상적 기반이 되어 줄 정신을 찾아볼 필요가 있다.

그동안 교단에서는 초창기 창립의 역사에서 구인선진들이 기여한 바 그 공적과 역할이 매우 크고 중요함을 인식하고 있으나 아직까지 각각의 생애에 대한 고찰이 다 이루어지지 않고 있다. 그러므로 이 글에서 구인선진 한 분 한 분의 생애와 사상을 고찰하여 재가 · 출가 전 교도가 구인선진 한 분 한 분을 길이 모시고 받드는 계기가 되고, 그들의 심법과 사상을 체받는 후진들이 많이 나오길 희망하며 칠산 유건(七山 劉巾, 1880-1963, 이하 칠산으로 약칭)의 생애와 사상을 정리하고자 한다.

이에 칠산의 생애와 사상을 고찰하기 위하여 기존 문헌 연구와 기타 각종 언론 및 구술 자료 등을 근거로 하여 그가 어떠한 인물이었으며, 교단 초창기에 어떠한 활동을 하였는지 그리고 그의 전 생애를 통해 그가 보여준 심법과 행적은 어떤 것이었는지 살펴보고, 후세에 길이 체받아 이어 나갈 칠산의 정신을 다음 몇 가지로 요약하여 제시하고자 한다.

II. 칠산의 생애

1. 교단 입문 전기(1880-1915)

칠산은 소태산의 외삼촌으로 11살이나 손위이다. 그러므로 소태산의 어머니 유정천(劉定天, 1862-1923) 대사조모가 바로 칠산의 누나이다. 그는 전라남도 영광군 백수면 길룡리에서 부친 유호일(劉浩一) 선생과 모친 이(李)씨의 2남 2녀 중 차남으로 태어났으며, 본명은 성국(成國)이다. 칠산은 어려서부터 천성이 강직하였으며 기상이 호풍(胡風)하고 지혜와 용단력이 출중하였다. 그는 평소에 말수가 적은 편이였으나 기발한 의견안을 잘 내는 적극적인 성격을 지닌 것으로 보인다. 또한 그는 어려서 글공부에는 소홀했으며, 오직 신통 묘술에 관심이 있어 여러 해 동안 천도교에 쫓아다니면서 열성을 다하였으나 그것 또한 뜻과 같지 않고 실이 없음을 깨닫고 32세 때에 그만두었다고 한다.[5]

칠산의 교단 입문 전(入門 前) 시기는 인류 역사상 일찍이 없었던 큰 격동의 시대요 일대 전환의 시대로 19세기 말엽부터 밖으로는 열강 여러 나라의 침략주의가 기세를 올려 마침내 세계 동란의 기운이 감돌았고, 안으로 한국의 국정은 극도로 피폐되고 외세의 침범으로 국가의 존망이 경각에 달렸던 시기였다.[6] 특히 칠산이 14세 되던 해는 1894년으로 수십만 민초(民草)들이 희생된 대동란(大動亂)의 동학혁명 시기이다. 당시 동학혁명은 근대식 무기로 무장한 일본군이 동학농민 수만 명을 학살했는데 영광에서도 수십 명의 동학군이 학살되었다[7]고 한다.

이러한 시대적 상황 속에서 칠산이 동학에 언제 입문하였는지에 대한 정확한 기록은 확인할 수 없었으나, 그가 동학에 입문하여 득도묘술을 발원하였다가 그것 또한 허무함을 깨닫고 동학에서 퇴교(退敎)한 후, 그는 생업에 전념하지 않고 돌아다니기를 좋아하였다[8]고 한다.

이러한 내용으로 보아 칠산은 당시의 혼란한 시대 상황 속에서 민중의 억압과 고통을 무심히 넘기지 않은 의로운 인물로 추측되며, 그가 득도묘술을 발원하여 동학에 입문한 것으로 보아 그는 교단 입문 이전부터 도에 대한 관심이 있었고, 기본적으로 그의 사상 기저에는 인간 존중과 평등사상을 기반으로 한 구도 열정이 있었던 것으로 추측할 수 있다.

2. 교단 입문기(1916-1923)

칠산의 교단 입문기(入門期)는 소태산의 대각으로부터 기인한다고 볼 수 있다. 그는 당시 소태산의 탄생지인 영광 길룡리 영촌마을에서 돌담 하나 사이로 바로 이웃에 살았으나, 소태산이 삼밭재 기도를 하러 다니거나 도사를 찾아 방황하는 것 등에는 별 관심이 없었다. 그가 밝힌 구술 자료의 직접 표현을 인용하면 소태산에 대하여 "유소시의 기억이 있기는 하나 별로 특별하다고 생각지 않았고 성도(成道) 전에는 구도를 했는지 무엇을 했는지 주위에서는 거의 몰랐다. 그저 보통 사람이라 생각했을 뿐이고 마당바위에 기도막을 쳐 놓았다가 부친이 돌아가심에 그도 그만두고 노루목에서 살림을 시작했다는 것을 대강 알고 있을 뿐이다."[9]라고 밝힌 내용으로 보아도 미루어 짐작할 수 있다.

그러나 소태산이 1916년 4월 28일 이른 새벽, 20여 년에 걸친 구도 생활을 청산하고 새로운 삶의 출발점이 되는 아주 특별한 체험을 통해 우주의 진리를 깨닫고 '만유가 한 체성이며 만법이 한 근원'[10]으로 표현되는 궁극적 진리, 곧 우주의 모든 존재들은 서로 연계되어 있는 '무한한 하나' 그 자체임을 깨달았던 것이다. 그리하여 이날 소태산은 영원히 잊을 수 없는 근원적 평화를 맛보았고, 그 심경을 '청풍월 상시 만상자연명(淸風月上時 萬像自然明)'[11]이라 표현했다. 이로써 최초 개벽 이후 5만 년이 경과되어 낡을 대로 낡아빠진 기존의 문명을 다시 개벽할 주체 형성의 구심점이 될 새 인물이 역사의 무대에 당당하게 등장하기에 이르렀다.[12] 이런 그를 가장 가까이서 지켜보던 사람이 바로 소태산의 외숙인 칠산이었다.

그는 위의 구술 자료에서 "소태산이 성도(成道) 이전에도 용모가 출중하셨던가요?"라는 질문에 "물론 처음부터 다른 사람보다는 훨씬 나았지. 어디가도 드러난 인물이었다. 그러나 도통하신 뒤에는 얼굴이 탁 틔어 누가 보아도 범인이 아님을 알아볼 정도였다."[13]라며 소태산을 기억하였다.

이어 "소태산이 도통하신 줄을 어떻게 아셨습니까? 무슨 기적이라도 보이시던가요?"라는 질문에 "그런 것은 본 일이 없다. 그러나 전에 어떤 인물인지 다 아는 터이고 통감(通鑑)을 약간 배웠다고 하나 한 냥 두 냥도 잘 적지 못하였는데 별안간 글도 거의 모르는 것이 없게 되고 배운 일도 없는 한시(漢詩)도 척척 지을 뿐 아니라 생각하는 것이 범인은 아니라는 것을 내 무식으로도 짐작할 수 있었다."라고 밝히고 있다.

그러나 이런 소태산을 가까이서 지켜보던 외숙 칠산은 소태산이 대각 전에 병색이 완연하던 얼굴이 보름달처럼 환하여 일신의 변화는 엄청나게 달라졌으나 그 밖에 특별한 흔적을 보여주지 않아 대각 직후 바로 제자가 되진 않았다.

그런 칠산을 소태산이 직접 불러 교단에 입문하는 기연을 만들어 주었음을 그의 구술 자료를 통해서 확인할 수 있다.

> 대종사께서 하루는 가까이 지내던 팔산과 나를 찾아와서 우리가 세상에

나왔다가 이렇게 보람 없이 살다 가면 허무한 일 아니겠습니까? 요새 태을교(太乙敎)가 영광에 들어와 정성스럽게 공을 드리면 개안(開眼)을 하여 세상일을 다 알게 된다 하니 한번 해 보자고 권유했다. 그래서 치성을 올리기로 하고 소위 개안했다는 무장(茂長) 사람 하나를 초청해서 치제 날을 정했다. 그러나 치제 예산이 없어 세 차례나 연기해 오던 중 하루는 팔산이 잘 개안한 사람이 있으니 이 기회에 그들을 불러 한번 해 보자고 하므로 대종사가 예산이 없으니 전담해서 해 보려거든 해 보고 그렇잖으면 그만두자고 하였다. 결국 팔산의 주선으로 치성을 올리는 격식을 갖게 되었다.

음식은 걸게 차렸다. 치성을 올린 뒤 대종사께서는 스스로 개안이 되었다고 말씀하셨다.

그러나 특별히 무슨 별다른 신통 묘술을 나타내 보인 것은 아니고 다만 말로나 글로나 아는 것이 보통 사람과 달랐으므로 글 잘하는 팔산도 놀랐고 개안했나 보다 하고 믿고 존경하게 되었다.[14]

이렇게 하여 칠산은 그가 37세 되던 해 병진년 여름, 엄격한 격식을 차린 7일 치성 끝에 소태산 스스로 개안이 되었노라 하며 옥황상제와 영이 통한다며 대화하는 것과 남의 속마음을 환히 들여다보자 과연 도통하였단 말이 빈말이 아님에 감복하여 교단에 입문[15]하게 되었다.

칠산은 교단에 입문하여 상하 윤리 엄격한 언행으로 생질인 소태산을 스승으로 모시고 받드는 데 앞장섰고 이를 실천하는 데 소홀함이 없었다. 그해 겨울 소태산은 그를 따르는 40여 명 제자 중 큰일을 할 사람으로 여덟 방위에 들어갈 사람을 선정하기에 신중을 기하였다.[16] 이후 소태산은 장차 시방 세계 모든 사람을 통치 교화할 십인일단(十人一團) 조직 방법을 제정하였다. 그는 이 법이 오직 한 스승의 가르침으로 원근 각처의 모든 사람을 고루 훈련하는 빠른 방법[17]이라 하고, 이 단 조직은 9인으로 1단을 삼고, 단장 1인을 가(加)하여 9인의 공부와 사업을 지도 육성케 하며, 9단이 구성되는 때에는 9단장으로 다시 1단을 삼고, 단장 1인을 가하여 9단장의 공부와 사업을 지도 육성케 하되, 이십팔수(二十八宿: 角亢氐房心尾箕斗牛女虛危室壁奎婁胃昴畢觜參井鬼柳星張翼軫)의 순서를 응용하여, 이상 단장도 계출(繼出)되는 대로 이와 같은 예로 다시 조직하여, 몇 억만의 많은 수라도 지도할 수 있으나 그 공력은 항상 9인에게만 들이면 되는 간이한 조직이었다.

소태산은 이 방법에 의하여 원기2년(1917, 丁巳) 7월 26일에 비로소 남자 수위단을 조직하였으니, 단장에 대종사, 건방(乾方) 이재풍, 감방(坎方) 이인명, 간방(艮方) 김성구, 진방(震方) 오재겸, 손방(巽方) 박경문, 이방(离方) 박한석, 곤방(坤方) 유성국, 태방(兌方) 김성섭이었고, 중앙은 비워 두었다가 1년 후(원기3년, 戊午 7월) 송도군을 서임(叙任)하였다.[18]

이후 칠산은 원기2년(1917, 丁巳) 8월에 창설된 저축조합에 함께하면서 술・담배를 끊어 그 대액(代額)을 저축하며, 의복・음식 등에 절약할 정도가 있으면 그 대액을 저축하며, 재래의 여러 명절 휴일을 줄여 특별 노동 수입을 저축하며, 각자 부인에게도 끼니마다 시미(匙米, 후일 報恩米)를 저축케 하며, 그간 실행해 온 천제(天祭)도 폐지하여 그 소비 대액을 조합에 저축하는 일에 함께하였다.[19]

또한 원기3년(1918, 戊午) 3월에 소태산이 저축 조합의 저축금을 수합한 후, 조합원들에게 말하기를 "이제는 어떠한 사업이나 가히 경영할 만한 약간의 기본금을 얻었으니, 이것으로 사업에 착수하여야 할 것인 바, 나의 심중에 일찍이 한 계획이 있으니, 그대들은 잘 생각해 보라." 하고, 길룡리 앞 바닷물 내왕하는 간석지를 가리키며 "이것은 모든 사람의 버려 둔 바라, 우리가 언(堰)을 막아 논을 만들면 몇 해 안에 완전한 논이 될뿐더러 적으나마 국가 사회의 생산에 한 도움도 될 것이다. 이러한 개척 사업부터 시작하여 처음부터 공익의 길로 나아감이 어떠하냐?" 함에 조합원들은 다른 사량 계교를 내지 아니하고 오직 절대 복종하였다. 이에, 일제히 명을 받들어 오직 순일한 마음으로 지사불변(至死不變)하겠다는 서약을 올리고 방언공사에 함께했다.[20]

같은 해 원기3년(1918, 戊午) 10월, 옥녀봉(玉女峰) 아래 새 회상의 첫 교당인 옥녀봉 구간도실을 건축하게 되어 조합원들이 한편으로는 방언에 종사하고 한편으로는 건축에 주력하여, 산에 올라 나무를 베고 땅을 녹여 흙을 이겨서, 풍설을 무릅쓰고 근근히 성조(成造)하였다.[21]

이후 원기4년(1919, 己未) 3월에 방언공사를 마친 후 소태산은 구인단원에게, "지금 물질 문명은 그 세력이 날로 융성하고, 물질을 사용하는 사람의 정신은 날로 쇠약하여, 개인 · 가정 · 사회 · 국가가 모두 안정을 얻지 못하고, 창생의 도탄이 장차 한이 없게 될지니, 세상을 구할 뜻을 가진 우리로서 어찌 이를 범연히 생각하고 있으리요. 옛 성현들도 창생을 위하여 지성으로 천지에 기도하여 천의(天意)를 감동시킨 일이 없지 않나니, 그대들도 이때를 당하여, 전일한 마음과 지극한 정성으로 모든 사람의 정신이 물질에 끌리지 아니하고 물질을 사용하는 사람이 되어 주기를 천지에 기도하여 천의에 감동이 있게 하여 볼지어다. 그대들의 마음은 곧 하늘의 마음이라, 마음이 한번 전일하여 조금도 사(私)가 없게 되면, 곧 천지로 더불어 그 덕을 합하여 모든 일이 다 그 마음을 따라 성공될 것이니, 그대들은 각자의 마음에 능히 천의를 감동시킬 요소가 있음을 알아야 할 것이며, 각자의 몸에 또한 창생을 제도할 책임이 있음을 항상 명심하라." 하니, 9인은 황송하고 기쁜 마음으로 일제히 지도를 청하였다.[22]

이후 원기4년(1919, 己未) 7월 16일에 소태산이 단원들에게, "그대들이 지금까지 기도해 온 정성은 심히 장한 바 있으나, 나의 증험하는 바로는 아직도 천의(天意)를 움직이는 데는 그 거리가 먼 듯하니, 이는 그대들의 마음 가운데 아직도 어떠한 사념(私念)이 남아 있는 연고라, 그대들이 사실로 인류세계를 위한다고 할진대, 그대들의 몸이 죽어 없어지더라도 우리의 정법이 세상에 드러나서 모든 창생이 도덕의 구원만 받는다면 조금도 여한 없이 그 일을 실행하겠는가?" 하니, 단원들이 일제히 "그리하겠습니다."고 대답하고 함께하였다.[23]

이와 같이 칠산은 원기2년 7월 26일 남자 최초 정수위단 곤방 단원으로 선정되어 저축조합운동에 함께하였으며, 원기3년 팔인선진들과 함께 간석지 방언공사와 구간도실 건축에도 함께하였다. 이후 원기4년 법인성사에 구인제자들과 함께하면서 원기9년[24]까지 최초의 수위단원으로 회상 창립에 공헌하였다.

3. 교단 입문 후기(1924-1963)

칠산은 교단에 입문하여 저축조합과 방언공사 그리고 법인성사에 함께 합력한 후 영광 사가에 계속 머물면서 가사에 주력하게 되었다. 이와 같이 칠산은 교단 입문 후기(後期) 영광에서의 활동 이외에 나머지 기간을 거진출진으로서 담담한 심정으로 32년간 목우작농(牧牛作農)을 하며 지냈다.

칠산은 원기38년 제1대 성업봉찬회시 법위 정식법마상전급이요, 사업등급 정4등으로 원성적 준3등 77인 중 36호에 해당되었다. 그리고 원기40년 영산 재방언공사에 적극 합력하였다. 또한 원기42년 그가 78세 되던 해 후진들의 간청에 의해 총부 옆 중앙수양원으로 와서 만년 수양에 힘쓰다가 원기48년 2월 22일 83세를 일기로 구인선진 중 최후로 열반하였다. 열반 후 칠산은 바로 정식법강항마위로 추존되었으며, 원기70년 3월 제103회 임시수위단회에서 그의 공덕을 기리며 대호법(大護法) 법훈을 추서키로 결의하였다.[25] 그 후 원불교 100년 성업을 맞아 원기100년 5월 13일에 열린 제214회 임시 수위단회에서 초기 교단의 구인선진을 출가위로 추존하여 종사 법훈에 추서되었다.

Ⅲ. 칠산의 행적 및 사상

칠산은 교단 초창기 창립 역사에서 구인선진으로 함께하면서 어렵고 힘든 일을 도맡아 했던 인물이었다. 그의 회상 창립기 활동 중 교단사적으로 의미 있는 일을 시기별로 정리하여 교단 내 그가 기여한 행적과 심법을 중심으로 그의 사상을 정리하면 다음과 같다.

1. 칠산의 행적

1) 대종사 호칭 발의

초창기 소태산의 호칭은 '성사님', '당신님', '선생님', '스승님', '종사님' 등 다양하게 문헌에 밝혀져 있다. 원기원년(1916) 소태산이 대각을 이루자 그를 따르는 여덟 사람은 친동생 육산 박동국(六山 朴東局, 1897-1950, 본명 漢碩)을 빼고 전부 연상이었다. 그들은 한동네 친구이거나 이웃 동네 친구였다.

칠산은 소태산보다 11세나 연상이요, 외숙임에도 불구하고 소태산의 덕화에 감동하고 대도회상 창립 취지에 찬동하여 단호히 제자 될 것을 서원하고 생질되는 소태산에게 귀의하여 사제지의를 맺었다.[26]

당시 이러한 상황을 칠산은 그의 구술 자료에서 다음과 같이 밝힌 바 있다.

> 하루는 대종사께서 큰일을 하랴매 진실한 인물이 필요하니 여덟 방위에 그런 사람을 다 채우라고 말씀하셨다. 그래서 한 사람씩 진실한 동지들을 뽑기 시작했다. 팔산은 처음에는 삼산을 불러들이고 나도 몇을 모았다. 사산은 말만 듣고 자기 스스로 자진해 온 분이고 그는 다시 일산을 천거했다. 이때 일본인 경찰의 취조가 심하여 누구나 이런 모임에 참가하는 것을 무서워했으므로 사람 모으기에 퍽 힘들었다. 결국 대종사 주위에 사람이 모이게 되었으나 사제 관계를 맺는 것은 아니고 은연중 대종사가 중심이 되기는 하였으나 통제도 없고 또 당시 관습을 초월하여 노골적으로 제자라고 자칭하는 사람도 없었다. 그렇지만 늘 이렇게 나가면 매사에 곤란이 많겠으므로 어느 날 나는 대종사와 여럿이 함께한 자리에서 우리가 막연히 이렇게 모일 것이 아니라 대종사를 선생으로 정하고 앞으로는 그의 지시를 받도록 하자고 했다. 이후로부터 용어도 경어를 쓰게 되고 외숙이니 연상이니 하는 관념은 없어졌다. 그때 대종사에 대한 호칭은 당신님으로 정했다. 이렇게 형식상으로 사제의 의가 맺어졌으나 전일의 관습으로나 연령상으로 세우지 않고 우물쭈물하면서 그때그때를 넘겼다. 이렇게 위치가 뚜렷해지자 지도자로서의 엄교준책도 하게 되고 명을 어기는 자는 자연 중 화를 입게 되므로 제자들은 대종사를 무서워했다. 타인에게는 겸손한 대종사였으나 제자들은 엄하게 다루었다.[27]

처음에 제자들이 모두 소태산과 한동네, 혹은 옆 동네에 살던 인연이 있는 사람들이었기에 소태산에 대한 호칭이 애매한 적이 있었는데 이때도 칠산이 소태산의 호칭을 '선생님'으로 통일할 것을 발의하고 이를 먼저 실행하여 소태산의 지시에 복종할 것을 결의하였다. 외삼촌 되는 사람부터 먼저 이렇게 나서자, 다른 제자들은 두말없이 동의하였다. 칠산은 처음에 생질되는 소태산을 '스승님'이라고 부르기가 어색하기도 하였지만 차차 신성이 깊어 감에 따라 추호의 계교심 없이 순일한 신성으로 소태산을 받들었다.

칠산은 소태산 앞에 앉을 때에는 반드시 무릎을 꿇고 앉았으며, 꼭 '종사님'이라 불렀다. 혹 주위 사람들이 묻기를 "생질을 스승님으로 모시기가 어색하지 않느냐?"고 하면 "육신은 생질이지만 도덕(道德)은 지존(至尊)의 스승님이시다."고 하여 조그마한 일이라도 제자의 도리에 어긋나는 일이 없었다.[28]

2) 방언조합 제명바위 발의

칠산은 원기2년 최초 남자정수위단 곤방(坤方) 단원으로 입참하여 저축조합, 방언공사, 법인성사 등 새 회상 창립에서 교단 초창의 기초 사업에 조력하였다.[29] 이후 8월경에 팔인제자들과 더불어 저축조합을 창설한 후 허례 폐지(虛禮廢止) · 미신 타파(迷信打破) · 금주단연(禁酒斷煙) · 근검저축(勤儉貯蓄) 등을 제자들에게 시행케 하여 여기에서 얻어지는 돈을 조합에 저금토록 하였다. 그는 저축조합을 통해 근검절약 정신을 강조하면서 초기 교단의 재정 기반을 쌓았으며, 시방세계를 구원하려는 결사의 정신으로 저축조합을 설립하여 공부와 사업을 병행하고자 했다. 그는 저축조합의 설립 취지를 단원들에게 말했다.

> 우리가 장차 시방세계를 위하여 한 가지 큰 공부와 사업을 하기로 하면 부득불 어떠한 기관과 어떠한 조약을 세워야 할 것임으로 내 이제 기성조합의

한 기관을 건설하여 내두에 모든 일을 준비하려 하노니 제군은 내의 지도에 잘 신행하기를 바라노라.[30]

이와 같이 제자들에게 공부와 사업을 병행하도록 환기시키며, 시방세계의 구원이라는 경륜을 부각시켰다. 그는 이 사업을 위해서 제자들에게 특별한 노력과 인내가 필요하다는 뜻으로 다음과 같이 말하였다.

우리의 경영한 바 공부와 사업은 보통 사람이 다 하는 바가 아니며 보통 사람이 다 하지 못한 바를 하기로 하면 반드시 특별한 생각과 특별한 인내와 특별한 노력이 아니면 능히 그 성공을 기약하지 못할 것이며 또는 우리의 현금 생활이 모두 무산자의 처지에 있으니 의복 음식과 기타 각항 용처에 특별한 소비 절약이 아니면 단기원의 자금을 판출하기가 어려울 것이다.[31]

그리하여 소태산은 제자들에게 저축조합운동을 하나하나 지목하며 실천토록 했다. 먼저 "우리의 생명 보호에 별 필요 없는 술과 담배를 끊되 재래의 매월분 얼마가량 소비되는 것을 참조하여 그 소비 대금을 본 조합에 저축하고 또는 의복과 음식 등에 혹 절약할 정도가 있거든 그것을 단행하여 그 절약된 금액을 본 조합에 저축하고 또는 재래의 휴식일을 정도에 따라 좀 축소하여 매월 특별 노동일을 정하여 그 수입된 이익을 본 조합에 저축하고 또는 각자 부인에게 부탁하여 매월 시미를 집합 저축케 하고 또는 전일에 실행하여 온 천제에 대하여도 천제께서 지금 이후는 그 행사를 폐하고 소비 대액으로써 본 조합에 저축하여 장래 사업에 실용케 하라."[32]고 하였다.

이렇게 시작된 저축조합운동으로 모인 금액은 초기 교단의 발전에 초석이 되었다. 소태산은 조합원인 제자들에게 명하여 그동안의 저축금으로 숯을 사 두라 하고, 한편으로는 이웃 마을 부호 한 사람에게 빚 4백 원을 차용했으며, 손수 준비해 둔 사재 4백 원도 판출 제공하여 숯을 사 두게 하니, 7~8개월 후 그 값이 일약 10배로 폭등하여 조합은 1년 안에 큰 자금을 이루게 되어 그 뒤 전개한 방언공사 자금에 활용하는 계기가 되었다. 이처럼 저축조합운동은 원불교의 정신적 · 경제적 기초가 확립되는 등 교단의 교체(教體) 성립에서 볼 때 큰 의미가 있다.[33] 이후 칠산이 39세 되던 원기3년에 소태산은 제자들에게 간석지 방언공사를 명하였다. 이에 칠산은 구인단원의 일원으로서 정신 · 육신 · 물질 삼 방면으로 혈심 노력하였다.[34] 그는 특히 키가 크고 기상이 당당하며 기력이 장하여 방언공사 시 힘든 일을 도맡아 하였다. 이 방언공사는 원기3년(1918) 3월에 시작해서 1년의 공정을 거쳐 원기4년 음력 3월 방언공사가 완공되어 영광 길룡리에 2만 6천 평의 논이 만들어졌다.

조합원들 중 한 사람이 "우리가 이 거창한 사업을 끝냈으니 그 기념으로 비석이나 하나 세워 두자."는 의견을 내었다. 이에 모든 조합원이 동의하였으나 조합의 형편이 그것을 감당할 만한 비용이 없었다. 이때 칠산이 옥녀봉 기슭의 바위를 가리키며 기발한 의견을 발의하였다. 이때 칠산이 발의한 안은 "저 바위에 양회(洋灰, 시멘트)를 바르고 거기에 제명을 해 두면 백 년은 갈 것 아니냐?"는 의견안을 발의하여 그 안이 즉각 채택된 것이다.

그리하여 원기4년(1919년 4월 26일, 음3.26), 방언조합은 길룡리 간석지 방조제 축조 공사를 준공하고 시멘트를 이용하여[35] 옥녀봉 기슭의 바위에 바르고 팔산 김광선(八山 金光旋, 1879-1939, 본명 成爕)의 글씨로 방언공사 기념비를 조성하였다. 당시 만들어진 제명바위[36]는 〈사진1〉과 같다

〈사진1〉에서와 같이 새 회상 최초의 금석(金石) 기념물인 정관평(貞觀平)

〈사진1〉 방언조합 제명바위

준공 기념비 속칭 '방언조합 제명바위'는 정관평 방언답이 한눈에 바라보이는 옥녀봉 동쪽 중턱 거대한 천연바위의 이마 부위에 석회를 발라 비면을 만들고 정관평 방언공사 설시원(設始員)으로 소태산의 성함을 비롯하여 8명 조합원의 이름과 아울러 공사의 시작 일자와 준공 일자가 차례로 조각되어 있다. 그러나 이때 건립된 '제명바위'는 긴 세월을 지나 회면 균열이 시작되고 깊은 숲에 묻히게 되어 글을 탁본하여 오석(烏石)에 새기고 길을 조성하여 새로 내어 후인들에게 간고했던 초창기 거듭 새기고 의연했던 창립혼을 길이 기리고자 제명바위 아래 모형비를 세웠다. 이 모형비의 비문은 범산 이공전(凡山 李空田, 1927-2013)이 지었다.[37] 당시에 조성된 제명바위 모형비는 〈사진2〉와 같다.

〈사진2〉 제명바위 모형비

3) 법인성사와 구간도실 참여 및 영산원 후원

원기4년(1919, 己未) 3월에 방언공사를 마친 후 소태산은 구인단원에게 "지금 물질문명은 그 세력이 날로 융성하고 물질을 사용하는 사람의 정신은 날로 쇠약하여, 개인 · 가정 · 사회 · 국가가 모두 안정을 얻지 못하고 창생의 도탄이 장차 한이 없게 될지니, 세상을 구할 뜻을 가진 우리로서 어찌 이를 범연히 생각하고 있으리요. 옛 성현들도 창생을 위하여 지성으로 천지에 기도하여 천의(天意)를 감동시킨 일이 없지 않나니, 그대들도 이때를 당하여 전일한 마음과 지극한 정성으로 모든 사람의 정신이 물질에 끌리지 아니하고 물질을 사용하는 사람이 되어 주기를 천지에 기도하여 천의에 감동이 있게 하여 볼지어다. 그대들의 마음은 곧 하늘의 마음이라 마음이 한번 전일하여 조금도 사가 없게 되면 곧 천지로 더불어 그 덕을 합하여 모든 일이 다 그 마음을 따라 성공이 될 것이니, 그대들은 각자의 마음에 능히 천의를 감동시킬 요소가 있음을 알아야 할 것이며, 각자의 몸에 또한 창생을 제도할 책임이 있음을 항상 명심하라." 하고, 일자와 방위를 지정하여 일제히 기도를 계속하게 하였다.[38]

그리하여 구인단원은 3월 26일에 기도를 시작하여, 10일간 재계(齋戒)로써 매 삼륙일(每三六日, 6 · 16 · 26일)에 기도식을 거행하여 오다가 원기4년(1919) 7월 16일에 소태산이 구인단원에게 "제군들이 지금까지 기도해 온 정성은 심히 장한 바가 있으나 나의 징험하는 바로서는 아직도 천의를 움직이는 데는 그 거리가 소원하나니 이는 그래도 제군들의 마음 가운데 어떠한 사념이 남아 있는 연고라 제군이 사실로 인류 세계를 위한다고 할진댄 제군의 몸이 죽어 없어지드래도 우리의 정법이 세상에 드러나서 모든 창생이 도덕의 구원만 받는다면 조금도 여한(餘恨)이 없이 그 일을 실행하겠는가? 이에 단원들이 일제히 그리하겠습니다."[39]라고 답하였다.

칠산은 당시 혈인기도 정경에 대하여 다음과 같이 구술하고 있다. "혈인기도 당시의 정경을 좀 이야기해 주십시오. 물동이에 청수를 떠 놓고 했다지요?"라는 질문에 그는 "청수 정도가 아니었다. 겨우 절할 만한 곳만 남기고는 도실방에 하나 가득 제상을 차렸었다. 우리는 며칠 전부터 죽을 것을 각오하고 칼을 짚으로 묶어 허리에 차고 다녔다. 밤이 상당히 깊었다. 때가 되니 각자 자기의 방위에 앉으라 명령을 내렸다. 이어서 시계와 칼을 다 각자의 앞에 내놓으라고 하셨다. 쭉 돌아가면서 사무여한의 결의가 되었는지를 다짐했다. 죽을 것은 이미 각오했다. 이윽고 중앙 단원인 정산 법사님이 흰 종이를 들고 와서 하나하나 백인(白印)을 받아 갔다. 대종사 그 인(印)을 보시더니 참 잘됐다. 혈인이 나왔다고 기뻐하시며 일동을 칭찬하고 음부공사(陰府工事)는 이에서 판결이 났다. 우리의 일은 이제 성공이라 했다. 일산이 말하기를 목을 찔러 죽으려면 여기서 할 것인가 각자 기도처에서 할 것인가 하고 물었다. 인제는 일이 판결이 났는데 무엇하러 죽어? 하고 나는 말했다. 대종사께서는 방긋이 웃으실 뿐 별다른 말씀이 없으셨다. 때가 되었으므로 일동은 죽을 준비를 하고 나섰으나 다시 본처에 소집되었다. 오늘 여러분들은 죽기로 했다. 그리고 그러한 결의는 혈인으로써 음부에서 증명해 주었으니 여러분은 죽기로 했다. 그리고 그러한 결의는 혈인으로서 음부에서 증명해 주었으니 여러분은 이미 죽은 것이다. 반드시 목숨까지 끊을 필요는 없다. 앞으로 오늘의 일은 잊지 말고 법을 위하여 죽으라면 죽고 하라는 대로 해야 혈인 난 참가치가 있는 것이다."라고 하였다.[40]

이어서 처음에 몸 버릴 것을 명했을 때 아무런 이의도 없이 순순히 다 응하였냐는 질문에 칠산은 "의심들이 없지 않았다. 그래서 우리가 이렇게 죽을 고생을 하고 언도 막고 애썼으나 죽어 버리면 다 소용없는 것 아니냐고 질문도 했었다. 그러나 대종사께서는 여러분이 음부에 가야만 큰일을 성사시키겠고 또 그 일만 잘된다면 다시 살아 나오는 수도 있다 하셨다." 그래서 "한 번 죽어 버린 사람이 어떻게 되살아난단 말씀입니까?" 하였으나 다 방법이 있다 하셨다. 용한 재주 가진 줄을 알고 있으므로 그 말씀도 어느 정도 믿었다."

그리고 법호를 즉석해서 내리셨냐는 질문에 그는 "아니지. 호는 실상사에 계실 때 이산을 오라고 해서 내려 보내셨다."[41]라고 밝힌 바 있다.

원기4년 8월 26일(음7.26)에 생사를 초월 한 구인단원의 지극한 정성이 드디어 백지혈인(白指血印)의 이적으로 나타남을 보고, 소태산이 말하기를, "그대들의 마음은 천지신명이 이미 감응하였고 음부공사(陰府公事)가 이제 판결이 났으니 우리의 성공은 이로부터 비롯하였도다. 이제, 그대들의 몸은 곧 시방세계에 바친 몸이니, 앞으로 모든 일을 진행할 때에 비록 천신 만고와 함지사지를 당할지라도 오직 오늘의 이 마음을 변하지 말고, 또는 가정 애착과 오욕(五欲)의 경계를 당할지라도 오직 오늘 일만 생각한다면 거기에 끌리지 아니할 것인즉, 그 끌림 없는 순일한 생각으로 공부와 사업에 오로지 힘쓰라." 하고, 법호(法號)와 법명(法名)을 주며 말하기를 "그대들의 전날 이름은 곧 세속의 이름이요 개인의 사사 이름이었던 바 그 이름을 가진 사람은 이미 죽었고, 이제 세계공명(世界公名)인 새 이름을 주어 다시 살리는 바이니 삼가 받들어 가져서 많은 창생을 제도하라."[42] 하였다. 그리하여 칠산은 '성국'이라는 세속의 이름을 버리고 '유건(柳巾)'이라는 세계공명(世界公名)의 법명을 받들고 많은 창생을 제도하리라 서원을 다지게 된 것이다.

칠산이 참여한 이 구인기도의 법인성사는 구인제자들이 소태산의 지도에 따라 새 회상 창립의 정신적 기초를 다지기 위해 천지신명에게 기도를 올려 백지혈인이 나타난 것을 의미하며, 이는 곧 초기 교단사에서 무아봉공의 정신적 기초를 확립하고, 신성 · 단결 · 공심을 더욱 굳게 한 새 회상 건설의 일대 정신 작업[43]이 되었다. 다음 〈표1〉은 당시 이 일에 참여한 8인의 나이에 따라 연장자순으로 이름이 기록되어 있음을 알 수 있다.[44]

〈표1〉 기도봉의 8인 순서와 생년월일

제명바위 기록순서	본명	법호/법명	생년월일	기도봉	방향	대체봉우리
1	이인명	이산/이순순	1879.9.1	촛대봉	북동	장다리봉
2	박경문	오산/박세철	1879.1.16	마촌앞산봉	북북동	상여봉
3	김성섭	팔산/김광선	1879.9.6	대파리봉	남남동	
4	유성국	칠산/유건	1880.11.11	공동묘지봉	남남서	
5	오재겸	사산/오창건	1887.10.17	눈썹바위봉	서남	
6	김성구	삼산/김기천	1890.2.5	밤나무골봉	서서남	

7	이재풍	일산/이재철	1891.2.11	설래바위봉	북서서	
8	박한석	육산/박동국	1897.1.18	옥녀봉	북	

위의 〈표1〉에서와 같이 칠산의 기도봉은 남서쪽의 공동묘지봉으로 이는 마촌앞산봉 박세철(박경문)을 기점으로 시계 방향으로 돌아가면서 촛대봉 이순순(이인명), 대파리봉 김광선(김성섭), 공동묘지봉 유건(성국), 눈썹바위봉 오창건(오재겸), 밤나무골봉 김기천(김성구), 설래바위봉 이재철(이재풍), 옥녀봉 박동국(박한석) 순이다. 이는 오산 박세철, 이산 이순순, 팔산 김광선에 이은 연장자 서열 4위에 해당한다.[45]

또한 원기3년(1918) 10월에 옥녀봉(玉女峰) 아래 도실(道室) 건축을 착수하여, 12월에 준공하니, 이것이 곧 새 회상의 첫 교당인 옥녀봉 구간도실이다. 그동안 조합원들이 모이는 장소가 일정치 못하여 처음에는 이웃 마을 범현동(帆懸洞)의 재각(齋閣) 한편을 빌려 썼고, 다음에는 강변 주점을 임시 방언 관리소로 정하였으나 모두 비좁아 여러가지 행사에 불편이 많으므로 이에, 비로소 도실을 건축한 것인 바, 조합원들이 한편으로는 방언에 종사하고 한편으로는 건축에 주력하여 산에 올라 나무를 베고 땅을 녹여 흙을 이겨서 풍설을 무릅쓰고 근근이 성조(成造)하였다.[46]

그러나 원기8년 8월 26일(음7.15) 칠산의 누나이자 소태산의 모친이 열반하자 영광, 부안, 김제, 진안, 전주 등지에서 제자들이 조문을 와서 영광 연성리에 모여 치상 절차를 마쳤다. 이때에 각지 신자들이 문상차 영광에 많이 모이니, 옥녀봉 도실은 너무 비좁아 대중을 수용하기가 불편하고, 또는 기지가 비습(卑濕)하여 영원한 교당 위치로는 적당치 않으므로 이에 교당의 이축을 발론하여 드디어 범현동 기슭에 새 터를 정하고 목조 초가 10간(間) 1동(棟)과 8간(間) 2동(棟)의 건축을 10월에 마쳤다. 이것이 곧 영산원(靈山院)

의 첫 건설이었다.[47] 이처럼 도실을 옮겨 짓자는 발의가 나오자 새 회상 창립을 위해서라면 일신을 바쳐서라도 힘써 일하겠다고 오창건, 김기천, 이재철, 송규, 박세철, 이동안, 송도성, 이춘풍, 송적벽, 김월 봉, 김광선, 김남천 12명이 나섰다.

이때 칠산은 건설에 직접 일은 못했지만 서중안, 서동풍, 송벽조, 이완철, 서기채, 유건, 이순순, 김명랑, 김홍철, 문정규, 유기만, 신정권, 김영철, 김순천, 양하운, 김화옥, 이대련화, 장적조, 이강연화, 이만수월, 정청강월, 박벽송월, 강일생화, 이일근, 전삼삼 등이 물질적으로 후원했다.[48]

4) 영산 재방언 합력

방언공사와 법인성사를 마친 후 칠산은 구인선진들과 함께하지 못하고 영광 사가(소태산의 생가)에 계속 머물면서 가사에 주력하며 거진출진(居塵出塵)[49]으로서 새 회상 발전에 조력하며 32년간을 지냈다.

원불교 초기에는 재가・출가 구분 없이 함께 공동 생활하며 교리를 공부했다. 당시 칠산은 영산에서 진행된 회상 창립 활동에 함께하였으나 아들이 병으로 누워 있어 사가를 돌보아야 했다. 그리하여 손자를 데리고 땔나무를 하러 다녔다. 남들은 근방의 교중 산에 가서 나무를 해 왔지만 칠산은 손자를 데리고 10리, 20리 길을 다니며 땔나무를 해 왔다. 손자와 같이 나무를 하면서도 "너, 대종사님을 아냐?"[50]며 소태산에 대한 순일한 신성으로 사가 생활을 하였을 것으로 추측된다. 이후 칠산은 원기38년 제1대 성업봉찬회시 법위 정식법마상전급, 사업등급 정4등으로 원성적 준3등 77인 중 36호에 해당되었고, 원기70년 수위단회에서 칠산이 거진출진으로 대호법에 추서되었다.

그 과정에서 원기40년 칠산은 영산 재방언공사에 합력하게 되었다. 첫 방언공사 후 30여 년이 경과함을 따라, 언(堰)은 대대적인 보수를 필요로 하게 되었고, 이를 확장 재방언하게 될 경우 국가 부흥 계획의 원조를 일부 받을 것이 확실하게 되어, 원기40년(1955, 乙未) 8월에는 정산 송규(鼎山 宋奎, 1900-1962)를 총재, 공산 송혜환(公山 宋慧煥, 1905-1956)을 위원장, 형산 김홍철(亨山 金洪哲, 1902-1987)을 실무 부위원장으로 하는 영광 정관평 재방언 추진 위원회가 구성되었다. 이듬해 4월에 정관평 재방언에 착공식을 거행하였다. 원기41년 4월 정산은 정관평 재방언공사 착공식에 치사하기를, "대종사께서 우리 회상 창립 첫 사업으로 구인단원과 함께 이 방언 대공사를 시작하신 것은 교단 건설의 경제 기초를 세우실 목적도 있었지마는 내면으로 그보다 더 깊은 뜻이 계셨던 것이니 이제 재방언의 대역(大役)을 시작함에 당하여 우리는 이번 사업도 그 의의와 가치에 있어서 첫 방언사업과 둘이 아님을 알고 구인 정신과 우리의 정신이 둘이 아닌 큰 정신을 발휘하여 이번 일의 진행으로써 우리 동지들의 신심 정도를 더욱 알아보며 우리 동지들의 사업 역량을 더욱 알아보며, 복록의 유래와 영육쌍전의 표본을 이번 일로 인연하여 다시 더욱 절실히 각성하자."[51]라고 하였다.

이처럼 영산 재방언은 영육쌍전의 표본이 되는 일로 많은 일꾼을 부렸다. 방언공사 때 물심부름을 하던 팔산의 장남 김홍철이 총책임자로 있는 방언공사에 칠산은 손자를 데리고 직접 나와 땅떼기를 하였다. 김홍철은 칠산이 소태산의 외삼촌이고 구인선진의 한 분인데 후진된 입장에서 일을 부리기가 민망하여 만류하였다. 그리하여 김홍철이 "일은 그만두시고 감독만 하세요. 노임은 그냥 드리겠으니 그렇게 하세요."라는 말에 칠산은 "뭔 소리당가. 과거에 칠산이지, 지금도 칠산이냐!" 라고 하면서 그 말에 전연 괘념하지 않고 그대로 손자와 같이 땅떼기를 하였다.[52]

2. 칠산의 사상

이상과 같이 칠산의 전 생애는 첫째, 대종사 호칭 발의, 둘째, 방언조합 제명바위 발의, 셋째, 법인성사와 구간도실 건축 참여 및 영산원 후원, 넷째, 영산 재방언공사 협력순으로 정리한 바와 같이 교단 초창기 창립역사에서 매우 중요한 역할을 함께하였음을 확인할 수 있다. 특히 칠산은 회상 창립기의 어렵고 힘든 시기에 남들보다 먼저 소태산을 스승으로 모시고 받들면서 초기 교단사에 합력했던 그의 행적을 중심으로 하여 논자는 칠산의 사상을 다음 세가지로 정리하여 제시하고자 한다.

첫째, 소태산 대종사에 대한 독실한 신성과 신맥을 바로 이어 받드는 정신의 표본이다.

칠산은 소태산보다 11세 연상(年上)이요 외숙이지만 한 번 사제의(師弟義)를 맺은 후에는 선생님이라고 호칭하며, 그 앞에서는 무릎을 꿇고 정좌(正坐)를 하고 경어를 쓰는 독실한 신성으로 일관하였다. 또한 정산보다 20세 연상이었으나, 소태산이 정산을 중앙으로 정한 뒤부터 열반할 때까지 꼭 형님이라고 부르고 아우의 도리를 다하여 신맥(信脈)을 바로 이어 받드는 표본이 되었다.[53] 이와 같이 칠산은 소태산에 대한 독실한 신성을 정산으로 이어서 그 신맥을 바로 받드는 정신을 몸소 실천하여 이를 만대에 길이 이어 받들도록 한 것이다. 이러한 측면에서 볼 때 칠산이 한결같은 신성으로 스승을 모시고 받든 그 모습과 태도는 후인들에게 모범이 되기에 충분하며 그 의미와 가치 또한 스승과 제자의 관계 속에서 교단사적으로 영원히 계승되어야 할 정신이다.

둘째, 영육쌍전과 교단 창립정신의 표본이다.

칠산은 회상 창립기 방언공사와 법인기도에 몸과 마음을 온통 다 바쳤다.

특히 방언공사 시에는 힘든 일을 도맡아 하였고, 혈인기도 때에는 가장 멀고 험한 기도봉인 공동묘지봉을 맡았으며 때로는 강 건너 기도터에 약한 단원을 대신해서 기도를 다니기도 했다. 또한 영육쌍전의 표본이 되는 재방언에 직접 참여한 칠산의 행적은 초기 교단에서 영육쌍전과 창립정신의 표본이 되는 사례이며, 저축조합과 법인성사의 참여는 회상 창립기 교단의 경제적 기반 구축과 아울러 무아봉공의 정신적 기초 확립에 기여하였다. 특히 방언조합 제명바위 건립 발의는 교단사적으로 매우 의미 있는 일이다. 칠산의 이러한 발의는 당시 문명의 해택이 적은 영광에서 누구나 쉽게 할 수 있는 일은 아니었다. 특히 자연석에 시멘트를 발라 새로운 작품을 만든다는 것은 물질문명 선용의 단초가 될 수 있다. 당시의 기록을 영원히 남겨 후세에 길이 전하도록 하는 그의 역사성과 활발한 의견 개진 문화로 초창기 교단을 함께 만들어 온 것은 높이 평가할 만한 업적이다. 아울러 칠산의 방언조합 제명바위 발의는 교단사적으로 볼 때, 초창기 십인일단의 단 역할에서 단원 의견 제출의 효시가 되는 것으로 매우 중요한 의미가 있다.

셋째, 상(相) 없는 심법으로 공사에 합력하는 정신의 표본이다.

칠산은 구인선진 중 최장수 인물로 그의 심법상 위대한 점을 대산 김대거(大山 金大擧, 1914-1998)[54]는 다음 세 가지로 밝히고 있다.

> 첫째, 사가로 돌아간 후 아들이 병으로 누워 있어 생활이 극도로 곤궁하였으나 땔나무하러 산에 다닐 때 남들은 다 교중(教中) 산에서 나무를 베고 야단이지마는 칠산 대호법은 손자를 데리고 교중 산을 넘어 10리, 20리 다니며 땔나무한 점이요.
>
> 둘째, 구인선진이었으나 후진에게도 법으로 대하여 조금도 구인선진 가운데 한 분이라는 상(相)이 없었던 점이요.

셋째, 영산재방언공사 때 품팔이와 땅떼기를 하므로 "일은 그만두고 감독만 하시더라도 노임을 드리겠으니 그리하시라."고 해도 "과거에 칠산이지, 지금도 칠산이냐!"고 하면서 일체를 마다하고 그대로 손자와 땅떼기 한 점 등이다. 그 어른의 회상을 위하는 마음과 심법이 이와 같았다.[55]

이처럼 칠산의 심법은 어렵고 힘든 사가 생활에서도 극도로 곤궁한 생활 속에서도 교중의 산에서 나무를 베는 법이 없고, 선진이나 후진에게도 항상 법으로 대하며, 그가 조금도 구인선진으로 회상 창립에 공헌했다는 상(相)이 없는 가운데 공사에 합력하는 정신의 표본을 보여준 것이다. 칠산의 일생은 오직 공부인으로 일관된 삶이었다. 어떠한 처지와 상황에서도 공사를 먼저 생각하고 힘 닿는 대로 공사에 협력하려는 모습은 자신과 교단을 둘로 생각하지 않는 위대한 심법이다. 교단사적으로 볼 때 칠산의 삶과 모습 속에 그대로 투영된 출가위 심법은 교단 만대에 길이 이어 나갈 정신적 유산으로 그 의미와 가치가 매우 크고 높다.

Ⅳ. 맺음말

특히 칠산의 전 생애를 정리함으로써 그의 심법과 행적을 중심으로 그의 사상을 정리하면서 저축조합, 방언공사, 그리고 법인성사가 교단사적으로 매우 중요한 의미가 있음을 거듭 확인하게 되었다. 그리고 이미 밝힌 바와 같이 이 세 가지 사업을 원불교 창립정신의 목적 측면에서 볼 때 저축조합은 자립정신, 방언공사는 개척정신, 법인성사는 봉공정신을 함양하기 위한 것으로 정리할 수 있다.[56] 또한 칠산은 교단 초창기 순일한 신성과 합력의 정신으로 그가 처한 상황에서 힘 닿는 대로 공중사에 합력하는 상 없는 공부인의 삶을 살았다고 종합하여 정리할 수 있다.

특히 칠산이 그의 생애에서 보여준 심법 및 행적을 중심으로 그의 사상을 다음 세 가지로 요약하였다.

첫째, 소태산에 대한 독실한 신성과 신맥을 바로 이어 받드는 정신의 표본이다.

둘째, 영육쌍전과 창립정신의 표본이다.

셋째, 상(相) 없는 심법으로 공사에 합력하는 정신의 표본이다.

이와 같이 칠산은 초기 교단사 형성 과정에서 이소성대, 사무여한, 일심합력의 원불교 창립정신을 기반으로 저축조합과 방언공사, 법인성사 사업에 구인제자로 함께한 회상 창립의 인물이다. 그러므로 칠산의 생애와 사상은 회상 창립기 저축조합운동으로 교단의 경제적 기반을 구축하여 초기 교단에서 경제 자립을 도모하는 데 기여한 바 크며, 방언공사로 초기 교단 창립의 경제적 기초를 세우는 데 기여하였고, 법인성사로 창립 결실을 맺는 데 큰 역할을 하였다.

칠산의 세 가지 사상과 아울러 구인선진 한 분 한 분의 생애와 사상은 교단이 100년의 역사를 마무리하고 새로운 2세기를 시작하면서 영원히 체받고 계승해야 할 우리의 과제이며 목표이고 우리 모두가 체받도록 노력해야 할 사명이다. 구인선진들의 생애와 사상을 그대로 체받도록 노력한다면 향후 오만 년 교운을 능히 장담하고도 남을 것이며, 이것이 지금 이 시대를 살아가고 있는 우리들을 통해 후세에 길이 전하게 될 원불교 최고의 정신적 자산이며 유산이 되리라 확신한다.

〈칠산 유건 종사 연보〉

시기	원기월일	서기	연령	주요 내용	교단 및 국내 관련 주요 내용
교단 입문전기 (1880-1915)		1880. 11.11	1세	전남 영광군 백수면 길룡리에서 부친 유호일 선생과 모친 이씨의 2남 2녀 중 차남으로 출생. 대종사의 외숙	『동경대전』 출간
		1911	32세	일찍이 동학에 입문, 득도묘술(得道妙術)에 힘썼으나 무실(無實)함을 깨닫고 퇴교함	신해혁명 대종사 귀영바위 인근이사
교단 입문기 (1916-1923)	1	1916	37세	생질인 대종사의 제자가 됨.대종사 호칭을 성사님, 선생님, 스승님, 종사님이라고 호칭 발의하여 먼저 실행함	대종사 대각 최초법어 발표
	2.7.26	1917	38세	교단 최초의 통치단인 남자정수위단 조직 시 곤방 단원이 됨	『법의대전』 찬술 저축조합운동
	3	1918	39세	간석지 방언공사에 팔인동지와 함께 참여. 구간도실 건축 참여	방언공사 구간도실 준공
	4.3.26	1919	40세	옥녀봉 동쪽 중턱 천연바위의 이마 부위에 석회를 발라 정광평준공기념비인 방언조합 제명바위 건립 발의 팔인단원과 함께 창생구원을 위해 기도를 시작함	법인성사, 3 · 1운동 봉래산 법회 불법연구회 기성조합
	양8.21			백지혈인의 이적으로 법인성사를 이루고 대종사께 법명을 받음. 그 후 영산 사가에 머물며 거진출진으로서 회상 발전에 기여함	
	8	1923	44세	영산원 건축 후원	영산원 준공
교단 입문후기 (1924-1963)	9	1924	45세	최초 남자수위단원의 실무 불이행으로 대리 단원 조갑종으로 바뀜	창립총회 임원 선정, 만덕산행가, 익산총부 건설, 훈련법 발표
	38	1953	73세	제1대 성업봉찬회시 법위 정식법마상전급, 사업등급 정4등으로 원성적 준3등 77인 중 36호에 해당됨	제1대 성업봉찬회
	40.8	1955	75세	영산재방언공사 감독 및 합력에 힘씀	영산재방언공사
	42	1957	78세	후진들의 청에 따라 중앙수양원에 입원, 만년수양에 힘씀	산동교당에서 대종경 편수 진행
	48.2.22	1963	83세	구인선진 중 최후에 열반. 법강항마위 추존	교화 삼대 목표 추진 중앙청년회 결성
	48.12	1963	83세	원광 42호에 칠산 유건의 구술 자료 〈송천은-회상일화〉 칠산 옹으로부터 들은 이야기 소개	
	70.3.20	1985		수위단회에서 대호법으로 추존	
	100.5.13	2015		제214회 임시수위단회(5.13)에서 출가위 법위 추존 및 종사위 서훈	대산 종사 탄생 백주년 기념대회

팔산 김광선 종사의 생애와 활동

류 성 태(원광대학교 원불교학과 교수)

Ⅰ. 머리말

원불교 100주년을 기해 구인선진에 대한 '종사위'의 추존이 이루어졌다. 이를 기념하기 위해서 원불교성업봉찬회와 원불교사상연구원에서는 학술회의를 공동 개최하고 문집을 만들기로 하였다. 원불교의 한 세기를 가름하는 교단 2세기에 즈음하여 구인선진이 이처럼 주목을 받는 이유는 무엇인가. 이는 소태산 대종사(1891-1943, 이하 경칭 생략) 신봉과 초기 교단의 '법계인증'이라는 천의(天意)의 감동과 관련되어 있다. 소태산은 구인제자에게 말하였다. "지금 물질문명은 그 세력이 날로 융성하고, 물질을 사용하는 사람의 정신은 날로 쇠약하여, 개인 가정 사회 국가가 모두 안정을 얻지 못하고, 창생의 도탄이 장차 한이 없게 될지니, 세상을 구할 뜻을 가진 우리로서 어찌 이를 범연히 생각하고 있으리요."[1] 이때를 당하여 전일한 마음과 지극한 정성으로 모든 사람의 정신이 물질에 끌리지 아니하고 물질을 사용하는 사람이 되어 주기를 천지에 기도하여 천의에 감동이 있게 하라는 것이다. 구인선진의 법계인증이라는 혈인기도를 중시하여, 교단 발전을 위해 초심을 새겨야 할 역사적 시점에 이르렀다.

이러한 맥락에서 조망하고자 하는 인물은 구인선진의 한 분인 팔산 김광선(八山 金光旋, 1879-1939) 종사이다. 그는 소태산을 받든 오롯한 제자로서 지고의 인품과 그 위상을 지녔던 분이다. 소태산은 대각 후 정산 송규(鼎山 宋

奎, 1900-1962) 종사를 만날 때까지 주로 팔산을 대동하고 다녔으며, 저축조합을 조성할 때, 방언사업이 이루어질 때, 그리고 소태산과 정산의 조우가 이루어질 때 등 역사적인 순간에는 언제나 팔산이 큰 역할을 했다.[2] 팔산은 소태산과 가장 막역한 사이이자 가장 가까이에서 보필한 제자로서 교단 창립의 중요한 역할을 하였기 때문이다.

필자가 팔산의 생애 및 인간상에 접근하고자 하는 것은 소태산을 향하는 심법, 즉 스승에 대한 신성 일관의 자세, 나아가 교단 활동이라든가 그의 인간상 정립과 관련된다. 정산은 〈팔산 선생 열반을 지내고〉라는 글에서 공자와 안연의 관계를 예로 들어 추모하고 있다. 제자 안연이 죽거늘 공자 슬피 울자 한 제자 가로대 "부자께서 너무나 과히 애통하지 않습니까?" 한즉 "이 사람을 위하여 슬퍼 아니하고 그 누구를 위하여 슬퍼하랴?" 하였다며, 정산은 다음과 같이 말한다.

> 우리 회상에 팔산 선생이 열반에 드시니 종사께옵서 성루 방방하옵시고 실성통곡하시기를 여러 번 하셨은즉 여기에서도 종사주와 팔산 사이에 맺힌 정곡과 또는 팔산이 우리 회상에 어떠한 인물인가를 후래 사람으로도 능히 추상하리라고 믿는 바입니다.[3]

공자와 안연에 필적할 정도로 소태산과 팔산의 위상을 정산의 회고 속에서 가늠할 수 있다. 팔산의 이 같은 교단적 위상을 기리는 작업은 이미 교단의 선진에 대한 문집 발간에서 이루어져 왔다. 원기60년대 이후로 교화 차원에서 선진들의 일대기를 엮은 『선진문집』이 교화부 편수과에서 선진문집편찬위원회 편저로 편찬 발행되었다. 그 1집으로 원기64년(1979) 5월 5일 공타원 법설집 『행복자는 누구인가』, 『항타원종사문집』, 『주산종사문집』,

『응산종사문집』, 『삼산 · 육타원종사 문집』이 발행되었고, 뒤이어 팔산에 관한 선진문집으로 『팔산 · 형산종사문집』(원불교 교화부)에서 1차 정리가 되었다.[4] 본 문집은 원기79년(1994) 팔산 · 형산 종사에 관한 자료를 후손들을 중심으로 수집하여 교화부에서 편찬한 것이다. 주요 내용으로는 팔산의 일대기, 어록, 논설, 의견안, 설교 제목, 교사에 나타난 팔산, 열반 자료, 추모담 등이 자세히 실려 있어 팔산의 전반을 이해하는 데 소중한 자료라 본다.

팔산과 관련한 선행 연구로는 저서, 간행물, 〈월간 원광〉, 〈원불교신문〉, 원불교교화연구회 등의 자료가 있다. 선진문집편찬위원회의 『팔산 형산종사 문집』(원불교교화부, 1994) 및 김준영의 「팔산 김광선의 생애와 사상」(『원불교 인물과 사상』 1, 원광대 원불교사상연구원, 2000)을 비롯하여 김인만의 『원불교 종사열전, 주산종사, 팔산 김광선 대봉도』(원불교교화연구회, 1994) 등이 있다.[5] 간행물로는 이도명 외의 「팔산 선생님 일화」(『교학연구』 3권, 원불교학연구회, 1967), 김인만의 「주산종사, 팔산대봉도」(원불교교화연구회, 1994)가 있다. 〈월간 원광〉 139호의 혈인법인성사, 제67주년 기념 연재(8) 구인선진 팔산(52-55쪽)이 있으며, 〈원불교신문〉에 나타난 팔산의 기사 내용[6]도 적지 않게 발견된다.

우선 팔산의 생애에 대하여 살펴보고자 한다. 이는 팔산의 족보와 일생 연보를 중심으로 접근할 것이다. 이어서 팔산의 교조 소태산과의 인연, 그리고 그 관계성이 어떻게 전개되었는가를 살펴보고자 한다. 또한 팔산의 교단 활동이 후세에 어떻게 평가되고 있는가를 조명하며, 그의 인간상이 사가 생활에 미친 영향, 교단의 스승과 좌우 인연에 미친 영향 등을 모색해 보고자 한다.

II. 팔산의 생애

팔산의 본명은 김성섭(金成燮)이며, 법명은 광선(光旋)이다. 팔산은 1879년 9월 6일 전남 영광군 백수면 길룡리에서 부친 김응오 선생과 모친 강(姜) 여사의 3남매 중 차남으로 태어났다. 8세에 숙부 김응칠에게 출계하여 양모인 조연풍의 지극한 사랑을 받으며 성장하였다. 팔산의 성품은 근실 강직하였고 심지가 견고하였음은 물론 용단력이 뛰어나 무엇이든 한번 하기로 한 일은 실행에 옮겼으며[7] 하지 않기로 한 일은 결단코 행하지 않았음은 물론 매사의 판단에 명석하였던 것이다.

지혜가 출중했던 팔산은 10세에 한문에 관심을 갖고 한문사숙을 시작하여 16세까지 공부를 지속하였다. 그의 나이 17세에는 길룡리 마촌 산중에서 음양복술을 1년 동안 공부한 적이 있었다. 공부 기간 중 울창한 산속에서 잡목으로 천막을 치고 주문을 읽으며 심축을 드리는데 밤이 되면 호랑이가 내려와 출입구에 앉아서 한 청년의 거동을 응시하고 있었다. 하지만 조금의 공포심도 없이 오롯한 심경으로 주문에 외웠으니 팔산의 대담성은 가히 짐작할 만하였다.[8] 호랑이가 매일 밤 찾아왔음에도 불구하고 그의 기도심과 용기로 두려움이 없어져 집에서 키우는 개와 같은 느낌이었다고 한다.

팔산은 18세에 신정랑 여사와 결혼을 하였으며, 20세에 장녀 용선화가 태어났고 24세에 장남 홍철, 뒤이어 자녀들(4남 2녀)이 태어났다. 결혼과 더불어 30세까지는 가계를 돕고 작농을 하며 각지를 돌며 상업에도 종사하였다. 31세부터 3년간 광신 김씨 문중의 대동보를 꾸미는 데 전심전력으로 노력하였다. 중년의 나이 38세에 26세에 대각을 이룬 소태산의 제자가 되었으니, 제자가 되기 1년 전까지 가장으로서 자녀의 교육과 가정사에 성심으로 임하였다.

팔산의 가계는 다음의 가계도로 잘 나타나 있다.

光山金氏 家乘

光山金氏 家乘(大派: 文肅公, 中派: 三司左使公, 小派: 首山公 松柏堂公)[9]

位(1세)-光世(2세)-鏡亮(3세)-(4세)-台(5세)
台紘(文正公, 5세)
周鼎(4세)-深(5세)-承嗣(三司左使公, 6세)-精(7세)-宗衍(8세)-伯匀(9세)-子進(首山公, 10세)-衷孫(11세)-崇祖(12세)-紀(13세)-景愚(14세)-大振(15세)-友說(松柏堂公,16세)-汝鑽(17세)-允光(18세)-會復(19세)-天彦(20세)-必洙(21세)-柱輔(22세)-益燦(23세)-

- 晩赫(24세)
  - 壽誠(25세) (應五)
    - 大鎬(26세)
      - 源淳(27세) — 賢植(28세)
        - 熙大
        - 熙恭
      - 源明(27세)
        - 賢植(28세)出後源淳
        - 敬植(28세)
          - 熙弘
          - 熙相
          - 熙碩
          - 熙煥
        - 恩植(28세) — 熙正
    - 圓鎬(26세) 出後壽基
    - 俊鎬(26세) — 源吉(27세) — 龍植(28세) — 熙成
  - 壽基(25세) (應七)
    - 圓鎬(26세) (八山)
      - 源順(婿, 김병국)
      - 源承(형산)
        - 仁植(대심)*
        - 哲植(대관)*
        - 英植(대현)*
          - 熙叔(덕상, 29세)
          - 熙昌(인상)
        - 敎植(대종)
          - 熙眞
          - 熙善
          - 熙泰(윤상)
          - 熙勇(원상)
        - 誠植(정심)*
      - 源護(무산)
        - 連植(덕봉) — 熙秀(장승)
        - 光植(덕산)*
      - 源和(설산)* — 昇植(혜광)*
        - 熙聖(혜림)
        - 熙俊(진상)
        - 熙雄(태연)
      - 源洙(婿, 이동신)
        - 이운철(수산)*
        - 이은영(송타원)*

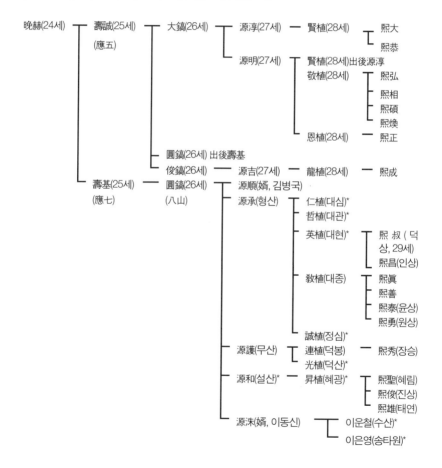

위의 가계도에 나와 있듯이 팔산의 이름은 원호(圓鎬)이며, 족보 대파(大派)는 문숙공파(文肅公派)이며, 중파(中派)는 삼사좌사공파(三司左使公派)이고, 소파(小派)는 수산공 송백당 공파(首山公 松柏堂 公派) 26세손(광산 김씨 전체 세손 38세손)이다. 팔산은 형산 · 설산 두 아들로 하여금 전무출신을 하도록 권면하였으며, 손자녀로서 대심, 대관, 대현, 정심, 덕산, 혜광, 서계(婿系)로는 이운철, 이은영이 출가를 하였으니 팔산의 가정에서는 모두 11명이 교역을 지원하여[10] 공중사에 헌신, 일원가족을 이루었다.

소태산을 스승으로 모시고 공중사에 헌신한 팔산의 숭고한 의지가 전무출신의 길로 이어졌으며, 이는 그의 자손들의 장래에까지 큰 영향을 미쳤던 것이다. 원기3년에 기도가 끝난 후 팔산은 장남 홍철(형산)에게 가사를 맡기고 출가의 길로 나아갔다. "나는 천지공사를 하러 떠나니 네가 집안 살림을 하여라."는 말을 남기고 그동안 모은 재산을 정리하여 처리한 다음 집 한 채와 문전의 밭 1천 평을 장남에게 물려준 후 표연히 전무출신의 길로 갔다.[11] 팔산은 말하기를, 우리 회상은 대도회상이며 소태산을 받들어 모신 것을 깊이 명심하여 자손대대 전무출신을 많이 하여 꽃다운 가훈을 천추에 전하라고 하였다.

한때 팔산은 자손의 교육을 위하여 집 앞에 독서당을 마련하여 한학을 배우게 하였고, 가사를 정리하여 서울로 이사할 계획까지 세웠다. 그러나 청소년기 시절에 아우로 만났던 소태산이 인류 구원의 염원을 품고 대각을 이루자 큰 스승으로 받들고 교단 창립을 위하여 혈성을 다하였다. 어느 해 겨울, 사가에 왔을 때 큰자부(이보응화)가 어린 차녀 김대관을 안고 팔산 시아버지께 "이 아이는 울기를 잘 하고 특히 밤에는 울음을 멈추지 않을 때가 있어요."라고 사뢰니, "대관이는 태몽이 남자다. 그런데 여자로 태어난 것이 억울해서 운다. 장차 크면 불법연구회로 보내 전무출신을 시켜야 한다."라고 하였고, 어느 해 가을 사가에 왔을 때 장손(김대현)을 보고 "어서 커라. 너를 가르쳐서 나의 한을 풀어야겠다."고 말한 후에 큰자부에게 "너희 자식들은 모두 불법연구회에 보내서 남을 지도하는 사람이 되게 하라."[12]고 부탁하였다.

스스로 전무출신의 길에 들어선 팔산은 소태산의 대각을 계기로 대도회상을 만난 기쁨으로 출가를 단행하여 소태산과 과거에 맺었던 친밀한 관계를 사제의 관계로 고쳐 첫 제자가 되었다. 이로부터 팔산은 그동안의 생활방식이 크게 달라졌다. 다소 넉넉하게 살았던 길룡리 사가의 재산을 출가의 숭고한 의지에 따라 빚의 탕감은 물론 공중사에 헌신하였다. 팔산은 "내가 속세에서 가졌던 재물은 아무 소용이 없다."고 말하고, 그동안 남에게 빚을 준 문서(3천여 원)을 불사르고 씨앗소(50여 마리)를 내놓은 것도 모두 묵살한 후 가지고 있던 재산 중 문전의 밭 1천 평만을 물려주고 모든 전답을 정리함으로써 영산저축조합을 조성하는 데 희사하였다.[13] 그의 장부다운 성격을 엿볼 수 있으며, 결단력과 강직한 성품은 공도 헌신이라는 전무출신의 삶으로 이어졌던 것이다.

심타원 신정랑(心陀圓 申正浪, 1879-1963) 여사는 팔산의 정토로서 출가한 남편의 뜻을 지극히 받들며 가정의 행복한 삶을 이끌어 갔다. 남편이 낮에 방언을 하고 밤에 소태산의 가르침을 받들다 보면 시장할 것 같다고 떡을 좀 해 왔으면 좋겠다고 하자, 방아를 쩌서 떡을 만들어 공양하기도 하였다. 어느 날 밤에 떡 소쿠리를 이고 아홉 살 먹은 장남(김홍철)의 손을 잡고 내를 건너는데 비가 와 물이 불어나자 급한 물살에 손을 놓쳤다. 장남이 냇물에 떠내려가다가 바위 하나를 만나서 간신히 살아났는데, "이 떡을 안 먹어도 괜찮은데 귀한 아들 하나 잃을 뻔했다."며 소태산은 물에 젖어 떨고 있는 홍철에게 자신의 두루마기를 벗어서 입혀 주었다. "팔산의 장남 홍철이 저렇게 죽으려다 살아났으니 내가 선물을 해야 할 텐데 선사할 것이 없다." 하더니, 소태산은 『중용』을 꺼내며 "내가 줄 것이 없으니 이것이나 가져가라." 하면서 "성현들 말씀은 땅에 안 떨어진다. 내가 지금 불교 혁신을 하러 나왔으니 그렇지, 내가 그때 나왔으면 자사를 스승 삼을 것이다."(김홍철 전언)[14] 라고 하면서 홍철에게 가르침을 일러 주었다.

팔산의 장남 홍철은 나이 23세(원기9)에 아버지가 출가하자 가사를 책임져야 했다. 청년으로서 홍철이 아버지의 출가에 가사의 책임을 진다는 것은 감당하기가 벅찼다. 갑작스런 책임감으로 가사를 감당하기가 버거웠던 탓에 홍철은 밤낮을 열심히 일하였다. 어려서 부자라는 소리를 들으며 호강하고 컸는데 아버지가 3천여 원 채권증서를 모두 소각하고 50마리나 되는 송아지 배내기도 포기해 버리니 홍철이 물려받은 것은 문전 밭 1천여 평이었으며 그것만으로 가사를 이끌어가는 데 힘이 부칠 수밖에 없었다.[15] 아버지가 방언조합과 상조조합에 많은 재산을 출자한 뒤로 춘궁기에는 하루 세끼 밥을 먹을 수 없었으며 굶는 날도 많았다. 홍철은 아버지 팔산을 대신하여 조모님과 5남매 식구를 돌보기 위해서 자신 스스로의 힘으로 가사를 꾸려가야 한다는 책임감 속에 있었으므로 얼마나 고단한 삶이었겠는가.

42세가 되자 김광선은 '팔산'이란 호를 받았으며, 43세까지는 영광 길룡리 교당 부근의 사택에 거주하며 언답 감독과 회무 보조에 노력하였다. 팔산의 나이 48세에 장남 홍철은 이보응화와 결혼하였는데, 원불교의 간소화된 혼인례에 의하여 최초로 간소한 결혼식을 올렸다. 팔산의 나이 53세에는 장남 홍철이 부친의 뒤를 따라 전무출신을 하였으며, 삼남은 총부 산업부원이 되었고, 차남은 김신홍화와 결혼을 하였다.[16] 이처럼 팔산의 자녀는 전무출신을 하거나 결혼을 하는 등 평범한 가정을 이끌어 가면서도 공중사에 뛰어들어 행복한 생활이 지속되었다.

그러나 인생은 무상하다고 했던가. 팔산은 동선 중인 원기24년(1939) 1월 3일, 영광 길룡리에서 61세를 일기로 열반에 들었다. 익산총부에서 열반 소식을 접했을 때는 각지에서 모여든 선객들이 선원에서 오전 공부 중이었다. 선방에 참석하였던 소태산이 눈물 어린 얼굴로 "오늘 공부는 중지하시오. 영광에서 팔산이 열반했다는 전보가 왔소."라고 말하자 선객들은 경악을 금치 못하고 대각전에 가서 망배식을 거행했다.[17] 팔산의 열반과 관련한 소식은 〈회보〉 52호의 익산총부 상황에 잘 나타나 있다. 망배식을 거행할 때 종사주의 애통함은 말할 것도 없었고, 일반 대중이 모두 부모의 상을 당한 것처럼 비통함을 금치 못하였다.

팔산의 열반과 관련하여 『대종경』에 법어로 등장하였을 정도로 초기 교단으로서는 교단적인 슬픔으로 다가왔다. 곧 팔산이 열반하매 소태산은 눈물을 흘리며 법어를 설하기를, 팔산으로 말하면 이십여 년 동안 고락을 같이하는 가운데 말할 수 없는 정이 들었으나, 법신은 비록 생멸성쇠가 없지만 색신은 이제 또다시 그 얼굴로 대하지 못하게 되었으니 그 어찌 섭섭하지 아니하겠느냐는 것이다. 소태산은 팔산의 영을 위하여 생사거래와 업보 멸도에 대한 법을 설하였는데, 그것은 과거 부처님 말씀에 생멸거래가 없는 큰 도를 얻어 수행하면 다생의 업보가 멸도된다는 내용이다.

> 생사거래와 고락이 구공한 자리를 알아서 마음이 그 자리에 그치게 하라. 거기에는 생사도 없고 업보도 없나니, 이 지경에 이르면 생사업보가 완전히 멸도되었다 하리라.[18]

팔산의 열반에 기하여 소태산은 업보를 멸하고 생사를 해탈하는 법어를 간절히 설하였음을 알 수 있다.

요컨대 팔산 생애의 특징은 몇 가지로 정리할 수 있다.

첫째, 종사주 대도정법이 출현하기 전부터 대성인으로 알아 뵙고 존모 시봉에 일심전력을 다하였으며, 또 십수 세 연상임에도 불구하고 스승 섬기는 도에 신성이 여일하였던 점.

둘째, 23년간을 사가는 전연 불고하고 본회의 공부와 사업만 전력하여 시종이 여일하였던 점.

셋째, 본회 창립 23년간 자신의 활동도 장하거니와 그것으로도 부족하였던지 또 홍철 · 병철 두 아들을 전무출신케 하여 장래 본회의 인재가 되게 한 점.

넷째, 본회 창립 기초를 세우기 위하여 영광에서 방언 작답할 때에 해수가 침입하여 방언답이 무너지는 위기에 육신으로 막겠다고 사지를 평지 같이 뛰어들었던 점이 그것이다.[19]

팔산 종사 생애의 특징이 이처럼 몇 가지로 정리될 수 있다.

주지하듯이 팔산의 사가와 공가 생활을 아우르는 생애는 『팔산 · 형산종사문집』과 『원기72년총람』Ⅳ를 중심으로 연도별로 정리되어 있다.

Ⅲ. 교조 소태산과의 인연

팔산은 소태산의 대각 이전의 어린 시절부터 같은 마을에 살면서 친분이 두터운 사이로서 마치 형제와 같았다. 이는 소태산의 가정과 교의(交誼)가 두터웠기 때문이며, 대각 이후의 경우는 사제 관계로 진전되었다. 대산 김대거(大山 金大擧, 1914-1988) 종사는 팔산의 소태산 신봉에 대하여 말하기를, "12년이나 연상이 되는 처지에 한번 사제지의를 정한 후로는 모든 예의에 조금도 서툰 점이 없으며 종사주를 모심에 언어 동작이 극히 겸공하여 효자가 엄부를 대한 듯한 태도가 나타났다"[20]고 하였다. 두 분의 경우 동거일촌하여 누대 세의가 있던 사이였기 때문이라는 것이다. 고향도 같았으니 영광 백수면 길룡리에서 태어났다는 점에서 소태산과 팔산은 숙세의 돈독한 불연이었으리라 본다.

잘 알다시피 팔산은 소태산의 구도 과정, 곧 깨달음 이전에는 연상의 형님으로 받들어졌고, 소태산을 친아우처럼 대하며 물질적 후원을 해 주었다. 특히 소태산이 구도를 할 때에 어려움이 적지 않았던 관계로 팔산이 조밥을 가져다주자 소태산은 이에 끼니를 때웠다. 소태산은 회고하기를 "내가 어느 때에는 구도의 열의는 불타올랐으나 어찌할 바를 몰라서 엄동설한 찬방에 이불도 없이 혼자 앉아 '내 이 일을 장차 어찌할꼬!' 하는 걱정에만 잠겨 있었다. 근동 연장 친우로 있던 지금 팔산이 내 뜻을 알고 매일 아침에 조밥 한 그릇을 남몰래 갖다 주므로 나는 그것을 두 때로 나누어 소금국에 먹었었다."[21]라고 하였다. 팔산은 소태산이 긴 구도 과정 속에서 폐인 같이 되었을 때 아낌없는 후원을 해 줌으로써 구도의 역정을 지속할 수 있도록 보필하였던 것이다.

아울러 팔산은 소태산의 나이 22세에 부친의 부채 탕감을 위해 탈이섬 파시에 동행하였다. 이는 교조의 깨달음 이전으로 탈이섬 장사에 팔산뿐만 아니라 일산 이재철(一山 李載喆, 1891-1943)도 동행하였다. 소태산의 구도 과정은 산신과 도사 등을 만나고자 치열한 기도를 계속하면서도 탈이섬 연화봉 법성포 등 영광 주변 지역에 대한 역정이 계속되었다.[22] 소태산은 스무 살(1910) 시월 그믐날 부친의 열반을 맞았으며 부친 박성삼은 생전 부채가 조금 있었던 관계로 읍내 채권자 부잣집으로부터 빚 독촉을 받게 되었다. 이에 소태산은 13년간의 구도 과정을 잠시 중단하고 팔산 및 일산과 동행하여 부채 탕감을 위해 탈이섬에 장사하러 간 것이다. 탈이섬은 임자도 연안의 작은 섬으로, 이들은 탈이섬에서 뱃사람들에게 식량 등 물자를 대 주고 뱃사람들은 잡아온 고기를 대신해서 교환했는데, 이때 소태산은 돈을 벌어 부친의 부채를 청산하였다.

이어서 소태산은 24세경에 이르러 고창 연화봉 등 각지를 돌아다니며 구도 정진을 위해 고행을 하였다. 그는 고창군 심원면 연화리에 있는 연화봉에 가서 3개월가량 수행 정진한 일이 있었다. 팔산의 안내로 김준상의 초당을 빌리게 되었는데, 당시 팔산은 은은한 풍악 소리와 함께 청량한 공기 속에 몰려든 선관들이 소태산을 향해 예배 올리고 가는 불가사의한 일을 경험하기도 하였다.[23] 소태산에게 이 같은 구도의 역정이 없었다면 대도를 증득할 수 없었다. 갖은 고행이라는 자력을 통하기는 했지만 그 과정 속에는 부모의 조력과 팔산의 도움, 연화봉 초당 주인의 알뜰한 도움 등 사은의 은혜가 함께하였던 것이다.[24] 팔산은 이처럼 소태산의 어린 시절부터 깨달음에 이르기 직전까지 정성을 다해 구도 고행을 위해 후원자 · 시봉자로서 함께 했던 것이다.

소태산의 오랜 구도 과정이 끝나고 일원상 진리를 깨달은 직후부터 38세의 팔산은 영생을 책임질 26세의 개벽의 성자를 스승으로 받들게 되었으며, 스스로 그의 제자가 되기를 자청하였던 것이다. 우주에 대한 의심과 맑고 빛나는 눈을 가진 소년 소태산을 후원하는 과정에서 마을 사람들의 기대를 무너뜨리고 점점 폐인이 되어 갔던 것을 보고 팔산은 가슴이 아팠지만, 마침내 1916년 4월 28일에 큰 깨달음을 얻은 소태산을 보고 마음 깊이 감동, 환희 용약하였으니 아우가 스승이 되고 형이 제자가 된 것이다.[25] 숙겁의 인연으로 함께한 팔산은 비록 젊은 시절 아우였던 소태산을 인류 구원의 큰 성자로 받들어 모실 것을 진리 전에 맹세하였다.

이처럼 팔산은 소태산을 가장 가까이에서 보필하였던 관계로 소태산의 대각 후에 최초의 제자가 되었던 것이다. 소태산은 깨달음을 얻자 처음 근동의 많은 신자를 얻어 서로 내왕한 지 4-5개월을 지냈다. 그는 모든 사람의 현황을 관찰한 후 40여 인을 일률적으로 지도할 생각을 당분간 중지하고 그 중에서 특별히 진실하고 신념 굳은 사람을 선택하여 첫 회상의 표준제자로 먼저 여덟 사람을 선택하였다. 그들은 김성섭, 김성구, 박한석, 오재겸, 이인명, 박경문, 유성국, 이재풍이다. 팔인제자들 중 첫 번째 만난 제자가 팔산 김성섭이었다. 정산은 팔산이 소태산의 가정과 서로 교의가 두터웠고 또한 가장 친절함이 있었다[26]고 회고하였다. 정산은 팔산이 소태산의 첫 제자였다는 것에 대하여 의미를 크게 부여하였다. 소태산은 병진 4월 28일에 대각을 하고 〈호남가〉를 외웠는데 막역한 사이로서 팔산이 "그 전에 있는 노래입니다."라고 사뢰니, "아! 선각자도 있는가 보다."[27]라며 사제간 감성을 공유하였다.

소태산이 대각을 한 후 얼마 뒤 팔산과 외출에 동행한 일이 있었다. 당시 둘이 영광 장에 갔던 일화를 소개하여 본다.[28] 영광 읍내로 들어가다가 어느 집에 들러 잠깐 휴식을 하였다. 소태산은 장꾼 중의 한 여인을 보고 물었다. "바깥주인이 계시나요? 좋은 인연 만나게 해 주려고요." "생이별하고 혼자 살지요." 소태산이 정중하게 물었다. "이 집 주인이 홀아비로 있는데 같이 살면 어쩌나요?" 라며 말하였다. 옛날 깊은 산속에 수꿩과 암꿩이 오순도순 재미있게 살았는데, 두 꿩이 죽어 여러 생을 거치는 동안 차차 좋은 몸을 받아 사람 몸을 받게 되었다는 것이다. 그러다가 어느 날 우연히 전생 인연을 만나 다시 부부가 되어 잘 살게 되었다는 예화이다. 두 사람은 그 이야기를 듣고는 자기들도 모르는 사이에 감정이 북받쳐 부모상을 당한 것처럼 흐느껴 울었다. 소태산이 그들에게 다시 말하였다. "사람은 인연을 잘 지어야 하는 것이니 이 말을 깊이 명심하시오." 장을 보고 돌아오는 길에 팔산은 소태산에게 궁금하여 물었다. "아까 처음 만나 그 두 사람이 왜 그리 쉽게 우는지 이해가 안 가요." "그 두 사람은 전생에 꿩 내외간이었지. 자신들 전생 이야기를 해 주니 눈물이 나왔어. 사람이 영생을 살려면 인연을 잘 짓고 복 잘 짓는 것이 가장 큰 일이오." 도무지 알 수 없는 일이었지만 팔산에게 인연작복의 소중함을 깨닫는 계기가 되었다.

구인제자들 중에서도 팔산은 한문 실력이 뛰어났다. 그가 내심 자부심으로 잠시나마 교만심을 갖는 사이, 소태산은 이를 알고 혼줄나게 한 일이 있다. 곧 열두 살이나 손위인 팔산은 소태산을 뫼올 때 한 가지 자부하는 것이 있었다. 일찍이 광산 김씨 문중의 대동보(족보)를 편찬한 자기인 만큼 한문 실력은 아무래도 자신이 소태산보다 나을 것이라 생각하였던 것이다.[29] 어느 날 소태산은 그에게 분부하였다. "내가 지금 한문으로 교법을 불러 낼 것이니 그대는 즉시로 받아쓰라." 소태산은 즉석에서 수많은 한시와 한문을 연속하여 불러 내었다. 팔산이 한참 동안 받아쓰다가 부르는 글을 미처 다 수필하지 못하고 황겁하여 어찌할 바를 몰랐다. 소태산은 이에 말하였다. "그대는 이제 한문에 얽매이는 생각을 놓아 버리라. 앞으로는 모든 경전을 일반 대중이 다 알 수 있는 쉬운 말로 편찬해야 할 것이며 우리글이 세계의 명문이 되는 동시에 우리말로 편찬한 경전을 세계 사람들이 서로 번역하여 배우는 날이 멀지 아니하다. 그대는 다시 어려운 한문을 숭상하지 말라."[30] 이와 관련한 법어가 『대종경』「전망품」에 나타나 있다.

자신의 한문 실력을 은근히 뽐냈던 팔산은 소태산으로부터 은근한 질책을 받았던 바, 소태산의 역량을 감히 헤아릴 수 없음을 깨달았다. 스승의 이 같은 인품에 대하여 팔산은 한마디로 '학이불능(學而不能)'이라 하였다. 팔산이 위연히 찬탄하기를 "종문에 모신 지 이십여 년에 대종사의 한 말씀 한 행동을 모두 우러러 흠모하여 행하고자 하되 그 만분의 일도 아직 감히 능하지 못하거니와, 그 가운데 가장 흠모하여 배우고자 하나 능하지 못함이 세 가지가 있으나 하나는 순일무사하신 공심이요, 둘은 시종일관하신 성의요, 셋은 청탁병용하시는 포용이라."[31]고 하였다. 그는 소태산의 운심처사를 보고, 오직 이 회상을 창건하는 일 외에는 다른 아무 생각도 말씀도 행동도 없었으니, 이것이 마음 깊이 감탄하여 배우고자 하는 바로서 대자대비의 행이라고 하였다. 팔산은 말년에 「학이불능」이라는 논설에서 소태산으로부터 배우고자 하되 능히 못하는 점을 찬탄해 마지않았던 것이다.

아무튼 소태산의 총애를 받았던 제자로서 팔산은 어디든 동행하며 스승을 시봉하였다. 소태산의 대각 이전의 조력과 더불어 대각 이후, 같이 짚신을 삼아서 팔아 금산사에 동행하는 것[32]에서부터 48세에 사산 오창건(四山 吳昌建, 1887-1953)과 함께 임시로 임실에 주가하던 소태산 내외의 가사 감독 및 시봉 절차를 전담하였다. 그는 소태산이 가는 곳마다 동행하며 성자의 대자대비를 그대로 체받고자 하였으며, 스승에 대한 일호의 의심도 없이 지도에 따라 전심전력으로 신봉하였다. 이처럼 스승의 가르침을 받들면서 교단사에 공심의 표본을 보였으니, 팔산이 열반에 이르자 소태산은 하염없는 눈물을 흘렸던 것이다.

Ⅳ. 팔산의 교단 활동

원불교의 최고의결기관으로는 수위단회가 있는데, 팔산의 주요 교단 활동은 무엇보다도 소태산의 구인제자로서 수위단회의 활동일 것이다. 소태산은 일찍이 공부인의 조단 방법을 강구하여 장차 시방세계 모든 사람을 교화할 교화단을 조직하였으며, 그 대략은 9인으로 1단을 삼고, 단장 1인을 가(加)하여 9인의 공부와 사업을 지도 육성케 하며, 이십팔수의 순서를 응용하여, 몇 억만의 많은 수라도 교화단으로 교화할 수 있도록 했다. 교화단 단장에 소태산, 건방 이재풍, 감방 이인명, 간방 김성구, 진방 오재겸, 손방 박경문, 이방 박한석, 곤방 유성국, 태방 김성섭이었다.[33] 팔산(김성섭)은 소태산의 구인제자로서 낙도 생활을 하던 중 원기2년(1917) 7월 남자정수위단을 조직할 때에 첫 태방 단원으로 입단되었다.

교화단의 조단 정신에서 볼 때, 소태산은 미래적 안목으로 교단의 문을 열고 많은 사람을 통치 교화할 교화단을 만들면서 중앙의 자리를 비워 놓으며 "이 자리는 후일 멀리서 올 사람이 있으니 그 때까지 기다려 보자." 라고 하였다. 이에 원기3년(1918) 7월, 소태산은 팔산을 앞세우고 화해리 김도일의 집에서 잠시 거주하고 있던 정산을 직접 찾아가 만나게 되었다. 그 뒤 어느 날 소태산의 명을 받든 팔산은 영광에서 올라오고 정산은 화해리에서 내려가 중로에서 두 분이 서로 만나 은밀히 장성을 거쳐 영광을 향하였으며, 선진포 나루터에는 배가 없어서 팔산이 바지를 벗고 정산을 업어서 건넜다. 이윽고 영광 백수면 길룡리에 당도하여 기다리던 소태산을 향해 정산이 큰 절을 올리니 소태산은 그를 반기며, "이 일이 어찌 우연한 일이겠느냐. 숙겁다생에 서약한 바 컸느니라."[34]고 하였다. 팔산은 숙연의 불연으로서 소태산과 정산 두 성자의 화해 조우와 영광 동행에 함께하였던 것이다.

원기4년(1919) 3월, 팔산은 초기 교단의 경제적 기반을 이루기 위해 전개된 방언공사에 참여하였다. 가난과 오랜 궁핍이 지속된 영광의 백수마을 앞으로 흐르던 바닷가에 제방을 쌓는 간척사업이 시작된 것이다. 엄두조차 내지 못하던 방언사업을 착수할 때 근동 사람들의 비평과 조소가 있었지만 그 언을 쌓기 위해서 소태산과 창립 선진들은 혈심혈성을 다하였다. 방언공사가 중반을 지났을 무렵, 어느덧 가을이 가고 추운 겨울이 오고 있었는데, 하루는 팔산이 이전에 쌓은 둑에 아무런 이상이 없는지를 둘러보고 있었다. 그때 방언 둑에 구멍이 뚫려 바닷물이 새어 들고 있었으며 손가락만한 구멍은 자꾸 커지고 있음을 발견하였다. 팔산은 "구멍은 자꾸 커지는데 막을 것은 없으니 이를 어쩌나?"며 망설이다가 이내 "좋다, 내 몸뚱이로 저 구멍을 막자." 고 결심하여 자기 몸을 던져 구멍을 막았다.[35] 안간힘을 쓰며 몇 시간을 온몸으로 바닷물을 막고 있었던 바, 마침내 바닷물이 서서히 빠지기 시작했다. 방언 둑이 무너질 위기를 당하여 그는 희생정신으로 대하였던 것이다.

방언공사를 마친 후 원기4년 7월, 소태산은 팔산을 포함한 구인제자와 기도를 시작하여 이적의 법인성사를 이룩하였다. 당시 소태산은 제자들에게 말하기를, 그대들이 지금까지 기도해 온 정성은 심히 장한 바 있다고 하였으며, 제자들은 '사무여한'이라는 최후 증서를 써서 각각 백지장을 찍어 상위에 올리고, 결사의 뜻으로 엎드려 심고하였다. 마침내 백지장들이 혈인(血印)으로 변하자, 이를 들어 단원들에게 보이며 "이것은 그대들의 일심에서 나타난 증거라." 하고, 법호와 법명을 주며, 장차 창생을 제도하도록 하였다.[36] 백지혈인의 이적을 이룬 구인제자들의 기도는 100일간의 간절한 염원 속에서 진행되었으며, 기도를 올린 장소로서 아홉 봉우리의 기도봉은 옥녀봉-일산 이재철, 마촌앞산봉-이산 이순순, 촛대봉-삼산 김기천, 장다리봉-사산 오창건, 대파리봉-오산 박세철, 공동묘지봉-육산 박동국, 밤나무골봉-칠산 유건, 설래바위봉-팔산 김광선, 중앙봉-중앙 송규였다. 조수의 간만에 따라 마촌앞산봉과 촛대봉을 건너갈 수 없는 때에는 이산 이순순은 상여봉으로, 삼산 김기천은 장다리봉으로 옮겨서[37] 기도를 하였다.

원기5년(1920)에는 부안 봉래정사에서 교강이 제정되었는데, 그곳에서 5년여 머무르는 동안 내왕객이 늘어나자 소태산은 장소가 협소함을 알고 하산을 결심을 하였다. 그곳 봉래정사에서 기거하는 동안의 모든 문서를 정리하여 유공인의 성적을 사정하였던 바, 전무노력자와 후원자로 정리되었는데 팔산은 후원자로 기록되어 있다. 이어서 소태산은 잠시 영광으로 환가하였으며, 영광 교실이 너무나 협착하여 모든 대중을 용납하기가 심히 불편하였다. 또 그 기지가 비습하여 교실 위치가 적당치 아니하므로 범현동에 기지를 정하고, 원기8년(1923)에 영산원의 건축 공사에 착수하여 목조 초가 10간 1동과 8간 2동을 동년 10월에 필역하였으며, 건축 공사에 매일 왕래하여 지극정성을 다하였던 관계로 팔산의 공로가 인정되어 전무주력자[38]로 성적이 기록되었다.

봉래정사의 협소함에 더하여 영광의 지리적 조건으로 소태산은 중앙총부 부지를 물색하던 차 부안에서 교류 관계가 있던 백학명(白鶴鳴, 1867-1929) 스님의 권면으로 중앙총부 부지를 정읍 내장사로 할 수 있는지를 살피기 위해 팔산 등을 선발대로 내장사에 보내었다. 이때가 팔산 45세(원기8년)로서 현지 실정을 파악하도록 소태산의 분부가 내려지자 송규, 김광선, 오창건, 이동안, 이준경 등 제자 다섯 명이 선발대로 내장사에 가서 그곳 상황을 살피었다. 소태산은 백학명의 제의에 대해, 내장사가 불교 부지인 관계로 난관이 있을 것을 간파하였음은 물론 승려들의 반대가 있을 수 있어 총부 설립 계획이 무산되었다.[39] 이처럼 팔산은 중앙총부 부지를 물색할 때 내장사에 선발대로 보내지는 등 교단의 중대사 결정 때마다 합류하였던 것이다.

원기9년(1924) 4월 29일 보광사에서 불법연구회 창립총회가 개최되었으며, 종래의 기성조합이 발전적으로 해체되었고, '불법연구회'라는 임시 교명으로 새 회상이 천하에 공개되었다. 창립총회에는 영광, 김제, 익산, 전주 지방에서 김기천 등 14인이 각각 그 지방 대표 자격으로 참석하여, 송만경의 개회사로 개회하고 서중안이 임시 의장이 되어 창립 취지를 설명한 후, 규약 초안을 채택하였다.[40] 본회 창립의 취지 설명이 있었고 임원 선거에서는 회장에 서중안, 서기에 팔산이 선정되었고, 뒤이어 회장 서중안(秋山 徐中安, 1881-1930)으로부터 본 회관 건설의 방책을 문의 받았다. 봉래정사에서 하산한 후 보광사에서의 창립총회를 계기로 중앙총부의 건립 장소가 익산으로 정해졌는데, 익산은 토지가 광활하고 교통이 편리하여 무산자의 생활이며 각처 회원의 내왕이 편리하므로 중앙총부 건립에 적합하다는 판단이었다. 중앙총부 건설의 전무노력자는 팔산 외에 '오창건, 이동안, 이준경, 송규, 송도성, 전음광'[41] 등이었다.

중앙총부의 건설에 즈음할 당시 교단의 정기훈련 성격의 첫 장소로는 초선지 만덕산이었다. 원불교 최초의 정기훈련으로서 원기9년 5월, 소태산은 진안 만덕산을 찾아 첫 선(禪)을 개최하였는데, 이는 팔산의 주재 아래 약 1개월간에 걸쳐 시행하였으며, 이에 인연하여 오늘날 이곳을 만덕산 성지로 지정하고 있다.[42] 만덕산 초선터는 전북 진안군 성수면 중길리에 있으며, 해발 800미터 만덕산의 7부 능선에 위치한 곳으로 교단 초창기에 김해 김씨 문중, 즉 대산 집안의 산제당을 빌려 초선을 진행하였다. 본 초선에는 소태산과 정산을 비롯하여 팔산, 사산, 전음광(惠山 全飮光, 1909-1960), 박사시화(一陀圓 朴四時華, 1867-1946), 이청춘(五陀圓 李青春, 1886-1955), 노덕송옥(賢陀圓 盧德頌玉, 1859-1933), 전삼삼(成陀圓 全參參, 1870-1948), 이동진화(六陀圓 李東震華, 1893-1968), 김삼매화(洛陀圓 金三昧華, 1890-1944) 등 모두 13명이 참여하였다. 만덕산 훈련이 진행된 곳에는 오늘날 '만덕초선지비'(1970)[43]가 남아 있다. 팔산은 여기에서 영육쌍전 이사병행의 공부를 실행하여 만생령을 제도할 수 있도록 실력을 갖추어야 한다고 하였다.

만덕산 초선 후에는 재가・출가의 일심합력으로 익산군 북일면 신룡리에 중앙총부의 첫 건설을 시작하였으나 당시 전무출신 생활의 고단함은 형언

할 수 없었다. 적수공권(赤手空拳)으로 생활 방로가 막연해지자 총부 부근의 송학리에 만석평을 빌려 겨우 공부 자금을 마련하는 정도였다. 이때가 원기 9년으로 전무출신 생활을 힘겹게 시작한 팔산 등은 만석평의 밭 갈기도 눈물겨운 나날이었다. 동년 12월에 송적벽과 팔산 김광선이 주무가 되어 엿 제조업을 시작하였다. 팔산 종사는 46세의 나이에 오창건, 이동안 등 2-3인의 동지와 더불어 엿 장사를 통하여 중앙총부의 물질적 기반을 맡았던 바, 당시 엿을 고는 작업은 팔산이 직접 담당하였다. 이들 전무출신은 한 번도 노동이나 행상을 경험해 보지 못한 처지였고, 대개는 엿밥으로 끼니를 대신하여 침구조차 부족한 누습한 방에서 종일 피곤한 몸을 쉬게 되었으니 그 고초는 형언할 수 없었다.[44] 팔산을 비롯한 초기 교단의 선진들은 전무출신으로서 초창기 어려운 경제 상황 속에서도 이를 고생이라 생각하지 않고 이 회상의 창립주로서 소태산의 법문을 받들며 낙도 생활에 임하였으니 그곳이 지상천국이라[45] 할 수 있다.

익산의 신룡벌에 중앙총부가 건립된 이래에 본격적인 공동체 생활이 시작되자, 팔산은 전무출신의 정신으로 교단 산업의 발전을 위해 노력을 경주하였다. 농민의 영농 지도자가 되어 교도들의 생업에 유익을 주는 교화를 시작하였고, 직조공장을 설립하여 누에 실뽑기, 명주 베짜기 등을 통한 산업 교화도 아울러 행하였다.[46] 원기12년(1927), 신룡리 중앙총부에서 불법연구회는 구체적인 사업 목표를 통해 산업부와 육영부를 창립하는 등 조직을 재구성하였다. 총부의 7부 중에서 송만경(慕山 宋萬京, 1876-1931)의 제안으로 산업부창립단을 조직하였다. 또 사산 등 8인의 발기인이 총지부 각단에 호소하여 영육쌍전의 이념 구현을 위한 산업부 창립과 자금의 확립 운동을 전개하였으며, 그해에 송도성(主山 宋道性, 1907-1946)의 제안으로 육영부창립단을 조직하여 팔산 등 7인의 발기인이 총지부 각단에 호소하여 제생의세의 인재 양성을 위한 육영부 창립 자금의 모금 운동을 전개하였다.[47] 익산총부에 새롭게 구성된 산업부창립단과 육영부창립단은 이듬해부터 농업부 창립연합단과 인재양성소 창립연합단으로 활동을 시작하였으며, 또한 농무단(農務團)으로서 팔산과 이동안(道山 李東安, 1892-1941) 등은 작농에 정성으로 임하기도 하였다.

이처럼 팔산은 익산의 중앙총부에서 소태산을 모시며 영육쌍전을 통한 산업 교화의 선봉이 되었다. 그 결과 원기13년(1928), 창립 제1대 제1회 기념일에 1등 유공인으로 선정되었다. 동년 3월 26일은 제1대 제1회 기념일에 정기총회를 겸한 날이었으며, 소태산은 "선진 후진이 서로 공덕을 알아 업어서라도 받들고 영접하여, 교운이 한없이 융창하고 그대들의 공덕도 한없이 유전되게 하라."는 간곡한 부촉을 하였다.[48] 『교사』의 기록에 의하면, '사업1등 유공인'으로 김광선, 이청춘 · 이동진화 · 서중안 · 전삼삼이었으며, 그 외에도 '5년 이상 전무출신자'로서 송만경 · 송도성 · 이준경 · 이춘풍 · 김광선 · 김삼매화 · 조갑종 · 이동안 · 전음광 등이 기록으로 나타나 있다. 팔산은 사업1등 유공인이자, 5년 이상 전무출신자로서 그 이름을 올렸다. 참고로 1등 유공인으로는 4천 원 이상을 헌공한 경우였으며, 당시 헌공금은 육영부와 공익부에 기탁하여 무의무탁한 자손을 교육시키고 또는 불쌍한 회원을 구제하는 것[49]에 유익하게 사용되었다.

교단 사업의 구석구석에서 몸소 앞장선 팔산은 소태산으로부터 듬직한 제자로서 많은 사랑을 받기도 하였다. 원기13년에 소태산은 하계기념일에 팔산에게 성주를 낭독케 하고, 법회 때 심경을 독창하는 역할도 맡게 하였다. 『월말통신』 기록의 본 기념일 상황을 보면, 동년 8월 11일(음6.26)은 본회 창립 제2회 중의 제9예회요, 하계기념일이었던 바, 오전 10시에 팔산의 인도로 성주 3편을 낭독한 후 송도성이 출석을 점검하였다.[50] 소태산은 이처럼 대중을 향해 친히 법설을 할 때 먼저 팔산을 명하여 성주 3편을 인도하여 낭독하게 하였다.[51] 매월 3예회일에는 송도성이 등석하여 출석원을 점검하고, 박대완의 사회로 개회사를 하였으며, 팔산의 인도로 심경 독창을 하여 예회를 성대하게 개최하였던 것이다.

교단의 중요 행사나 매월 예회의 주역으로 활동하던 팔산은 원기13년 법위승급에서 특신부 승급으로서 '정식특신부 등록회원'이었다(승급연월일 원기13년 3월 26일).[52] 창립 12년 1회 기념일(동년 3월) 28일에 소태산은 공부 등급을 정하여 정중한 가운데 처음으로 승급 예식을 거행하였다. 이 법위사정 발표를 보고 구타원 이공주(九陀圓 李共珠, 1896-1991)는 마음에 의문이 생겨 소태산에게 여쭈었다. "팔산은 어찌 특신부에 아니 올리셨습니까? 교단 새벽 머리 제자요, 혈인을 나투는 데 참예하였고, 종사님 대각하시기 전에는 종사님께서 형이라 부르지 아니하셨습니까?" "그것은 내가 알지 공주는 몰라. 사후에는 항마지."[53] 소태산의 언급을 미루어 보면 당시의 법위 사정을 미래적 안목을 반영한 것으로 보인다.

한편, 팔산의 첫 일선 교화지는 마령교당이었다. 진안에 소재한 마령교당은 설립된 지 3년 만인 원기17년(1932)에 팔산이 초대 교무로 부임하였다. 팔산은 한때 경성출장소 교무직에 부임한 적이 있었으나 두 달 정도로 그쳤고(원기14.10.17-12.24), 56세에 마령교무로 부임하면서부터 본격적인 교화 생활을 시작하였다.[54] 이곳의 3·6예회는 팔산 재임부터 정식으로 익산본관 연구부로 보고되었으며, 원기17년 음력 5월 5일부터 40여 회 예회가 공식 기록에 나타나 있다. 팔산은 이곳 교당의 교무로 봉직하면서 주변의 공한지를 개간하여 밭을 일구어 영육쌍전의 장을 만들어 농촌 교화에서 주경야독의 교화 모범을 보이기도 하였다.[55] 그는 그곳에서 영농 지도자가 되어 수박 농사와 과수 재배 등을 수행하였다. 56세에는 김제 원평교당 교무로 부임하였고, 뒤이어 김제 용신교당의 가옥을 건축하기도 하였다.

팔산의 교단 활동상은 무아봉공의 삶을 전개한 대공심가의 모습이다. 경제적으로 풍요롭고, 지식 면에서 한학에 능한, 팔산이 출가를 하자 당시 세인들은 비평과 조소를 보냈다. 하지만 출가한 후 이에 아랑곳하지 않고 몸소 흙짐을 지고, 농원 일이나 엿 장사 등의 궂은일을 할 수 있었던 것은 소태산에 대한 철저한 신심과 교단을 향한 무아봉공의 정신 때문이다.[56] 팔산에 대하여 정산은 다음과 같이 회고하고 있다. "팔산 형님의 일생 행사가 본회의 살림으로 당신의 참살림을 삼고 본회의 동지로 당신의 참권속을 삼아서 시종일관으로 그 공도헌신의 정신을 일 분도 잊지 않았다."[57] 정산의 언급처럼 팔산은 교단 창립기에 자신의 안일을 도모하지 않고 오로지 공사의 본보기가 되었던 것이다.

일생을 교당 각지에서 공사에 오롯하던 팔산은 59세가 되어 원평교무를 사임하고 총부로 돌아와서 건강을 위해 반년간 정양하였다. 60세인 원기23년(1938)에는 갑종 순교무로 임명되어 각지를 순회하기도 하였다. 동년 7월에는 위장 장애로 고통을 받아 요양을 시작하였으나, 가족의 간절한 간병의 정성에도 불구하고 61세를 일기로 원기24년(1939) 1월 3일 오전 1시경 열반을 하였다.[58]

팔산은 소태산을 큰 스승으로 받들면서 교단의 대소사에 혈심으로 앞장섰으며, 소태산에게 신명을 바친 관계로 『대종경』 곳곳에 그 신성의 흔적이 남아 있다. 팔산의 교단 활약상을 짐작케 하는 법문을 발췌하여 간략히 도식화하면 다음과 같다.[59]

〈표2〉 교서에 나타난 팔산 종사의 관련 법문

	전거	내 용
대종경	천도품 28	팔산 대봉도의 열반을 당하여 대종사 생사거래에 업보멸도에 대한 법설
	서품 6	이 회상 최초의 단을 조직할 때 단원의 일인으로 입단
	서품 14	원기4년 백지혈인의 법인성사 참여 후 팔산 대봉도의 법호와 법명 봉수
	인도품 54	억지로 명예 구하는 자의 송덕비 건립에 대하여 회화시간에 발표
	성리품 20	천지 만물미생전처의 체에 대한 성리문답과 수행하는 데 견성이 필요한 이유 관한 문답
	실시품 47	대종사의 언행 가운데 가장 흠모하여 배우고자 하나 능하지 못한 세 가지에 관한 논설
대종경선외록	구도고행장 4장	대종사 구도열의 회고와 팔산 대봉도의 후원에 대한 회고
	초도이적장 5장	팔간 대봉도가 한문만 숭상하던 태도를 대종사께서 지도
	사제제우장 1장	대종사 각지에 산재한 숙연 깊은 제자 수합 시 첫 제자 팔산
	인연과보장 1장	영광읍 장구경시 대종사께서 전생 꿩 부부에 관한 법문
	자초지종장 1장	팔산 대봉도와 정산종사의 첫 만남
	자초지종장 3장	대종사 노루목에서 밀 베다 팔산 대봉도에게 읊어 주신 한시 한 구
정산종사법어	경륜편 20장	원기42년 법훈 증여식 치사

이처럼 팔산은 소태산의 깨달음 이전부터 지중한 인연이자 교단사에 오롯이 헌신하였던 구인선진의 한 분이었다. 더욱이 소태산의 으뜸 제자로서 스승과 동행하며 매사를 신성으로 일관하여, 위의 언급처럼 『대종경』에 7회, 『대종경선외록』에 6회, 『정산종사법어』에 1회 팔산 종사와 관련한 법문이 수록되었음[60]을 알 수 있다.

Ⅴ. 팔산의 인간상

팔산의 인간상은 그의 일생을 통하여 전개된 활동상과 공인으로서 강직한 성품에 나타난 인격을 중심으로 정립될 수 있다. 사가 생활에서의 아름다운 예화라든가 교조 소태산을 모시며 살았던 심법도 이에 관련될 것이다. 그는 유시부터 천성이 강직한 성격이었다. 심지가 견고하여 무엇이나 한 번 하기로 한 일은 반드시 성취하였다. 농부의 아들로 태어나 근면과 성실로 범현마을에서는 상당한 재산을 모았으며, 남달리 자존심이 강하고 세속의 멋도 함께 지녔던 장부다운 기질을 소유하였으니, 근실 강직한 인품은 전무출신의 가통[61]을 세울 수 있는 바탕이 되기도 하였다.

유년기부터 소태산과의 친밀한 관계를 유지해 왔던 팔산은 제자들 중에서도 소태산과 각별한 사이였다. 소태산은 어린 시절 12년 위인 팔산을 '형'이라 부르며 서로 의형제를 맺었던 것이다.[62] 팔산은 연하의 동생이 구도하는 모습을 지켜보면서 경제적 측면에서 후원도 하고, 깨달음을 향한 구원의 의지를 지속할 수 있도록 지원을 아끼지 않았다. 소태산이 깨달음을 얻은 후에 팔산은 후천개벽의 성자로 소태산을 받들었다. 소태산을 스승으로 모신 후 팔산은 공부에 방해 되는 세간사를 청산하였는데, 당시 상당한 금액에 해당하는 채무자의 빚을 탕감하여 주고, 문중의 전답을 1천 평 정도만 가정에 물려준 후 나머지는 영산 저축조합을 조성하는 데 희사하였다. 이러한 그의 심법은 속세의 재물은 영생사의 해결에 큰 소용이 없다며 오로지 공사에 기꺼이 활용되도록 한 결정체이다.

한참 동생뻘 되는 소태산을 인류 구원의 스승으로 모시는 심법은 팔산에게 신성일관으로 이어졌다. 구한말 유교 문화와 의식이 편만되어 있던 당시의 상황에서 한학을 공부한 선비로서 그것도 12살이나 연하인 소태산을 스승으로 모실 수 있었던 팔산의 심법은 보통 사람에게는 기대하기 어려운 일이었으며, 세인의 시선도 아랑곳 않고 소태산을 스승으로 모시고, 이때 바친 신심으로 평생을 일관했다.[63] 팔산은 영겁을 통해 만나기 어려운 스승을 만났을 때 오로지 공부에 전력을 하여 영생사를 개척하여야 한다고 하여 공부심 충만한 신성으로 임했던 것이다.

팔산은 스승을 향한 신성으로 불법연구회 회관에 나가서 예회도 참여하고 공부를 해야 한다며 주변인들에게 공부를 권면하였다. 공부와 관련한 다음의 일화[64]가 있다. 최동인화는 어려운 살림에 도움이 될까 하여 밭에 수박농사를 하였다. 그러나 수박이 어느 것이 잘 익고 설익은지를 몰라 회관으로 찾아가 팔산에게 물었다. 팔산은 바로 수박밭으로 가서 익은 수박을 다 가려서 따 주었다. 그것을 본 동인화는 하도 신기하여 감탄하였다. "선생님은 어떻게 그와 같이 수박 익은 것을 잘 아십니까?" "나도 처음에는 수박의 익고 선 것을 잘 알지 못하였더니, 여러 해 동안 수박농사를 하는 머리에 자연히 익고 선 것을 분간하게 된 것이오. 무엇이 신기하리오." 동인화는 팔산의 말을 듣고 한 감상을 얻었다. 처음에는 무엇이나 알지 못하다가 배우고 익히면 알아지는 것이다. 지금 살림 형편에 전문 공부는 할 수 없으니 부지런히 집안 생계를 도우는 한편, 틈틈이 회관에 나가서 불법 공부를 하여야겠다고 감상을 얻었다. 팔산은 이처럼 주변인들에게 마음공부를 자발적으로 유도하는 인품의 소유자였던 것이다.

불법을 현실의 삶에서 실천한 팔산은 영생을 구원해 줄 스승을 만났으니 이 기회를 놓치지 않고 자신의 무명을 극복하여 깨달음을 향한 간절한 염원을 실행에 옮기고자 하였다. 그의 염원이 『대종경』「성리품」 법어에 잘 나타나 있다.

> 김광선이 여쭙기를 "천지만물의 미생 전에는 무엇이 체가 되었나이까?" 대종사 말씀하시기를 "그대가 말하기 전 소식을 묵묵히 반조하여 보라." 또 여쭙기를 "수행하는 데 견성이 무슨 필요가 있나이까?" 대종사 말씀하시기를 "국문에 본문을 아는 것과 같느니라."[65]

이처럼 팔산은 성리 연마를 통하여 견성의 필요성을 절감하였고 소태산은 견성의 진정한 의미를 팔산에게 설명해 주었던 것이다. 이 같은 공부심에 더하여 팔산은 가정사에서도 지극한 공심을 실천한 인물이었다. 간고한 시절 가정에 소금 한 가마니를 가져와서 아내를 감동시킨 지 1년 만에 이자까지 합하여 소금 값을 받아갔던 것이나, 영산에서 과원을 관리할 때 반가운 며느리를 보고도 수박 하나 참외 하나를 사적으로 처리하기가 꺼려져 몸을 숨긴 일 등에서 칼날보다 무서운 공심의 철저한 완벽성을 보여주는 팔산의 일면을 엿볼 수 있다.[66] 또한 가정 살림을 장남 홍철에게 맡기고 출가한 후 차남 완수가 결혼을 했는데, 차남을 옆집으로 분가를 시킬 때 가지고 있던 살림을 두 집으로 공평하게 나누었다. 살림 중 옹기 하나만 남았는데, 큰며느리가 "이것을 어떻게 할까요?" 하니, 팔산은 그 옹기를 땅에 던져 깨뜨린 후 "살림을 하려면 그릇 조각도 필요할 때가 있는 것이다. 한 조각씩 가져가거라."고 하여 옹기 하나까지도 공정하게 나눠 주는 공평한 성품[67]을 지닌 분이었다.

공중사에서도 팔산은 좌우 인연들에게 공사에 있어 추상같은 심법의 모범을 보였으며, 익산총부가 건설될 당시 경제적 궁핍 속에서도 공심의 중요성을 인식시켰다. 팔산은 만석평의 눈물겨운 밭갈이를 하며 엿밥으로 끼니를 때우는 등 어려운 상황 속에서 가난을 극복하기 위해 엿 고는 일을 맡았다. 공중사의 중시와 관련한 엿 고는 일화는 유명하다.[68] 회관 옆에 엿집을 세운 뒤 팔산은 송적벽(夏山 宋赤壁, 1874-1939)과 엿 고는 일을 하였는데, 이무렵 나이 어린 전무출신들로서 15세의 전음광, 17세의 송도성이 한창 클 나이에 허기진 배를 움켜쥐고 엿을 고는 팔산 형에게 엿 귀배기라도 좀 얻어먹으려고 엿방을 기웃거렸다. 팔산은 엿물 한 방구리라도 더 나오게 하려고 불끈 힘을 주어 엿밥을 꽉꽉 짜고 있었다. "형님 조금 덜 짜시오." "무슨 소릴 하는가, 한 방구리라도 더 나와야 엿가락 하나라도 더 만들지."라고 일축하며 오로지 공중사에 공심으로 일관하였다.

어려웠던 초기 교단의 발전을 위해서 팔산은 불법연구회를 향도할 인재 양성하는데 의견 제출에도 관심을 기울였다. 그가 제안한 의견 제출안의 사례를 보면 다음과 같다.

> 「인재양성소 창립연합단」 의견 제출(『월말통신』 4호), 「감찰원을 선정하여 채용키로 가결된 의견의 시용(施用)여부를 조사 이행하자」(『월말통신』 10호), 「의견제출법 실행 장려안 제안의 이유」(『월말통신』 15호), 『제례의 개정」(『월말통신』 10호), 「심교상호간 경책범위의 확창」(『월말통신』 17호), 「본회 전무출신자에 한하여 금주단연의 철저한 근행(勸行)을 촉(促)함」(『월말통신』 19호), 「심병직고(心病直告)에 대하여」(『월말통신』 21호).[69]

팔산은 다양한 견해들을 적극적으로 의견 개진함으로써 초기 교단의 건설적 발전에 초석을 다졌던 인품의 소유자였던 것이다. 말년에 병을 얻은 팔산은 자신이 공중사에 폐를 끼치지 않기 위해 사가로 가려고 하였다. 평생을 총부 직원과 교당 교무로 봉직하다가 말년에 병을 얻어 업무를 할 수 없게 되자 사가에 가면서 측근에게 "공중에서는 일을 하지 않고 공금으로 밥을 먹을 수가 없으니 사가로 가겠다."고 말한 후 거처를 사가로 옮겼다. 사가에 환가하여 정양을 하던 중 병환이 중해지자 일주일 전에 다시 사가를 떠나며 자녀들에게 말하기를 "나는 우리 집에 가서 죽을란다. 우리 집에 데려다 달라."고 한 후 자녀들의 부축을 받으며 영산으로 가면서 "나는 영산에 가서 물도 마시지 않고 죽을란다."는 최후의 말을 남겼다.[70] 그 후 영산에서 아무것도 들지 않고 열반에 들면서도 병환 중에 들어온 시봉금을 자녀들 모르게 정산에게 넘겨주며 공중사에 사용하도록 부탁하였다.

팔산의 신심, 공부심과 공심으로 점철되는 이 같은 인간상은 소태산의 막역한 제자로서의 지중한 인연이라든가, 교조의 행가 때에는 줄곧 시봉을 하였다는 점에서 더욱 두드러진다. 한 번은 대산이 소태산의 발을 씻어 드리려고 하니 "너는 소용없다. 나가라." 하며 팔산을 시키고, 또 설사를 한 것을 치울 때도 팔산을 찾아서 치우게 하였다(김대거 전언).[71] 소태산은 말하기를 "팔산과 나는 영생 겁래의 부자지간으로, 형제지간으로, 사제지간으로 지냈으므로 이 땅에 와서도 제일 허물이 없다."(김홍철 전언)라고 하였다. 이러한 사자상승의 관계는 대종사의 병환 중 어려운 일에 처하여 팔산을 손수 불러 처리하게 한 것에서도 잘 나타나 있다.

원기42년(1957), 팔산에게 교단 제2호 대봉도위가 수증되었다. 영모전 묘위법을 일부 개정하여, 종사위 위패를 대종사위 정면 중단에 설위하고, 그 좌편에 대봉도위, 그 우편에 대호법위를 설위하기로 한 후, 동년 4월 대회에서 주산에게 종사위, 팔산과 구타원에게 대봉도위, 팔타원 황정신행(八陀圓黃淨信行, 1903-2004)에게 대호법위를 드리는 새 회상의 첫 법훈 증여식을 거행하였다. 정산은 치사에서 초창기 우리 회상에 공헌한 공부 · 사업 두 방면의 위대한 법훈을 모든 대중과 더불어 높이 찬양하는 동시에, 우리 회상에 수많은 종사와 대봉도 · 대호법이 끊임없이 배출되기를 바란다[72]고 하였다.

팔산이 거연히 열반하자 주산은 추모담에서 "선생은 본회를 창립하려고 굳은 서원을 세우고 나신 어른이 분명하다. … 종사주의 수양 시대로부터 영광의 방언이며 각처의 회관 건축 역사며 엿 장사 수박 장사 다 해 가면서 본회 창립에 노력하였으되 그 마음이 한 번도 풀어진 때가 없었다. 엿 장사 할 때에는 옆에 사람이 엿귀벅이 하나 맛볼 수 없었으며 수박 장사 할 때에는 수박 한 개 공으로 못 먹었다."[73]라고 술회하였다. 대산도 추모하기를 "종사주와 함께하며 누대 세의가 있던 어른으로 종사주를 모심에 언어 동작이 극히 겸공하여 효자가 엄부를 대한 듯한 태도였다."[74]고 하였다.

이처럼 팔산의 인품은 그의 성업봉찬 일대기 「애사만장(哀詞輓章)」에도 잘 나타난다.

> 동방에서 새 도문을 여는 날 다행히 선생께서 계셨도다. 법음 들음에 홀로 먼저 깨달으셨고 사람을 인도함에 몸소 먼저 행하도다. 용맹한 마음으로 금강도를 휘둘렀으며 공심은 물 같이 맑으셨도다. 아, 위대한 공덕탑이여! 다시 후세를 기다려 이루리로다.[75]

견성의 중요성을 알고 깨달음의 공부를 지속하였으며, 공심으로 초기 교단의 공덕탑을 이루었고, 소태산을 영생의 스승으로 섬겼던 팔산의 일생은 소태산의 첫 제자로서 신심, 공심, 공부심의 사표가 되기에 충분하였다.

VI. 맺음말

앞의 가계도에서 보듯이 광산 김씨 족보를 통해서 팔산의 생애에 접근하였고, 연보를 통해서 그의 성장기와 활동기 등을 살펴보았다. 또한 소태산과의 인연을 조망함으로써 제자로서 그의 막대한 역할을 드러내고자 하였다. 영산방언을 비롯하여 백지혈인의 이적, 소태산과 정산의 조우에 동행한 일이라든가, 금산사의 행가, 교당 교화의 자취, 나아가 교단 구석구석에서 영육쌍전 정신의 표본으로 신성과 공심으로 일관했던 팔산의 교단 활동에서 그의 인간상을 살펴보았다.

팔산은 소태산의 구도와 대각 후의 활동상을 가장 가까이에서 지켜본 산 증인이었다고 볼 수 있다. 숙세의 인연인지 소태산의 구도 때에는 소태산의 간고한 생활을 돌보며 정진할 터전을 마련해 주는 등 지극한 정성을 올렸고, 득도 후에도 소태산의 교단 창립의 뜻을 보필하고 몸과 마음과 재산을 다 바쳐 그 일에 합력하였음을 가히 짐작할 수 있다.[76] 그는 소태산의 구인 제자로서 소태산 대각 초기의 심경을 공유하는 제자가 되었고, 교단 창립의 공심가로서 역할을 다하였으며, 어려웠던 초기 교단의 초석을 다지는 역할을 하였다.

돌이켜 보면 구인선진들은 원불교 초기 교단의 초석이 되었으며 교단 만대의 정신적 유산을 남긴 분들이다. 교단의 어머니로 불리었던 육타원 이동진화(六陀圓 李東震華, 1893-1968)는 팔산을 평하기를 '선생의 일생은 본회 역사의 영원한 광채'라고 하였다. 그 이유로는 살아도 죽음만 못한 삶이 있고 죽어도 생보다 나은 죽음이 있다며 팔산의 열반은 슬프다기보다는 오히려 광채로 빛났기에 기쁘다고 하였다. 그것은 팔산이 교단을 위해 일생을 헌신하였기 때문이라는 것이다. 특히 팔산은 종사주의 무한한 열루(熱漏)와 5천 회원의 지극한 애정을 자아내고 가셨으니 장부의 일생 능사를 보였던 것에 무한 감사하고 영광으로 안다[77]고 하였다.

따라서 팔산이 교단사에 남긴 정신적 유산을 한마디로 공심이다. 그는 언설이나 문서로써 교화를 한 분이라기보다는 온몸과 마음을 다하고, 모든 물질을 바쳐 전무출신하였기 때문에 문헌 자료가 그리 풍부한 편은 아니지만, 초창 교단 소태산과 관련된 일화나 후진들의 추모담이 대공심가로서의 팔산의 정신을 드러내고 있다.[78] 교단 활동에서 스승을 섬기고 헌신적 역할을 다한 것에서 그는 교단 후진들에게 정신적 유산을 남겨 준 셈이다.

팔산의 정신적 유산을 상기하면서 범산 이공전(凡山 李空田, 1927-2013)이 남긴 팔산의 추모시를 소개하여 본다.

일찍이 우리회상 새벽머리에
젊으신 대종사님 첫 제자되어
남먼저 일하시고 혈인을 내신
거룩한 봉도정신 어이 잊으리
찬송하세 찬송하세 광선선생님
거룩하신 우리봉도 팔산대봉도.[79]

원불교 교서 결집에 공이 큰 범산의 언급에 의하면, 팔산은 소태산의 가장 가까운 제자가 되었고 혈인의 족적을 남긴 구인선진이었기에 찬송하고 찬송하자는 것이다.

팔산의 업적을 찬송하면서 그를 내조한 정토 신정랑 여사의 도심과 동지애를 언급하지 않을 수 없다. 신정랑은 정토로서 남편의 공사 활동을 기쁨으로 받아들였고, 두 아들의 출가에 적극 협력하였다. 신정랑의 도심이 없었으면 가능한 일이었겠는가. "저에게는 내심에 한 가지 기쁜 일이 있습니다. 그것은 무엇보다도 우리의 심교간 형제를 대할 때 마음이어요. … 영원불리할 영적 형제를 어찌 이리 만나게 되었는가? 아, 이 일 저 일을 생각하면 잠이 오지를 않아요."[80] 팔산의 생애와 공적을 고찰할 때 신정랑의 내조와 심법이 컸음을 다시 한 번 확인하게 된다.

〈팔산 김광선 종사 연보〉

서기(원기)	연령	교단 관련 사항	사가 관련 사항	교단/국내 사항
1879(-37)	1		9월 6일 전남 영광군 백수면 길룡리 3번지에서 부 應五와 모 姜씨의 3남 1녀 중 2남으로 출생, 호적명:成燮 족보명: 圓鎬	
1880(-36)	2			『동경대전』 출간
1881(-35)	3			『용담유사』 간행
1882(-34)	4			임오군란
1883(-33)	5			朝英, 朝獨수호통상조약 조인
1884(-32)	6			갑신정변
1885(-31)	7			광혜원, 최초개신교회 창립(소래교회) 천진조약, 거문도 사건
1886(-30)	8		숙부 應七에게 出系	朝佛소호조약 동학농민전쟁
1887(-29)	9			최초 감리교회(정동교회)창립
1888(-28)	10		한문사숙 수학	
1889(-27)	11			유길준 『서유견문록』 완성, 언더우드 조선야소교서회 창립
1890(-26)	12			
1891(-25)	13			대종사 탄생
1892(-24)	14			
1893(-23)	15			
1894(-22)	16			동학농민운동 청일전쟁(1894-95), 갑오개혁
1895(-21)	17		길룡리 마촌 산중에서 음양복술 공부	을미사변(고종 32)
1896(-20)	18		심타원 신정랑 여사와 결혼	아관파천(건양1)
1897(-19)	19			대종사 관천기의
1898(-18)	20		장녀 용선화 출생	동학교주 최시형 처형
1899(-17)	21			대종사 인간사 의문
1900(-16)	22			대종사 한문서당 수학
1901(-15)	23			삼밭재 산신기도
1902(-14)	24		장남 홍철 출생	

1903(-13)	25			
1904(-12)	26			러일전쟁(1904-05)
1905(-11)	27			을사조약(1905) 대종사 양하운과 결혼 대종사 구호동으로 이사
1906(-10)	28		차남 완수 출생	통감부 설치 대종사 고대소설 듣고 도사 만날 결심
1907(-9)	29			순종 즉위, 丁未의 변
1908(-8)	30			
1909(-7)	31		삼남 병철 출생 대동보 참여(3년간)	삼밭재 움막 지음
1910(-6)	32			경술국치 대종사 부친 열반
1911(-5)	33			신해혁명 대종사 귀영바위 인근이사
1912(-4)	34			대종사 탈이섬 파시 행가
1913(-3)	35		父 應五 열반	
1914(-2)	36	고창연화봉정진 지원	차녀 용주 출생	고창심원 연화봉 정진
1915(-1)	37		4남 백운 출생 장녀 김병국과 결혼	대종사 장남 박광전 출생
1916(1)	38	대종사 제자가 됨 삼산 김기천의 연원 입교		대종사 대각 최초법어
1917(2)	39	7월 26일 최초수위단원 태방에 임명		『법의대전』 찬술 저축조합운동
1918(3)	40	방언공사, 회실(영산원) 건축에 전력 전무출신 서원		방언공사 구간도실 준공
1919(4)	41	법인성사로 법호(팔산), 법명(광선) 수증		법인성사, 삼일운동 봉래산 법회 불법연구회 기성조합
1920(5)	42	본교 교강 작성에 후원		봉래정사 전무노력 교강 선포
1921(6)	43			석두암 완공
1922(7)	44			대종사 만덕암 행가 김기천 천정조합 설립
1923(8)	45	8월 교당신축공사 조력		영산원 준공

1924(9)	46	창립총회에 영광 지방 대표로 참석, 익산본관 건축에 엿장사 주모, 총부 서무부근무		창립총회임원(서기 김광선)선정, 만덕산 행가, 익산총부건설, 훈련법발표
1925(10)	47	만석리 전답 주관		학력고시법 발표 제2회 정기훈련 (하선) 대종사봉래정사행가 훈련법 제정
1926(11)	48	대종사 가사 감독	장남, 이보응화와 결혼 (원불교 혼인례의 시초)	신정의례 발표 제2회 정기훈련 (하선)
1927(12)	49	총부농업부 부원 근무		산업부 창립단 조직 인재양성소창립단 조직 유공인대우법 발표 첫 교서 발간
1928(13)	50	제1회 기념총회(3월 27일)(사업1등, 공부 예비 특신급), 삼남 병철 전무출신		제1회 기념총회(3월) 제7회 정기훈련 (하선) 제8회 정기훈련 (동선)
1929(14)	51	총부감원 근무 경성출장소 교무 (10.17-12.24)	8월 14일 출계 모친 조연풍 열반	은부모시자녀법(4월) 본관 내 문맹퇴치 -야학실시
1930(15)	52	영광지부 서무부장(1월-원기17) 제3회 상황보고(정식특신급으로 승급) 장남 전무출신, 삼남 총부산업부원	차남, 김신흥화와 결혼	첫 은부시녀결의식 거행
1931(16)	53	장남 총부농업부장	이준경과 은부시자 결의식(12월 26일)	불법연구회『통치조단규약』발간
1932(17)	54	진안 마령지부 초대 교무로 부임 (원기17-20.5.28)		『보경육대요령』 발간
1933(18)	55	진안 마령교무 근무		5회 정기총회 개최-공익, 인재 양성, 통신부 증설
1934(19)	56	진안 마령지부 유지답 매입		보화당 창설 『불법연구회회규』 간행 『보경삼대요령』 발간 총부예회 일요예회로

1935(20)	57	4월 총회총부산업부장 원평지부 교무(3.11-원기 21년)	차녀, 이동신과 결혼 장남 신흥교무	삼산 김기천 종사 열반 『조선불교혁신론』(4월) 예전(8월) 총부 대각전 준공 도산 안창호 총부 내왕
1936(21)	58	원평지부 목조 6간 건축		영산 지부대각전 낙성 신흥교당 설립
1937(22)	59	총부 순회교무, 영광군 군서면 신하리 출장소 설립, 출장법회		원평지부 강당 건축
1938(23)	60	7월 영산에서 요양 삼남 총부산업부 근무		첫 교무강습회 (11.21)
1939(24)	61	위장병으로 영산에서 열반(양2.21/음1.3), 사업 정특등, 원성적 준특등	자녀 4남 2녀, 연원 31명	3차 보궐단원조직(태방) 김광선의 보궐에 영산 박대완 임명, 4.25). 광산 김씨 大同譜(己卯장성보) 48권 발행
1940(25)				창립제1대 제2회 결산총회
1943(28)				『불교정전』발간 대종사 열반 정산 종사 종법사 추대
1953(38)		대봉도로 추존		제1대 성업봉찬회
1957(42)		4월 법훈증여식 거행		
1961(46)			심타원 신정랑여사 열반	
1994(79)		팔산, 형산종사문집 발간(2.15)		
2015(100)		제214회 임시수위단회(5.13)에서 출가위법위 추존 및 종사위 서훈		

제3부 구인선진의 종교사적 위상

구인선진을 통해 본 원불교의 이상적 인간상

허 남 진(원광대학교 원불교사상연구원 연구교수)

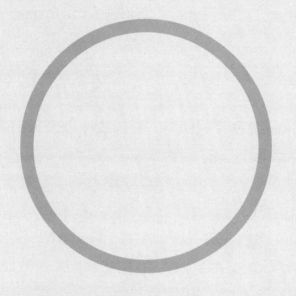

Ⅰ. 머리말

어느 종교이든지 그 교단이 가장 중요하게 여기는 것은 교조의 창교정신이다. 한 종교 창시자의 삶은 그 종교를 신봉하는 신자들의 삶에 상당한 영향을 미치는 원형적 삶으로 간주되기 때문이다. 그래서 신도들은 창시자의 삶을 모범으로 삼고, 자신이 처해 있는 사회에 구현하려고 노력한다. 한편 이상적 인간관은 종교에서 가장 잘 나타난다. 종교문화 전통 속에서 폭넓게 등장하는 보살, 신선, 군자, 성인, 선비 등은 본래 특정한 종교가 제시하는 이상적 인간상이다. 이와 같이 다양한 종교 전통에는 과거 신앙인 중에서 후대에까지 추앙을 받는 인물들이 존재한다. 이러한 인물을 기리고 기억하는 것은 후세 신앙인들을 위하여 유익하다.

모든 불교도들은 역사적인 석가모니의 가르침을 실천하고 그와 같은 각자(覺者), 즉 붓다(Buddha)가 되는 것을 궁극적인 목표로 삼는다. 부파불교 시대에는 아라한(arahant)을 중생이 도달할 수 있는 이상적 인간상으로 보았으며, 대승불교에서는 보살(Boddhisattva)을 이상적 인간상으로 제시하였다.[1] 중국의 선불교에서는 조사(祖師)와 선사(禪師)라는 새로운 인간상을 제시하기도 했다. 따라서 대승불교에서의 보살은 중생을 구제하겠다는 서원을 가지며, 자기가 쌓은 공덕(功德)을 남을 위해 돌리겠다는 회향을 기본으로 한다. '위로는 보리를 구하고 아래로 중생을 제도한다(相求菩提 下化衆生)'와 '자

신 보다 다른 사람을 먼저 제도한다(自未都 先度他)'라는 보살행은 이타행의 표본이 된다.[2]

기독교 전통에서는 '그리스도 본받기' 혹은 '그리스도 따르기'가 가장 핵심적인 신앙적 주제이다. 그리스도를 본받는 것은 기독교 신앙의 출발점이자 종착역이다. 그래서 기독교에서는 그리스도를 가장 철저하게 본받은 사람을 성인(saint)이라고 부른다. 기독교에서 성인의 등장은 초기 로마의 박해와 관련된다. 즉 자신의 신앙을 지켰던 순교자들은 기독교가 공인받은 후 신앙의 모범자로서 후세 사람들에게 기억된다. 결국 성인은 신앙의 모범성에서 그 의미를 찾을 수 있다. 또한 그리스도 본받음은 도덕적 완전에 가까운 기독교 원리로서 기독교 윤리의 핵심이다.[3]

한편 유교의 이상적 인간상은 궁극적으로 성인(聖人)이다. 유교의 역사는 성인이란 이상적 인격을 둘러싸고 전개되어 온 역사라고 해도 과언이 아니다. 즉 유교는 성인을 정립하고 그 인격을 숭상하면서, 그를 본받으려는 과정 속에 존재하는 것이다. 유교에서의 성인은 완전한 인격을 가리키는 것으로 보통 사람으로서는 도달할 수 없는 지고지선(至高至善)한 덕성을 지닌 존재로 인식된다. 이러한 성인 개념은 현실의 일반적인 인간상과 동떨어져 있다. 유교에서 현실 속에서 존재하는 이상적 인간상은 군자(君子)이다. 군자는 덕성과 학식을 갖춘 인간상이다. 하지만 군자 역시 성인을 추구하는 현실적 인간상이다.[4]

그렇다면 원불교에서 이상적 인간상 혹은 신앙의 모범은 어디에서 찾을 수 있을까? 원불교의 이상적 인간상은 류병덕의 '원불교 인간상'에 대한 글을 통해서 그 실마리를 찾을 수 있다. 류병덕은 원불교의 인간상을 첫째, 무아(無我)로 공도(公道)를 받드는 인간상인 봉공인(奉公人), 둘째, 오직 이 공부 이 사업에 죽어도 변하지 않을 신성으로 혈심 노력하는 사람으로서 혈심인

(血心人), 셋째, 바른 말뿐만 아니라 바른 생각으로 똑바로 볼 수 있는 눈, 똑바로 들을 수 있는 귀, 그리고 똑바로 행할 수 있는 손과 발을 가진 행동인, 즉 진리에 입각해서 최대한의 유익을 도모하려는 인간인 정의인(正義人), 넷째, 어느 누구를 대하거나 잘 조화할 수 있는 지혜의 소유자인 조화인(調和人) 등 4가지 유형으로 제시한 바 있다.[5] 필자는 이러한 4가지 유형의 원불교 인간상의 실례는 바로 소태산 대종사(少太山 朴重彬, 1891-1943, 이하 경칭 생략)와 구인제자가 교단 창립 과정에서 체현한 원불교 창립정신에서 찾을 수 있다고 생각한다.

일반적으로 원불교 창립정신(創立精神)은 소태산과 그의 구인제자들이 교단 창립 활동에서 구현한 정신에서 찾는다.[6] 이러한 이유로 원불교에서는 구인제자를 소태산의 표준제자로 보고 있다. 일반적으로 제자란 스승의 가르침과 행위를 따르는 사람들이다. 하지만 구인제자들은 단순한 학습적 목적을 넘어 헌신했다는 점에서 그 특징을 찾을 수 있다.

이와 같이 원불교에서는 구인제자를 표준제자 혹은 구인선진(九人先進)으로 부르고 있다. 소태산은 대각 후 모인 40여 명의 신자들 중 특별히 진실하고 신심 굳은 여덟 사람을 먼저 선택했는데, 일산 이재철(李載喆, 1891-1943), 이산 이순순(李旬旬, 1879-1941), 삼산 김기천(金幾千, 1890-1935) , 사산 오창건(吳昌建, 1887-1953), 오산 박세철(朴世喆, 1879-1926), 육산 박동국(朴東局, 1897-1950), 칠산 유건(劉巾, 1880-1963), 팔산 김광선(金光旋, 1879-1939) 등이었고[7], 방언공사 중인 원기3년(1918) 4월 화해리에서 정산 송규(宋奎, 1900-1962)를 맞아들였다. 이들이 바로 원불교 교단 최초의 구인제자가 된다.

구인제자 중 첫 제자는 팔산이었다. 그는 본래 소태산의 가정과 교의(交誼)가 있던 인물이었다. 육산은 소태산의 친제(親弟), 칠산은 외숙, 오산은 족질, 이산 · 삼산 · 사산은 모두 근동지우(近洞知友)였다. 군서(郡西) 사람 일산은 사산의 인도로 처음 만났으며, 정산은 경북 성주 사람으로, 정법을 찾아 방황하다가 원기3년(1918) 3월에 귀의하였다.[8] 이와 같이 구인제자 중 정산을 제외한 8인은 모두 다 외숙, 친제, 족질, 의형, 친우 등 같은 지역 사람이었으며, 다소 유능한 인물도 있었지만 대다수 범상한 인물들이었다. 이러한 평범한 인물들이 소태산을 만나 원불교 교단 창업을 이루고 후진들에게 존경받는 특별한 인물이 되었다는 점 역시 주목할 만하다. 특히 40여 명 가운데 9인을 '진실과 신심'이라는 기준으로 선정하여 최초의 단을 조직하고 훈련과 교단 창립 활동을 하였다는 것은 구인제자에게 신앙적 표준으로의 의미가 부여된 것으로 이해할 수 있다.

이들 구인제자는 원불교 교단 창업의 과정을 함께하여 새 회상 건설에 앞장서 초기 교단사의 초석을 다진 인물들로 평가된다. 저축조합(貯蓄組合), 방언공사(防堰工事), 백지혈인(白指血印)의 법인성사(法認聖事) 등을 직접 체현한 인물이기 때문이다. 3대 운동은 구인제자들이 주축이 되어 원불교의 창립정신 형성과 교단의 기초 확립에 결정적인 역할을 한 중대한 활동이다. 이 운동은 원불교의 창립정신을 일구어 낸 최초의 사례로, 저축조합운동은 이소성대(以小成 大), 방언공사는 일심합력(一心合力), 법인기도는 사무여한(死無餘恨)의 정신이 확립된 중대한 활동으로 평가된다. 이러한 구인제자의 원불교 교단사적 위상에도 불구하고 현재 구인제자 중 정산을 제외하고는 연구가 상대적으로 미진하다. 이는 구인제자의 교단사적 의의를 고려할 때 의외의 현상으로 여겨진다. 여러 가지 이유가 있겠지만 특히 구인제자와 관련된 자료의 부족에서 원인을 찾을 수 있다.

이상과 같은 구인제자의 교단사적 위상을 고려하면서 필자는 원불교 교단의 초기 역사를 체현한 구인제자의 생생한 활동상과 그 속에 담겨 있는 정신을 통하여 원불교의 이상적 인간상 혹은 신앙적 모범상을 찾아보고자 한다. 즉 구인제자의 교단사적 위상을 재평가해 보고자 한다.

II. 구인제자와 원불교 창립정신

영육쌍전(靈肉雙全)의 종교로서 원불교는 새 세상의 도덕적 교화를 표방하면서 오늘날 교육, 복지, 자선 등 다양한 분야에서 활동을 하고 있다. 이러한 원불교의 현재의 모습은 원불교 창립정신에서 시작되었다고 볼 수 있다. 원불교 창립정신은 소태산이 대각 이후 구인제자들과 함께 저축조합, 방언공사, 법인기도, 그리고 익산 성지 건설 등 초기 교단 형성 과정에서 온몸으로 실천했던 정신을 개념화한 것으로 소태산과 구인제자를 포함한 선진들이 실천했던 정신, 즉 교단 창립의 원동력이었던 정신이다. 그러므로 창립정신은 소태산과 구인제자들의 교단 창립 과정에서 보여준 삶과 내용인 것이다. 구인제자들은 공부뿐만 아니라 활동도 활발히 전개하였다. 그리고 이 시기의 구인제자들의 활동은 그대로 교단 창립의 주요 활동이 되고 있다. 저축조합의 설립, 허례 폐지, 금주단연 등의 예법 혁신 운동, 길룡리 앞 갯벌을 개간하여 2만 6천 평의 옥답을 일구어 낸 방언공사(防堰工事), 창생을 위해 죽기를 각오한 단원기도(團員祈禱), 백지혈인(白指血印)의 이적으로 천지의 감응을 얻고 회상 창립의 정신적 기초를 닦은 법인성사(法認聖事) 등 일련의 과정은 이후 후진들 활동의 모범이 되고 있다. 그래서 구인제자는 이소성대 · 일심합력 · 무아봉공 · 근검저축 등 원불교의 창립정신의 표상이었다. 그렇기 때문에 일반적으로 원불교 초기 구인제자의 정신 자세는 원불교 전무출신 정신의 표준으로 지속적으로 계승되어 왔고 거진출진 정신의 연원이 되어 재가, 출가의 기본 정신이 되고 있다.[9]

공전은 원불교 초창기 자세를 절대복종의 대신봉(代信奉) 정신, 일심합력의 대단결 정신, 사무여한(死無餘恨)의 대봉공(大奉公) 정신, 이소성대(以小成大)의 대근실(大勤實) 정신, 즉 대신봉(大信奉)·대단결(大團結)·대봉공(大奉公)·대근실(大勤實)의 사대정신(四大精神)으로 요약한 바 있다.[10] 류병덕은 원불교의 창립정신을 첫째, 이소성대의 정신, 둘째, 사무여한의 정신, 셋째, 일심합력의 정신으로 제시한 바 있다.[11] 마지막으로 서경전은 소통 정신으로서 조단정신(組團情神), 개척 정신으로서 방언정신(防堰情神), 희생정신으로서 혈인정신(血印情神)으로 정립할 것을 지적하기도 했다.[12] 이를 종합하여 원불교 창립정신은 이소성대(以小成大), 일심합력(一心合力), 사무여한(死無餘恨)의 정신으로 정리되고 있다.

그렇다면 구인제자들이 보여준 원불교의 이상적 인간상은 무엇일까? 이후에서는 소태산과 구인제자들이 교단 창립 활동에서 보여준 주요 활동 속에서 원불교의 이상적 인간상을 정의해 보고자 한다.

Ⅲ. 일심합력(一心合力)하는 인간

소태산은 대각 이후 표준제자를 내정하고 원기2년(1917) 7월 26일에 수위단을 조직하여 단원을 중심으로 종교적 활동을 전개하였다. 그 첫 번째 활동은 저축조합운동(貯蓄組合運動)과 방언공사(防堰工事)였다. 소태산의 새 생활운동인 저축조합운동은 방언공사, 법인성사(法認聖事)와 함께 원불교 창립의 기초를 닦은 성업으로서의 의미가 크다. 이와 같이 소태산이 제자들과 함께 시작한 저축조합운동은 허례 폐지, 미신 타파, 금주단연, 근검저축, 공동 출역 등의 새 생활 운동이었다.

원기2년(1917 · 丁巳) 8월에 대종사, '저축조합'을 창설하시고 단원들에게 말씀하시기를, "우리가 장차 시방세계를 위하여 함께 큰 공부와 사업을 하기로 하면, 먼저 공부할 비용과 사업할 자금을 예비하여야 하고, 예비를 하기로 하면 어떠한 기관과 조약을 세워야 할 것이므로, 이제 회상 기성(期成)의 한 기관으로 저축조합을 실시하여 앞일을 준비하려 하노라." 하시었다. 이에 모든 단원이 술 · 담배를 끊어 그 대액(代額)을 저축하며, 의복 · 음식 등에 절약할 정도가 있으면 그 대액을 저축하며, 재래의 여러 명절 휴일을 줄여 특별 노동 수입을 저축하며, 각자 부인에게도 끼니마다 시미(匙米, 후일 報恩米)를 저축케 하며, 그간 실행해 온 천제(天祭)도 폐지하여 그 소비 대액을 조합에 저축하기로 하고, 대종사, 친히 조합장이 되시어 그 실행을 장려하시니, 불과 몇 달에 저축된 금액이 상당한 액수(200여 원)에 달하였다.[13]

대종사 회상 창립의 준비로 저축조합을 설시하시고, 단원들에게 말씀하시기를, "우리가 시작하는 이 사업은 보통 사람이 다 하는 바가 아니며 보통 사람이 다 하지 못하는 바를 하기로 하면 반드시 특별한 인내와 특별한 노력이 있어야 할 것인 바 우리의 현재 생활이 모두 가난한 처지에 있는지라 모든 방면으로 특별한 절약과 근로가 아니면 사업의 토대를 세우기 어려운 터이니, 우리는 이 조합의 모든 조항을 지성으로 실행하여 이로써 후진에게 창립의 모범을 보여주자." 하시고, 먼저 금주금연과 보은미(報恩米) 저축과 공동 출역(出役)을 하게 하시니라.[14]

위 인용문에서 확인할 수 있듯이, 원불교 교단 초창기에 소태산은 제자들과 함께 사업의 첫 시작으로 저축조합 활동과 방언공사를 실행하였다. 여기서 주목해야 하는 점은 저축조합이 단순한 사업의 경제적 토대를 세우기 위함이 아니라 후진에게 창립의 모범을 보여주자는 의미가 포함되어 있다는 것이다. 저축조합 활동과 방언공사에 나타난 정신은 이소성대(以小成大)와 일심합력(一心合力) 정신이다. 또한 방언공사는 단순한 경제개발이라는 차원을 넘어 공부와 사업을 병행한 본보기와 공익 정신의 배양의 의미를 지닌다.[15]

원기3년(1918) 3월에 소태산은 저축조합의 저축금을 수합한 후, 조합원들에게 다음과 같이 말하였다.

> "이제는 어떠한 사업이나 가히 경영할 만한 약간의 기본금을 얻었으니, 이것으로 사업에 착수하여야 할 것인 바, 나의 심중에 일찍이 한 계획이 있으니, 그대들은 잘 생각해 보라." 하시고, 길룡리 앞 바닷물 내왕하는 간석지를 가리키시며 "이것은 모든 사람의 버려둔 바라, 우리가 언을 막아 논을 만들면 몇 해 안에 완전한 논이 될뿐더러 적으나마 국가 사회의 생산에 한 도움도 될 것이다. 이러한 개척 사업부터 시작하여 처음부터 공익의 길로 나아감이 어떠하냐." 하시었다.[16]

> 방언공사는 이듬해인 원기4년(1919, 己未) 3월에 준공되니, 공사 기간은 만 1개년이요 간척 농토 면적은 2만 6천여 평(坪)이었다. 대종사, 피땀의 정성 어린 새 농장을 '정관평'이라 이름하시니, 이는 오직 대종사의 탁월하신 영도력과 구인제자의 일심합력으로써 영육쌍전의 실지 표본을 보이시고, 새 회상 창립의 경제적 기초를 세우신 일대 작업이었다.[17]

위의 두 가지 인용문을 통해 방언공사가 지니고 있는 의미를 찾을 수 있다. 무엇보다 방언공사는 교단 창립의 기초를 세우는 것을 넘어 국가 사회의 생산을 증진시켜 공익의 길을 실천해야 한다는 판단에서 시작된 사업이다. 또한 방언공사에는 소태산과 구인제자들의 일심합력과 영육쌍전의 표본 정신이 담겨 있다는 것을 확인할 수 있다. 이와 같이 방언공사를 통해 공익 정신과 일심합력 정신이라는 창립정신을 추출할 수 있다. 류병덕은 이러한 일심합력을 '반대가 없이 잘 조화하는 법칙', '깨어지지 않는 통일력'으로 해석했다.[18] 방언공사에 담긴 일심합력의 정신은 『대종경』「서품」 10장을 통해 확인할 수 있다.

> "도덕을 배우려고 찾아온 이들에게 도덕은 가르치지 아니하고 먼저 언(堰)을 막으라 한 뜻을 알겠는가?" 이에 대해 이춘풍은 말하기를, "첫째는 공부 비용의 준비요, 둘째는, 동심합력으로 나아가면 이루지 못할 일이 없다는 증거를 보이기 위함입니다."라고 대답했다.[19]

방언공사는 1918년 5월에 시작하여 1919년 4월 완공이 된다. 이상과 같이 저축조합운동과 방언공사는 단순히 교단의 경제적 토대를 마련하기 위한 사업이라기보다는 근검절약 정신, 공익으로 나아가는 길 즉 공익 정신, 일심합력 정신, 영육쌍전 정신 등 교단 창립의 정신적 토대를 만들었다고 볼 수 있다.

IV. 순교하는 인간 : 봉공인

방언공사를 1차 완공한 원기4년(1919)에 법인성사라는 원불교 교단의 큰 역사가 이루어진다. 소태산은 방언공사를 마칠 무렵 구인제자들에게 사무여한의 증표를 보이게 한 천지기도의 행사를 진행하였다. 기도를 원기4년(1919) 3월 26일에 시작해 산상(山上)에 각각 방위를 정해 밤 12시에 올라가 시방세계(十方世界)를 응해 기도하게 했다. 이는 소태산이 구인제자에게 인류와 세계를 위한 집단적 순교 희생을 요구하고, 7월 26일을 최후 희생일로 정한 후, 대종사의 입회 아래 '사무여한'이라는 최후 증서를 써서 각각 백지장을 찍은 뒤 결사의 뜻으로 심고를 올린 것이다. 심고를 올린 후 증서를 살펴보니 백지혈인의 이적이 나타났다. 소태산은 백지혈인의 이적을 구인제자들에게 보이며 "이것은 그대들의 일심의 증거이다." 하고 그 증서를 불살라 천지에 고한 후, 일심된 바를 이미 천지신명이 감응하였으니 생명을 희생할 필요가 없어졌다고 하고 오늘 죽은 셈 치고 각자의 신명을 다 바쳐 오직 창생을 위해 힘쓰라 하였다. 『원불교교사』에는 법인성사 당시의 상황을 상세히 기록하고 있다.

> 원기4년 7월 16일 대종사, 단원들에게 말씀하시기를, "그대들이 지금까지 기도해 온 정성은 심히 장한 바 있으나, 나의 증험하는 바로는 아직도 천의(天意)를 움직이는 데는 그 거리가 먼 듯하니, 이는 그대들의 마음 가운데 아직도 어떠한 사념(私念)이 남아 있는 연고라. 그대들이 사실로 인류 세계를 위한다고 할진대, 그대들의 몸이 죽어 없어지더라도 우리의 정법이 세상에 드러나서 모든 창생이 도덕의 구원만 받는다면 조금도 여한 없이 그 일을 실행하겠는가?" 하시니, 단원들이 일제히 "그러하겠습니다."고 대답하였다.
>
> 대종사, 더욱 엄숙하신 어조로 "옛말에 살신성인이란 말도 있고, 또는 그를 실행하여 이적을 나툰 사람도 있었으니, 그대들이 만일 남음 없는 마음으로 대중을 위한다면 천지신명이 어찌 그 정성에 감동치 아니하리오. 멀지 않은 장래에 대도 정법이 다시 세상에 출현되고 혼란한 인심이 점차 정돈되어

창생의 행복이 한없을지니, 그리된다면 그대들은 곧 세상의 구주요, 그 음덕은 만세를 통하여 멸하지 아니할 것이다. 그런즉 그대들은 각자의 실정으로 대답해 보라." 하시니, 9인은 잠깐 비장한 태도를 보이다가 곧 일제히 희생하기로 고백하였다. 대종사, 크게 칭찬하시며, 이에 10일간 치재를 더하게 하시어, 다음 기도일(7월 26일)을 최후 희생일로 정하고, 그날 기도 장소에 가서 일제히 자결하기로 약속하였다.

7월 26일(음)에, 9인은 모두 만면(滿面)한 희색으로 시간 전에 일제히 도실에 모이는지라, 대종사, 찬탄함을 마지아니하시었다. 밤 8시가 되매, 대종사, 청수를 도실 중앙에 진설케 하시고, 각자 가지고 온 단도를 청수상 위에 나열케 하신 후, 일제히 '사무여한'이라는 최후 증서를 써서 각각 백지장(白指章)을 찍어 상(床) 위에 올리고, 결사(決死)의 뜻으로 엎드려 심고(伏地心告)하게 하시었다. 대종사, 증서를 살펴보시니, 백지장들이 곧 혈인(血印)으로 변하였는지라, 이를 들어 단원들에게 보이시며 "이것은 그대들의 일심에서 나타난 증거라." 하시고, 곧 불살라 하늘에 고(燒火告天)하신 후 "바로 모든 행장을 차리어 기도 장소로 가라." 하시었다.

대종사, 한참 후에 돌연히 큰 소리로 "내가 한 말 더 부탁할 바가 있으니 속히 도실로 돌아오라." 하시고, 말씀하시기를 "그대들의 마음은 천지신명이 이미 감응하였고 음부공사가 이제 판결이 났으니, 우리의 성공은 이로부터 비롯하였다. 이제 그대들의 몸은 곧 시방세계에 바친 몸이니, 앞으로 모든 일을 진행할 때에 비록 천신만고와 함지사지를 당할지라도 오직 오늘의 이 마음을 변하지 말고, 또는 가정 애착과 오욕의 경계를 당할 때에도 오직 오늘 일만 생각한다면 거기에 끌리지 아니할 것인즉, 그 끌림 없는 순일한 생각으로 공부와 사업에 오로지 힘쓰라." 하시었다. 9인은 대종사의 말씀을 듣고 여러 가지 이해는 얻었으나, 홍분된 정신이 쉽게 진정되지 아니하였다.[20]

우리들은 다행히 대도 대덕의 초창 시대를 당하여 외람히 단원의 중한 책임을 맡았는 바 마음은 한 사문(師門)에 바치고 몸을 공중사(公衆事)에 다하여 영원한 일생을 이에 결정하옵고 먼저 방언공사를 착수하오니, 오직 여덟 몸이 한 몸이 되고 여덟 마음이 한마음이 되어 영욕고락(榮辱苦樂)에 진퇴를 같이하며, 비록 천신만고와 함지사지를 당할지라도 조금도 퇴전치 아니하고 후회치 아니하고 원망치 아니하여, 종신토록 그 일심을 변하지 않기로써 혈심서약(血心誓約)하오니, 천지신명은 일제히 통촉하사 만일 이 서약에 어긴 자 있거든 밝히 죄를 내리소서. 또는 종사주께옵서도 이 배신자에 대하여는 조금도 용서치 말으시고 상당한 중죄를 내리시며, 일반 동지께서도 공동 배척하여 어떠한 죄벌이라도 다하여 주소서. 만일 배신 행동을 자행한 자로는 일체 죄벌을 감수하겠으며, 또는 조금도 여한이 없겠기로 자(玆)에 서명날인함.[21]

위 인용문에서 확인할 수 있듯이, 소태산은 제자들이 도덕성이 지극하기는 하나 아직은 천지의 감응을 받기에는 거리가 멀다고 보고, 제자들에게 살신성인·사무여한의 정신으로 희생의 증표로 자결을 요구하게 된다. 이에 제자들 모두 그 창생을 위한 희생 요구에 일제히 동의하고 아무런 여한이 없음을 다짐한다. 여기서 중요한 용어가 사무여한(死無餘恨)이다. 사무여한은 지금 당장에 죽어도 한(恨)될 것이 없다는 말이다.[22] 이것은 순교정신으로 사심(私心)을 버리기 위한 사념(私念)의 중심체인 육신을 희생하겠다는 의미로 해석된다.[23] 이공전은 사무여한의 근본정신을 스승과 법을 향하여 죽어도 여한 없는 신심(信心), 회상과 동지를 향하여 죽어도 여한 없는 합심(合心), 천하와 창생(蒼生)을 위하여 죽어도 여한이 없는 공심(公心)의 발현을 의미하는 것으로 보았다.[24] 바로 구인제자의 사무여한 정신을 통해서 원불교 순교의 의미를 찾을 수 있다. 소태산이 구인제자들에게 설한 순교는 '시방세계 중생을 위하여 죽는 것'이다. 즉 순교정신은 죽어 가는 삶이 아니라, 보다 적극적으로 가치 있고 현명하게 살기 위해 죽음도 불사하고 모든 생명을 살리며 보람 있게 전력을 다하여 힘쓰고 몸 바친다는 의미이다.[25]

류병덕은 방언공사의 의의는 바로 공익심의 배양이었으며, 원불교의 순교정신의 표준을 공도(公道)에 헌신하는 자의 마음가짐인 공익심(公益心)으로 보았다.[26] 구인제자는 사무여한의 희생적 정신으로 기도의 혈성을 올려 법계의 공인을 증득하였으며 백지혈인의 이적으로 법인성사를 이루었다. 구인제자의 사무여한은 살아서 죽는 순간순간의 순교의 표현인 것이다.[27] 결국 이러한 순교는 법인기도 후에 죽어 버린 사람들을 새로 살려 새 사람을 만들고 새 이름을 주어 남을 위해 희생 봉사하는 새로운 형태의 순교자상으로 의미 지을 수 있다.[28] 원불교 전무출신의 정신적 자세가 여기서부터 비롯된 것이며, 이 사무여한의 정신은 원불교 전무출신의 기원이 되었다.[29]

또한 법인공사에 나타난 정신은 대신성, 대단결, 대봉공행 등으로 제시되고 있다.[30] 대산(大山 金大擧, 1914-1998)은 법인성사에 나타난 정신을 다음과 같이 설명하고 있다.

> 대산 종사, 법인절을 맞아 말씀하시기를 "구인선진들께서는 공을 위해 사를 버리고 법을 위해 몸을 잊는 살신성인(殺身成仁)의 정신으로 법인성사(法認聖事)의 이적을 보여 주셨나니, 스승에게는 두 마음 없는 신봉정신(信奉精神)을, 동지에게는 두 마음 없는 단결정신(團結精神)을, 인류에게는 두 마음 없는 봉공정신(奉公精神)을 바친 분들이라, 우리 모두는 구인선진들께서 보여 주신 이 법인정신을 널리 선양하는 데 힘써야 하느니라."[31]

대산은 구인제자들은 공(公)을 위해 사(私)를 버리고 법을 위해 몸을 잊은 살신성인(殺身成仁)의 정신을 보여주었다고 평가하고 있다. 법인성사에 나타난 정신, 즉 법인정신을 신봉정신(信奉精神), 단결정신(團結精神), 봉공정신(奉公精神)으로 설명하고 있다. 따라서 구인제자들이 보인 정신은 개인이나 자기 가족만을 위하려는 사상과 자유 방종하는 행동을 버리고, 오직 이타적(利他的) 대승행(大乘行)으로써 일체중생을 제도하는 데 성심을 다하자는 무아봉공의 근거이자 원불교 교무정신의 본질이 되고 있는 것이다. 그러므로 소태산은 구인제자들과 함께 법인기도에서 무아봉공의 극치를 실천으로 보여준 것이다.

종교란 인간의 총체적인 몸을 변화시킬 수 있는 힘이 있는 곳이다. 구인제자들은 일원의 본원적 진리에 합일하여 개벽의 정신을 실현하기 위해 봉공적 삶을 선언한 인물이다. 결국 법인성사는 구인제자들의 총체적인 변화의 계기로 해석할 수 있다. 이러한 총체적인 변화의 모습은 법인성사 이후 구인제자들이 받은 법명과 법호를 통해 확인할 수 있다. 구인제자들은 원불교 교단 최초의 교화단원(수위단)으로서 처음으로 법명과 법호를 받은 교도이다.[32]

> 11시가 지난 뒤, 대종사, 다시 일제히 중앙봉에 올라가 기도를 마치고 오라 하신 후, 돌아온 단원들에게 법호(法號)와 법명(法名)을 주시며 말씀하시기를, "그대들의 전날 이름은 곧 세속의 이름이요 개인의 사사 이름이었던 바, 그 이름을 가진 사람은 이미 죽었고, 이제 세계공명(世界公名)인 새 이름을 주어 다시 살리는 바이니, 삼가 받들어 가져서 많은 창생을 제도하라." 하시니, 이것이 거룩한 백지혈인(白指血印)의 법인성사(法認聖事)였다. 9인의 법호 법명은 일산 이재철(一山李載喆) · 이산 이순순(二山李旬旬) · 삼산 김기천

(三山金幾千) · 사산 오창건(四山吳昌建) · 오산 박세철(五山朴世喆) · 육산 박동국(六山朴東局) · 칠산 유건(七山劉巾) · 팔산 김광선(八山 金光旋) · 정산 송규(鼎山宋奎)였다.

그 후로도 단원의 기도는 여전히 계속하여 모든 절차에 조금도 해이함이 없더니, 그해 10월, 대종사의 명에 의하여 드디어 해재(解齋)하였다. 이 9인 기도와 법인성사는 곧 무아봉공의 정신적 기초를 확립하고, 신성 · 단결 · 공심을 더욱 굳게 한 새 회상 건설의 일대 정신 작업이었다.[33]

구인제자의 순교정신은 법인성사 이후 소태산에게 받은 법명과 법호를 통해 구체화된다. 구인제자는 마음은 사문에 바치고 몸은 시방에 바치겠다는 큰 서원으로 사무여한의 다짐이 천지를 감응하였고 이 감응에 의해 속된 사사로운 이름은 버리고 공변된 새 이름을 받게 된 것이다. 즉 전날의 이름을 가진 이는 죽었다고 선포하고 세계공명(世界公名)인 새 이름을 주어 많은 창생을 제도하라는 책임이 부여된 것이다. 따라서 법인성사는 종교적으로 죽음과 새로운 탄생의 의미가 담겨 있는 중요한 사건인 것이다. 순교는 필수적인 육체적 죽음의 행위 자체가 아니라 자신의 의지 방향을 공심을 위해 사는 쪽으로 돌리는 것도 포함된다. 즉 사무여한의 정신을 갖추고 있는 사람은 이미 순교자라 할 수 있는 것이다. 원불교의 순교는 순교의 동기가 외부로부터의 박해가 아닌 내부로부터의 능동적인 것이며, 육체적 희생이 아니라 사(私)의 희생을 통한 공(公)으로 나아감이다. 그러므로 법인공사에 담겨 있는 순교는 육체적 희생이 아닌 새로운 인간의 탄생인 것이다. 법인성사에 나타난 원불교 순교의 의미를 인간 속심의 죽음, 성자 혼의 탄생, 생령 구제를 위한 헌신으로 해석하여 현대적 순교의 의미로 재해석해야 한다고 주장하기도 한다.[34]

이러한 원불교의 순교정신은 기독교 전통 순교 개념의 외연에서도 찾을 수 있다. 기독교 전통에서도 순교의 개념이 확장되고 있다. 그리스어 '마르투리온'에서 유래된 순교(martyrdom)라는 용어는 본래 '증언'(testimony)이나 '증인'(witness)을 의미하다가 기독교 용어로 채택되면서 의미가 변화되었다. 즉 진리를 증언하는 과정에서 '피를 흘려 목숨을 바치는 행위'를 지칭하는 의미로 사용하게 되었다. 그래서 순교자들을 '성인'으로 부르며 숭경의 대상으로 삼았다.[35] 기독교가 로마의 국교로 된 이후 혹독한 탄압의 대상이었던 기독교가 지배 종교로 급변한 상황에서 박해 시대의 산물인 '피 흘림의 순교'가 순교에 대한 새로운 이해로 등장하기 시작하였다. 순교를 백색순교와 적색순교로 구분하기도 한다. '백색순교'(white martyrdom)란 피를 흘리는 '적색순교'(赤色殉教, red martyrdom)와 대비하여 붙인 용어로 박해에 의해 목숨을 잃는 순교가 아니라 자연적 생명을 살면서 매 순간 자신과의 싸움, 자기 안의 정욕과 탐욕을 죽이며 그리스도의 완전 성화(完全聖化)를 이루어 가는 신앙적 삶을 의미한다. 붉은 피와 대비하여 투명의 눈물과 땀을 흘려야 한다는 의미에서 '백색'이란 단어를 사용한다.[36] 곧 자기부정과 비움을 통해 이루어지는 '완전 성결'의 삶 역시 순교정신으로 보고 있는 것이다.

구인제자의 사무여한 정신에서 나타난 원불교 순교의 의미 역시 죽어 가는 삶이 아니라 더욱 적극적으로 살기 위하여 죽음도 불사하고 모든 생명을 살리며 보람 있게 해 주려고 몸부림치는 것을 의미한다. 즉 언제 죽어도 보람과 소망이 항상 자기 앞에 있고 무엇을 행하다가 그것을 떠나더라고 여한이 남지 않는 삶이다. 류병덕은 이러한 순교정신은 종교를 통해서 역사 창조에 뛰어드는 순간부터 발현된다고 보았다.[37] 그러므로 원불교의 순교정신은 무아봉공의 정신으로 집약되는 것이다.

이와 같이 원불교의 순교정신은 공도(公道)에 헌신하는 자의 마음가짐인 공익심(公益心)이다.[38] 이러한 공익심은 무아봉공(無我奉公)의 정신에서 구체화된다. 무아봉공은 원불교 교리를 실천해 가는 네 가지 기본 행동 강령인 사대 강령(四大綱領), 즉 정각정행(正覺正行), 지은보은(知恩報恩), 불법활용(佛法活用), 무아봉공(無我奉公) 가운데 하나이다. 원불교에서는 무아봉공을 개인이나 자기 가족만을 위하려는 사상과 자유 방종하는 행동을 버리고, 오직 이타적 대승행으로써 일체중생을 제도하는 데 성심성의를 다하자는 것이라고 밝히고 있다.[39] 즉 공도를 선양하고 공익심을 최고의 가치 표준으로 삼고 생활하는 자세를 의미한다.

> 살신성인이란 곧 사사(私邪) 몸을 죽여서 인(仁)을 이룬다는 말인데 다시 말하면 공(公)을 위해서 사(私)를 놓고 법(法)을 위해서 몸을 잊는다는 말이니 과거 부처님께서 가리왕(歌利王)에게 사지를 찢기셨을 때와 이차돈(異次頓) 성자와 최수운(崔水雲) 선생께서 몸을 내어 맡겼을 때가 살신성인의 인을 이루신 때이며 우(禹) 임금이 구년치수(九年治水)하실 때에 세 번이나 집 앞을 지나가시면서도 들어가지 않으시고 8년을 절풍목우(節風沐雨)하실 때와 증자(曾子)께서 삼순구식(三旬九食)하시고 십년불의(十年不衣)하신 때와 부설거사(浮雪居士)께서 십오 년 우오추간(又五秋間)에 능히 금욕을 하시어 대정력(大定力)을 이루신 때와 이순신 장군(李舜臣 將軍)이 백의종군(白衣從軍)하시면서 원망하는 마음이 나지 않으신 때가 곧 인(仁)를 이루신 때이며 우리 아홉 분 대 선진들께서 백지(白指)에 대혈인서천(大血印誓天)하실 때와 역대 전무출신들이 일생 동안 사(私)를 놓고 공도(公道)에 바치는 무아봉공(無我奉公)의 정신(情神)과 오탁(汚濁)한 진세(塵世)에 살되 물들지 않고 호법봉공의 정성을 다하는 거진출진의 정신과 남이 다하기 어려운 특별한 큰 서원 아래 모든 세간 향락을 놓고 어려운 경계를 이겨 나가는 정남정녀(貞男貞女)의 정신이 곧

살신성인의 정신이요, 그 정신을 하나하나 실천하는 때가 곧 성불의 터전이 이룩되는 때인 것입니다. 또한 중용(中庸)에 말씀하신 "천하 국가도 가히 골라 줄 수 있고 벼슬도 가히 사양할 수 있으며 칼날도 가히 밟을 수 있으되 중용은 능히 못한다."는 그 중용이 바로 인(仁)이며 금강경에 말씀하신 "모든 경계를 응하되 주착함이 없이 그 마음을 내라." 하신 그 마음이 바로 그 인이며 부처님의 대자대비와 상(相) 없는 대덕을 쓰심과 예수의 박애와 공자의 무사무욕의 경지가 다 그 인의 극치를 이르심인 것이니 이 인(仁)은 성자라야 능히 이루는 것입니다. 우리 아홉 분 법인 대선진들께서는 기미년(己未年) 이날 이 모든 인(仁)을 한데 뭉치어 발휘하시었으니 곧 스승님에게는 다시 두 마음 없는 큰 신봉정신(信奉情神)을, 동지 상호 간에는 다시 두 마음 없는 큰 단결정신(團結情神)을, 천하 창생에게는 다시 두 마음 없는 봉공정신(奉公情神)을 한데 뭉쳐 이루시어 천지 허공법계의 공인(公認)을 받으심으로써 우리 회상 창립에 두렷한 정신을 세워 주시고 영천영지 무궁할 우리 교운에 늘 샘솟는 연원을 지어 주신 것입니다. 우리는 이날을 맞아 아홉 분 대선진들의 살신성인의 대법인정신을 더욱 선양하고 함께 득하여 끊임없는 법인정신을 구현함으로써 이 회상을 반석(盤石) 위에 길이 발전시키며 천하 창생과 더불어 광대무량한 낙원 건설에서 길이 즐기도록 거듭 다짐하고 함께 나아가야 할 것입니다.[40]

대산은 살신성인의 법인정신을 "우리 아홉 분 법인 대선진들께서는 기미년(己未年) 이날 이 모든 인(仁)을 한데 뭉치어 발휘하시었으니 곧 스승님에게는 다시 두 마음 없는 큰 신봉정신(信奉情神)을, 동지 상호 간에는 다시 두 마음 없는 큰 단결정신(團結情神)을, 천하 창생에게는 다시 두 마음 없는 봉공정신(奉公情神)을 한데 뭉쳐 이루시어 천지 허공 법계의 공인(公認)을 받으심으로써 우리 회상 창립에 두렷한 정신을 세워…"라고 하여 구인제자가 체현한 정신을 신봉정신(信奉情神), 단결정신(團結情神), 봉공정신(奉公情神)으로 보았다. 결국 '나를 없애고 공익을 위해 성심성의를 다한다'는 '무아봉공(無我奉公)'은 원불교가 추구하는 이상적 인간상이 된다. 소태산은 깨달음 후 제자 및 교도들과 공동체 생활을 하면서 끼니때마다 쌀을 한 숟씩 덜어 모은 보은미(報恩米)로 공동체 사업을 벌였다. 소태산은 '세상과 이웃을 위해 열린 마음으로 일하는 인간'을 원불교 봉공 이념의 원형으로 제시했다.

이상과 같이, 원불교 창립은 바로 구인제자들이 보여준 사무여한의 희생정신과 대봉공심으로 비롯되었고, 이후 이는 전무출신 기본 정신의 원형이 된 것이다. 법인성사는 무아봉공의 정신적 기초를 확립하고, 신봉정신(信奉情神), 단결정신(團結情神), 봉공정신(奉公情神)을 더욱 굳게 한 새 회상 건설의 일대 정신 작업이었으며, 원불교 교단은 새로운 회상의 기틀을 마련하게 된 것이다.

Ⅴ. 맺음말

지금까지 살펴보았듯이 특별히 진실하고 신심이 굳은 소태산의 초기 제자들이고 교단 창립의 주역들이었던 구인제자들은 소태산의 첫 표준제자들로 일심합력, 대신성, 대봉공 등 창립정신의 표본으로 인식된다. 이러한 교단 창립정신은 소태산과 구인제자의 삶 속에서 잘 나타나 있다.

소태산과 구인제자들은 모든 원불교도들이 따라야 할 이상적 인간상이기도 하다. 구인제자들은 원불교 신앙인의 삶을 인도해 주는 모범성을 지니고 있기 때문이다. 사실 원불교의 이상적 인간상은 사은사요의 신앙과 삼학

팔조의 수행을 통한 일원상의 진리를 깨치고 그 진리에 의한 삶을 영위하는 인간, 다시 말해서 사은신앙을 통해 무아봉공하는 인간, 그리고 삼학수행을 정각정행하고 불법활용하는 인간으로 규정된다.[41] 즉, 정신수양, 사리연구, 작업취사와 같은 삼학공부를 통하여 완전한 인격을 이룰 수 있다고 보고 있기 때문이다.

소태산은 오랜 구도 과정을 거쳐 대각을 이루고 인간 개조와 사회 개조를 강조하였다. 가장 잘 훈련된 인간은 공도에 헌신하여 공익의 보람을 실현하는 인간을 말하고 사회에 나아가 희생 봉사할 수 있는 능력을 기를 인간을 말한다.[42] 소태산은 '공도자 숭배(公道者 崇拜)'를 사요(四要)에 포함시켜 모든 사람으로 하여금 자기를 희생하면서 공인에게 이익을 주는 공도정신(公道精神)을 실천한 사람을 존경하고 숭상하도록 강조하고 있다. 공도자 숭배의 강령은 공도에 헌신하는 공익 사회를 형성하며 자기 자신도 공도에 직접 헌신해서 세계 인류가 함께 잘 살 수 있는 사회를 만들자는 것이다.

따라서 자기 개인이나 자기만족을 추구하는 이기적 삶을 버리고 대아(大我)를 위해 소아(小我)를 희생하고 공중을 위해 무아봉공하는 인간을 이상적 인간상으로 보고 있는 것이다. '공도자 숭배'는 공중(公衆)을 위하여 공헌을 많이 하는 공로자를 널리 숭배하고 나아가 직접 공도에 헌신하자는 것이다. 세상에 '나' 혼자만 살 수는 없을 뿐 아니라 '나'는 사은의 공물(公物)임을 깊이 자각하여 공도 헌신자를 숭배함과 동시에 각자 불보살의 희생적인 무아봉공의 정신을 이어받아 정신 · 육신 · 물질로 공도에 헌신하자는 것이다.

지금 현재 원불교의 위상은 소태산과 구인선진(九人先進)과 새 회상 창립을 위해 무아봉공(無我奉公)한 재가 출가 선진제위(先進諸位), 즉 무수한 공도자들의 헌신적인 노력이 있었기 때문에 이룩된 것이다. 바로 이 점이 구인제자의 교단사적 위상이며, 지금 구인제자들이 구현한 정신을 다시금 되새겨야 할 이유이다.

원불교 교단 초기 창립정신을 일구고 신앙의 모범적 삶을 살았던 구인선진을 기억하는 가운데 그들을 역할 모델로 삼아 그들처럼 되기를 날마다 다짐하며 살아가는 것이 필요하다. 즉 이러한 신앙의 모범자 혹은 인간 이상들 역시 우리가 닮으려고 애쓰는 모델로서 작용한다. 구인선진은 모범적 신앙의 삶을 살다 앞서간 신앙의 선진이며 모범일 뿐만 아니라 원불교 초창기 교단 창립에 헌신적인 삶을 살았던 인물이었다는 점 역시 위대한 것이며, 이 점이 바로 원불교 후진이 그들을 기리고 본받아야 할 이유가 된다. 대산은 "정산 종사를 비롯한 구인선진들께서도 우리 회상을 발전시키기 위해 혈심 혈성을 다하셨나니, 우리는 항상 회상의 뿌리와 근본을 잃지 말아야 할 것이니라."[43]와 같이 구인제자들이 체현한 창립정신인 회상의 뿌리와 근본을 잃지 말 것을 강조하였다.

그렇다면 지금 현재 구인선진의 정신을 되새기는 이유는 무엇인가? 이것은 원불교의 창건사를 통하여 원불교 창건 당시의 유공한 인물들을 속에서 원불교의 근본정신을 찾아내기 위해서이다. 즉 당시의 생생한 활동의 모습을 통해 원불교의 새로운 2세기 정신을 바로 세워야 하기 때문이다. 지금까지 구인선진에 대한 인식에 많은 아쉬움이 있었다. 역사는 그것을 기억하고 기념하는 후진들의 해석으로부터 그 의미를 부여받을 수 있다. 구인제자들에 대한 인식을 새롭게 한다면 원불교의 성장과 원불교 후진들의 신앙 성숙에 큰 도움이 될 것이라 사료된다.

과거 사건의 현재화 과정에서 가장 중요한 것은 '기억'이다. 기억에 근거한 구술 혹은 문서 등 다양한 형태의 문화적 장치들을 통해서 현재의 의미를 가지고 소생되는 것이다. 현재 구인선진과 관련된 자료는 매우 부족한 실정이다. 그러므로 구인제자와 관련된 구술 자료의 확보가 무엇보다 필요하다. 구인선진과 관련된 새로운 자료의 발굴을 통해 구인선진들에 대한 구체적인 연구의 성과들이 지속적으로 나오기를 기대한다.

도덕의 정치 복원과
원불교 신앙 모델로서의 구인선진

조 성 면(원준 · 수원문화재단 시민문화팀장)

Ⅰ. 사표이며 질문으로서 구인선진

구인선진(九人先進)은 원불교 최초의 표준제자이다. 원기원년(1916) 12월 창생구제와 새 회상 건설을 구상하던 소태산 대종사(1891-1943, 이하 경칭 생략)는 대각 직후에 모여든 40여 명의 신자들 가운데서 이재철(李載喆, 1891-1943) · 이순순(李旬旬, 1879-1941) · 김기천(金畿千, 1890-1935) · 오창건(吳昌建, 1887-1953) · 박세철(朴世喆, 1879-1926) · 박동국(朴東局,1897-1950) · 유건(劉巾, 1880-1963) · 김광선(金光旋, 1879-1939) 등 여덟 사람을 먼저 선발하고, 방언공사 중인 원기3년(1918) 4월 화해리에서 정산 송규(1900-1962)를 맞아들이니 이들이 바로 교단 최초의 구인제자이다. 이들은 저축조합 · 방언공사 · 혈인기도 등 교단 창립의 기반을 닦은 주역들로 원불교에서는 '구인선진'이란 칭호로 특별히 예우하여 부르고 있다.

구인의 표준제자(구인선진)는 그간 대봉도 · 대호법 · 종사 등으로 서훈되어 제각기 다른 법훈으로 나뉘어 있었으나 원불교 백 년 성업의 일환으로 대각여래위에 오른 정산을 제외하고 8인 모두 출가위로 추존되었다. 사업 성적이나 법력과 별개로 창립 초기에 보여준 구인선진의 위법망구(爲法忘軀)의 헌신이 없었다면 교단 자체도 없었을 것이기 때문에 교단의 위상과 그 공적을 고려할 때 구인선진의 출가위 추존은 올바른 교단적 취사요, 또 후진들의 도리라 할 수 있을 것이다.

그런데 역사적 사실이자 사표(師表)로서의 구인선진에 대한 조망과 성업에 대해서는 재론의 여지가 없는 반면, 구인선진의 현재적 · 미래적 의미와 가치를 새롭게 발굴, 도출할 필요가 있다는 점에서 구인선진은 여전히 원불교학의 과제이며 질문으로 남아 있다고 말할 수 있다. 아울러 이 물음은 앞으로 구인선진에게 지속적으로 부과되어야 할 의미와 창립정신의 창조적 계승과 관련되는 문제이기도 하다.

구인선진에 대한 기초 연구와 조사는 사실상 마무리된 상태와 다름이 없다.[1] 또 교사[2]와 원불교 공식 홈페이지에도 구인선진의 업적과 발자취의 대강이 밝혀져 있다. 구인선진은 최초의 교화단원(수위단)으로서 원불교사상 처음으로 법명과 법호를 받은 교도들이자 성직자들이었으며 이소성대 · 일심합력 · 무아봉공 · 근검저축 등 원불교 창립정신의 표상이라는 것이 주요 골자이고, 서가모니불의 십대제자(十代弟子), 공자의 공문십철(孔門十哲), 예수 그리스도의 십이사도(十二使徒)와 같은 위상을 갖는다는 것이 바로 그러하다.

이 글은 '사실'로서의 구인선진이 아니라 '가치'로서의 구인선진에 주목하고자 한다. 요컨대 구인선진의 생애와 업적을 『대종경』 · 『교사』 · 『대종경선외록』을 중심으로 재조망하면서 동시에 구인선진이 보여준 헌신과 불석신명불공(不惜身命佛供)이 현대사회와 원불교인들에게 던져 주는 메시지, 나아가 이들을 통해 성불제중의 의미와 원불교의 미래지향적 가치가 무엇인지 함께 고민하는 성찰의 시간을 만들어보고자 한다.

독일의 사회학자 울리히 벡(Ulrich Beck)은 현대사회를 위험과 사고를 지속적으로 생산해 내는 '위험사회(risikogesellschaft)'로 규정하면서, 그 이유가 현대사회의 본질이 산업과 과학이 중시되는 산업사회이기 때문이라고 적시하고 있다. 사고 · 전쟁 · 환경오염 등 산업사회로서 현대사회가 안고 있는 과제는 '사회 이론의 그림책들이 예상하고 있는 방법, 즉 정치적 폭발(혁명, 민주선거)을 통해 사라지지 않을'[3] 것이며, 따라서 그는 근대성의 반작용으로서의 반근대성(counter-modernity) 곧 성찰적 근대화로의 전환/대체에 깊은 관심을 표명하고 있다. 그가 종래의 변혁지향적 사회 이론들을 그림책이라 표현하고 있는 것은, 혁명이나 선거를 통해 국가권력을 장악하여 강력한 개혁 드라이브로 인간해방과 새 문명사회를 이룩하겠다는 비전은 순진한 낭만주의적 사고요, 희망 사항에 지나지 않는다는 인식 때문이다. 과학적 합리주의에 바탕을 둔 물질문명 사회가 도래했음에도 불구하고, 인공지능(artificial intelligence)과 로봇공학(robotics)의 발달 · 에너지 위기 · 기후변화 · 남북문제 · 계급 갈등 · 전쟁과 분쟁 · 핵 문제 등 인류 사회를 위협하는 산적해 있는 과제들 앞에서 기존의 변혁 이론들은 충분한 답변이 되어 주지 못하고 있다.

프랑스의 사회학자 에드가 모랭(Edgar Morin) 또한 20세기를 불평등한 사회제도와 구조를 바꾸기 위한 도전의 세기요, '혁명의 세기'[4]로 규정하면서 마르크시즘에 기초한 다양한 변혁 운동을 자신들의 유일한 '종말론적 메시아 사상'으로 간주하는 오류를 범하고 있다는 점을 지적한다. 모랭은 "20세기의 오류들로부터 벗어나기 위해서 '다른 정치'가 필요하다."[5]는 점을 강조하면서 '격변하는 현재에 대한 성찰'과 '인류사회학적 탐색'[6]을 제안하고 있다. 이와 관련해서도 구인선진의 활동—개벽운동 등—과 그 의미에 대해 다시 주목해 보아야 한다.

구인선진은 부와 명예 그리고 세속적 권력과 상관없는 지극히 평범한 사람들이었다. 그런데 이들은 소태산의 지도 아래 개인적 욕망과 아상을 버리고 창생의 구원에 앞장선 정신개벽운동의 첫 사례요 선구자들이었다는 점에서, 그리고 오늘날 현대사회가 안고 있는 역사적 과제 해결을 위한 실마리를 제공해 주는 새로운 정신문명의 모델이라는 점에서 중요한 의미가 있다. 인간의 정신적 각성과 자발적 도덕성을 전제하지 않는 제도 개혁이나 발전은 진정한 의미에서의 인간 구원과 현대사회 과제 해결을 장담하기 어렵다. 이런 점에 비추어 구인선진이 이루어 낸 개벽운동의 역사와 함께 소태산의 개벽을 통한 도덕문명론[7] · 종교 자모론과 정치 엄부론 · 정산의 정교동심론(政教同心論)[8]도 새롭게 주목해야 할 필요가 있다.

II. 구인선진의 이력과 공적

역사적이고 종교사적인 인물들을 다룰 때 빈번하게 직면하는 문제는 바로 영웅주의이다. 영웅주의는 대상을 조망하는 게 아니라 대상에 설득되거나 의도가 사실을 압도할 때 발생한다. 사실보다 가치에 주목하고, 해석과 평가에 무게를 두는 유형의 글에서 이런 점에 특별히 주의할 필요가 있다. 연구의 지향점을 상찬이 아닌 과제와 비전에 두고 이를 자기화하는 균형을 유지할 때 영웅주의에서 벗어날 수 있다.

기실 구인선진은 보통 사람보다 특출한 능력을 지니고 창생들 위에 군림하는 걸출한 영웅상과는 거리가 멀다. 그들은 지극히 평범한 보통 사람들이었다. 다만, 스승과 스승의 가르침에 대한 특별한 정성과 믿음이 아홉 선진을 원불교사 및 창생구제의 주역으로 만들었다고 해야 할 것이다. 따라서 구인선진이 보여준 방언공사와 백지혈인(白指血印)은 정성과 신성이 만들어 낸 감동의 역사로 보아야지 이를 기적과 신비로 과장해서는 안 된다. 장삼이사(張三李四)의 보통 사람들이 오직 믿음과 정성 하나로 위대한 업적을 성취했다는 사실—어쩌면 그것이 기적이며 이적일 것이고 구인선진의 신앙적 의미일 것이다.

구인선진의 생애와 이력 그리고 교단 창립기의 활동 양상에 대한 기초 연구는 이미 상당한 정도로 진행돼 있는 상태이므로, 원불교 창건의 터전을 닦은 구인선진의 업적을 믿음과 정성이라는 관점에서 조명하여 구인선진의 생애와 활동을 지금까지 확인된 사실을 중심으로 재정리해 볼 필요가 있다.

구인선진은 경북 성주 출신으로 제2대 종법사를 역임한 정산을 제외하고 모두 전남 영광 출신의 평범한 인물들이었다.[9] 또 구인선진 중 3인은 일가친척으로 육산 박동국은 친동생이고, 오산 박세철은 조카요, 칠산 유건은 외숙이었다. 나머지 6인도 팔산 김광선은 소태산보다 12세 연상인 의형이며, 이산 이순순과 삼산 김기천은 소태산의 탄생지인 백수면 길룡리와 인접한 천정리 사람이고, 사산 오창건의 백수면 학산리 출신이었다. 사산 오창건을 연원으로 입교한 일산 이재철은 백수면이 아닌 군서면 학정리로 비교적 먼 타지(?)에서 입교한 인물이었다. 이와 같이 구인선진은 소태산과 혈연이나 지연으로 맺어진 근동(近洞)의 지인들이었다.

사회적 신분이나 학식 등의 측면에서 보아도 일산 · 삼산 · 팔산 · 정산 등 가세가 비교적 넉넉하고 학식이 상당한 인물들도 있었으나 대부분은 '궁촌벽지(窮村邊地)의 범상한 사람들'[10]이었다.

원불교의 연원 종교라 할 수 있는 불교에서도 핵심 십대제자(十大弟子)들 모두 서가모니불의 아들과 사촌동생 등 가까운 인연이었다. 그러나 원불교의 구인선진은 권세와는 거리가 먼 보통 사람들이었으나 서가모니불의 십대제자는 유력한 상류계급의 인물들이 대부분이었다는 점에서 많은 차이가 있다. 우선 서가모니불 자신도 카필라국의 왕위 계승자였고, 밀행제일(密行第一) 나후라(羅睺羅)는 서가모니의 아들이고, 천안제일(天眼第一) 아나률(阿那律)과 다문제일(多聞第一) 아난다(阿難陀)는 사촌동생이었다. 논의제일(論議

第一) 가전연(迦旃延)·지혜제일(智慧第一) 사리불(舍利弗)·부법장(付法藏)의 1조(祖) 가섭(迦葉)은 카스트의 최상위인 브라만 계급 출신의 귀족이었다. 또 설법제일(說法第一) 부루나(富樓那)는 귀족 출신에 거부의 아들이었고, 해공제일(解空第一) 수보리(須菩提)·신통제일(神通第一) 목건련(目犍連) 등도 부유한 상인 출신이거나 뛰어난 학식을 가진 지식인들이었다. 십대제자 중 지계제일(持戒第一) 우바리(優婆離)만이 유일하게 최하층의 수드라 계급 출신이었으나 그 또한 석가족의 이발사였다는 특별한 인연 관계에 있었다.

구인선진의 원불교학적 의미는 교단 만대의 터전을 닦은 유공자들이라는 점 외에 생활불교라는 원불교의 특성을 잘 보여준다는 사실을 꼽을 수 있다. 생활불교로서의 원불교의 특징은 출가와 재가 모두 수행과 사업 성적에 따라 승급될 수 있으며, 타 종교에 비해 상대적으로 성직자와 일반 교도 사이의 장벽이 높지 않다는 점이다. 불교의 십대제자는 모두 출가자들로서 성직자였으나 원불교 역사의 서막을 연 구인선진의 후일 행보를 보면, 이들 모두가 성직의 길에 나서지는 않았다. 구인선진 가운데서 출가하여 성직의 길을 선택한 이들은 일산·삼산·사산·팔산·정산 등의 5인이었으며, 이산·오산·육산·칠산 등은 모두 재가교도들이었다. 이산을 제외한 다른 선진들은 공교롭게도 모두 소태산의 가족이나 인척들이었다. 또 구인선진의 후손들 대부분이 출가하여 성직자의 길을 선택한 것이라든지 원불교 특유의 가족 교화와 인정교화(人情敎化) 등 초창기 가족주의적 분위기와 단단한 결속력은 혈연과 지연 등 가까운 인연들을 중심으로 교화를 시작한 초기의 역사와 무관하지 않을 것이다.

그러나 구인선진의 역사에서 가장 주목해야 할 부분은 무엇보다도 평범한 인물들이 정성과 신성으로 이루어낸 개벽과 감동일 것이다. 『원불교 교사』 '제4장 회상건설(會上建設)의 정초(定礎)'에 잘 정리되어 있듯 구인선진이 심혈을 기울여 참여한 회상 건설 사업은 크게 저축조합운동・정관평 방언공사・첫 교당(구간도실) 건축・혈인기도 등이다.

구인선진의 위상과 비중은 원불교의 핵심 경전인 『대종경』과 보조 교서 『대종경선외록』의 등장 횟수를 통해서도 확인해볼 수 있다. 『대종경』에 구인선진에 대한 언급이 31회, 『대종경선외록』에도 31차례 등장한다. 구인선진의 법명이나 법호가 제시되어 있지는 않지만 밀접한 관련성이 있는 부분도 있는데 『대종경』과 『대종경선외록』에 각각 1회와 2회에 걸쳐 등장한다.

〈표1〉『대종경』 속의 구인선진

연번	출전	관련인물	주요 내용	비고
1	「서품」 5장	구인선진	표준제자 내정	
2	「서품」 6장	구인선진	십인일단 조직	
3	「서품」 7장	구인선진	저축조합, 보은미	
4	「서품」 8장	구인선진	방언공사 관련 법문	
5	「서품」 9장	구인선진	방언 소유권 법문	
6	「서품」 10장	구인선진	방언 관련 문답 법문	
7	「서품」 11장	구인선진	방언 관련 문답 법문	
8	「서품」 12장	구인선진	최초 교당의 상량문	
9	「서품」 13장	구인선진	구인단원 기도 결제 법문	
10	「서품」 14장	구인선진	혈인이적, 법호 수여	
11	「수행품」 19장	이산 이순순	내정정, 외정정 공부	
12	「수행품」 26장	정산 송규	상(相) 끊는 공부	
13	「인도품」 9장	삼산 김기천	順逆 관련 문답 법문	
14	「인도품」 49장	육산 박동국	모친 환후와 侍湯 법문	
15	「인도품」 55장	사산 오창건	포수의 오발 관련 법문	
16	「변의품」 15장	일산 이재철	사리의 본말 대체 통달	
17	「변의품」 32장	삼산 김기천	선지자와 후천개벽의 순서	
18	「변의품」 34장	삼산 김기천	견성과 항마위 승급	
19	「변의품」 35장	삼산 김기천	승급의 공력과 근기	
20	「변의품」 36장	삼산 김기천	尸解法과 삼학공부 병진	
21	「변의품」 37장	삼산 김기천	항마위와 생사해탈	
22	「변의품」 38장	삼산 김기천	종법사의 자격	
23	「성리품」 20장	팔산 김광선	견성의 의미	

24	「성리품」 22장	삼산/ 정산	삼산의 성리실력, 정산의 근기	
25	「천도품」 28장	팔산 김광선	팔산 열반과 생사 법문	
26	「실시품」 9장	사산 오창건	日警의 무례 질타	
27	「실시품」 47장	팔산 김광선	대종사의 運心處事를 찬탄	
28	「교단품」 11장	사산 오창건	응산 이완철 대신 짐을 지다	
29	「전망품」 2장	연관성	법의대전 11구	팔산
30	「전망품」 8장	삼산 김기천	참스승과 허와 실	
31	「부촉품」 5장	정산 송규	대중 인도와 지도 당부	

〈표2〉『대종경선외록』 속의 구인선진

연번	출전	관 련 인 물	주요 내용	비고
1	유시계후장 14절	삼산 김기천	중근기 관련 법문	
2	구도고행장 4절	팔산 김광선	대종사 수행 시 조력	
3	초도이적장 3절	삼산 김성구	吳某의 횡사와 진리의 위력	
4	초도이적장 4절	구인단원	三旬日 기도와 성계명시독	
5	초도이적장 5절	팔산 김성섭	한문 숭상 편향을 깨우쳐 줌	
6	초도이적장 6절	일산 이재풍	泥丸玄宮 이적과 일산의 반성	
7	초도이적장 7절	구인단원	방언 분쟁과 사필귀정	
8	사제제우장 1절	구인단원 전원	입교 및 연원의 순서	
9	사제제우장 2절	구인단원	중앙위를 비워두심	
10	사제제우장 3절	정산 송규	星宿 운행과 만남 예견	
11	사제제우장 4절	이재풍, 오재겸	중앙 단원 마중 지시와 취소	
12	사제제우장 5절	팔산 김성섭	정산을 데리러 가자 제안	
13	사제제우장 6절	팔산, 정산	화해리에서 정산을 만나다	
14	사제제우장 7절	정산 송도군	송도군이 사배를 올리다	
15	사제제우장 8절	정산 송도군	후일을 기약하다	
16	사제제우장 9절	팔산, 정산	팔산의 마중과 정산의 도착	
17	사제제우장 10절	정산 송도군	옥녀봉 토굴에 기거하게 하다	
18	사제제우장 11절	정산 송도군	부자지의를 맺음	
19	사제제우장 12절	정산 송도군	중앙위에 임명	
20	사제제우장 13절	연관성	道室 신축, 도실 이름 명명	
21	인연과보장 1절	팔산 김성섭	전생사와 부부 인연을 맺어	
22	교화기연장 2절	오산 박세철	박세철의 겸양과 인물평	
23	은족법족장 2절	정산 송규	영산 지부장 발령과 걱정	
24	은족법족장 3절	구인선진	대각전 건축과 인부들의 찬탄	
25	변별대체장 2절	삼산	중근병, 삼산파와 도산파	
26	선원수훈장 6절	정산 송규	신앙과 계문, 종교심	
27	자초지종장 1절	팔산, 정산	화해제우 관련 일화	
28	자초지종장 3절	팔산 김성섭	대종사 漢詩에 풍악이 울리다	
29	원시반본장 2절	삼산	「변의품」 32장과 거의 동일	

30	교단수난장 16절	정산	종법사 즉위와 교단 안정	
31	교단수난장 21정	사산	대종사의 열반	

구인선진은 교단의 역사이며, 출가 · 재가교도의 기원이다. 원불교의 통경(通經)으로 불리는 『대종경』만 보아도 구인선진에 대한 항목이 31개에 이른다. 구인선진 중에서 『대종경』에는 삼산이 9회로 압도적으로 많고, 다음으로 팔산이 3회 그리고 정산이 2회에 걸쳐 등장한다.

『대종경선외록』에는 구인선진이 함께 언급되거나 구인선진의 활동과 연관성이 있는 장절(章節)을 제외하고 보면, 정산이 11회, 팔산이 7회, 삼산이 4회 등장한다. 초기 교사에서 구인선진의 비중이 절대적인데, 이 중에서 삼산 · 팔산 · 정산이 가장 많이 언급되고 있어 교단사에서 차지하는 세 분 선진의 위상을 확인할 수 있다.

교리상으로 보아도 『대종경』에는 「서품」을 비롯하여 「수행품」 · 「인도품」 · 「변의품」 · 「성리품」 · 「천도품」 · 「실시품」 · 「교단품」 · 「전망품」 · 「부촉품」 등 원불교 경전의 모든 분야에 걸쳐 구인선진이 등장한다. 내정정 · 외정정 공부와 상을 끊는 방법을 비롯해서 취사와 후천개벽의 순서에 관한 문답과 법설이 주종을 이루고 있다. 또 『대종경선외록』에는 책 이름 그대로 『대종경』에는 편입되지 않았으나 '진리적 신앙과 사실적 도덕의 훈련'을 표방하는 원불교의 특징과 창립 초기의 다양한 일화들이 기록되어 있다. 이처럼 『대종경선외록』은 구인선진은 물론 초기 교사 연구와 교리 및 인물 연구 등에서 자료로서 활용도가 크다.

이 같은 중요성과 공적을 남겼음에도 불구하고, 구인선진의 대다수는 세속의 관점에서 보면 훈장 · 구도자(도꾼) · 농업 · 상업 등의 생업에 종사하는 인물들이었다. 이런 구인선진이 교단사에 뚜렷한 족적을 남길 수 있었던 것은 구인선진의 특별한 신성 그리고 소태산의 법력 때문이라 할 수 있다.

『원불교 교사』에 밝혀져 있듯 소태산 대각 후 대중 교화의 방편에 골몰하다가 원기원년(1916) 7월 당시 영광 지역에서 번성하던 증산교 계열의 인사들을 초빙하여 치제의 방법과 절차 등을 배워 갑자기 개안 통령한 것처럼 꾸며 사람들을 모았으나 교사는 이때 모여든 사람들의 대부분은 일시적 허영과 초자연적인 힘에 대한 막연한 믿음 때문에 모여든 것이었다고 전하고 있다.[11] 그해 12월 소태산은 팔인선진[12]을 선발하여 매월 삼순일에 법회를 보고 치성도 드리며 유・무념 대조 및 교화단 마음공부의 원조라 할 '성계명시독(誠誡明示讀)'을 두고 훈련을 시작하였다. 교사는 이 과정을 거쳐 세간의 평범한 인물이었던 구인선진이 삼순일 법회와 정관평 방언공사 등의 과정을 거치면서 점차 성태장양(成胎長養)되어 가는 과정을 이렇게 기술하고 있다.

> … 조합원들은 낮에 비록 그와 같이 힘겨운 노동을 하나, 밤마다 법설 듣는 재미가 진진하여 그 즐거운 마음과 활달한 태도는 이루 다 말할 수 없었으며, 사업과 공부의 병진으로 지혜의 길도 점차 개척되어, 재래에 가졌던 허영의 마음이 차차 진실한 믿음으로 전환되고, 미신의 생각이 차차 올바른 믿음으로 돌아오며, 타력에만 의뢰하던 생각이 차차 자력을 찾게 되고, 공부의 정도도 또한 점점 진보되어…[13]

궁촌벽지의 평범한 인물들로 그저 미신과 타력에 의지하던 구인단원들은 소태산의 지도에 따라 일사불란하게 주경야선(晝耕夜禪)을 거듭하던 중 전일의 습관을 고치고, 정법에 대한 믿음으로 돌아서게 된 것이다. 평범한 이들이 교단의 선진으로 인천의 스승으로 거듭나고, 마침내 이들의 손으로 궁촌벽지인 영광의 일우(一隅)에서 '마음공부를 통해 근대문명의 병폐를 치유하기 위한 새로운 후천개벽운동'의 거보가 시작되었다.[14]

Ⅲ. 구인선진의 삼대공덕(三大功德)과 활동

구인선진이 교사에 남긴 대표 업적으로 저축조합과 영산방언 그리고 혈인기도를 꼽을 수 있다. 본고에서는 편의상 이를 구인선진의 '삼대공덕(三大功德)'이라 지칭하고자 한다. 이 삼대공덕은 평범한 듯하나 실제로는 세계 종교사에서 유례를 찾기 어려운 미증유의 종교혁명이다. 대부분의 종교들은 교단의 권위를 세우고 교화를 위해서 초창기의 역사를 신비와 이적 같은 신화들로 치장하는 것이 일반적이다. 또 창시자(교조)의 카리스마와 초월적 능력을 과장하는 교리적 장엄을 시도하는 일이 빈번하다.

『원불교교사』나 『대종경선외록』 등에서도 창립기의 이적이나 신비로운 일들에 대해서 부분적으로 언급하는 일이 있으나 원불교의 원경이라 할 『정전』과 통경인 『대종경』 같은 공식 교서에서는 이와 같은 이적과 신비를 철저하게 배제, 경계하고 있다. 『대종경선외록』의 「초도이적장」 6절과 『정산 종사 법어』의 「무본편」 58장 등의 법문을 통해서 알 수 있듯 원불교는 신비나 이적을 '말변지사(末邊之事)'로 간주하고 철저히 경계하고 있다.[15]

구인선진의 삼대공덕은 원불교 초창기인 원기원년부터 4년까지—영산시대(靈山時代)[16]에 집중된다. 문자 그대로 선진으로서의 헌신과 삶이었다. 삼순일 법회와 '성계명시독' 같은 유무념 대조 훈련을 통해 새 마음 새 생활을 시작한 구인선진의 기념적인 첫 사업은 회상 창립을 위한 기초 자본금 조성과 발판을 만들기 위한 저축조합운동이었다.

원기2년 8월에 시작된 저축조합운동은 신통묘술과 기행이적을 적극 활용하거나 묵인하는 기존의 신종교들과 확연하게 구별되는 원불교만의 특징이다. 교주의 영적 능력이나 초자연적인 힘에 의존하는 것이 아니라 금주금연 · 절미(節米) 같은 가장 현실적이고 합리적인 방식을 동원하여 교단 설립의 자본금을 마련하고, 일찍부터 수행과 생활이 분리되지 않는 생활 종교를 표방하였다는 점은 세계 종교사에서 유례를 찾기 어려운 것이다.[17] 불법연구회는 "…재래 종교의 형이상학적 신비적 형태에서 완전 탈각한 대중적 종교라 아니할 수 없나니 … 씨는 조선 불교 사상의 루터라 하여도 과언이 아니…"[18]라는 원기22년(1937) 8월 10일자 〈조선일보〉의 기사—「불교 혁신 실천자 불법연구회 박중빈 씨」—는 기성 종교와 원불교의 차이 그리고 원불교를 직접 경험한 이들의 인상과 당시 원불교에 대한 사회적 평판의 일단을 보여준다. 물론 이는 신통과 혹세무민을 배격하고 철저하게 마음공부와 합리적 실천을 중시했던 소태산의 종교합리주의와 리더십의 결과이겠으나 창립 초창기 소태산의 가르침을 실천하고 구현한 원불교 신앙의 전통을 세운 구인선진의 지공무사한 적공과 헌신이 뒷받침되지 않았다면 얻어낼 수 없는 평가이다. 동시에 이 기사는 당시 사회를 뒤흔든 백백교 사건[19]과 연동하여 원불교의 전신인 '불법연구회'를 사이비 종교로 잘못 보도한 〈조선일보〉의 자매지 〈조광〉의 오보,[20] 이른바 '조광 오보 사건'에 대한 사과로서의 성격을 띠고 있다. 그러나 원불교 시창 초기부터 보여준 이 같은 종교적 합리성은 후일 2010년 초등학교 5학년 2학기 사회 교과서에서 다음과 같은 평가가 나오도록 한 원동력이 되었다.

> 일본이 우리나라를 지배하고 있을 때, 박중빈은 물질문명만으로는 사람이 참다운 구원을 얻을 수 없으며, 정신을 개벽해야 한다는 생각으로 원불교

를 일으켰다. 간척 사업을 통하여 자립하는 생활과 여러 사람의 이익을 위하는 생활을 실천하도록 했다. 또 앞으로 다가올 시대에는 우리 민족이 정신적으로 세계를 이끄는 국민이 될 것이라고 하여, 일제의 침략을 받아 어려움을 겪고 있는 우리 민족에게 희망과 용기를 주었다.

저축조합운동을 통해 교단의 첫 조직과 기초 자본금을 조성하는 한편, 전일의 습관과 생활 태도를 개선하고, 장차 시행할 방언공사를 예비하였다. 영산의 정관평 방언공사 역시 오늘날의 원불교를 있게 한 구인선진의 대표적인 공적으로 후천개벽의 새 문명 시대의 패러다임을 제시한 원불교만의 특성이라 할 수 있다. 요컨대 복락은 기도나 신앙 같은 초월적이고 초자연적인 힘에 의해 주어지는 것이 아니라 실천과 실행 그리고 정성을 기울여야 구할 수 있다는 원불교의 정신과 교리를 잘 보여주는 일이다. 이 같은 원불교의 지향은 구인선진과 함께 한창 방언공사가 진행 중이던 어느 날 이춘풍과 소태산이 주고받는 대화를 전하고 있는 『대종경』「서품」 10장에서 잘 드러난다.

하루는 이춘풍(李春風)이 와서 뵈오니, 대종사 말씀하시기를, "저 사람들이 나를 찾아온 것은 도덕을 배우려 함이어늘, 나는 무슨 뜻으로 도덕은 가르치지 아니하고 이같이 먼저 언(堰)을 막으라 하였는지 그 뜻을 알겠는가." 춘풍이 사뢰기를, "저 같은 소견으로 어찌 깊으신 뜻을 다 알으오리까마는 저의 생각에는 두 가지 이유가 있는 듯하오니, 첫째는 이 언을 막아서 공부하는 비용을 준비하게 하심이요, 다음은 동심합력으로 나아가면 이루지 못할 일이 없다는 증거를 보이시기 위함인가 하나이다." 대종사 말씀하시기를, "그대의 말이 대개 옳으나 그 밖에도 나의 뜻을 더 들어보라. 저 사람들이 원래에 공부를 목적하고 온 것이므로 먼저 군은 신심이 있고 없음을 알아야 할 것이니, 수만 년 불고하던 간석지를 개척하여 논을 만들기로 하매 이웃 사람들의 조소를 받으며 겸하여 노동의 경험도 없는 사람들로서 충분히 믿기 어려운 일을 할 때에 그것으로 참된 신심이 있고 없음을 알게 될 것이요, 또는 이 한 일의 시(始)와 종(綜)을 볼 때 앞으로 모든 사업을 성취할 힘이 있고 없는 것을 알 수 있을 것이요, 또는 소비 절약과 근로 작업으로 자작자급하는 방법을 보아서 복록(福祿)이 어디로부터 오는 근본을 알게 될 것이요, 또는 그 괴로운 일을 할 때에 솔성(率性)하는 법이 골라져서 스스로 괴로움을 이길 만한 힘을 얻을 수 있을 것이니, 이 모든 생각으로 이 일을 착수시켰노라."[21]

이춘풍 선진은 방언공사의 의미를 '공부하는 비용 준비'와 '동심합력하면 모든 일을 성취할 수 있음'을 보여주기 위함이라 답변했으나 소태산은 '신심의 유무 확인', '일의 시종본말 및 복록의 근원 이해', '솔성 훈련'에 방언공사의 참의미가 숨어 있음을 밝히고 있다.

방언공사는 영광군 백수면 길룡리 앞바다를 막는 언(堰)공사로 원기3년(1918)에 시작하여 만 1년 만인 이듬해 원기4년(1919) 4월 26일에 완공한 농토 간척 사업으로 규모는 2만 6천 평(85,951㎡)이다. 이때 참여한 선진은 정산을 제외하고 소태산이 포함된 9인이며, 이를 증명하는 유적이 '제명'(題名) 바위'[22]이다. 방언공사 이후에도 해독(海毒)을 막고 지속적으로 관리하며 '육신과 재력(財力)으로써 직접 간접으로 후원을 한 이가 적지 않으니 '특별 후원자 유정천(劉正天) 등 18인'의 특별한 신심과 기여에 대해서도 함께 평가되어야 한다.[23]

구인선진의 삼대공덕이 중요한 이유는 원불교 오만 년 대계의 틀을 세웠으며, 원불교 교단의 기원 곧 재가 · 출가의 시원이 되었다는 점이다. 여기에 저축조합과 영산방언 등 교단의 물질적 기초—삼대공덕에는 누락되었으나 교단 최초의 교당인 이른바 구간도실을 원기3년 12월에 준공하였다—닦았으며, 법계로부터 교단을 인정받는 백지혈인(白指血印)의 법인성사(法聖認事)를 이루어 냄으로써 마침내 교단 성립의 발판을 모두 완료해 냈다는 점이다. 원불교 교단 성립을 위한 물질적 · 진리적 사업의 기초를 모두 영산시대에 완수해 낸 것이다.

원불교 사축이재(四祝二齋)의 하나인 법인절의 기원이 되는 법인성사는 원기4년(1919) 3월 26일에 시작하여 매월 삼륙일(6일 · 16일 · 26일) 밤 10시부터 12시 정각까지 정해진 여덟 곳의 장소에서 기도식을 거행하는 구인단원의 기도로 적공 과정 중 창생을 위해 기꺼이 목숨을 바치겠다는 맹세를 담은 '사무여한(死無餘恨) 증서'에 인주도 없이 찍은 지장이 핏빛으로 변한 이적을 말한다. 기도를 시작한 지 4개월 만인 음력 7월 26일 이적이 나타나자 소태산은 교단 최초로 단을 조직하고 구인단원에게 법호와 법명을 내려준다. 이후에도 구인단원의 기도는 10월까지 지속되다 해재(解齋)하니, "9인 기도와 법인성사는 곧 무아봉공의 정신적 기초를 확립하고, 신성 · 단결 · 공심을 더욱 굳게 한 새 회상 건설의 일대 정신 작업이었다."[24] 구인선진의 기도 방위와 입교 일자는 다음과 같다.

〈표4〉 구인단원의 기도 방위와 입교 일자

법호와 법명(속명)	입교 일자	방위	기도봉
정산 송규(도군)	원기3년 7월	중앙	중앙봉
일산 이재철(재풍)	원기2년 1월 13일	건방	설래바위봉
이산 이순순(인명)	원기1년 10월 10일	감방	촛대봉(장다리 꼴봉)
삼산 김기천(성구)	원기1년 4월 20일	간방	밤나무골봉
사산 오창건(재겸)	원기1년 9월 9일	진방	눈썹 바위봉
오산 박세철(경문)	원기1년 10월 2일	손방	마촌앞산봉(상여바위봉)
육산 박동국(한석)	원기1년 3월 26일	이방	옥녀봉

칠산 유건(성국)	원기1년 3월 26일	곤방	공동묘지봉(천기동 뒷산봉)
팔산 김광선(성섭)	원기1년 3월 26일	태방	대파리봉

대산은 원기49년(1924) 〈법인절 경축사〉에서 이 법인성사를 '살신성인(殺身成仁)의 대성사(大聖事)'라 천명하고, '살신성인이란 곧 사사(私邪) 몸을 죽여서 인(仁)을 이룬다는 말'이라면서 '공(公)을 위해서 사(私)를 놓고 법(法)을 위해서 몸을 잊는' 것이라 했다. 기실 기도는 진리와 내가 하나가 되는 수행이며 진리적 신앙이요, 업력을 소멸하고 사은과 허공 법계의 위력을 얻어 서원과 소망을 이루는 불공이라 할 수 있다.[25] 구인선진의 혈인기도는 교단 최초로 이 같은 원불교의 기도 정신을 실천하고 구현했다는 데 의미가 있다. 대산은 아홉 분 선진이 이룩한 법인의 대성사의 의미를 다음과 같이 정의한 바 있다.

> 우리 아홉 분 법인 대선진들께서는 기미년(己未年) 이날 이 모든 인(仁)을 한데 뭉치어 발휘하시었으니 곧 스승님에게는 다시 두 마음 없는 큰 신봉정신(信奉精神)을, 동지 상호 간에는 다시 두 마음 없는 단결정신(團結精神)을, 천하창생에게는 다시 두 마음 없는 봉공정신(奉公精神)을 한데 뭉쳐 이루시어 천지허공 법계의 공인(公認)을 받으심으로써 우리 회상 창립에 두렷한 정신을 세워 주시고 영천영지 무궁할 우리 교운에 늘 샘솟는 연원을 지어 주신 것입니다.[26]

원불교에서 기도는 『대종경』 「천도품」 23장과 「교단품」 31장을 비롯하여 『정산종사법어』 「법훈편」 71장과 「원리편」 31장, 「무본편」 17장 등의 법문에서 잘 드러나듯 일원상 신앙과 수행의 핵심이다. 구인선진의 혈인기도는 법계(진리계)의 인증을 얻어냈을 뿐만 아니라 교단 최초로 원불교식 기도를 실천하고 구현한 첫 번째 사례라는 점에서 그 의미가 매우 크다고 할 수 있다.[27]

이와 같이 저축조합운동·정관평 방언공사 및 구간도실 건축에서 법인성사로 이어지는 구인선진의 삼대공덕은 무아봉공이라는 원불교 신앙의 모델이었을 뿐만 아니라 교단 성립의 초석이 되었고, 새 회상과 낙원세계 건설을 위한 정신개벽운동의 모범적 사례로 오늘날의 원불교를 있게 한 개벽과 감동의 역사라 할 수 있다.

Ⅳ. 도덕의 정치와 '구인선진 되기'

정신개벽은 원불교의 목표이자 개교 표어이다. 개교 표어의 제정 동기와 의미는 교서에 상세하게 밝혀져 있다.[28] 현재 인류의 역사는 물질문명이 급속도로 발전되는 과정에 있으나 정신문명은 아직 이에 상응하지 못하고 있으며, 여기에서 발생하는 문제를 해결하고 도학문명과 물질문명이 조화를 이루는 낙원세상을 건설하자는 것이 정신개벽론의 요체이다. 이 표어가 공식화한 것은 소태산의 대각 후 16년이 지난 원기17년(1932) 4월에 출판된 『보경육대요령』의 슬로건으로 쓰이면서부터이다. 『육대요령』은 원기28년(1943) 원불교의 공식 교서인 『불교정전』이 출판되기 이전의 핵심 교서로 '교리도'와 '개교의 동기'부터 '사은사요' 등 원불교의 원경 『정전』의 근간을 이루고 있는 보경(寶經)이었다.

최근 세계적 화제가 되었던 '알파고와 프로 바둑기사 이세돌 9단'의 세기의 대결에서 보듯 인류 사회는 정보화를 중심으로 한 제3차 산업혁명을 넘어 생명공학 · 인공지능 · 로봇공학 등 첨단과학이 주도하는, 이른바 제4차 산업혁명이라는 새로운 상황에 직면해 있다. 세계 최초로 로봇을 등장시켜 과학소설(science fiction)의 새로운 이정표가 된 카렐 차페크(Karel Capek, 1890-1938)의 『로숨 유니버설의 로봇(Rossum Universal's Robot)』(1920)은 로봇의 반란과 인간의 멸망이라는 충격적인 이야기를 다룬 희곡이다. 과학의 발전이 인간에게 재앙이 되고 마는 역설과 로봇의 반란을 다룬 실험극 『로숨 유니버설의 로봇』은 세계 주요 도시들에서 공연되며 엄청난 화제를 뿌렸다. 로봇은 '노동하다'라는 뜻을 지닌 체코어 로보타(robota)에서 파생된 신조어로 기계가 인간을 대체하고, 인간을 지배할지도 모른다는 대재앙을 예고하는 숱한 SF-〈터미네이터〉, 〈매트릭스〉 등-의 기원이 되었다. 인공지능을 장착한 로봇은 산업과 의료를 넘어 군사용으로까지 확장을 거듭하고 있어 이 같은 우려가 SF의 세계가 아닌 심각한 현실 문제로 다가오고 있다. 여기에 현대사회는 체르노빌과 후쿠시마 원전 사고 같은 대재앙으로 인한 환경파괴와 오일피크처럼 석유의 고갈이 몰고 올 문명의 위기 그리고 수니파와 시아파의 오랜 반목에서 빚어진 IS의 출현과 테러라는 예측 불허의 일상적 폭력에 직면해 있다.

또 과학기술과 물질문명의 발달에 따라 경제성장과 생활의 편의가 크게 향상되었지만, 동시에 대형 사고의 위험과 위기도 함께 높아졌다. 과학기술과 물질문명이 발달하면 할수록 인류의 위기와 불행도 함께 더 커지고 있으며, '힐링 담론'의 유행이 보여주듯 사람들은 더 많은 위로와 더 많은 위안이 필요해졌다. 개교 표어와 구인선진에 주목할 이유가 여기에 있고, 이런 점에서 구인선진은 우리 시대의 신앙 모델이자 원불교학의 과제라 할 수 있다. 그렇다면 구인선진의 어떤 점을 재조명하고 계승해야 하며, 나아가 물질문명의 발달과 어떠한 연관성을 가지고 있는가.

현대사회를 위험사회로 규정하고 있는 울리히 벡(Ulrich Beck)은 새로운 해결 방안 곧 이러한 계획의 출발점은 '정치의 해방'[29]이라고 단언한다. 민주적 사회에서 정치는 직접선거 등의 '주류정치'를 비롯해서 '이차 정치, 하위정치와 대안 정치 등이 폭넓게 존재'한다.[30] 원불교의 공식 입장은 정교분리를 기초한 종교 자모론과 정치 엄부론으로서 일찍이 소태산도 "종교와 정치는 한 가정에 자모(慈母)와 엄부(嚴父) 같나니 … 창생의 행과 불행은 곧 종교와 정치의 활용 여하에 달려 있는지라 제생의세를 목적하는 우리의 책임이 어찌 중하지 아니하리요."[31]라고 하여 종교의 역할을 강조한 바 있다. 정산 또한 정치와 종교를 창생과 제생의세를 위한 양대 축으로 보고 정교동심론(政教同心論)을 사대 경륜의 하나로 제시한 바 있다.

대종사-정산 종사-대산 종사 등 원불교 역대 지도자들이 제시한 정교동심론은 국가를 다스리거나 권력을 획득하고 유지하기 위한 활동을 뜻하는 사전적(辭典的) 의미의 정치가 아닌 도덕의 정치로서, 울리히 벡이 말하는 대안정치에 가깝다. '구인선진 되기(becoming)'는 한 인간의 그릇된 생각과 욕망과 행동이 세상에 엄청난 영향력을 행사하며 위험을 끼치며 또 파괴적으로 작동할 수 있는 현대의 위험사회(risikogesellschaft)에서 도덕의 정치 곧 대안정치의 가능성과 영역을 넓혀 가는 운동이면서 교화의 새로운 출구가 될 수 있을 것이다.

구인선진 되기는 크게 4가지로 나누어 생각해 볼 수 있다.

첫째는 솔성 훈련이다. 솔성(率性)이란 '모든 사람에게 본래 갖추어진 일원상의 진리 곧 불성(본성)을 회복하여 그것을 일상생활 속에서 잘 활용해 가는 것'이며, 동시에 '일원상의 진리와 같이 원만구족하고 지공무사한 본래 성품을 잘 사용하는 것'[32]으로 원불교 고유의 마음공부법이며 훈련 방법이다. 저축조합-영산방언-백지혈인으로 이어지는 구인선진의 삼대공덕에서 주목할 것은 소태산의 지도에 따라 궁촌벽지에서 살아가고 있던 장삼이사(張三李四)의 평범한 인물들이 재래의 습관을 버리고 공중사에 헌신하여 교단 만대의 초석이 되고 출가위 성자로 거듭난 것인데, 그 비결은 다름 아닌 바로 솔성이었으니 이 감동과 기적의 역사를 원불교 신앙의 모델로 삼자는 것이다. 특히 이춘풍과 소태산의 법의문답을 담은 『대종경』 「서품」 10장에 밝혀져 있는 바와 같이 '괴로운 일을 할 때에 솔성(率性)하는 법이 골라져서 스스로 괴로움을 이길 만한 힘을 얻을 수 있을 것'이라고 하여 방언공사가 단순히 전답을 만들고 복락의 원천을 깨우쳐 주기 위함이 아닌 '솔성 훈련'임을 천명하고 있다.

둘째는 구인선진의 특성과 발자취 그리고 직업과 상황을 고려하여 다양한 근기와 상황에 있는 사람들이 선택할 수 있도록 교리에 입각하여 정교한 훈련 교육 프로그램을 개발하여 교도와 시민 그리고 세계인들에게까지 확장해 가는 것이다.

셋째는 이 같은 맞춤형 솔성 훈련 프로그램에 따라 교도 스스로가 구인선진의 일인을 선택하여 훈련하는 '나도 구인선진 따라해 보기'이다. 이를 통해 구인선진의 노고와 공적을 몸과 마음으로 체험해 보는 것이다. 현재 원불교에서 시행하고 있는 법인절 기도를 좀 더 체계화하는 것이다.

넷째는 구인선진의 기록과 출생지 등을 모두 정리하고 복원하여 답사 훈련 프로그램으로 정비하는 것이다. 아울러 구인선진의 일대기를 그대로 복원한 '사실'로서의 전기와 대중 교화용으로 극적인 장치와 다소의 허구를 가미한 대중적 팩션(faction)[33]이나 다큐를 만들어 널리 보급, 선양하는 것도 연구해 봄직하다.

기존의 변혁 운동 모델들, 가령 국가권력의 장악을 통한 구조와 제도의 개편으로 해방의 기획을 완수하겠다는 20세기의 국가주의적 패러다임들은 이미 실패했다. 에드가 모랭(Edgar Morin)의 말대로 20세기 근대 극복을 내걸었던 10월 혁명 등도 그 자신이 20세기의 근대의 또 다른 모습이었음을 입증하면서 현실 사회주의의 붕괴와 함께 역사의 저편으로 사라져 버렸다. 또 이들 20세기의 변혁 담론들이 현재 인류 사회가 직면하고 있는 사회적 불평등 · 인간성 상실 · 환경오염 · 자원고갈 · 기후변화 같은 세계적인 문제 해결을 위한 방안이 되기 어렵다는 점에서 구인선진은 20세기의 변혁 담론들이 해결하기 어려운 현대 사회의 역사적 과제들을 해결하기 위한 새로운 정신문명운동의 모델이라는 점에서 매우 중요한 의미가 있다.

> 20세기의 혁명(모델—인용자)은 실패했다. 그러나 인류의 역사는 계속된다. 이것은 혁명이라는 이념이 사라져서는 안 된다는 것을 뜻한다. 그것은 전적으로 재고되어야 한다. 그것은 이제 종말론적 해결로서가 아니라 진정한 하나의 문제로서 제기되어야 한다.[34]

그러면 그 대안은 무엇인가. 모랭이 말하는 종말은 불평등한 시대와 역사의 종말, 말하자면 '행복한 도시, 조화로운 사회를 예고하고 · 준비하고 · 구성하는 종말론적 담론'으로 희망 사항과 역사의 의지를 혼동하고, 혁명의 신화 속으로 침투해 들어온 종교적 사고이다. 이들은 '과학적'이라는 허울을 쓰고 마치 이것이 '정치적 완성, 최종적 해결, 빛나는 미래'를 보장한다고 믿는 오류를 넘어서야 20세기적 사고인 것이다.[35] 더구나 이들 종말론(변혁의 담론)의 문제점은 비정치적 과제들과 인간의 문제, 특히 인간의 마음과 욕망을 사상하고 있다는 점이다. 종말론 스스로가 입증했듯 "강력한 법령을 제정하고 제도를 개편하며 사회구조를 바꾼다고 해서 평화세계, 평등사회는 오지 않는다. 사람의 마음이 바뀌지 않고서 평화의 세계와 용화의 세상을 이룬다는 것은 어불성설이다."[36]

구인선진의 현재적 의미와 '구인선진 되기'의 의의는 바로 여기에 있다. 구인선진은 교단 최초의 표준제자로서 원불교 회상 창립의 기초와 근간을 만들었을 뿐만 아니라 세속의 평범한 인간이 솔성공부로 출가위 성인으로 거듭날 수 있다는 것을 보여준 최초의 사례이기 때문이다. 이런 점에 비추어 구인선진은 원불교 교도를 비롯하여 인류가 좌표로 삼아야 할 원불교 신앙의 모델일 뿐만 아니라 그 스스로가 개벽의 주인이었듯이 파란고해의 세상을 낙원세상으로 만들어가는 원불교적 비전 실현을 위한 하나의 좌표로서의 의미가 있다고 할 수 있다. 구인선진은 과거가 아닌 현재이자 미래다.

원불교 구인선진의 인물 콘텐츠 개발을 위한 스토리텔링

김 미 경(전주대학교 연구교수)

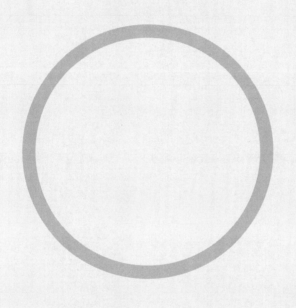

Ⅰ. 머리말

원불교가 100주년을 맞이하여 원불교 교조 소태산 박중빈 대종사(少太山 朴重彬 大宗師, 1891-1943, 이하 경칭 생략)가 처음으로 선택한 9인의 표준제자인 정산 송규 종사(鼎山 宋奎 宗師, 1900-1962, 이하 경칭 생략), 일산 이재철(一山 李載喆, 1891-1943), 이산 이순순(二山 李旬旬, 1879-1945), 삼산 김기천(三山 金幾千, 1890-1935), 사산 오창건(四山 吳昌建, 1887-1953), 오산 박세철(五山 朴世喆, 1879-1926), 육산 박동국(六山 朴東局, 1897-1950), 칠산 유건(七山 劉巾, 1880-1963), 팔산 김광선(八山 金光旋, 1879-1939) 등에 대한 학술적인 조명이 다양한 각도에서 진행되고 있다.

그 연장선상에서 소태산을 중심으로 원불교 교단의 기틀을 마련한 구인선진(九人先眞)이라는 9명의 인물들의 생애와 사상을 근간으로 하여 인물 콘텐츠 개발을 위한 스토리텔링[1] 방안을 모색해 보고자 한다. 이는 원불교 구인선진이라는 훌륭한 인물들을 콘텐츠화하는 스토리텔링을 잘 써서 원불교의 종교적 위상을 정립하는 일에 일조하고자 하는 데 그 목적이 있다.

원불교가 성공적으로 100주년을 맞이할 수 있었던 것은 바로 소태산을 중심으로 하는 구인선진이 있었기에 가능했다고 볼 수 있다. 세상을 구제하고자 하는 이들의 뜨거운 열정과 값진 희생이 없었더라면 원불교 100년의 위업은 달성될 수 없었을 것이다. 원불교가 지속적인 발전을 거듭하면서 우리나라뿐 아니라 세계적인 종교로 발돋움할 수 있었던 것은 바로 원불교 교조 소태산을 중심으로 하는 구인선진이 있었기 때문이다.

이런 관점에서 필자는 구인선진의 생애와 사상 및 활동을 토대로 하여 그들의 사상과 종교적 실천을 널리 알리는 스토리텔링을 실제로 창작해 보도록 하겠다. 이는 지금까지 구인선진에 대한 사상적 성찰에 힘을 쓴 수많은 선학(先學)들의 학문적인 성과를 활용하여 스토리텔링으로 재구성함으로써 구인선진을 널리 알리기 위한 노력의 일환이다.

앞으로 원불교가 새로운 100년을 준비하기 위해서는 시대에 부합하는 소통이 절대적으로 필요하다. 이에 본고는 원불교 발전의 원동력을 모색하는 하나의 방법론으로서의 '원불교 구인선진의 인물 콘텐츠 개발을 위한 스토리텔링'에 대해 제안해 보고자 한다.

II. 원불교 구인선진과 인물 콘텐츠 스토리텔링

1. 정산 송규 종사

1) 정산 송규 종사의 인물 콘텐츠 개발을 위한 이야기 조사

정산은 소태산이 원기28년(1943) 6월 1일, 열반에 들자 종법사로 추대된 이후 그만의 탁월한 지도력을 발휘하여 원불교 교단의 초석을 다지는 데 큰 역할을 한다.

그가 원불교를 이끌던 때는 일제 말기의 혹독한 압제를 견뎌 내야 했고, 광복을 맞이하여 동포들의 화합을 독려하기도 해야 했으며, 동족상잔의 비극인 6 · 25전쟁도 겪어야만 했다. 그야말로 강력한 리더십이 없이는 종교적인 위상을 유지하기 어려운 때였다. 이런 시기에 정산이 종교적인 사상을 실천한 가장 위대한 업적을 필자는 '전재동포구제사업(戰災同胞救濟事業)'이라고 생각한다.

물론, 원기32년(1947) 4월 27일, '원불교' 교명을 선포하고 소태산이 주세불임을 천명한 일도 큰 업적이지만, 원불교의 사상적 핵심을 '구세경륜(救世經綸)'이라고 전제할 때 정산이 해방 직후 해외에서 귀환한 어려운 처지의 동포들을 돕는 구제 사업을 전개한 것은 시대상황에 부응한 크나큰 업적이라고 할 수 있다. 이렇게 정산이 원불교의 교리를 직접 실천하기 위해 벌인 '전재동포구제사업(戰災同胞救濟事業)'을 비롯한 여러 업적들을 정리하면 다음과 같다.

> 일본, 중국을 비롯한 각국으로부터 귀국하는 전재 동포를 구호하기 위하여 서울 이리 부산 전주 등지에 전재동포구호소를 설치하여 식사 및 의복 공급과 숙소 안내, 응급치료와 분만 보조 및 사망자 치상, 교강의 정신에 의해 작성된 〈허영의 생활을 안분의 생활로, 원망의 생활을 감사의 생활로〉라는 전단 배포, 귀환 학병을 위한 사상 강연, 한남동 정각사에 서울 보화원을 설립, 전재고아를 수용하는 등 실로 다양한 구호 활동을 전개하였다. 또한 정산종사는 국가와 민족이 나아갈 바 바른 길을 제시하는 『건국론(建國論)』을 저술하였으며, 한글 보급과 문맹퇴치운동의 전개를 전국 각지에 있는 교역자에게 지시하였다. 원기31년(1946) 5월에는 이미 대종사가 뜻한 바 있었으나 당시의 시국 관계로 문을 열지 못한 유일학림(唯一學林)을 설립, 교단의 중견 인물을 육성하였다. 유일한 목적(제생의세)과 유일한 행동(무아봉공)과 유일한 성과(일원세계 건설)를 목적한 유일학림은 오늘의 원광대학교로 발전하였다.[2]

위의 인용문에서 알 수 있듯이 정산은 해방 직후 혼란한 정국을 빠르게 수습하고 국가와 민족이 올바른 길로 나가게 하기 위해 애국계몽운동을 전개하는 동시에 원불교의 깊은 사상적 성찰을 통해 상처받은 국민들을 위로하기 위해 실로 다각적인 구호 활동을 전개한다. 누구나 각자도생하기에 급급한 시대적 환경 속에서 전개한 이러한 활동은 실로 탁월한 지도력이 아니면 할 수 없는 일이다. 특히 지금의 명문사학 원광대학교가 태동할 수 있도록 유일학림(唯一學林)을 설립한 것은 미래에 대한 그의 위대한 예지력이 없이는 결단 내릴 수 없는 일이었을 것이다.

지금까지 살펴본 것만으로도 '유일한 목적(제생의세)과 유일한 행동(무아봉공)과 유일한 성과(일원세계 건설)'를 목적으로 교육기관을 설립한 정산은 이 시대의 뛰어난 선각자임을 충분히 알 수 있다.

2) 정산 송규 종사의 인물 콘텐츠 개발을 위한 스토리텔링

가난하고 힘든 자들의 진정한 아버지, 정산 송규 종사의 발자취를 따르다.

> "동포를 살이기 위하야 우리는 거리로 간다."[3]
> "허영의 생활을 안분의 생활로, 원망의 생활을 감사의 생활로…"

조국이 해방되어 온 나라가 '대한독립만세'의 함성으로 들끓고 있을 때 정산 송규 종사는 국가와 민족의 앞날을 위해서 무슨 일을 해가야 할지 생각에 잠깁니다. 36년이라는 기나긴 세월을 나라 잃은 설움 속에 살았던 우리 국민들이 어떤 방향으로 살아야 할지 걱정이 앞섭니다. 갑자기 조국이 독립되자 해외 동포들이 아무런 대책 없이 물밀듯이 조국으로 돌아오는데 그들을 위한 국가의 빈민 구제 정책이 턱없이 부족한 실정이었습니다. 이때 정산 송규 종사는 앞으로 해방된 조국이 어떤 길로 가야 할 지 고민하고 또, 고민하여 『건국론(建國論)』을 집필합니다. 그래서 원불교가 대한민국 건국에 큰 버팀목의 역할을 하게 되는 것입니다. 그런 실천 운동으로 제일 먼저 독립의 기쁨을 안고 조국으로 돌아오는 헐벗고 배고픈 귀환 동포들을 위해 옷과 식사를

제공하고 잠자리를 마련해 줍니다. 어디 그뿐입니까. 병든 자를 위해 응급치료도 해 주고 산모를 위해 분만도 도와줍니다. 또 사지로 내몰렸다가 겨우 살아온 자신들을 홀대하는 조국을 원망하는 젊은 학도병들에게 정산 송규 종사는 '허영의 생활을 안분의 생활로, 원망의 생활을 감사의 생활로' 마음을 바꾸는 사상 교육을 실시합니다. 전쟁고아들과 가난한 자들에게 정산 송규 종사는 진정으로 따뜻한 아버지가 되어 주었습니다. 이렇게 밤낮을 가리지 않고 소태산 대종사의 큰 뜻을 받들어 세상에 사랑을 실천한 원불교의 선각자 정산 송규 종사는 위대하고 위대한 인물입니다.(김미경)

2. 일산 이재철 종사

1) 일산 이재철 종사의 인물 콘텐츠 개발을 위한 이야기 조사

일산은 소태산과 동갑이었지만, 스승을 대할 때는 언제나 깍듯하게 두 손을 모아 공수(拱手)하며 겸손한 태도를 보인 분이었다.

그는 "우리가 하는 일은 아무나 할 수 있는 일이 아니요 아무나 할 수 없는 일이기 때문에 애로와 난관이 남달리 많지만 참고 견디어 나가면 언젠가는 성공하는 날이 온다."라든가 "좋은 일이 있을 때나 나쁜 일이 있을 때나를 가리지 말고 언제든지 한결같이 진실하게 살자. 진실하고 보면 모든 일은 이루어지는 것이다."라든지 "지금은 교단 창립의 초창기라서 많은 역경과 고생스러움이 있지마는 내 마음에 아무 사심이 없이 꾸준히 일하고 보면 교단의 발전과 더불어 자신의 발전도 따라서 있는 것이다."라든가 "아무리 조그만한 일이라도 다른 사람에게 신용을 잃어서는 안 된다. 내가 먼저 신용을 잃지 않아야 남도 나를 신용해 주는 것이다.(『제1대창립유공인역사』)"라고 말하는 등 마음에 새길 어록들[4]을 많이 남겼다.

이렇게 일산은 원불교 창립에 혁혁한 공을 세우며 소태산을 모시는 데 전력을 다했다. 방언공사를 할 때도 외교적인 수완이 좋았던 그는 소태산을 보좌하며 초기 교단의 경제력을 구축하는 데 힘썼다. 그런 일산이 어느 날 교주 소태산을 모시고 전북 변산에 갔을 때 겪은 기이한 일을 소개하면 다음과 같다.

> 원기4년(1919) 5월에 대종사는 이재철과 잠시 변산에 다녀온 일이 있었다. 영광에서 변산으로 가던 도중 곰소항의 어느 여관에서 하룻밤을 유숙할 때 일어난 일이다. 밤이 깊어 막 잠이 들려 할 무렵, 여관방 문 앞에서 사람의

발자국 소리가 들렸다. 이재철이 문을 열어 보니 하얀 소복을 입은 젊은 여인이 서 있었다. '깊은 밤중에 이런 해변가에 소복 입은 여인이 혼자서 나타나다니, 거 참 이상한 일도 다 있다. 저 여인에게서 느껴져 오는 기운이란 정말 알 수가 없이 괴이하군.' 이재철은 마음속으로 이렇게 생각하면서 그 여인에게 물었다. "거 누구시오?" 그러나 소복의 여인은 아무런 대답이 없다. "어디서 오신 분이오?" 여인은 역시 아무 말도 없이 고개만 숙이고 있었을 뿐 주위는 괴이한 정적이 싸늘하게 감돈다. "대체 어떠한 여인이길래 이 깊은 밤중에 나타나서 말없이 서 있기만 하오?" 그러나 여인은 여전히 고개를 숙이고 가만히 있기만 할 뿐, 이재철은 약간 무서운 생각까지 들었다. 이번에는 대종사가 물었다. "거 누군가? 무슨 일이 있어서 왔으면 말을 해야지. 몇 번씩이나 물어도 아무런 대답도 없이 가만히 서 있기만 하다니 예의에 벗어나지 않았는가. 그대가 분명 사람이고, 할 말이 있어서 왔다면 들어와서 말을 하라. 만약 그렇지 않다면 썩 물러가라." 그제서야 여인은 방 안으로 들어와서 대종사에게 사배를 올리더니 그만 흐느껴 울기 시작했다. 대종사에게는 무엇인가 마음속에 짐작되는 바가 있었다. "너 무슨 까닭으로 이렇게 와서 울고만 있단 말인가? 고개를 들어라. 그리고 이제 그만 울음을 그치고 여기에 온 사유를 말하라." 이재철도 자세히 얼굴을 보니 얼굴을 잘 아는 여인이었다. 그런데 이게 웬일인가? 그 여인은 분명 몇 년 전에 죽은 여인이 아닌가? '이거 내가 귀신에 홀린 것이 아닌가? 이게 꿈인가? 생시인가?' 이재철은 자신의 허벅다리를 꼬집어 보았다. 분명 아픔을 느꼈다. 그 여인은 울음을 그치고 고개를 들어 대종사를 우러러보며 입을 열었다. "저를 모르시겠읍니까?" "물론 잘 알고 있다. 그런데 무슨 까닭으로 이렇게 나를 찾아왔는가?" "저의 사정을 다 말씀드리지 않아도 대종사님께서는 다 알고 계실 것입니다. 저를 불쌍히 여기시어 자비와 덕화로써 구원해 주소서. 저로서는 다시 만나기 어려운 기회이라 여기에 머무르시는 틈을 타서 감히 찾아뵙고 이렇게 호소합니다. 부디 저를 불쌍히 생각하시고 구원해 주옵소서." 여인의 흐느끼는 목소리는 적막한 밤을 더욱 슬프게 한다. 대종사는 한참 동안 묵묵히 앉아 있다가 천천히 말했다. "그렇다면 지금은 어느 곳에 의지하고 있는가?" "지은 죄가 매우 무거워서 축생계에 떨어져 있습니다. 지금 금사망(金絲網)을 쓴 구렁이의 몸을 받아서 저 앞 죽도(竹島) 주위를 맡고 있습니다. 금사망을 삼천년 동안 벗지 못하도록 되어 있습니다. 대종사님의 자비로써 이 금사망보를 벗게 해주옵소서." 여인은 말을 마치자 다시 엎드려 어깨를 들먹이며 서럽게 운다. "너의 마음은 실로 기특하나, 죄와 복은 지은 대로 받는 것이 만고불변의 법칙이다. 그러나 이제 네가 하늘에 사무치는 진실한 마음과 지극한 정성으로 과거의 죄업을 참회하고 앞으로 다시는 악업을 짓지 아니하면, 천지가 감동하고 불보살들의 호렴하심을 힘입어 그 죄업을 쉽게 벗을 것이다. 그러므로 깊이 명심하라. 죄업을 하루라도 빨리 벗고 못 벗는 것은 너의 마음에 달려 있다. 내가 지난날 너와의 친분대로 하자면 오늘 이 자리에서 당장 죄를 벗도록 해 줄 수 있으나, 이것은 천리(天理)를 어기는 일이라, 그렇게 할 수는 없는 일이다. 이제 그대의 정성을 봐서 하루속히 금사망보를 벗어나도록 내 깊이 심축할 터이니, 그렇게 알고 돌아가라." "저의 죄를 불쌍히 여기시어 꼭 구원해 주옵소서." 여인은 몇 번이나 같은 말을 되풀이하더니 무거운 발걸음을 힘없이 옮기어 천천히 문밖으로 사라졌다. 여인은 슬픔을 금치 못하겠다는 처량한 모습이었다. 대종사와 이재철도 여인을 따라 밖으로 나와 바닷가에 이르렀다. "저 앞에 도사리고 있는 것이 제가 받은 몸입니다." "염려 말고 어서 가거라. 너의 마음에 진실로 참회하면 악업을 속히 벗어나게 될 것이다." 여인이 바닷가에 도사리고 있는 괴물 곁으로 가니, 순식간에 여인은 없어지고 괴물은 몸을 스르르 풀어 바닷속으로 들어가 버린다. "인과의 이치가 저렇게 분명하다. 죄 많은 여인이여, 진실로 참회 개과하여 죄업에서 빨리 벗어나라." 대종사는 그 여인을 위하여 심고를 울렸다. 대종사가 이재철에게 물었다. "재철이, 이제 그 여인의 죄업을 잘 알겠는가?" "이제 그 여인을 잘 알겠습니다. 몇 년 전까지만 해도 여관과 음식점을 경영하던 여인이지요. 얼굴이 아름다워 남자들을 많이 농락했지요. 아까 그 여인으로 인하여 재물을 빼앗기고 패가망신하고 감옥 생활까지 한 남자들이 부지기수였지요. 그 여인은 주위 사람들로부터 많은 비난과 원망을 받았지요. 저도 그 여인의 음식점에 몇 번 가 본 일이 있습니다. 과연 여우 같은 여인이라 생각했습니다. 그런데 그 여인이 몇 년 전에 갑자기 병들어 죽자 사람들이 얼마나 좋아했는지 모릅니다. 인과의 이치가 그렇게 무서운 줄을 이제야 알았습니다." (소태산 대종사 일화 중에서)[5]

OSNU의 개념과 스토리텔링의 의미

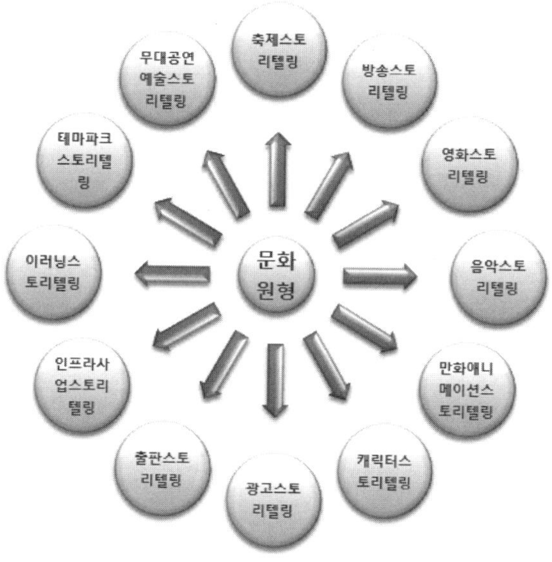

김미경, 「진도축제식 상장례 민속의 연희성과 스토리텔링」, 고려대 박사논문, 2008, 12, 171쪽.

위의 인용문을 보면 일산이 소태산에게 원불교가 지향하는 교리를 몸소 체험으로 배운 사실을 알 수 있다. 스토리텔링은 원소스(One Source)를 멀티유즈(Multi Use)하게 활용하는 것이 중요하다.[6]

필자는 소태산 대종사가 일산에게 전해 주려고 했던 〈곰소항 여인이야기〉에 대해 원소스(One Source)를 멀티유즈(Multi Use)하게 활용하는 측면에서 '무대 공연 예술'을 위한 스토리텔링을 예시해 볼 것이다.

2) 일산 이재철 종사의 인물 콘텐츠 개발을 위한 스토리텔링

곰소항에서 소태산 대종사와 일산 이재철 종사가 만난 구렁이가 된 여인 : "진실로 참회하라. 천지가 감동하리라."(무대 공연 예술을 위한 스토리텔링)

〈제1장〉

막이 오르면 곰소항 바닷가를 걷고 있는 소태산 대종사와 일산 이재철 종사 일행이 보인다. 무언가 이야기를 주고받으며 숙소로 들어가 자려는데 하얀 소복을 입은 여인네가 급한 발걸음으로 걸어오다 소태산 대종사와 이재철 종사를 보더니 급히 걸음을 멈추고 고개를 푹 숙이며 인사한다.

이재철: (혼잣말로) 깊은 밤중에 이런 해변가에 소복 입은 여인이 혼자서 나타나다니, 거 참 이상한 일도 다 있다. 저 여인에게서 느껴져 오는 기운이란 정말 알 수가 없이 괴이하군.

이재철: 거 누구시오?

여인: (아무런 대답이 없다.) …….

이재철: 어디서 오신 분이오?

여인: (역시 아무 말도 없이 고개만 숙이고 있는 여인) …….

이재철: 대체 어떠한 여인이길래 이 깊은 밤중에 나타나서 말없이 서 있기만 하오?

여인: (역시 아무 말도 없이 고개만 숙이고 있는 여인) …….

대종사: 거 누군가? 무슨 일이 있어서 왔으면 말을 해야지. 몇 번씩이나 물어도 아무런 대답도 없이 가만히 서 있기만 하다니 예의에 벗어나지 않았는가. 그대가 분명 사람이고, 할 말이 있어서 왔다면 들어와서 말을 하라. 만약 그렇지 않다면 썩 물러가라.

여인: (방 안으로 들어와서 대종사에게 사배를 올리더니 그만 흐느껴 울기 시작한다.) 흑흑흑….

대종사: (짐작이 간다는 표정으로) 너 무슨 까닭으로 이렇게 와서 울고만 있단 말인가? 고개를 들어라. 그리고 이제 그만 울음을 그치고 여기에 온 사유를 말하라.

이재철: (여인의 얼굴을 자세히 얼굴을 보며 깜짝 놀라는 표정을 지으며 혼잣말처럼) 어~. 분명히 몇 년 전에 죽은 그 여인인데…. 이거 내가 귀신에 홀린 것이 아닌가? 이게 꿈인가? 생시인가? (이재철은 자신의 허벅다리를 꼬집으며 아픔을 느끼는 표정을 짓는다.)

여인: (울음을 그치고 고개를 들어 대종사를 우러러보며) 저를 모르시겠습니까?

대종사: 물론 잘 알고 있다. 그런데 무슨 까닭으로 이렇게 나를 찾아왔는가?

여인: 저의 사정을 다 말씀드리지 않아도 대종사님께서는 다 알고 계실 것입니다. 저를 불쌍히 여기시어 자비와 덕화로써 구원해 주소서. 저로서는 다시 만나기 어려운 기회이라 여기에 머무르시는 틈을 타서 감히 찾아뵙고 이렇게 호소합니다. 부디 저를 불쌍히 생각하시고 구원해 주옵소서. (여인의 흐느끼는 목소리는 적막한 밤을 더욱 슬프게 한다.)

대종사: (한참 동안 묵묵히 앉아 있다가 천천히) 그렇다면 지금은 어느 곳에 의지하고 있는가?

여인: 지은 죄가 매우 무거워서 축생계에 떨어져 있습니다. 지금 금사망(金絲網)을 쓴 구렁이의 몸을 받아서 저 앞 죽도(竹島) 주위를 맡고 있습니다. 금사망을 삼천년 동안 벗지 못하도록 되어 있습니다. 대종사님의 자비로써 이 금사망보를 벗게 해 주옵소서. (여인은 말을 마치자 다시 엎드려 어깨를 들먹이며 서럽게 운다.)

대종사: 너의 마음은 실로 기특하나, 죄와 복은 지은 대로 받는 것이 만고불변의 법칙이다. 그러나 이제 네가 하늘에 사무치는 진실한 마음과 지극한 정성으로 과거의 죄업을 참회하고 앞으로 다시는 악업을 짓지 아니하면, 천지가 감동하고 불보살들의 호렴하심을 힘입어 그 죄업을 쉽게 벗을 것이다. 그러므로 깊이 명심하라. 죄업을 하루라도 빨리 벗고 못 벗는 것은 너의 마음에 달려 있다. 내가 지난날 너와의 친분대로 하자면 오늘 이 자리에서 당장 죄를 벗도록 해 줄 수 있으나, 이것은 천리(天理)를 어기는 일이라, 그렇게 할 수는 없는 일이다. 이제 그대의 정성을 봐서 하루 속히 금사망보를 벗어나도록 내 깊이 심축할 터이니, 그렇게 알고 돌아가라.

여인: (사정하는 어투로) 저의 죄를 불쌍히 여기시어 꼭 구원해 주옵소서. 저의 죄를 불쌍히 여기시어 꼭 구원해 주옵소서. 저의 죄를 불쌍히 여기시어 꼭 구원해 주옵소서.

(여인은 몇 번이나 같은 말을 되풀이하더니 무거운 발걸음을 힘없이 옮기어 천천히 문밖으로 사라진다. 여인은 슬픔을 금치 못하겠다는 처량한 모습이다. 대종사와 이재철도 여인을 따라 밖으로 나와 바닷가에 이르렀다.)

여인: 저 앞에 도사리고 있는 것이 제가 받은 몸입니다.

대종사: 염려 말고 어서 가거라. 너의 마음에 진실로 참회하면 악업을 속히 벗어나게 될 것이다.

여인: (바닷가에 도사리고 있는 괴물 곁으로 가니, 순식간에 여인은 없어지고 괴물은 몸을 스르르 풀어 바닷속으로 들어가 버린다.)

대종사: (큰 목소리로 우렁차게) 인과의 이치가 저렇게 분명하다. 죄 많은 여인이여, 진실로 참회 개과하여 죄업에서 빨리 벗어나라. (대종사는 그 여인을 위하여 심고를 올려 준다.)

대종사: (일산 이재철에게) 재철이, 이제 그 여인의 죄업을 잘 알겠는가?

이재철: 이제 그 여인을 잘 알겠습니다. 몇 년 전까지만 해도 여관과 음식점을 경영하던 여인이지요. 얼굴이 아름다워 남자들을 많이 농락했지요. 아까 그 여인으로 인하여 재물을 빼앗기고 패가망신하고 감옥 생활까지 한 남자들이 부지기수였지요. 그 여인은 주위 사람들로부터 많은 비난과 원망을 받았지요. 저도 그 여인의 음식점에 몇 번 가 본 일이 있습니다. 과연 여우같은 여인이라 생각했습니다. 그런데 그 여인이 몇 년 전에 갑자기 병들어 죽자 사람들이 얼마나 좋아했는지 모릅니다. 인과의 이치가 그렇게 무서운 줄을 이제야 알았습니다. (일산 이재철 종사는 소태산 대종사에게 큰절을 올린다)

모두 퇴장하면 막이 내려지고 그 위에 자막으로 글이 스크롤되어 올라가게 하면 그것에 따라 일산 이재철 종사가 우렁차게 읽는다.

-. "우리가 하는 일은 아무나 할 수 있는 일이 아니요 아무나 할 수 없는 일이기 때문에 애로와 난관이 남달리 많지만 참고 견디어 나가면 언젠가는 성공하는 날이 온다."

-. "좋은 일이 있을 때나 나쁜 일이 있을 때나를 가리지 말고 언제든지 한결같이 진실하게 살자. 진실하고 보면 모든 일은 이루어지는 것이다."

-. "지금은 교단 창립의 초창기라서 많은 역경과 고생스러움이 있지마는 내 마음에 아무 사심이 없이 꾸준히 일하고 보면 교단의 발전과 더불어 자신의 발전도 따라서 있는 것이다."

-. "아무리 조그마한 일이라도 다른 사람에게 신용을 잃어서는 안 된다. 내가 먼저 신용을 잃지 않아야 남도 나를 신용해 주는 것이다. (김미경)

위의 무대 공연 예술을 위한 스토리텔링은 '곰소항 여인 이야기'를 골간으로 거의 수정하지 않고 서술했다. 물론, 진짜 무대 공연 예술로 만들려면 좀 더 다양한 극적 장면들을 추가시켜야 한다고 생각한다. 그러나 여기서는 스토리텔링의 원소스(One Source) 멀티유즈(Multi Use)의 다양성에 대해 설명하기 위해 간단하게 재구성한 것임을 밝혀 둔다.

어찌 되었든 원불교의 훌륭한 교리를 널리 전파하기 위해서는 본래부터 전해 오는 여러 이야기들을 스토리텔링하여 보다 더 많은 대중들이 원불교를 쉽게 알 수 있도록 다양한 방법을 총동원해야 한다.

3. 이산 이순순 종사

1) 이산 이순순 종사의 인물 콘텐츠 개발을 위한 이야기 조사

이산 이순순 종사는 자신의 위대한 스승이자 원불교 교조인 소태산 대종사를 만나기 전에는 호탕한 기질을 지닌 남자다운 면모 때문에 서울에 있는 신여성과 향락 생활을 즐기기도 했다. 그러나 12년 연하인 소태산 대종사를 스승으로 모시고부터는 일체의 향락 생활을 청산하고 오로지 수도에 매진한 결단력이 뛰어난 분이었다.

그와 소태산 대종사는 이미 인연이 깊은 사이였다. 소태산 대종사가 대각을 이루기 전 노루목에서 입정 상태에 들어가 있을 무렵 이산 이순순 종사가 우연히 대종사를 만나게 된다. 그 사연을 정리하면 다음과 같다.

> 대종사가 노루목에서 입정 상태에 들어 있을 무렵의 어느 비 오는 여름날이었다. 이날따라 비바람은 거칠고 세찼다. 노루목의 외딴집은 기괴한 정적에 사로잡혀 있었다. 다 낡은 집은 비바람에 금방 쓰러질 듯했다. 그러나 대종사는 입정삼매(入定三昧)에 들어 있을 뿐이었다. 마침내 사나운 비바람은 지붕나래를 걷어가 버렸다. 방에는 비가 새어 대종사의 몸을 적셨다. 이때 이순순은 어떤 불가사의한 힘에 끌려 자신도 모르게 노루목으로 발걸음이 옮겨졌다. '원 세상에 이런 일도 있나? 지붕이 걷혀 비가 새는 줄도 모르고 앉아 있기만 하다니, 쯧쯧 저럴 수도 있나?' 이순순은 억수 같은 비를 맞으며 지붕을 고쳤다. 자신도 모르게 어떤 불가사의한 힘에 끌렸던 것이다.(소태산 대종사 일화 중)[7]

위의 인용문에서 알 수 있듯이 이산 이순순 종사는 성품이 온화하고 정이 많아 궂은일도 마다하지 않는 성격의 소유자였다. 이런 그였기에 원불교 교단 초창기 때 인화(人和)의 표본으로 재가공부에 힘썼다. 이에 대해 스승 소태산 대종사와 일문일답한 일화가 『대종경』「수행품」19장에 전해진다.

> 대종사, 이순순에게 물으시기를 "그대는 재가공부(在家工夫)를 어떻게 하는가." 순순이 사뢰기를 "마음 안정하기를 주장하나이다." 또 물으시기를 "어떠한 방법으로 안정을 주장하는가." 순순이 사뢰기를 "그저 안정하고자

할 따름이옵고 특별한 방법을 알지 못하나이다." 대종사 말씀하시기를 "무릇, 사람에게는 항상 동과 정 두 때가 있고 정정(定靜)을 얻는 법도 외정정과 내정정의 두 가지 길이 있나니, 외정정은 동하는 경계를 당할 때에 반드시 대의(大義)를 세우고 취사를 먼저하여 망녕되고 번거한 일을 짓지 아니하는 것으로 정신을 요란하게 하는 마(魔)의 근원을 없이하는 것이요, 내정정은 일이 없을 때에 염불과 좌선도 하며 기타 무슨 방법으로든지 일어나는 번뇌를 잠재우는 것으로 온전한 근본정신을 양성하는 것이니 외정정은 내정정의 근본이 되고 내정정은 외정정의 근본이 되어 내와 외를 아울러 진행하여야만 참다운 마음의 안정을 얻게 되리라."(『대종경』「수행품」 19장)[8]

위의 인용문에서 소태산 대종사의 큰 가르침을 얻은 이산 이순순 종사의 모습을 상상할 수 있다. 재가공부를 하는 것이 불가에서 말하는 동정불이(動靜不二)와 다르지 않음을 쉽고도 자세하게 이순순에게 설법한 내용이다.

2) 이산 이순순 종사의 인물 콘텐츠 개발을 위한 스토리텔링

노루목에서 소태산 대종사와 만난 인연으로 진정으로 마음이 고요해지다. : "움직임과 고요함은 둘이 아니다."

이미 이산 이순순 종사는 원불교와 깊은 인연이 있었던 것일까요? 소태산 대종사가 대각(大覺)을 얻기 위해 노루목에서 동(動)과 정(靜) 두 때와 정정(定靜)을 얻는 법을 깨우치기 위해 입정 상태에 들어 있을 무렵이었습니다. 갑자기 비바람이 몹시 불어 노루목의 낡고 오래된 집의 지붕나래를 걷어가 버렸습니다. 소태산 대종사는 그 비를 맞으며 방에서 꿈쩍도 하지 않고 그대로 좌선만 하고 계셨지요. 무슨 힘에 끌린 것일까요? 이때 이산 이순순 종사는 아직 제자도 아니었는데 어떤 불가사의한 힘에 끌려 자신도 모르게 노루목으로 발걸음이 옮겨졌다고 합니다. '원 세상에 이런 일도 있나? 지붕이 걷혀 비가 새는 줄도 모르고 앉아 있기만 하다니, 쯧쯧 저럴 수도 있나?' 이산 이순순 종사는 억수 같은 비를 맞으며 지붕을 고쳤다고 합니다. 자신도 모르게 어떤 불가사의한 힘에 끌렸던 것이죠. 과연, 어떤 힘이 우리를 지금 노루목에 오게 한 것일까요? 한번 마음속 깊은 곳에서 울려오는 자신의 목소리에 귀 기울여 보세요. "내가 왜 여기 와 있을까요?" (김미경)

위의 스토리텔링은 노루목에 오는 방문객들을 위해 노루목에 〈스토리텔링 표지판〉을 세운다는 전제 아래 쓰여진 것이다.

4. 삼산 김기천 종사

1) 삼산 김기천 종사의 인물 콘텐츠 개발을 위한 이야기 조사

삼산 김기천 종사는 자신의 위대한 스승이자 원불교 교조인 소태산 대종사보다 한 살 연상이었지만, 도를 통한 스승에게 감복하여 사제의 인연을 맺었다.

그는 17세에 서당의 훈장이 될 정도로 학문의 문리를 얻은 훌륭한 학자였다. 삼산 김기천 종사는 교도들의 훈련과 지역 발전에 기여하기 위해 밤낮없이 노력했다. 그러면서도 본관에서 발행하는 회보에 글을 기고하여 원불교의 교화 발전에 힘썼다.

또한, 삼산 김기천 종사는 소태산 대종사가 최초로 내린 '견성인가'의 일화로도 유명한데 그 내용은 다음과 같다.

원기13년(1928, 39세) 5월 17일, 삼산 종사가 특신급에 승급된 그해 가을, 소태산 대종사는 강당에 법좌를 차리라 하고 종을 쳐 대중을 불러 모은 뒤 "수도하는 사람이 견성을 하려는 것은 본래 자리를 알아, 그와 같이 결함 없게 심신을 사용하여 원만한 부처를 이루는 데에 그 목적이 있나니, 이는 목수가 목수 노릇을 잘하려면 잣대가 있어야 하고, 용이 승천하려면 여의주(如意珠)를 얻어야 하는 것과 같다. 견성을 하려면 성리공부를 하여야 하나니, 성리는 내가 손을 내놔라 하면 손을 내놔야지 발을 내면 안 되는 것이다. 이제 내가 그대들에게 성리를 물어야겠다"[9] 하고 의두 요목을 하나씩 놓고 물었다. 제자들이 차례로 대답을 하였으나 대종사는 응답이 없으셨고, 마지막으로 대답한 사람은 삼산 종사뿐이었다. 삼산 종사가 성리 설하는 것을 듣고 소태산 대종사는 흡족한 웃음을 머금고 말했다. "오늘 내가 비몽사몽간에 여의주를 삼산에게 주었더니 받아먹고 즉시 환골탈태하는 것을 보았는데, 실지로 삼산의 성리 설하는 것을 들으니 정신이 상쾌하다."며 이어 말하기를 "법은 사정(私情)으로 주고받지 못할 것이요, 오직 저의 혜안이 열려야 그 법을 받아들이나니, 용은 여의주를 얻어야 조화가 나고 수도인은 성품을 보아 단련할 줄 알아야 능력이 나느니라"[10] 대종사의 말씀이 끝나자 대중의 찬탄과 선망을 한 몸에 받으며 삼산 종사는 견성인가를 받은 것이다. 우레와 같은 박수와 아울러 여제자 몇 인은 자리에서 일어나 "우리 회상에 견성도인 나셨다."며 덩실덩실 춤을 추기도 했다. 이것이 새 회상이 생긴 이래 공식적으로 소태산 대종사가 제자에게 내린 최초의 견성인가(認可)이다.[11]

위의 인용문에서 삼산 김기천 종사가 혜안을 가진 지성의 소유자임을 알 수 있다. 또한, 그의 시가를 보면 그의 문학적인 감수성과 철학적인 안목을 지닌 사유의 세계를 공유할 수 있다.

저 허공에 밝은 달은 다만 한낱 원체로되 일천 강에 당하오면 일천 낱이 나타나고 나의 성품 밝은 맘도 또한 한낱 원체로되 일만 경계 당하오면 일만 낱이 나타나니 맘과 달이 둘이오나 그 이치는 하나일세 달 사랑은 벗님네야 강 밑에 잠긴 달은 참달이 아니오니 부디 그 달 사랑 말고 허공 달을 사랑하소 마음 찾는 주인공아 경계에 착된 맘은 참마음이 아니오니 부디 그 맘 딸치 말고 본성 마음 찾아 보소 고요한 밤 홀로 앉자 이 마음을 간하올제 분별주착 딸치 않고 무심적적 들어가니 달도 이미 그믐 되고 심행처도 멸하였네 적적요요 본연한데 일각심월 원명하다 소소영영 저 심월아 보고 봐도 둘 아니요 홀로 비친 너 하나라 取하여도 얻음 없고 捨하여도 버림 없다 그러하나 一覺相은 眼前에 歷歷하니 없는 것도 아니로다 존귀하다 저 심월아 짝한 물건 없었으니 삼계독존 아닐런가 아름답다 저 심월아 일점 瑕疵 없었으니 氷玉인들 당할소냐 견고하다 저 심월아 불생불멸 그 眞體가 만고장존하였으니 금강인들 당할소냐 광명하다 저 심월아 시방세계 대천계를 여지없이 비추오니 千日인들 당할소냐 신통하다 저 심월아 감추면 개자 속에 펴 놓으면 우주밖에 능소능대하는구나 지혜롭다 저 심월아 천만사리 당한 대로 걸림 없이 분석하네 여보소 주인공아 보배할 것 무엇이며 귀의할 것 어디 있나 寶貝함도 심월이요 귀의함도 심월일레 여보소 벗님네야 이 심월을 구경하소[12]

위의 인용문에서 삼산 김기천 종사의 고매한 사상의 경지를 간파할 수 있다. 이에 삼산 김기천은 이미 시가를 지어 원불교의 깊고 오매한 사상을 잘 표현했다고 말할 수 있다.

2) 삼산 김기천 종사의 인물 콘텐츠 개발을 위한 스토리텔링

저 허공에 뜬 밝은 달 좀 보소. - 삼산 김기천 종사 : "지혜롭다 저 심월아!"

삼산 김기천 종사는, 원불교 소태산 대종사가 "오늘 내가 비몽사몽간에 여의주를 삼산에게 주었더니 받아먹고 즉시 환골탈태하는 것을 보았는데, 실지로 삼산의 성리 설하는 것을 들으니 정신이 상쾌하다."며 "법은 사정(私情)으로 주고받지 못할 것이요, 오직 저의 혜안이 열려야 그 법을 받아들이나니, 용은 여의주를 얻어야 조화가 나고 수도인은 성품을 보아 단련할 줄 알아야 능력이 나느니라."라며 원불교 최초로 견성인가를 내린 훌륭한 분입니다. 그는 '심월송(心月頌)'을 지어 원불교 교리를 잘 설명해 주었는데요. 함께 감상해 보실까요?

> "저 심월아 불생불멸 그 眞體가 만고장존하였으니 금강인들 당할소냐 광명하다 저 심월아 시방세계 대천계를 여지없이 비추오니 千日인들 당할소냐 신통하다 저 심월아 감추면 개자 속에 펴 놓으면 우주밖에 능소능대 하는구나 지혜롭다 저 심월아 천만사리 당한 대로 걸림 없이 분석하네 여보소 주인공아 보배할 것 무엇이며 귀의할 것 어디있나 寶貝함도 심월이요 귀의함도 심월일레 여보소 벗님네야 이 심월을 구경하소"

삼산 김기천 종사는 견성오도의 경지로 원불교 교리를 세상에 널리 전파하는 데 앞장 선 우리 시대의 뛰어난 선각자입니다.(김미경)

5. 사산 오창건 종사

1) 사산 오창건 종사의 인물 콘텐츠 개발을 위한 이야기 조사

사산 오창건 종사는 자신의 위대한 스승이자 원불교 교조인 소태산 대종사를 통해 원불교에 입문한 이래 40여 년의 세월을 오직 원불교 교단을 위해 헌신한 신심이 충만한 분이었다.

1922년 12월경 사산은 송도성과 함께 대종사를 보좌하며 교단 최초의 초선지인 진안군 성수면 만덕산에서 기거하였고 이어 내장사 등지를 다닐 때도 지게 짐을 지고 시봉의 정성을 다했다. 당시의 시봉 생활을 전해 주는 일화[13]가 있다.

> 만덕암에서 식량 문제로 곤란을 겪었다. 최도화가 화주로 나서 식량을 구해 그의 아들 조갑종이 쌀가마니를 지고 오기도 하였지만 한계가 있었다. 선회 초기에 한번은 식량을 구하러 최도화가 오창건과 같이 좌포리 노덕송옥의 집에 갔다. 노덕송옥은 곳간에서 가져가고 싶은 만큼 가져가라고 했다. 최도화는 쌀을 많이 얻으려고 "머슴을 데려왔으니 쌀 한 짝을 주세요."라고 하자 옆에 있던 오창건이 머슴이라는 말을 듣고 분통이 터졌다. 머슴으로 취급받으며 기를 쓰며 무거운 짐을 메고 오다가 할 수 없이 중간에서 지게 하나를 구해서 이미 저물어 어두워진 10여 km의 험한 산비탈을 힘겹게 오르고 있었다. 그때 "거 창건이 오느냐." 하는 대종사의 목소리가 들려왔다. 사산은 반갑고 감격한 마음으로 괴로움도 잊고 날아오르듯 산 위에 올라 대종사를 뵈었다. 대종사가 저간의 사정을 알고 오창건도 최도화도 위로하였다.[14]

위의 인용문에 따르면 사산 오창건 종사가 원불교 교단을 위해서라면 어떤 모욕도 참아 내는 인물임을 알 수 있다.

2) 사산 오창건 종사의 인물 콘텐츠 개발을 위한 스토리텔링

머슴이라도 좋소. 소태산 대종사님 목소리만 들을 수 있다면…. 사산 오

창건 종사 : "머슴을 데려왔으니 쌀 한 짝을 주세요."

사산 오창건 종사는 원불교 교단과 소태산 대종사님을 위해서라면 어떤 희생도, 어떤 모욕도 참아 내는 인내력의 소유자였습니다. 소태산 대종사님을 시봉하기 위해서는 무거운 짐을 지는 것도, 머슴이라고 오해받는 굴욕도 서슴없이 참아 냈지요. 무슨 일이 있었냐고요. 한번 들어 보시겠어요. 글쎄 1922년 12월 어느 날, 사산 오창건 종사가 최도화라는 사람과 함께 쌀을 얻으러 갔는데 최도화가 쌀을 많이 얻을 속셈으로 "머슴을 데려 왔으니 쌀 한 짝을 주세요."라고 했다고 해요. 사산 오창건 종사는 '머슴'이라는 말에 분통이 터졌으나 소태산 대종사님을 생각하며 쌀을 지고 만덕암으로 기를 쓰고 올랐습니다. 그때 소태산 대종사님이 "거 창건이 오느냐." 하고 반기는 목소리가 들려왔습니다. 그때 사산 오창건 종사는 감격스런 마음에 괴로움도 잊고 날아오르듯 산 위에 올라 소태산 대종사를 뵈었다고 하네요. 여러분은 무엇을 위해, 누구를 위해 여러분을 희생할 각오가 되어 있으신지요? (김미경)

6. 오산 박세철 종사

1) 오산 박세철 종사의 인물 콘텐츠 개발을 위한 이야기 조사

오산 박세철 종사는 자신의 위대한 스승이자 원불교 교조인 소태산 대종사와는 집안의 아저씨가 되는 관계이다. 칠산 유건 종사의 인도로 39세 때 원불교에 입문하여 오로지 소태산 대종사를 받드는 일에 전력하다가 1926년에 48세를 일기로 생을 마감한다.

그에 대해서는 여러 평가가 있지만, 원불교 교조인 소태산 대종사의 오산 박세철 종사에 대한 평가가 가장 많이 회자되고 있다.

소태산 대종사가 바라본 오산 종사: 소태산 대종사의 오산관(五山觀)을 살펴보자. 오산 종사를 종래의 인물 관념이었던 신언서판(身言書判)의 기준에서 살펴본다면 정말 거의 영점에 가까웠다. 말하자면 오산종사는 남달리 얼굴이 잘난 것이 아니라 남보다 더 못났고, 글에 있어서나 말에 있어서도 빈농의 출신이라서 무학(無學)인데다 견문마저 넓지 못하니 이 또한 남만 못하고, 판단에 있어서도 역시 마찬가지였다. 당시 외부 인사들은 소태산 대종사의 구인제자 중 오산이 인물이나 사회적 지위에 있어 제일 뒤떨어졌다고 평했다. 그러나 소태산 대종사는 그의 위대한 천품, 훌륭한 특징을 인정하여 오산 종사를 어느 국왕이나 재상과도 바꾸지 않고 당시 조선 총독과도 바꾸지 않겠다고 했다. 오산 종사는 대종사의 명에 한 번도 거슬리는 바가 없었고, 대종사의 말씀에 이의가 없었다. 이에 대종사는 오산이라는 한 인간을 종래의 인물 관념인 신언서판의 기준에서 보지 않고 그 심법을 높이 평가하여 제자로 삼았던 것이다.[15] 밖으로 나타난 외모는 비록 저 조선 총독보다 못하겠지만 안으로 상 없는 용심(用心)과 그 희생적 보살행은 조선 총독과 비교할 수 없는 뛰어난 인물이었음을 짐작할 수 있다.[16]

2) 오산 박세철 종사의 인물 콘텐츠 개발을 위한 스토리텔링

어느 국왕이나 재상과도 바꾸지 않겠소. 오산 박세철을 말이오. : "조선 총독과는 더더욱 바꿀 수가 없지요. 위대한 천품을 가진 오산을"

소태산 대종사는 오산 박세철 종사를 하늘이 내려 주신 위대한 성품을 지닌 인물이라고 높게 평가하고 있습니다. 혹자는 오산 박세철 종사를 빈농 출신이고 무학(無學)이라 견문이 넓지 못하다고 평가하면서 소태산 대종사의 구인선진 중 인물이나 사회적 지위로 볼 때 제일 뒤떨어진다고 말하기도 합니다. 그러나 소태산 대종사는 오산 박세철 종사를 어느 국왕이나 재상과도 바꾸지 않겠다고 선언합니다. 특히 당시 최고의 권력자 - 조선 총독과도 바꾸지 않겠다고 말합니다. 왜냐고요. 소태산 대종사가 보기엔 오산 박세철 종사가 자신의 명을 한 번이라도 거역하거나 마음에 거슬리게 한 적이 없었다고 하네요. 그러니까 오산 박세철 종사는 소태산 대종사의 말씀에 한 번도 이의를 제기한 적이 없다는 것이죠. 이것만 보아도 소태산 대종사가 오산 박세철 종사를 종래의 인물 관념인 신언서판(身言書判)의 기준에서 보지 않고 그 심법을 높이 평가하여 제자로 삼았다는 것을 알 수 있습니다. 여러분도 혹시 남을 겉모습이나 학벌, 돈, 명성 등으로만 평가하지는 않으세요? 우리 모두 소태산 대종사처럼 편견을 버리고 따뜻한 마음의 눈으로 상대를 보기 위해 노력하면 어떨까요.

예.

마음이 한결 가벼워지고 행복해지지요. 맞습니다. 행복은 바로 우리의 마음에 달려 있네요. 행복하시죠? 여기는 세계적인 종교 원불교의 산실인 구간도실(九間道室, 전남 영광군 백수읍 길룡리 영촌마을 옥녀봉 아래)이 있었던 구간도실 터로 오산 박세철 종사가 원기5년(1920)에 수호 책임을 맡았던 곳입니다. 이렇게 좋은 곳에 오셨으니 행복 충전을 많이많이 하고 가시기 바랍니다. 여러분의 행복한 삶을 응원합니다. 파이팅! (김미경)

7. 육산 박동국 종사

1) 육산 박동국 종사의 인물 콘텐츠 개발을 위한 이야기 조사

육산 박동국 종사는 자신의 위대한 스승이자 원불교 교조인 소태산 대종사와는 형제지간이다. 육산 박동국 종사가 소태산 대종사보다 6년 아래로 형이 대각을 이루자 제자가 되었다.

어릴 때 한학을 사숙(私塾)한 육산 박동국 종사는 평소 효심이 깊었는데 부친 박회경 대희사가 1910년에 돌아가시고 형 소태산 대종사는 구도의 길로 들어선 터라 모친 유정천 대희사를 직접 모실 수밖에 없는 형편이었다.

사실, 부친이 열반하신 후 가세가 점점 기울어져 가고 있었기 때문에 모친을 모시기 어려운 형편이었지만 육산 박동국 종사는 형 소태산 대종사의 구도의 길에 막힘이 없도록 모친 시탕에 최선을 다했다. 그러던 중 1923년 6월에 모친의 병환이 위독해지자 육산 박동국 종사는 소태산 대종사에게 연락한다. 이때 모친의 환후 소식을 듣고 변산에 있던 소태산 대종사는 급히 영광군 영광읍 연성리에 있는 육산 박동국 종사의 집으로 찾아간다. 그러면서 모친의 병을 시탕하다가 아우 육산 박동국 종사에게 다음과 같이 말하며 모친의 시탕을 부탁한다.

> "도덕을 밝힌다는 나로서 모친의 병환을 어찌 불고하리오마는, 나의 현재 사정이 시탕을 마음껏 하지 못하게 된 것은 너도 아는 바와 같이 나를 따라 배우기를 원하는 사람이 벌써 많은 수에 이르러 나 한 사람이 돌보지 아니하면 그들의 전도에 지장이 있을 것이요, 이제까지 하여 온 모든 사업도 큰 지장이 많을 것이니, 너는 나를 대신하여 모친 시탕을 정성껏 하라. 그러하면 나도 불효의 허물을 만일이라도 벗을 수 있을 것이요, 너도 이 사업에 큰 창립주가 될 것이다."[17]

위의 인용문에서 소태산 대종사가 '모친 시탕'의 문제를 얼마나 중요하게 생각했는지 알 수 있고, 동생이자 제자인 육산 박동국 종사를 얼마나 신뢰했는지도 알 수 있다.

2) 육산 박동국 종사의 인물 콘텐츠 개발을 위한 스토리텔링

너는 나를 대신하여 '모친 시탕'을 정성껏 하라. : "너도 이 사업에 큰 창업주가 될 것이다."

소태산 대종사는 친동생 육산 박동국 종사에게 병환이 깊은 모친 시탕을 직접 부탁합니다. 이는 효심이 깊은 소태산 대종사가 모친을 시탕하는 문제도 중요했지만 마침 그때 원불교 교단이 더욱 더 튼실하게 대중들과 함께 하기 위해서는 때를 놓치지 않고 실행해야 하는 일들이 이곳저곳에 산재해 있었습니다. 이렇게 대업을 위해 힘차게 매진해야 하는 소태산 대종사는 육사 박동국 종사에게 이렇게 말합니다.

"너는 나를 대신하여 모친 시탕을 정성껏 하라."

육산 박동국 종사는 형 소태산 대종사의 깊은 마음을 헤아린 것일까요? 정말 소태산 대종사가 신경 쓰이지 않도록 '모친 시탕'에 열의와 정성을 쏟아붓습니다. 그러면서 늘, 스승 소태산 대종사가 한 말을 잊지 않습니다.

"너도 이 사업에 큰 창업주가 될 것이다."

육산 박동국 종사는 오로지 소태산 대종사의 이 말씀을 가슴에 품고 시대의 선각자로 세상을 바르게 살기 위해 제일 먼저 '백행지본(百行之本)'이 되는 효(孝)를 실천합니다. 예. 맞습니다. 여러분이 서 계시는 이곳이 바로 육산 박동국 종사가 소태산 대종사의 말씀에 따라 '모친 시탕'을 정성껏 한 곳입니다. 여러분들도 이곳에서 '효'에 대해 다시금 생각하는 소중한 시간을 가져 보시기 바랍니다.(김미경)

8. 칠산 유건 종사

1) 칠산 유건 종사의 인물 콘텐츠 개발을 위한 이야기 조사

칠산 유건 종사는 자신의 위대한 스승이자 원불교 교조인 소태산 대종사와는 외숙부와 생질 사이이다. 칠산 유건 종사는 소태산 대종사보다 11살이나 연상이고, 외숙부였지만 서슴지 않고 소태산 대종사의 제자가 된다.

칠산 유건 종사는 원기2년(1917)에 원불교 최초 통치단인 남자정수위단에서 곤방(坤方) 단원이 되었다. 이때 저축조합, 방언공사, 혈인기도 등에 참여하는데 원기3년(1918)에 시작한 방언공사가 원기4년(1919)에 마무리되자 칠산 유건 종사는 옥녀봉 기슭의 바위에 양회(洋灰, 시멘트)를 바르고 제명할 것을 발의한다. 그 내용을 정리하면 다음과 같다.

> 방언공사는 원기3년(1918) 3월에 시작해서 1년의 공정을 거쳐 원기4년 음력 3월 방언공사가 완공되어 영광 길룡리에 2만 6천 평의 논이 만들어졌다. 조합원들 중 한 사람이 "우리가 이 거창한 사업을 끝냈으니 그 기념으로 비석이나 하나 세워 두자."는 의견을 내었다. 이에 모든 조합원이 동의하였으나 조합의 형편이 그것을 감당할 만한 비용이 없었다. 이때 칠산이 옥녀봉 기슭의 바위를 가리키며 기발한 의견을 발의하였다. 이때 칠산 종사가 발의한 안은 "저 바위에 양회(洋灰, 시멘트)를 바르고 거기에 제명을 해 두면 100년은 갈 것 아니냐?"는 의견안을 발의하여 그 안이 즉각 채택된 것이다.[18]

위의 인용문에서 알 수 있듯이 칠산 유건 종사의 의견이 채택되어 옥녀봉 기슭에 방언공사를 완공한 기념으로 양회(洋灰, 시멘트)를 바른 제명바위가 탄생하게 된다.

2) 칠산 유건 종사의 인물 콘텐츠 개발을 위한 스토리텔링

옥녀봉 기슭, 제명바위의 그 빛나는 이름들이여! 영원히 기억될지어다! : "우리가 이 거창한 사업을 끝냈으니 그 기념으로 비석이나 하나 세워 두자."

이곳은 소태산 대종사를 중심으로 구인선진의 피와 땀이 서려 있는, 그야말로 원불교 창립 이래 가장 위대한 업적을 남긴 역사의 현장입니다. 바로 2만 6천 평의 바다 갯벌이 육지로 변하는 기적 같은 일이 일어난 곳이죠. 아무리 거센 비바람이 몰아쳐도 굴하지 않았던 구인선진의 피와 땀의 결실이 빚어낸 방언공사의 성공 신화! 오늘날의 '원불교 100년의 역사'를 존재케 하는 자랑스러운 일이 아닐 수 없습니다. 칠산 유건 종사는 간석지(干潟地) 개간에 온 힘을 다한 방언공사를 마치고 나서 어떻게 하면 미래 세대들에게 우리가 한 일을 교훈으로 남길 수 있을까 고민합니다. 마침 방언공사를 한 2만 6천 평의 논이 한눈에 내려다보이는 옥녀봉 기슭에 큰 바위가 하나 있었습니다. 그래서 "이 거창한 사업을 끝냈으니 그 기념으로 비석이나 하나 세워 두자."는 여러 의견들을 실행하기 위해 "저 바위에 양회(洋灰, 시멘트)를 바르고 거기에 제명을 해 두면 100년은 갈 것 아니냐?"고 말했습니다. 참으로 기발한 아이디어였습니다. 사실, 그때 구인선진의 끈질긴 노력으로 방언공사를 마치긴 했지만 교단의 형편이 그리 좋지 못했던 터라 기념비까지 세울 형편은 아니었거든요. 모두 좋은 생각이라고 입을 모아 칭찬하고, 소중한 이름들을 한 자 한 자 새겨 넣는 일에 동참했습니다. 그래서 여러분들은 지금 칠산 유건 종사의 말 그대로 원불교 100년의 산증인들의 빛나는 이름들을 보고 계신 것입니다. 옥녀봉 기슭, 제명바위의 그 빛나는 이름들이여! 영원히 기억될지어다! 여기서 팁 하나! 쉿! 여러분도 미래 세대들이 기억하는 사람으로 그 이름을 남기고 싶으세요? 여기 옥녀봉 기슭에 있는 제명바위에서 열심히 기도하세요. 여러분이 어떻게 살아야 자신의 이름을 빛나게 남길 수 있는지 그 현명한 방법을 가르쳐 줄지도 모릅니다. (김미경)

9. 팔산 김광선 종사

1) 팔산 김광선 종사의 인물 콘텐츠 개발을 위한 이야기 조사

팔산 김광선 종사는 자신의 위대한 스승이자 원불교 교조인 소태산 대종사와 어렸을 때부터 깊은 인연이 있었던 사람이다. 어렸을 때는 12년 연상인 팔산 김광선 종사가 형 역할을 하며 물심양면으로 소태산 대종사의 조력자 역할을 하는 형제지간의 예로 만났고, 소태산 대종사가 대각한 이후부터는 팔산 김광선 종사가 소태산 대종사를 모시는 첫 제자가 되어서 사제지간의 예로 만났다.

팔산 김광선 종사는 광산(光山) 김씨로 문중의 대동보(大同譜)를 만들 정도로 한문 실력이 출중하였고, 원불교 교리에 대해서 신심이 깊어 일가친척들을 대거 원불교 교단으로 인도하는 데 혁혁한 공을 세운다. 한편, 초기 원불교 교단의 경제적 기반을 구축하는 데도 몸과 마음을 바쳐 전력을 다한다.

이런 팔산 김광선 종사는 소태산 대종사를 그림자처럼 모시며 원불교 교단의 발전을 위해서는 무슨 일이든 솔선수범했다. 특히 주변인들에게 공부를 권면하는 일에 힘썼는데 다음의 이야기를 보면 그의 마음공부에 대한 신심을 잘 알 수 있다.

최동인화는 어려운 살림에 도움이 될까 하여 밭에 수박 농사를 하였다. 그러나 수박이 어느 것이 잘 익고 설익은지를 몰라 회관으로 찾아가 팔산에게 물었다. 팔산은 바로 수박밭으로 가서 익은 수박을 다 가려서 따 주었다.

그것을 본 동인화는 하도 신기하여 감탄하였다. "선생님은 어떻게 그와 같이 수박 익은 것을 잘 아십니까?" "나도 처음에는 수박의 익고 선 것을 잘 알지 못하였더니, 여러 해 동안 수박 농사를 하는 머리에 자연히 익고 선 것을 분간하게 된 것이오. 무엇이 신기하리오." 동인화는 팔산의 말을 듣고 한 감상을 얻었다. 처음에는 무엇이나 알지 못하다가 배우고 익히면 알아지는 것이다. 지금 살림 형편에 전문공부는 할 수 없으니 부지런히 집안 생계를 도우는 한편, 틈틈이 회관에 나가서 불법공부를 하여야겠다고 감상을 얻었다. 팔산은 이처럼 주변인들로 하여금 마음공부를 자발적으로 유도하는 인품의 소유자였던 것이다.[19]

위의 인용문에서 알 수 있듯이 팔산 김광선 종사는 원불교 교단을 위해서라면 어떤 일도 마다하지 않았던 훌륭한 인품을 지닌 분이었다.

2) 팔산 김광선 종사의 인물 콘텐츠 개발을 위한 스토리텔링

맛있는 수박을 먹으려면 팔산 김광선 종사에게 물어 보시오. : "공부, 처음부터 아는 것이 아니라 배우고 익히다 보면 저절로 알게 되는 것"

"영겁에 만나기 어려운 대종사님을 만났을 때 쓸데없는 사심 내지 말고 공부하는 데 전력을 다하여 영생을 개척할 준비를 해야겠다."[20]

팔산 김광선 종사의 말씀 중의 한 구절입니다. 이 말씀으로 우리는 소태산 대종사가 얼마나 위대한 분인지 분명히 알아챌 수 있습니다. 팔산 김광선 종사는 주경야독(晝耕夜讀)을 손수 실천하신 분입니다. 낮에는 방언공사부터 수박 농사까지 원불교 교단을 위해서라면 물불을 가리지 않고 열심히 일하셨고, 밤에는 스승 소태산 대종사를 향한 신심으로 주변인들에게 공부를 가르치고 자신도 공부에 열중했습니다.

어느 날, 최동인화가 어려운 살림에 도움이 될까 하여 밭에 수박 농사를 짓다가 수박이 어느 것이 잘 익고 설익은지를 몰라 팔산 김광선 종사에게 여쭈어 보았습니다. 팔산 김광선 종사는 바로 수박밭으로 가서 익은 수박을 다 가려서 따 주었습니다. 이에 최동인화가 신기해서 "어떻게 그와 같이 수박 익은 것을 잘 아십니까?" 라고 하니 팔산 김광선 종사가 대답하기를 "나도 처음에는 수박의 익고 선 것을 잘 알지 못하였더니, 여러 해 동안 수박 농사를 하는 머리에 자연히 익고 선 것을 분간하게 된 것이오. 무엇이 신기하리오."

최동인화는 팔산 김광선 종사의 이 말씀을 듣고 문득 깨달은 바가 있었습니다. 그리고는 "처음에는 무엇이나 알지 못하다가 배우고 익히면 알아지는 것이다. 지금 살림 형편에 전문공부는 할 수 없으니 부지런히 집안 생계를 도우는 한편, 틈틈이 회관에 나가서 불법공부를 하여야겠다."고 결심했습니다. 여러분! 혹시 무슨 일이 잘 풀리지 않는다고 조급해하고 계십니까? 걱정하지 마십시오. 팔산 김광선 종사의 각오처럼 "영겁에 만나기 어려운 대종사님을 만났을 때 쓸데없는 사심 내지 말고 공부하는 데 전력을 다하여 영생을 개척할 준비를 해야겠다."는 굳은 마음으로 공부하면 못 해낼 것이 없습니다. 우리 원불교에서는 여러분의 멋진 인생을 열심히 응원합니다. 파이팅!!! (김미경)

Ⅲ. 맺음말

지금까지 원불교 교조 소태산(少太山)이 표준제자로 삼은 정산(鼎山), 일산(一山), 이산(二山), 삼산(三山), 사산(四山), 오산(五山), 육산(六山), 칠산(七山), 팔산(八山) 등 소위 구인선진(九人先進)이라고 부르는 9명의 인물들의 생애와 사상을 근간으로 하는 인물 콘텐츠 개발을 위한 스토리텔링을 해 보았다. 이는 작은 예시에 불과하다. 원불교 구인선진의 스토리텔링을 위해 살펴본 소태산으로부터 구인선진에 이르기까지 모두 열 분 삶의 궤적들은 원불교의 올바른 종교적 위상을 보여줄 수 있는 감동적인 스토리를 추출할 수 있는 많은 요소들을 가지고 있다. 앞으로 기회가 닿는 대로 소태산과 구인선진의 스토리텔링을 본격적으로 시도해 보고자 한다.

필자는 지금까지 여러 기관에서 의뢰를 받은 인물 콘텐츠 개발을 위한 스토리텔링[21] 작업과 지역문화 원형을 활용한 스토리텔링[22] 작업을 다양하게 해 오고 있지만, 이번 '원불교 구인선진의 인물 콘텐츠 개발을 위한 스토리텔링'처럼 각 인물들의 행적에 감동받으며 열심히 공부한 적은 없는 것 같다. 이는 그만큼 이분들이 세상을 구제하려고 불철주야(不撤晝夜) 노력했던 높은 뜻에 감화를 받았기 때문이다. 소태산이 구인제자에게 "지금 물질문명은 그 세력이 날로 융성하고, 물질을 사용하는 사람의 정신은 날로 쇠약하여, 개인 가정 사회 국가가 모두 안정을 얻지 못하고, 창생의 도탄이 장차 한이 없게 될지니, 세상을 구할 뜻을 가진 우리로서 어찌 이를 범연히 생각하고 있으리오."[23]라고 하신 말씀이나 이를 따르기 위해 갖가지 희생을 마다 않은 구인선진의 깊은 사상적 성찰이 필자에게는 충분히 진한 감동으로 전해졌다. 초기 원불교 교단의 기적 같은 행적들은 스토리텔링으로 원소스(One Source) 멀티유즈(Multi Use)하게 활용할 수 있는 무궁무진한 이야기 보물 창고이다.

덧붙여서 필자는 '원불교 인물 콘텐츠 개발을 위한 스토리텔링'과 '성지 순례 스토리텔링'의 조속한 프로젝트 진행을 제안한다. 깊은 사상적 성찰을 가능하게 하는 훌륭한 일화들을 누구나 알기 쉽게 스토리텔링한다면, 원불교의 훌륭한 인물들에 대한 콘텐츠화와 성지 순례의 길이 완성되리라고 기대한다.

또한 미력하나마 이 지면을 통해 원불교의 종교사적 위상을 정립하는 데 일조하기 위한 스토리텔링의 본보기를 보여주기 위해 구인선진의 생애 일화 중 한 대목씩을 스토리텔링해 보았다. 이는 앞으로 원불교가 새로운 100년을 준비하는데 있어서 원불교 교조 소태산과 구인선진의 인물 콘텐츠 개발을 위한 다양한 스토리텔링을 창작함으로써 원불교 교리가 가지고 있는 심오한 경지를 어떻게 하면 일반 대중들에게도 쉽게 소통할 수 있게 하는가 하는 고민에서 출발했다.

앞에서도 언급했지만, 이는 시작에 불과하다. 평소 필자가 스토리텔링으로 구현하고 싶은 원불교의 종교적 위상 정립의 한 방법으로 '원불교 스토리텔링 마스터 플랜'이 꼭 실현되기를 바란다. 즉 원불교 2세기를 위해 원불교 교단은 '원불교 스토리텔링 기획', '원불교 스토리텔링 로드맵', '원불교 스토리텔링 창작', '원불교 스토리텔링 디자인', '원불교 스토리텔링 마케팅'까지 세밀하고 실천 가능한 '원불교 스토리텔링 마스터-플랜'을 세움으로써 진정으로 원불교가 대한민국을 넘어 세계적인 종교로 더욱더 그 종교적 위상을 높이는 데 큰 힘을 모아야 한다고 생각한다.

〈구인선진 후손〉

선진	관계	관계인 성함
대종사	손자	박성태(성산)
	손녀	박시현
	외손자	송경은(은산)
	외손자	송용은
정산	자	송천은(융산)
	녀	송영봉(승타원)
일산	손녀	이정무(이타원)
	증손자	이윤성
	증손부	김해성
	질녀	김성주(순타원)
	손자	이정진
	손부	노경선(만타원)
	증손녀	이진선
	외손자	조충은(은산)
	외손자부	김정덕(평타원)
	손자	이정인
	생질	박선일(만산)
이산	손자	이용(용주, 형)
	손자	이형원(용재, 동생)
	외손자	신재원
삼산	외손자	정귀원(구산)
	외손자	정인덕(지산)
	외손녀	정도원
사산	증손주	오종원
	장손	오성직(인산)
	증외손녀	서정길
	증외손녀	서심덕
오산	손자	박동영
육산	손자	박현성
	외손자	이증원(송산)
	외손자	김현국(능산)
칠산	손자	유장진
팔산	손자	김대성(성산)
	손자부	박제심(주타원)
	손자	김혜광(우산)
	손자부	오덕신(구타원)
	손녀	김대관(건타원)
	손녀	김의진(청타원)
	손녀	김정심(선타원)
	외손녀	이은영(송타원)

부록

사진으로 보는 구인선진

소태산 박중빈 대종사

원기12년경 소태산 대종사

육대요령(원기17년)에 실린 소태산 대종사

원기16년 서울에서

오주호가 소태산 대종사 모습을 그린 그림
(원기26년)

정산 송규 종사

일산 이재철 종사

이산 이순순 종사

삼산 김기천 종사

사산 오창건 종사

오산 박세철 종사

육산 박동국 종사

칠산 유건 종사

팔산 김광선 종사

소태산 대종사와 9인의 표준제자

정산종사, 주산종사 구도지 박실

원기 12년, 정산종사
서울교당 교무 부임기념

정산 종사 발인식 후 이리 읍내를 지나고 있는 운구행렬(원기47년)

일산 이재철 종사의 영광 남부의 집

원기 26년 도산 이동안의 열반 후 도산의 유족들이
소태산 대종사를 모시고 대각전 앞에서
중앙에 소태산 대종사, 좌측이 일산 이재철

소태산 대종사 열반 후, 첫째줄 좌로부터 이재철, 오창건, 둘째줄 이완철, 박창기, 김영신(원기28년 6월 8일)

소태산 대종사 열반후 구인제자. 일산, 이산, 사산, 육산, 정산

김기천이 지도 교무로
원기15년 영산지부 동선을 마치고(16년 3월)

하단지부 원기18년 동선을 마치고 (원기19년 3월)

소태산 대종사를 변산에서 시봉하였던 제자
(제일 좌측 지게진 분이 사산 오창건)
(원기13년 1회 총회 기념촬영)

개성지부 설립할 때 덕암동회관을 수리하며 선죽교에서(원기23년)

사산 오창건과 박창기

사산 오창건이 대봉사성협봉찬회 회장으로 대종사성탑을
봉건하고 공사감독한 김은봉(우) 양필수와 함께

사산 오창건이 대종사성탑을 봉건하고

육산 박동국이 영산으로 이사와
열반 때까지 살았던 노루목 터

칠산 유건이 대종사 탄생가 터에서 집을 짓고 살았던 집

원기24년, 팔산 김광선 열반 후
유족들이 영산 대각전 앞에서

원기12년 동선기념
좌측에서 두 번째가 팔산 김광선

앞줄 좌측부터 박제봉 김광선, 뒷줄 정산 종사 이운권(원기19년경, 익산 총부)

말년의 팔산 김광선, 박창기와 함께

신설된 남부민지부(현 부산교당) 신축기념(원기19년 10월)

익산 총부 임직원 일동(앞줄 중앙이 정산 종사, 원기21년(1936))

주석

소태산 대종사와 구인선진 _양은용

1. 원기100년(2015) 5월 13일, 제214회 임시수위단회에서 구인선진에 대한 종사위 추존이 이루어졌다. 구인선진 가운데는 재가 · 출가에, 법위에도 대각여래위인 정산을 비롯하여 여러 계위가 있었는데, 이번에 합동으로 추존해서 받들게 된 것이다.
2. 『대종경』·『정산종사법어』·『대산종사법어』·『원불교교사』에서부터 『예전』·『성가』에 이르기까지 전 교서에 관련 사항이 나타난다. 이 밖에 『대종경선외록』(원불교출판사, 1978) 등에서도 구인선진 기록이 나타나는 것은 물론이다.
3. 교정원의 「원명부」; 교정원 편, 『圓佛敎法勳錄(원기1-84년)』, 교정원, 1999; 성업봉찬회 편, 『원불교 제1대 創立有功人歷史』, 원불교출판사, 1986, 그리고 선진문집편찬위원회 편, 『三山宗師文集』·『八山大奉道文集』, 원불교출판사, 1982, 선진문집편찬위원회 편, 『八山 · 亨山宗師文集』, 원불교출판사, 1994 등이 있다.
4. 원광대학교 원불교사상연구원 편, 『정산종사의 사상』(원불교출판사, 1992)는 연구성과를 모은 경우; 송인걸, 『구인선진』(월간 원광, 1988)는 생애 · 연보 · 사진 등을 정리한 경우, 박용덕 저, 『구수산 구십구봉: 구인선진 이야기』(원불교출판사, 2003)는 현장을 찾은 발굴자료가 돋보이며, 이 밖에도 박경전 저, 『구인선진 이야기』(원불교출판사, 2015) 등 다양한 저술이 출간되고 있다. 개인 연구물에는 양은용, 「정산종사의 저술과 관련연구 분석」(『원불교사상』22, 원광대학교 원불교사상연구원, 1998); 박도광, 「삼산 김기천의 생애와 사상」(원불교사상연구원 편, 『원불교 인물과 사상』I(원불교사상연구원, 2000); 김준영, 「팔산 김광선의 생애와 사상」(같은 책); 최광선, 「일산 이재철의 생애와 사상」(원불교사상연구원 편, 『원불교 인물과 사상』II(원불교사상연구원, 2001); 양은용, 「정산종사 삼동윤리의 연구사적 검토」(『원불교사상과 종교문화』52, 원광대학교 원불교사상연구원, 2012) 등 다양하다.
5. 『원불교교사』 제1편 3장, 5. 대종사의 대각 참조.
6. 정산 종사, 「佛法硏究會創建史」 제8장 공부인의 첫 집회.(『회보』39호, 1938. 3)
7. 김홍철 · 류병덕 · 양은용, 『한국신종교실태조사보고서』, 원광대학교 종교문제연구소, 1997, 158쪽 참조.
8. 송인걸, 『대종경속의 사람들』, 월간 원광사, 1996, 155쪽 참조.
9. 『원불교교사』, 제1편 2장 1. 대종사의 탄생과 유시 참조.
10. 교정원 편, 전게 『원불교법훈록』, 248쪽, 二山李旬旬 大護法.
11. 교정원 편, 전게 『원불교법훈록』, 108쪽, 八山金光旋 大奉道.
12. 『대종경』「서품」15. 동 3장에서는 佛法이 天下大道인 점을 첫째 참된 성품의 원리를 밝히고, 둘째 생사의 큰 일을 해결하며, 셋째 인과의 이치를 드러내고, 넷째 수행의

길을 갖추어서 능히 모든 교법에 뛰어난 바 있다고 본다.

13. 1992년 11월5일 수위단회에서는 원불교의 정체성을 이런 강령으로 밝히고 있다.
14. 最初法語 說施의 일자와 장소는 분명하지 않다. 오늘날의 「수신의 요법」·「제가의 요법」·「강자·약자의 진화상 요법」·「지도인으로서 준비할 요법」 등으로 정리되기 이전의 상황이기 때문이다. 최초법어가 성문화 된 것은 李共珠 受筆法門, 「弱者로서 强者되는 법문」(『월말 통신』 제1호, 1928. 5)이 처음이다. 이에 대해서는 박상권, 「少太山의 最初法語 연구」, 원광대 박사논문, 1994를 참조.
15. 『원불교교사』 제1편 3장, 5. 법의대전과 창립한도.
16. 류병덕, 「원불교의 창립정신」, 『원광』 55호, 1967; 서경전, 「원불교 교단 창립정신론의 새로운 모색」, 『원불교사상과 종교문화』 8, 원광대학교 원불교사상연구원, 1984; 신순철, 「원불교 창립정신의 새로운 조명」, 『원불교사상과 종교문화』 16, 원광대학교 원불교사상연구원, 1993; 류성태, 「창립정신의 정립방향」, 『원불교사상과 종교문화』 26, 원광대학교 원불교사상연구원, 2002 참조.
17. 『대산종사법어』 「회상편」 4에서 이들 세 가지를 창립정신으로 밝히고 있다.
18. 1926년(원기11) 허례를 폐지하고 예의 근본정신을 드러내기 위하여 「新定禮法」을 발표하고, 1935년(원기20) 『佛法研究會禮典』을 발행하며, 1968년(원기53) 『禮典』을 체계화되어 현재에 이른다.
19. 『원불교교사』 제1편 5장, 1. 불법에 대한 선언.
20. 위의 책, 제2편 1장, 1. 불법연구회 창립총회 및 2장, 1. 상조조합과 산업·육영창립단. 1927년(원기12)에 본점을 영산에 두고 익산총부에 지점을 운영하는 업무분담을 하고 있다. 『佛法研究會 相助部 規約』(불법연구회, 1935) 등에 그 운영의 틀이 자세하게 밝혀져 있다.
21. 대종사의 명을 받아 1920년(원기5) 3월에 道山 李東安(1892-1941) 大奉道는 묘량 「守信組合」을 창설하고, 뒤이어 三山宗師는 「天定組合」을 창설한다.
22. 자금난으로 八山宗師의 출자, 三山宗師가 진 빚으로 몰매를 맞은 일, 그리고 허가권 분쟁 등의 난제에 대해서는 박용덕 저, 『소태산의 대각, 방언조합 운동의 전개』, 원광대학교 중앙도서관, 1997, 325쪽 이하 참조. 언답은 이후 몇 년간 소금기 등으로 소출이 부진하였고 빚이 남아 있었는데, 1926년(원기11) 李共珠 종사의 후원으로 탕감하게 되었다.
23. 『대종경』 「서품」 9장은 방언공사 과정에서 이웃마을 부호의 허가권 분쟁, 10장은 방언공사의 의의, 11장은 방언공사와 관련한 단원들의 수행에 대한 안내, 12장은 최초의 교당인 九間道室 건축을 다루어, 作務精神과 함께 道學工夫의 방향을 열고 있다.
24. 『원불교교사』 제1편 4장, 3. 첫 교당 건축과 공부 사업 병행.
25. 정산 종사, 「불법연구회 창건사」 제12장 단원의 기도 참조.
26. 박용덕, 『구수산 구십구봉』, 앞의 책, 199쪽; 신순철, 「원불교 법인기도의 9인 기도봉 위치 검토」, 『원불교사상과 종교문화』 35, 원광대학교 원불교사상연구원, 2005 참조.

27. 양은용, 「『先進漢詩錄』(1948)의 세계」, 『원불교사상과 종교문화』27, 원광대학교 원불교사상연구원, 2004, 81-82쪽.
28. 양은용, 『정산종사 건국론의 세계』, 원불교출판사, 2002, 71쪽 참조.
29. 정기훈련 중 대종사 법문에 대해서는 양은용, 「소태산 대종사의 정기훈련 중 법문연구」, 『원불교사상과 종교문화』41, 원광대학교 원불교사상연구원, 2009 참조.
30. 『성가』 103장 '영산 변산 익산 각지(先進後進敬愛歌)'

구인선진과 영산성지_ 이용재

1. 부처님의 팔상과 같이 정산 종사가 소태산의 일대기를 열 가지로 나누어 설명한 것. 십상 가운데 7상이 모두 영산성지에서 일어난 일이다.
2. 원기원년(1916) 7월 증산교파 선전원을 청하여 7일 치성 후에 보통 생각으로 가히 추상할 수 없는 언행으로 믿고 따르는 사람이 40여 명이 되었다.(「불법연구회창건사」 제8장 공부인의 첫 집회)
3. 정산 종사, 「불법연구회창건사」 제8장 공부인의 첫 집회.(『회보』40호, 1937. 12)
4. 정산 종사, 위 자료, 제9장 단원의 첫 조직.
5. 이상의 내용은 『원불교교사』 제1편 제3장, 제4장에 근거하여 선정하였다.
6. 『원불교교사』, 제1편 제3장, 1044-1045쪽.
7. 위의 책, 1045-1046쪽.
8. 위의 책, 1048쪽.
9. 『대종경』 제1 「서품」 7장.
10. 삼산 김기천(三山金幾千: 1890-1935)의 천정조합, 도산 이동안(道山李東安: 1892-1941)의 신흥수신조합이 그것이다.(『원불교법훈록』 三山 金幾千 宗師, 道山 李東安 大奉道)
11. 『원불교교사』, 제1편 제4장, 1049-1050쪽.
12. 『대종경』, 제1 「서품」 10장.
13. 『원불교교사』, 제1편 제4장, 1050쪽.
14. 위의 책, 1050쪽.
15. 사원기일월 직춘추법려(梭圓機日月 織春秋法呂) 송수만목여춘립 계합천봉세우명(松收萬木餘春立 溪合千峰細雨鳴).(『대종경』, 제1 「서품」 12장) 풀이하면, 두렷한 기틀에 해와 달이 북질해서 춘추의 법려를 짠다. 솔은 일만 나무의 남은 봄을 거두어 서 있고, 시내는 일천 봉우리의 가는 비를 합하여 소리치며 흐른다. 이는 장차 건설할 새 회상의 미래를 예견한 것으로 세상에 인도의 정의를 세우고 나아가 만법이 하나로 귀의하는 대회상 건설을 암시하고 있다.
16. 소태산은 이 조합실 기둥에 '대명국영성소 좌우통달 만물건판양생소(大明局靈性巢左右通達萬物建判養生所)'라는 글귀를 써 붙여 이 집의 옥호(屋號)로 삼았다. 17자의

길다란 이 옥호에는 소태산이 앞으로 어떻게 제자들을 가르칠 것인가 하는 장래 회상 건설의 포부와 방향을 찾아볼 수 있다. '크고 밝은 영성의 보금자리에서 모든 주의와 사상을 막힘없이 통하게 하며 천지만물을 새롭게 살려내는 곳', 이것이 최초로 건축한 회실의 중대한 의미가 있다. 조합실은 단지 조합원들의 모임방으로서의 회실로만 그치지 않고 상량문과 옥호에서 뜻하듯이 회상 창립을 위한 인재양성의 교실 또는 도실(道室)로서의 구실이 더 컸다. 「방언조합실(防堰組合室)」, 『원불교대사전』, 원불교출판사, 2013, 343쪽.

17. 위의 책, 1052-1053쪽.
18. 『대종경』, 제1 「서품」, 6장.
19. 구인선진들이 법인기도를 했던 전남 영광 구수산의 아홉 개의 기도봉. 노루목 뒷산 중앙봉을 중심으로 옥녀봉 · 마촌산봉 · 촛대봉 · 장다리봉 · 대파리봉 · 천기동뒷산봉 · 밤나무골봉 · 설래바위봉으로 정했다. 9인 기도봉은 사세에 따라 수시로 바뀌었다. 밀물이 들 때 와탄천이 범람하여 건너기 어려우므로 뒤에 촛대봉과 마촌앞산봉 대신 눈썹바위봉과 상여바위봉이 추가되었다. 맨처음 시도되었던 대로 문왕팔괘의 방위에 준해 기도봉을 정하면 다음과 같다. 일산봉은 건방(西北)이며 옥녀봉, 이산봉은 간방(北)이며 마촌앞산봉, 삼산봉은 감방(北東)이며 촛대봉, 사산봉은 진방(東)이며 장다리봉, 오산봉은 손방(東南)이며 두름박골봉(대파리봉), 육산봉은 이방(南)이며 천기동 뒷산봉, 칠산봉은 곤방(東西)이며 밤나무골봉, 팔산봉은 태방(西)이며 설래바위봉이다(「구인기도봉(九人祈禱峰)」, 『원불교대사전』, 원불교출판사, 135-136쪽).
20. 『원불교교사』, 제1편 제4장, 1054-1055쪽.
21. 송천은(續統), 「회상일화: 칠산옹으로부터 들은 이야기」, 『월간 원광』 제42호, 1963, 63쪽.
22. 정산 종사, 「불법연구회창건사」 제12장 단원의 기도(『회보』 43호, 1938. 4).
23. 『원불교교사』, 제1편 제4장, 1055-1056쪽.
24. 박정훈, 『정산종사전』, 원불교출판사, 2002, 108-109쪽.
25. 『정산종사법어』, 제1 「기연편」 6장.
26. 원기4년 3월 방언공사를 마친 후 맨주먹으로 바다를 막아 그 거창한 사업을 이루어 놓은 조합원 중에서 어느 분이 '우리가 이 거창한 사업을 끝냈으니 그 기념으로 비석이나 하나 세워 두자.'는 의견을 내었고, 조합원 전원이 일제히 찬성, 소태산께 진언하여 허락을 얻었다. 준공기념비 속칭 「防堰組合 題名바위」가 바로 그것이었다. 그러나 비석 세울 비용은 커녕 무일푼의 신세였던 당시의 조합원들에게 한 줄기 활로를 열어준 것이 七山 大護法의 의견이었으니 '저 바위에 양회를 바르고 거기에 제명을 해두면 백년은 갈 것 아니냐.'하는 것이었다. 그래서 제명바위가 이룩되었다(『원불교법훈록』 252쪽, 七山 劉 巾 大護法).
27. 이광정, 『교법의 현실구현』, 원광사, 2007, 104쪽.

구인선진의 법인성사_ 이경열

1. 『교사』, 제1편 개벽의 여명 2. 최초법어, 1042쪽.
2. 『교사』, 제1편 개벽의 여명, 1043쪽 참조.
3. 『대종경』「서품」 5장, 96쪽.
4. 송인걸, 『구인선진』, 원불교원광사, 1988, 21-22쪽.
5. 『원불교교고총간』 제5권, 불법연구회창건사, 11쪽.
6. 『교사』, 제1편 개벽의 여명 5. 일대전환의 시대, 1030쪽.
7. 이성전, 「원불교 개교정신과 생명질서」, 『원불교사상과 종교문화』 제39집, 원광대학교 원불교사상연구원, 2008, 100쪽.
8. 박맹수의 원광대학교 대학교당 강의 자료 중에서 발췌함.
9. 원불교대사전(http://www2.won.or.kr/).
10. 이혜화, 「법인성사의 신화학적 조명」, 『원불교사상과 종교문화』 제19집, 원광대학교 원불교사상연구원, 1994, 477쪽.
11. 이혜화, 앞의 논문, 479쪽.
12. 위의 논문, 482쪽.
13. 교헌개정특별위원회 사무처, 『제1회 특별 전문위원 워크숍』, 2015, 37쪽.
14. 『원불교교고총간』 제5집, 불법연구회창건사, 31쪽.
15. 한기두, 「법인성사가 지닌 역사적 의미」, 『원불교사상과 종교문화』 제16집, 원광대학교 원불교사상연구원, 1993, 446쪽.
16. 위의 논문, 447쪽.
17. 위의 논문, 448쪽.
18. 『대종경』「교단품」 7장, 352쪽.
19. 박상권, 「법인성사」, 『원불교사상과 종교문화』 제16집, 원광대학교 원불교사상연구원, 1993, 398쪽.
20. 『원불교교고총간』 제5집, 불법연구회창건사, 31쪽.
21. 이혜화, 『소태산 박중빈의 문학세계』, 깊은 샘, 1991, 60쪽.
22. 『원불교교고총간』 5집, 불법연구회창건사, 32쪽.
23. 김낙필, 「법인기도에 나타난 기도의 성격」, 『원불교사상과 종교문화』 제16집, 원광대학교 원불교사상연구원, 1993, 448-449쪽.
24. 『원불교교고총간』 제5집, 불법연구회 창건사, 30쪽.
25. 전이창, 『기도』, 도서출판 솝리, 2007, 33쪽.
26. 『원불교교고총간』 제5집, 불법연구회 창건사, 30쪽.
27. 위의 책, 31쪽.
28. 한기두, 앞의 논문, 446쪽.
29. 박상권, 앞의 논문, 399-400쪽.

30. 『원불교교고총간』 제5집, 불법연구회 창건사, 33쪽.
31. 이혜화, 앞의 논문, 474쪽.
32. 신순철, 「원불교 창립정신의 새로운 조명」, 『원불교사상과 종교문화』 제16집, 원광대학교 원불교사상연구원, 1993, 451쪽.
33. 류병덕, 「21C의 원불교를 진단한다」, 제21회 원불교사상연구 학술대회, 『21세기와 원불교』, 원광대학교 원불교사상연구원, 2002, 15쪽.
34. 류성태, 「창립정신의 정립 방향」, 『원불교사상과 종교문화』 제16집, 원광대학교 원불교사상연구원, 1993, 242쪽.
35. 서경전, 「원불교 개교 100년과 결복기의 창립정신」, 제30회 원불교사상연구 학술대회, 『인류 정신문명의 새로운 희망』, 원광대학교 원불교사상연구원, 2011, 224쪽.
36. 김도공, 「원불교 정신개벽론과 사대강령」, 제29회 원불교사상연구 학술대회, 『원불교 100년의 다각적 구상』, 원광대학교 원불교사상연구원, 2010, 94쪽.

조합운동을 통해 본 구인선진의 종교적 구현_ 유지원

1. 대종사가 구인선진과 만나는 과정은 원불교 교서 중 『대종경』과 『원불교교사』에 자세히 나타나 있다. 『대종경』 「서품」 제5장을 보면 「대종사 처음 교화를 시작하신 지 몇 달 만에 믿고 따르는 사람이 40여 명에 이르는지라 그 가운데 특히 진실하고 신심 굳은 아홉 사람을 먼저 고르시사 회상 창립의 표준제자로 내정하시고 말씀하시기를 "사람은 만물의 주인이요 만물은 사람의 사용할 바이며, 인도는 인의가 주체요 권모술수는 그 끝이니, 사람의 정신이 능히 만물을 지배하고 인의의 대도가 세상에 서게 되는 것은 이치의 당연함이어늘, 근래에 그 주체가 위(位)를 잃고 권모 수가 세상에 횡행하여 대도가 크게 어지러운지라, 우리가 이 때에 먼저 마음을 모으고 뜻을 합하여 나날이 쇠퇴하여 가는 세도(世道) 인심을 바로 잡아야 할 것이니, 그대들은 이 뜻을 잘 알아서 영원한 세상에 대회상 창립의 주인들이 되라."」고 나왔다.
   또 『원불교교사』 제1편 제3장에는 이와 관련한 더욱 자세한 내용을 담고 있다. 「대종사, 표어와 법어를 발표하신 후, 스스로 생각하시기를 "이제 나의 안 바는 곧 도덕의 정체(正體)요, 나의 목적하는 바는 곧 새 회상을 이 세상에 창건하여 창생을 낙원으로 인도하자는 것이나, 내가 몇 달 전까지도 폐인으로 평을 받았고, 일찍이 어떤 도가에 출입하여 본 바가 없었으며, 현재의 민중은 실생활의 정법은 모르고 허위와 미신에만 정신이 돌아 가니, 이 일을 장차 어찌할꼬" 하시고, 포교할 기회를 기다리시었다. 때 마침 증산 교파가 사방에 일어나서 모든 인심을 충동하던 중, 길룡리 부근에도 그 전파가 성한지라, 이 기회를 이용하여 방편으로 여러 사람의 단결과 신앙을 얻은 후에 정도를 따라 차차 정법 교화를 하리라 결심하시고, 원기원년(1916 · 丙辰) 7월경, 친히 그 교파 선전원을 청하여 치성하는 절차를 물어, 마을 사람들과 함께 특별한 정성으로 7일 치성을 지낸 후, 보통 생각으로는 가히 추상할 수 없는 말씀과 태도로 좌우 사람들의 정신을 황홀케 하시니, 몇 달 안 되어 이웃 각처에서 믿고 따르는 사람이 40여 명에 달하였다. 대종사, 40여 명의 신자들과 서로 내왕한 지 4-5개월이 되었으나, 그들은 대개 일시적 허영심으로 모였고, 또한 그 동안 어떤 통제 있는 생활을 하여 본 바가 없는 이들이라, 그들을 일률 지도할 생각을 뒤로 미루시고, 그해(원기원년, 1916) 12월경, 그중에서 특별히 진실하고 신심 굳은 여덟 사람을 먼저 선택하시니, 곧 김성섭(金成燮) · 김성구(金聖久) · 박한석(朴漢碩) · 오재겸(吳在謙) · 이인명(李仁明) · 박경문(朴京文) · 유성국(劉成國) · 이재풍(李載馮) 등이었으며, 그 후 송도군(宋道君)을 맞으시니, 이들이 곧 새 회상의 첫 구인제자이다. 구인 중 첫 제자는 김성섭이니, 그는 본래 대종사의 가정과 교의(交誼)가 있어 친절함이 형제같은 중, 대종사의 입정 전후에 많은 보조가 있었고, 박한석은 대종사의 친제(親弟)요, 유성국은 외숙이요, 박경문은 족질이며, 이인명 · 김성구 · 오재겸은 모두 근동 지우(近洞知友)이고, 군서(郡西) 사람 이재풍은 오재겸의 인도로 처음 만났으며, 송도군은 경북 성주 사람으로, 정법을 찾아 방황하다가 원기3년(1918, 戊午) 3월에 대종사께 귀의하였다.」

2. 신순철, 「1918년 길룡리 방언조합의 간척공사 연구」, 『한국근대사에서 본 원불교』, 도서출판 원화, 1991, 62-63쪽. 또한 강현욱도 「원불교 협동조합운동 연구」, 원불교대학원대학교 원불교학과 석사학위논문, 2012에서 다음과 같이 고증하고 있다. 「저축조합은 기록상 대종경, 교사, 불법연구회 창건사에서 쓰여지고 있으며, 불법연구회 기성조합은 1927년(원기12) 「불법연구회 규약」에서 처음 등장하여 창건사, 교사에서 쓰여졌다. 현재 교단에서는 원기원년부터 원기4년까지의 시대를 저축조합이라고 부르고 있다. 하지만 저축조합은 기록상 『불법연구회 창건사』 이전에는 찾아볼 수 없으며 단지 1927년도판 「불법연구회 규약」에서 '공부인 공부하난 비용과 회원의 자녀 교육비와 본회를 창립하난 비용에 충용하기 위하야 저축 조합부를 설립하오니'라 하여 공식 부서명인 '상조조합부'의 또 다른 이름으로써 기제 되었을 뿐이다. 창건사에서 말하는 '불법연구회 기성조합'은 창건사 내에서 내용의 혼동을 보이고 있으며 저축조합은 창건사 이전에는 찾아볼 수 없다. 하지만 '방언조합'은 공사 준공 명문뿐만 아니라 당시의 다른 기록물에서도 실제로 사용되어진 명칭이다.」
3. 『원불교교사』 제1편 제4장 「5. 백지혈인의 법인 성사」에 자세히 나와 있다.
4. 대종사가 영산시대를 마감하고 변산으로 들어간 이유에 대하여 신순철은 「신흥저축조합 연구」(한국원불교학회, 『圓佛敎學』 제5집, 2000), 82-83쪽에서 3 · 1운동 이후 대종사가 영광경찰서에 연행된 사실과 관련이 있다고 추측하였고, 박용덕도 『구수산 구십구봉: 구인선진 이야기』(원불교출판사, 2003), 86쪽에서 3 · 1운동 이후 일경의 감시가 강화된 것을 이유로 꼽았다.
5. 『원불교교사』 제1편 제5장 「1. 불법에 대한 선언」에 「원기4년(1919 · 己未) 10월 6일에, 대종사 [저축조합]의 이름을 고쳐 [불법연구회 기성조합(佛法硏究會 期成組合)]이라 하시고, 모든 기록에도 일제히 불법의 명호(名號)를 쓰게 하시며 말씀…」이라는

기록이 있다.

6. 『원불교교사』 제2편 제1장 「1. 불법연구회 창립총회」에 「원기9년(1924·甲子) 3월에, 대종사, 서울에서 이리를 거쳐 전주(全飲光집)에 오시니 각처에서 다수의 신자들이 모였다. 이에, 서중안 등 7인이 발기인이 되어 [불법연구회] 창립 준비를 토의할 제, 대종사, 총부 기지에 대하여 말씀하시기를 [이리 부근은 토지도 광활하고 교통이 편리하여, 무산자(無産者)들의 생활과 각처 회원의 내왕에 편리할 듯하니 그곳으로 정함이 어떠하냐] 하심에, 일동이 그 말씀에 복종하였다. 또한 창립총회 개최 장소는, 이리 부근 보광사(普光寺)로 예정하고 총부 건설지는 후일 실지 답사 후 확정하기로 하였다.
원기9년 4월 29일 보광사에서 불법연구회 창립 총회를 열어 종래의 기성 조합을 발전적으로 해체하고 [불법연구회]라는 임시 교명으로 새 회상을 내외에 공개하였다. 총회는, 영광·김제·익산·전주 지방에서 김기천 등 14인이 각각 그 지방 대표 자격으로 참석하여, 송만경의 개회사로 개회하고, 서중안이 임시 의장이 되어 창립 취지를 설명한 후, 규약 초안을 채택하였다. 규약에 따라, 총재로 대종사를 추대하고, 회장에 서중안, 서기에 김광선을 선정하였으며, 총부 본관 건설을 위하여 회원들에게 의연금을 수납하되 그 일을 회장에게 일임하기로 하고, 축사(시대일보 鄭翰朝)와 회장의 답사가 있은 후 폐회하였다. 이 때 채택된 규약은 총칙·임원·회의·회원의 권리 의무·가입 및 탈퇴·회계 및 기타 등 총 6장 22조로 되어 있는 바, 서무·교무·연구·상조조합·농업·식사·세탁의 7부를 두고, 총재 1인, 회장 1인, 부장 평의원 간사 각 약간인을 두며, 정기총회·임시총회·평의원회·월예회 등 4종의 회의를 두고, 유지는 입회금 연연금(年捐金) 의연금 농작 식리금 등으로 충용할 것을 규정하였다.

7. 『원불교교사』 제1편 제3장 "5. 법의 대전과 창립 한도"에 「원기3년(1918·戊午) 10월에, 대종사, 새 회상의 창립 한도를 발표하시니, 앞으로 회상의 대수(代數)는 기원 연수(紀元年數)로 구분하되, 매대(每代)를 36년으로 하고, 창립 제일대(第一代) 36년은 이를 다시 3회(回)로 나누어, 제1회 12년은 교단 창립의 정신적 경제적 기초를 세우고 창립의 인연을 만나는 기간으로, 제2회 12년은 교법을 제정하고 교재를 편성하는 기간으로, 제3회 12년은 법을 펼 인재를 양성 훈련하여 포교에 주력하는 기간으로 하며, 시창 기원은 대종사의 대각하신 해(1916·丙辰)로 기준 실시할 것도 아울러 발표하시었다.」

8. 姜吉遠, 「日帝下의 經濟 自立運動의 一硏究: 貞觀坪 防堰工事의 例」, 『원불교사상과 종교문화』 제6집, 1982. 12; 박용덕, 「少太山의 組合運動과 吉龍里干拓事業에 관한 硏究」, 『정신개벽』 제7·8집, 1989, 6; 한정석, 「저축조합과 방언공사」, 원불교창립제2대말및대종사탄신백주년성업봉찬회(편찬), 『원불교칠십년정신사』, 원불교출판사, 1989; 신순철, 「1918년 길룡리 방언조합의 간척공사 연구」, 『한국근대사에서 본 원불교』, 도서출판 원화, 1991; 신순철, 「신흥저축조합 연구」, 한국원불교학회, 『圓佛

教學』 제5집, 2000, 12; 강현욱, 「원불교 협동조합운동 연구」, 원불교대학원대학교 원불교학과 석사학위논문, 2012; 이승현, 「막스 베버(Max Weber)의 자본주의 정신과 원불교 저축조합운동」, 『원불교사상연구원 학술대회 발표집』, 2012. 2.

9. 류병덕, 『원불교와 한국사회』, 시인사, 1986; 박용덕, 『소태산의 대각, 방언조합 운동의 전개: 원불교 초기 교단사 1』, 원불교출판사, 2003; 손정윤, 『원불교 80년사의 맥박』, 원불교출판사, 1998; 박맹수, 「圓佛教의 民族運動에 관한 一硏究」, 『한국근대사에서 본 원불교』, 도서출판 원화, 1991 등이 있다.
10. 『원불교 전서』 중 『대종경』, 『원불교 교사』 등과 『대종경선외록』, 『원불교교고총간』(제1권-제6권), 『불법연구회창건사』 등.
11. 『대종경』 「서품」 제7장.
12. 『원불교 교사』, 제1편 개벽(開闢)의 여명(黎明) 제4장 회상 건설(會上建設)의 정초(定礎) 1. 저축조합운동.
13. 『불법연구회창건사』, 43-44쪽; 『원불교교고총간』(제5권), 24-25쪽.
14. 박맹수, 「圓佛教의 民族運動에 관한 一硏究」, 『한국근대사에서 본 원불교』, 도서출판 원화, 1991, 33쪽.
15. 류병덕, 『원불교와 한국사회』, 시인사, 1986, 321쪽.
16. 박용덕, 『구수산 구십구봉: 구인선진 이야기』, 원불교출판사, 2003; 손정윤, 『원불교 80년사의 맥박』, 원불교출판사, 1998; 宋仁傑, 『九人先進』, 월간 圓光, 1988.
17. 『대종경』 「서품」 제8장.
18. 『원불교 교사』, 제1편 개벽(開闢)의 여명(黎明) 제4장 회상건설(會上建設)의 정초(定礎) 2. 정관평 방언 공사.
19. 『불법연구회창건사』, 46-48쪽; 『원불교교고총간』(제5권), 25-28쪽.
20. 박용덕, 『소태산의 대각, 방언조합 운동의 전개: 원불교 초기 교단사 1』(원불교출판사, 2003), 337-339쪽과 박용덕, 『구수산 구십구봉: 구인선진 이야기』(원불교출판사, 2003), 252-254쪽에서 이와 관련된 일화를 상세히 전하고 있다.
21. 『대종경』 「서품」 제9장이 바로 이러한 을 보면 다음과 같은 내용을 담고 있다. 「단원들이 방언 일을 진행할 때에 이웃 마을의 부호 한 사람이 이를 보고 곧 분쟁을 일으키어 자기도 간석지 개척원을 관청에 제출한 후 관계 당국에 자주 출입하여 장차 토지 소유권 문제에 걱정되는 바가 적지 아니한지라 단원들이 그를 깊이 미워하거늘, 대종사 말씀하시기를 "공사 중에 이러한 분쟁이 생긴 것은 하늘이 우리의 정성을 시험하심인 듯하니 그대들은 조금도 이에 끌리지 말고 또는 저 사람을 미워하고 원망하지도 말라. 사필귀정(事必歸正)이 이치의 당연함이어니와 혹 우리의 노력한 바가 저 사람의 소유로 된다 할지라도 우리에 있어서는 양심에 부끄러울 바가 없으며, 또는 우리의 본의가 항상 공중을 위하여 활동하기로 한 바인데 비록 처음 계획과 같이 널리 사용되지는 못하나 그 사람도 또한 중인 가운데 한 사람은 되는 것이며, 이 빈궁한 해변 주민들에게 상당한 논이 생기게 되었으니 또한 대중에게 이익을 주는 일도 되지 않는

가. 이 때에 있어서 그대들은 자타의 관념을 초월하고 오직 공중을 위하는 본의로만 부지런히 힘쓴다면 일은 자연 바른 대로 해결되리라.”」 이와 같은 소유권 분쟁과 관련하여서는 박용덕, 『소태산의 대각, 방언조합 운동의 전개 : 원불교 초기 교단사 1』, 340-343쪽과 신순철, 「1918년 길룡리 방언조합의 간척공사 연구」, 73-74쪽에서 자세히 다루고 있다.

22. 이와 관련된 일화는 『원불교교고총간』 제5권 27-29쪽에 자세히 기록되어 있다. 또한 이에 대하여 한정석, 「저축조합과 방언공사」, 126-128쪽에 자세히 설명하고 있다.
23. 방언공사에 구인제자들의 적극적 참여한 사실과 관련하여 팔산 김광선(성섭)이 완성된 제방이 게 구멍으로 인하여 붕괴되는 것을 혹한을 무릅쓰고 온몸으로 막아낸 일화는 유명하다. 이에 대하여는 박용덕, 『소태산의 대각, 방언조합 운동의 전개: 원불교 초기 교단사 1』, 347쪽과 박용덕, 『구수산 구십구봉: 구인선진 이야기』, 254-257쪽. 그리고 한정석, 「저축조합과 방언공사」, 128-129쪽에 자세히 설명되어 있다.
24. 『대종경』 「서품」 제10장.
25. 이 조합의 명칭은 전남 영광군 묘량면 신흥부락에 위치하고 있어 묘량수신조합 혹은 신흥저축조합이라 부른다.
26. 신순철, 「신흥저축조합 연구」, 86-88쪽.
27. 강현욱, 「원불교 협동조합운동 연구」, 49쪽.
28. 박용덕, 『구수산 구십구봉: 구인선진 이야기』, 86-88쪽.
29. 김기천의 중근 병증과 관련하여 대종사가 꾸중한 내용이 『대종경선외록』, 원불교출판사, 1985, 103-104쪽에 다음과 같이 나온다. 「원기28년(계미) 1월 4일에 대종사 대중을 모으시고 중근의 병증과 그 말로에 대하여 간곡한 법문을 내리시었다. 때에 한 제자 여쭈었다. “무슨 방법이라야 그 중근을 쉽게 벗어나오리까” 대종사 말씀하시었다. 법 있는 스승에게 마음을 가림 없이 바치는 동시에 옛 서원을 자주 반조하고 중근의 말로가 위태함을 자주 반성하면 되는 것이다. 초창 당시에 도산(道山)을 두대하는 사람들과 삼산(三山)을 두대하는 사람들이 있었는데. 도산은 그 사람들의 신앙 계통을 직접 나에게 대었으나 삼산은 미처 대지 못하고 이단같이 되어 장차 크게 우려되므로 내가 삼산에게 말하기를 “지금이 일이 작은 일 같으나 앞으로 큰 해독 미침이 살인강도보다 더 클 수도 있고, 또한 삼산이 함정에 빠져버린 후에는 내가 아무리 건져주려 하여도 건질 수 없게 될 것이다.”라고 제재하였더니, 삼산이 그 말을 두렵게 듣고 두대하는 사람들을 이해시켜 신앙 계통을 바로 잡고 공부에만 독공하더니, 결국 중근을 무난히 벗어나 참지각을 얻었느니라.」
30. 『원불교 전서』의 맨 앞부분이 『원불교교전』이며, 이 『원불교교전』의 두 번째 쪽에 「개교표어」가 있다.
31. 『정전』, 제1 총서편, 「제1장 개교의 동기」.
32. 『정전』, 제3 수행편, 「제16장 영육쌍전법」.
33. 『원불교대사전』, 「영육쌍전」 條.

34. 이(理)는 공부를, 사(事)는 사업을 의미하여 이치(공부)와 일(사업)을 아울러 수행하자는 것으로, 이 표어는 『원불교교전』에는 나타나 있지 않으나, '처처불상 사사불공', '무시선 무처선', '동정일여 영육쌍전', '불법 시 생활 생활시 불법' 등의 원불교 교리표어의 뜻을 종합적으로 표현한 용어이다. 『원불교대사전』, 「이사병행」條를 참고.
35. 동(動)은 몸과 마음을(六根) 작용하여 일을 처리해 가는(有事) 것을 말하며, 정(靜)은 일이 없을(無事) 때를 이름이며, 일여(一如)는 한결같음을 의미한다. 그래서 동정일여는 일이 있을 때나 없을 때나 끊임없이 참된 마음을 지키는 공부를 말한다. 그래서 대종사는 과거 종교의 공부방법과는 달리 「우리는 공부와 일을 둘로 보지 아니하고 공부를 잘하면 일이 잘되고 일을 잘하면 공부가 잘되어 동과 정 두 사이에 계속적으로 삼대력 얻는 법을 말했나니 그대들은 이 동과 정에 간단이 없는 큰 공부」를 하도록 인도하였다. 『원불교대사전』, 「동정일여」條를 참고.
36. 류병덕, 『원불교와 한국사회』, 317쪽.
37. 『정산종사법어』 제2부 법어(法語), 제4 경륜편(經綸編), 13장.
38. 『대산종사법문집』 제1집, 수신강요(修身綱要)1, 「122. 성지(聖地)의 뜻」.
39. 『대종경』 「교단품」 제30장.
40. 원불교의 창립정신은 소태산 대종사와 구인제자들이 창립초기에 저축조합 · 방언공사 · 혈인기도 · 익산총부건설 등 일련의 초기 교단사에서 보여주었던 이소성대의 정신, 사무여한의 정신, 일심합력의 정신 등을 말한다. 『원불교대사전』, 「창립정신」條에서 인용.
41. 류병덕, 『원불교와 한국사회』, 341쪽.
42. 막스 베버(지음), 김덕영(옮김), 『프로테스탄티즘의 윤리와 자본주의 정신』, 도서출판 길, 2010, 130쪽.
43. 余英時 저, 정인재 역, 『中國 近世宗敎倫理와 商人精神』, 대한교과서주식회사, 1993, 236-241쪽에 명청시대 중국의 대규모 상인집단, 예를 들면 휘주상인(徽商)의 규약에 근검과 관련된 내용에 대한 상세한 설명이 있다.

구인의 중앙 '정산 종사'_ 이성전

1. 『대종경』 「서품」 5장, 『원불교전서』, 원불교출판사, 1991.
2. 『성가』 13장, 〈정산종사찬송가〉, 『원불교전서』, 원불교출판사, 1991.
3. 『中庸』 第三十章, "天覆地載."
4. 박정훈, 『정산종사전』, 원불교출판사, 2002, 406쪽.
5. 정산의 생애와 사상을 직접 정리한 논문으로 김삼룡, 「정산종사의 생애와 사상」, 『원불교사상과 종교문화』 15, 원광대학교 원불교사상연구원, 1992; 한기두, 「소태산 대종사와 정산 종사」, 『원불교사상과 종교문화』 24, 원광대학교 원불교사상연구원, 2000; 김낙필, 「정산 종사의 생애와 사상」, 『원불교70년 정신사』, 원불교출판사,

1989 등의 논문들이 있다.

6. 祖父 성흠(孟道)은 四未軒 張福樞(1815-1900) 문하에서 수학, 父 인기(법명, 宋碧照, 1876-1951)도 장복추와 문하 유생들을 방문하여 학문을 닦았다.
7. 조선 말기의 성리학자, 호는 恭山, 3·1운동 때 곽종석·장석영·김창숙 등과 파리 만국평화회의에 독립청원서를 보내기로 하고 유림들의 동참을 호소하였다. 정산과 같은 문중사람이기도 하다.
8. '丈夫恢局論'이라는 장문의 글로 '대장부로 세상에 태어나서 공중사에 출신하여 生民을 구제하는 일에 힘쓸 것이며 구구한 가정 생활에 묶여있어서는 안 된다'는 포부를 담고 있다.
9. '바다 붕새 천리나 되는 나래 가지고도 조롱 속에 10년이나 갇힌 학과 같이 답답하구나' 하는 심경을 토로하고 있다.
10. 사서를 공부하다가 이러한 생각을 갖게 되었다고 전한다.
11. 신광철, 「삼동윤리사상의 종교학적 재평가」, 『제18회 원불교사상연구원 학술대회 발표집: 소태산 대종사와 정산 종사』, 원광대학교 원불교사상연구원, 1999, 38쪽.
12. 『원불교교사』, 제1편 개벽의 여명 제3장 3. 첫 제도의 방편과 구인제자, 『원불교전서』, 원불교출판사, 1991.
13. 소태산은 제자들과 저축조합운동을 시작하였다. 저축조합을 통해 공부할 비용과 사업자금을 예비하기 위한 것이었다. 이는 인류역사에서 종교운동의 시작의 시점에서 찾아볼 수 없는 유래없는 것으로 새로운 종교운동의 시작을 알리는 전초였다. 삶의 현장을 떠나지 않는 종교적 정신활동의 시작이었다. 이러한 현실적 실천의 노력과 더불어 삼순일로 모여 소태산의 가르침을 받고 『誠誠明示讀』이라는 책을 두어 단원들의 10일 동안 지낸 실행의 정도를 스스로 점검하게 함으로써 종교적 실천의 의지를 높여나갔다.
14. 『대종경』 제1 「서품」 6장.
15. 소태산은 팔인단원 제자들에게 '어느 곳이든지 가고 싶은대로 가서 우리 선생 같은 분을 데리고 오라' 하기도 하고, 이재풍·오재겸에게 '장성역에 가서 체격이 작고 얼굴이 깨끗한 소년이 차에서 내려 갈 곳을 결정 못하고 서성이거든 데려오라'고도 하였다고 한다. 박정훈, 『정산종사전』, 107-109쪽 참조.
16. 당시 증산교 신도로 정산을 정읍 화해리 자신의 집으로 모셔 구도의 과정을 지속할 수 있도록 주선하고 지원하였다.
17. 『정산종사법어』 제1 기연편 6장, 『원불교전서』, 원불교출판사, 1991.
18. 박정훈, 『정산종사전』, 원불교출판사, 2002, 110쪽.
19. 류병덕, 「정산 종사의 학문의 세계」, 『정산종사탄생100주년기념 한국원불교학회 '99 추계학술대회: 전통사상의 현대화와 정산 종사』, 한국원불교학회, 1999, 34쪽.
20. 소태산의 대각한 곳이며, 팔인단원과 제자들이 새 회상 창립 준비를 시작하고 있던 곳이다.

21. 『정산종사법어』 제1 기연편 8장.
22. 『대종경』「서품」 13장.
23. 박정훈 편저, 『한 울안 한 이치에』, 원불교출판사, 1982, 125쪽.
24. 류병덕, 「정산종사의 학문세계」, 『전통사상의 현대화와 정산종사』, 한국원불교학회, 1999, 38쪽.
25. 교재정비는 교전교서와 헌규를 완성하는 작업이다. 1948년(원기33) 4월 26일 『원불교 교헌』 반포를 시작으로, 『불교정전』 인쇄 보급, 교서출판 기관으로 정화사를 발족시키고 『정전』, 『대종경』 편수 완정, 『예전』, 『세전』, 『성가』 등을 편찬하였다.
26. 기관확립은 교화 · 교육 · 자선의 3대 목표를 현실적으로 실현할 기관을 확립하여 사회적 인증을 받는 것이다.
27. 정교동심은 원불교 교리로 국가 정치와 세계 기구에 영향을 주고 협력하여 정치, 교화 양면으로 좋은 세상을 만드는 것으로서 『건국론』의 입장을 계승, 발전시키는 데 주안점이 있다.
28. 달본명근은 이 모든 일을 대강 틀 잡아 놓고 산수간에 휴양하며 적공을 통해 영적 근본을 세우는 것이다.
29. 『정산종사법어』 제15 유촉편 36장.
30. 『대종경』「전망품」 19장.
31. 『정산종사법어』 제13 도운편 11장.
32. 『대종경』「서품」 2장.
33. 『정산종사법어』 제1 기연편 17장.
34. 양은용, 「소태산 대종사비명의 연구」, 『정신개벽』 제2집, 신룡교학회, 1983, 44쪽.
35. 김기원, 「정산종사의 생애와 사상」, 『원불교70년정신사』, 원불교 창립 제2대 및 대종사 탄생 백주년 성업봉찬회, 1989, 291쪽.
36. 『대종경』「전망품」 16장.
37. 『대종경』「전망품」 9장.
38. 『대종경』「전망품」 19장.
39. 『정산종사법어』 제1 기연편 10장.
40. 『정산종사법어』 제1 기연편 2장.
41. 『월말통신』(『원불교교고총간』 권3, 정화사, 1969).
42. 『회보』 38호(『원불교교고총간』 권3, 정화사, 1969), 124쪽 이하.
43. 유명종, 「한국사상사에서 본 정산사상」, 『정산종사탄생100주년기념 한국원불교학회 '99추계학술대회: 전통사상의 현대화와 정산종사』, 한국원불교학회, 1999, 20쪽.
44. 『정산종사법어』 제5 원리편 18장.
45. 박정훈 편저, 『한 울안 한 이치에』, 원불교출판사, 1982, 17쪽.
46. 위의 책, 25쪽; 28쪽.
47. 『정산종사법어』 제2 예도편 9장.

48.『정산종사법어』 제5 원리편 2장.
49. 박정훈 편저, 위의 책, 65쪽.
50. 김낙필,「영기질론의 사상사적 의의」,『정산종사탄생100주년기념 한국원불교학회 '99추계학술대회: 전통사상의 현대화와 정산종사』, 한국원불교학회, 1999, 79쪽.
51.『정산종사법어』 제6 경의편 39장.
52. 박정훈 편저, 위의 책, 47쪽.
53.『정산종사법어』 제13 도운편 31장.
54. 예를 들면, 경의편 41장, 42장에서는 불교의 공사상에 대해서『금강경』,『반야심경』의 대의에 대한 견해를 피력한다. 이 외에도 불교의 교리나, 유가의 사상 중에도 삼강오륜에 대해 폭넓게 재해석하고 있음을 볼 수 있다.
55. 김기원,「정산종사의 생애와 사상」,『원불교70년정신사』, 원불교 창립 제2대 및 대종사 탄생 백주년 성업봉찬회, 1989, 301쪽.
56.『대종경』「수행품」 41장.
57. 이성전,「이상적 삶의 길로서 심화 기화」,『원불교사상과 종교문화』29집, 원광대학교 원불교사상연구원, 2005, 186쪽 참조.
58.『周易』,「乾卦」 象傳, "乾道變化 各正性命 保合太和."
59.『정산종사법어』 제15 유촉편 23장.
60. 이성전,「정산의 도화 덕화」,『치유와 도야, 마음의 실천적 이해』, 원광대학교 마음인문학연구소, 2013, 397쪽.
61.『정산종사법어』 제15 유촉편 24장.
62.『정산종사법어』 제13 도운편 9장.
63.『정산종사법어』 제6 경의편 18장.
64.『정산종사법어』 제13 도운편 23장.
65.『정산종사법어』 제15 유촉편 34장.
66.『정산종사법어』 제13 도운편 37장.
67. 이성전,「소태산 사상에서의 허무적멸의 의의」,『한국종교사연구』제12집, 한국종교사학회, 2004, 228쪽.
68.『정전』 제3 수행편 제16장 영육쌍전법.
69.『세전』 총서편,『원불교전서』, 원불교출판사, 1991, 729쪽.
70.『예전』 총서편,『원불교전서』, 원불교출판사, 1991, 553쪽.
71.『세전』 제6장 치교의 도.
72.『정산종사법어』 제4 경륜편 17장.
73. 박정훈 편저, 앞의 책, 87쪽.
74.『정산종사법어』 제15 유촉편 24장.
75.『정산종사법어』 제13 도운편 34장.
76. 류병덕,『원불교사상사』, 176쪽.

77. 『한 울안 한 이치에』 제1편 법문과 일화, 9. 오직 한 길 5절.
78. 『정산종사법어』 제1 기연편 10장.
79. 류병덕, 「정산종사의 학문의 세계」, 『정산종사탄생100주년기념 한국원불교학회 '99 추계학술대회: 전통사상의 현대화와 정산종사』, 한국원불교학회, 1999, 34쪽.
80. 『대종경』 제10 「신성품」 18장.

일산 이재철 종사의 생애와 사상_ 김귀성

1. 일산에 대한 1차 자료는 원불교일대성업봉찬회(1986), 『원불교 일대창립유공인 역사』 卷一, 『圓佛敎 敎故叢刊』, 『方山文集』(1983), 『咸平李氏敦春公世譜』(1997) 등이며, 2차 자료는 『원불교교사』를 비롯하여 송인걸(1988), 『九人先進』, 송인걸(1996), 『대종경속의 사람들』, 박용덕(1999), 『불덕산의 인연들』, 손정윤(1998), 『원불교 80년사의 맥박』, 최광선(2001), 「일산 이재철의 생애와 사상」 논문 및 『대종경』 「변의품」 15장, 「서품」 6장, 「실시품」 24장, 기타 〈월간 원광〉 및 〈원불교신문〉 자료 등이 있음(참고문헌 참조).
2. 유족과의 면담은 연구자가 일산의 친손녀 이타원 이정무 원로교무를 대상으로 실시하였으며, 그 일부가 본 연구에 참고자료로 활용됨(면담일시: 2016. 03. 27 / 장소: 원로수도원). 구조화된 면담의 질문 내용은 일산의 원불교 입문과정, 교육 및 가족교화, 일산의 이상향, 대종사와 일산의 관계, 열반전 유언, 열반전후 정황, 정산 종사의 발인식 전날 천도발원, 기타 등으로 구성됨.
3. 사단법인 영광향토문화연구회, 『동학농민혁명 영광 사료집』, 세종출판사, 1995, 107쪽(1894. 2. 28. 靈光郡 民亂, 稱以矯正弊瘼, 各持竹槍, 突入郡底 毁公廨刺軍校郡守, 閔泳壽槍及其身, 首倡金國炫等 來訴巡營).
4. 송인걸, 『대종경속의 사람들』, 월간 원광사, 1996, 45쪽.
5. 咸豊君 李彦의 箕城君 극(11대), 應光(11대)의 11대 손 敦春(1751-1813)의 자 宅憲(1789-1855), 震憲의 자 啓玉의 자 仁範의 2남 1녀(재선, 재풍, 인숙 등) 중 차남으로 출생(『方山文集』(1983), 가계도1 참고, 한편 『咸平李氏敦春公世譜』(1997: 87)에서는 일산의 부친 仁範의 자손으로 載善(여), 載馥, 載興, 仁淑(여) 등 2남 4녀이며 載馥(一山)은 장남으로 기록되어 있음.
6. 敦春公(26세) 이후. 원불교 교단에 전무출신자로는 用眞, 寶局, 載馥, 正務, 建初, 建淑, 建奉(大川), 榮行, 壯善, 載鳳, 順錫, 斗行, 喆行, 載心, 淵行, 正滿, 聖信, 泰然, 正恩, 載順, 鐘行, 聖田, 雲行, 英仁, 建仁, 載天, 福行, 現照, 德照, 載璉, 東聖, 文聖, 建平, 建悅, 建恩, 建德, 建泰, 建承(新興) 등 38명이다. 일산의 직계 후손 가운데 전무출신한 자는 南行의 딸 이정무가 있다. 그 밖에 형제인 載善(種打圓, 夫 김종환)의 딸 김성주가 있으며, 한편 仁淑(功打圓, 朴宗眞)의 맏딸 박명성은 조갑종의 정토가 되었다. 친손자녀와 외손까지 합하면 전무출신이 90여 명에 이름. 靈光咸平李氏世譜編纂委

員會, 『咸平李氏敦春公世譜』, 원광사, 1997, 87쪽.

7. 柳山 柳虛一(1882-1958)이 교단에 입문하기 3년 전인 원기14년(1929)에 소태산이 일산에게 당시 영광보통학교에 근무하는 유허일을 이 교단에 입문토록 청해 보았다. 그러나 유산은 불법연구회를 신흥종교의 한 부류 중의 하나로 알아 교단 입문을 거절했다. 하지만 일산을 통해 소태산의 위대함을 전해 들었던 것을 상기하여 스스로 영산으로 소태산을 찾아 갔다. 마침 원기17년(1932) 10월에 구타원 이공주가 영광지부에서 26일 법회에 설교하는 데 참석, 공부한 여성 지식인이 존재함에 놀라 소태산을 만나 뵙기를 청했으나 이루어지지 않고 이 무렵 간행된 『보경육대요령』을 전해받고 심취, 모두 외운 후 3일 지나 겨우 소태산을 만나게 되어 입교하고 虛一이란 법명을 받았다. 이렇게 해서 일산의 인도로 유산 유허일은 원기17년(1932) 교단에 입교하고 그 다음해(원기18년, 1933) 출가를 단행하였다. 당시 유산의 불법연구회 입문은 영광에서 선구적 사건들 중 하나였으며 '문화적 특색' 중 하나였다고 함. 한정석, 「유산 유허일의 생애와 사상」, 『원불교사상과 인물』 I , 원불교사상연구원, 2000, 184-185쪽; 鄭瑽, 「영광문화의 선구적 역할」, 『玉堂文化』 제4호, 1989 등 참고.
8. 接主는 동학의 기본 교단조직으로 각지에 接所를 설치하고 접주를 두어 관내 교도들을 통솔하고 교화하는 제도로써 지역이나 기구 중심이 아니라 교인관계를 중심으로 조직되는 屬人制였다. 교조인 최제우 생존 시에는 16명의 접주가 임명되어 활동하다 제2대 교주인 최시형에 이르러 교세가 크게 확장되자 接所 대신 包制라는 대단위 조직을 두었다. 包制가 실시된 것은 1879년경으로 포의 책임자를 大接主, 그 밑에 하위 조직으로 首接主(郡단위 책임자), 接主(面단위 책임자), 接司(里洞 책임자) 등을 두었다.
9. 일산의 진보적 성향은 평소 사회변혁을 위한 지도자, 의인에 대한 갈망과 백수면 천마리에 이상적인 농장 경영, 주위 인연들에 대한 진보적인 신식교육에 관심과 지원 등을 통하여 나타남. 박용덕, 『불덕산의 인연들』, 원불교출판사, 1999, 16-26쪽, 239-247쪽; 이정무와의 면담자료에 근거함.
10. 圓佛教正化社, 『圓佛教教故叢刊』 第5卷, 원불교원광사, 1973, 21-22쪽.
11. 손녀인 이정무 원로교무의 면담에 의하면 사산과 일산은 사돈지간으로 평소 알고 지냈던 관계이며 특히 소태산의 하명에 의해 사산의 인도로 일산이 교단에 인도되게 되었다고 함. 박용덕은 일산과 오재겸과의 관계를 사돈관계(일산의 사촌 형수가 오씨)라고 기술하고(박용덕, 『구수산 구십구봉』, 2003, 24쪽) 있으나 미확인됨.
12. 일산의 입교시기에 대해서는 원기원년, 원기2년, 원기9년 등의 각기 다른 근거가 있다. 불법연구회 입회 원명부 남자부 No. 13에 교단 입문일을 근거로 일산의 입교년월일을 원기2년(1917) 음력 1월 13일로 보는 견해(박용덕, 『불덕산의 인연들』, 원불교출판사, 1999, 16쪽)가 있고, 송인걸의 『구인선진』을 비롯하여 대부분의 기록에서는 원기원년(1916) 4월로 보고 있으며, 심지어 원기9년 4월 19일(圓佛教 第一代 聖業奉贊會, 『圓佛教第一代 創立有功人歷史』 卷一, 원불교출판사, 1986, 76쪽)로 각각 기록

되어 있으나 제반 전후 사정으로 보아 원기원년으로 보는 것이 적절하다고 판단됨.

13. 『月末通信』10호(시창13년 戊辰 12월 분) 4. 본관의 인상동정: 이재철 씨는 친자 봉춘(남행)군을 진안 오정렬 씨의 次孃과 정혼 중인 바 성혼행중 12월 9일에 입관하여 수일 유연하여 12월 향진 행혼한 후 14일 복귀하여 남행 군의 귀환을 기다려 동 18일 귀영광하다(圓佛敎 正化社, 『圓佛敎敎故叢刊』第1卷, 원불교 원광사, 1968, 63쪽). 남행의 부인 吳順覺(南碩, 1909-1951)은 진안 마령 吳琪精(법명: 正烈)의 3남 2녀 중 둘째 딸로 출생, 1928년(원기13) 일산의 외아들 남행과 결혼 슬하에 2남 1녀를 두었는데 1녀인 이정무가 전무출신했다.
14. 필자와 이정무와 면접 자료에 의함.
15. 圓佛敎 正化社, 위 자료, 160쪽.
16. 김학인 원로교무가 일산에 대한 조가 헌사 내용은 이정무와 면담시 확인된 자료에 근거함.
17. 함풍 이씨 29대손(일산님 항렬)에 이르러 향학에 전념하여 일층 발전케 됨과 동시에 원불교에 귀의하게 되었고 29대에는 신학문 교육에 의지를 보여 당시 영광고, 조선대학, 전남대학, 보성전문, 동국대(이건춘) 등 신교육의 뒷바라지를 하시어 가문 인연의 발전에 크게 기여하심(이정무의 면담자료에 근거).
18. 1. 미행편, 보는대로 듣는대로: 일산 선생의 효행(〈會報〉46號: 圓紀23年 7. 8月) 圓佛敎正化社, 『圓佛敎 敎故叢刊』第3卷, 원불교 원광사, 1969, 248쪽.
19. 『대종경』「실시품」24장의 내용은 소태산이 크게 노성을 내시며 꾸짖다가도 다른 사람을 대하시며 전혀 노기를 보이지 않으신 모습을 자세하게 김정용이 증언한 것을 이정무가 전함.
20. 철학대사전 편찬위원회, 『철학대사전』, 학원사, 1970, 479쪽.
21. 박상권, 「저축조합과 방언역사」, 『圓佛敎70년精神史』, 圓佛敎 創立 第2代 및 大宗師誕生百週年聖業奉讚會, 1989, 102쪽.
22. 『원불교교사』, 불법에 대한 선언.
23. 박상권, 위의 논문, 106-109쪽.
24. 박덕희, 「추산 서중안의 생애와 사상」, 『원불교 인물과 사상』II, 원불교사상연구원, 2001, 116쪽.
25. 圓佛敎 第一代 聖業奉贊會, 『圓佛敎第一代 創立有功人歷史』卷一, 원불교출판사, 1986.
26. 이정무의 구술자료 재인용(최광선, 「일산 이재철의 생애와 사상」, 『원불교 인물과 사상』II, 원불교사상연구원, 2001, 398쪽).
27. 〈會報〉36號(圓紀22年 7月) 圓佛敎正化社, 『圓佛敎 敎故叢刊』第3卷, 원불교 원광사, 1969, 99-100쪽. "조광사건과 그 경과에 대하여"라는 제하의 기사, 〈조선일보〉기사(昭和12. 8. 1)-圓佛敎正化社, 『圓佛敎 敎故叢刊』第6卷, 원불교 원광사, 1974, 210쪽. "불교혁신실천자 불법연구회 박중빈 씨"라는 제하의 기사(당시 〈조선일보〉에 보도된 주

요 내용을 보면, --씨는 일견 정치가적 타입이다. 철리에 심오한 종교가로서 웅대한 포부를 가진 철저한 활동가이다. --씨는 조선불교사상에 루텔라고 하여도 과언이 아니다 등등), 〈조선일보〉(昭和12. 10. 26 제5910호) "불법연구회에서 문자보급운동", 圓佛敎正化社, 『圓佛敎 敎故叢刊』 第6卷, 원불교 원광사, 1974, 213쪽.
28. 圓佛敎正化社, 『圓佛敎 敎故叢刊』 第5卷, 원불교 원광사, 1973, 49-50쪽.
29. 始創12년(1927) 丁卯, 본년도 공부급사업개관 5. 임원급산업부원의 상황: 총부는 서무부장 이동안이 사임하고 동시에 이재철이 피선되었으며 서기는 경성교무 송도성이 재선선임되고 경성교무는 송규가 피임되었다(위 자료, 48쪽).
30. 〈月末通信〉제9호(始創13 戊辰 11월분) 지방상황: 영광-영광지부상임임원 이재철, 송벽조, 송규 조갑종, 제씨의 발기로 성립된 농업부 창립 목적의 農務團 작농성적은 매우 양호하였다. 남자 측에서는 沓 8斗落을 경영하고 20여 인이 참가하였으며 여자 측에서는 田 6斗落을 경영하고 20여 인이 참가였던 바 今秋총수획고가 100여 원에 달하였다고 한다. 상조조합 영광본회 서기 조갑종 군은 脚病으로 근 20여 일을 신고중인 바 따라서 집무도 여일치 못하다 하니 遠悶(『圓佛敎 敎故叢刊』 제1권, 원불교원광사, 1968, 56쪽).
31. 위 자료, 50쪽.
32. 제일회 사업성적표 수여식에 유공인으로 삼등 유공인(천원이상) 이재철, 송벽조, 유정천, 송규 등 4인, 공부성적은 예비특신부: 이재철이 확인됨.
33. 圓佛敎 正化社,『圓佛敎敎故叢刊』 第5卷, 원불교 원광사, 1973, 123쪽.
34. 〈원불교신문〉 60호(1971. 11. 15) "이재철 대봉도 28주기에" 김형오 선진의 추모담.
35. 한산 이은석 교무의 구술자료(최광선, 앞의 논문, 405쪽 재인용). 김형오 선진의 증언에 의하면 일산은 언제나 대종사 앞에서 손을 내려놓는 일이 없었다. 겸허한 태도로 공수를 하고 물러날 때도 그냥 뒤돌아서는 일이 없었다. 진리의 예를 갖추어서 행했다(〈원불교신문〉 60호, 1971. 11. 15, 이재철 대봉도 28주기에)
36. 박용덕, 『불덕산의 인연들』, 원불교출판사, 1999, 232-233쪽.
37. 『대종경』 「변의품」 15장.
38. 이공전, 『대종경 선외록』 초도이적장 6, 원불교출판사, 1982, 41쪽.
39. 손정윤, 『소태산 대종사일화』, 원불교출판사, 1977, 109-113쪽.
40. 한정석, 「저축조합과 방언역사」, 『圓佛敎七十年精神史』, 원불교 창립 제2대 및 대종사탄생백주년 성업봉찬회, 1989, 135-137쪽.
41. 신순철, 「신흥저축조합 연구」, 『圓佛敎學』 5, 한국원불교학회, 2000, 95쪽.
42. 『원불교 교고총간』 제5권, 1973, '창건사' 24-25쪽.
43. 『대종경』 「서품」 8장.
44. 『원불교교고총간』 제5권, '창건사', 25-28쪽.
45. 원불교 정화사, 『원불교전서』, 원불교출판사, 1981; 『대종경』 「서품」 10장, 111-112쪽.

46. 위의 책;『대종경』「서품」 9장, 110-111쪽.
47. 위의 책;『대종경』「서품」 13장, 113-114쪽.
48.『圓佛教教故叢刊』 제5권, '창건사', 31쪽.
49.『원불교전서』, 원불교교사, 제1편 제4장, 44-46쪽.
50. 위의 책,『대종경』「서품」 14장, 114-115쪽.
51. 송인걸, 앞의 책, 46-47쪽.

이산 이순순 종사의 생애와 실천적 삶_ 박광수

1. 『원불교교사』「3. 첫 제도의 방편과 구인제자」.
2. 『법보』.『법보』는 원불교 교단에서 원성적 5등 이상인 사람의 생애와 업적을 기록하여 길이 후손에게 알리며, 추원보본의 정신을 기리기 위해 그들의 생애와 공부・사업의 내역을 기록한 책이다.
3. 소태산 대종사의 團 조직은 구인으로 1단을 삼고, 단장 1인이 참가하여 구인의 공부와 사업을 지도 육성케 하는 방식이다. 단 조직이 성장하여 9단으로 구성되는 때에는 9단장으로 다시 1단을 삼고, 단장 1인을 추가하여 구단장의 공부와 사업을 지도 육성케 하되, 二十八宿(角亢氐房心尾箕斗牛女虛危室壁奎婁胃昴畢觜參井鬼柳星張翼軫)의 순서를 응용하여, 이상 단장도 繼出되는 대로 이와 같은 예로 다시 조직하여, 몇 억만의 많은 수라도 지도할 수 있으나 그 공력은 항상 구인에게만 들이면 되는 간이한 조직이다(『원불교교사』「4. 첫 조단과 훈련」).
4. 『원불교교사』 1편 3장「첫 조단과 훈련」 참조.
5. 박정훈 편저,『한 울안 한 이치에』, 원불교출판사, 1982, 125쪽.
6. 『시창 15년도 사업보고서』「제1회 특별상황보고서」 2. 상황; 박용덕,『불덕산의 인연들: 신흥교당 72년』, 54쪽 참고.
7. 수위단원 등에 대한 구체적인 내용은『원불교교사』, 1107-1109쪽 참조.
8. 〈제1회 남자정수위단 조직 위원회 회의록〉(일시: 시창20년 9월 10일, 회의록 작성자: 전음광)
9. 『원불교대사전』에서는 1941년 63세를 일기로 열반한 것으로 기록되어 있으나, 현재의『원불교법보』에서는 원기30년(1945) 11월 28일에 67세의 나이로 열반한 것으로 기록하고 있다.
10. 1907년 조합수가 10개이던 것이 1913년에는 209개가 되고 1914년 이후에는 더욱 발전이 더욱 활발해졌다. 그리하여 농산조합, 근검저축조합, 저축계, 부업계 등의 수가 헤아릴 수 없이 많았다. (국사편찬위원회 편,『일제 침략하 한국 36년사』제1권, 탐구당, 1970, 81쪽.)
11. 소태산은 원불교를 창립하기 위한 준비로 1917년 8월에 저축조합을 창설하고 저축운동을 전개하고 禁酒, 禁煙과 報恩米 저축, 공동 出役을 하여 경제자립을 먼저 추진하

였다. 『원불교교전』, 「서품」 7장, 97쪽; 『원불교교사』, 원불교정화사 편찬, 원불교 중앙총부 발행, 1975, 1048-1049쪽.

12. 『원불교교사』, 39쪽.
13. 불법연구회 기성조합이라고 이름을 고친 후의 활동은 기록상 보이지 않음. 주로 방언답 관리를 하였을 것으로 추측됨.
14. 『대종경』 「서품」 7장.
15. 『대종경』 「서품」 5장에 근거하자면 몇 달 안에 믿고 따르던 제자가 40여 명이 되고 그중에서 구인을 뽑아 회상창립의 표준제자로 정함.
16. 『원불교교사』, 「정관평방언공사」, 1050쪽.
17. 제명바위는 옥녀봉 아래에 있는 바위로써 소태산과 팔인제자들의 정관평 방언 공사를 마친 후 이를 기념하기 위하여 세운 비로 칠산의 제언으로 3m정도의 높이 자연석 바위에 석회를 판처럼 바르고 간척공사 기간과 참여자의 이름을 적어 놓았다. 가로 90cm, 세로 45cm의 판에 김성섭(팔산 김광선)의 글씨로 오른쪽에서부터 세로 글씨로 음각되어 있는데 그 내용을 보면 「靈光 白岫 吉龍 干瀉地 兩處 組合員 / 朴重彬 / 李仁明 / 金成燮 / 劉成國 / 吳在謙 / 金聖久 / 李載 / 朴漢碩 / 大正七年四月四日始 / 大正八年三月二十日終」으로 되어 있다. 사진 앞부분에 보이는 것은 제명바위에 새겨진 것을 탁본하여 기념비로 세워놓은 것임.
18. 『원불교교전』, 「서품」 8장, 97-98쪽; 『원불교교사』, 1049-1051쪽; 『원불교교전』, 「서품」 9-11장, 98-100쪽 참조.
19. 『원불교교사』, 1057쪽.
20. 이 경작지는 방언공사에 협조했던 구인 조합원 중 박세철, 유건, 김관선을 포함한 길룡리 32호 중 약 60%에게 소작지로 분배하였다. 강길원, 「일제하의 경제자립운동의 연구」, 제4회 원불교사상 연구원 학술회의 발표, 원불교사상연구원, 1982, 25쪽.
21. 이 경작지는 방언공사에 협조했던 구인 조합원 중 박세철, 유건, 김광선을 포함한 길룡리 32호 중 약 60%에게 소작지로 분배하였다. 평균 약 0.56정보의 畓을 분배받은 것으로 나타난다. 이곳은 원래 답이 없었던 곳으로 밭과 어로에 의하여 생계를 유지하던 곳인데 자소작을 포함하여 각 戶는 평균 약 1정보 정도의 밭 경작지를 갖고 있었던 것으로 전한다. 1920년 당시 한국 농민들의 평균경작지는 답 약 0.5정보(4958.7㎡)와 밭 약 1정보(9917.4㎡)였던 것을 감안한다면 과거 한국 농민의 평균 경작면적에도 밑돌아 어로에 의하여 생계를 보충하여 유지하고 있던 상태에서 적어도 당시의 평균 경작지를 갖게 된 점에서 생활향상이 있었던 것으로 판단된다. 강길원, 위의 논문, 25쪽.
22. 김홍철, 『원불교 사상 논고』, 원광대학교 출판국, 1980, 44쪽.
23. 『정산종사법어』, 「국운편」 3장.
24. 『대종경』 「서품」 13장.
25. 정향옥은 그의 졸업논문 초안에서 혈인기도의 기한에 대해 정확히 217일간 한 것이

며 횟수는 23회(7월 26일 기도를 2회로 보았을 때)의 기도를 거행한 것임을 밝히고 있다. 정향옥. 원광대 학사 졸업논문(2001) 참고; 정도명, 『綜合萬歲曆』, 문인방, 1993.

26. 초창기 道山이 소태산의 제자가 된 이후의 행적에 있어서 논란의 여지가 있는 부분은 도산의 혈인기도 후반기 기도의 참석여부이다. 법인성사가 일어난 음 7월 26일(양 8월 21일) 이후 음 10월 6일까지 진행된 구인제자들의 혈인기도 시에 소태산의 친제 박동국 대신에 도산에게 동쪽 방위를 명하였다고 밝히고 있다. 혈인기도 후반기 기도에 대한 자세한 내용들이 사료로서 거의 남아 있지 않기에, 도산의 혈인기도 후반기 기도의 참석여부는 논란의 여지가 남아 있다(박광수, 「道山 李東安의 생애와 사상」, 원불교사상연구원 편, 『원불교 인물과 사상』II, 원불교사상연구원, 2001, 277-312쪽 참조). 당시 혈인기도의 상황을 설명하고 있기에 참고할 필요가 있다고 본다. 기도봉에 결격이 생기면 이동안이 참여하였다. 등거지('도롱이'의 영광사투리)를 하나 마련하고 다녔는데 비올 때는 비옷, 추울 때 외투로, 기도할 때는 방석으로 사용하였다고 한다. 이상한 것은 기도봉에 촛불 켜놓고 기도하면 비가 내리고 바람이 불어도 꺼지지 않았고 절을 하면 사방에서 기운이 웅웅하고 몰려왔다. 자정이 넘어 구간도실에 내려와 대종사 법설을 듣기 시작하여 2시 반에 마쳤다(박용덕, 『불덕산의 인연들: 신흥교당 72년』, 원불교출판사, 1999, 24-25쪽).

27. 아홉 제자들이 기도한 아홉 봉우리 산의 위치들은 다음과 같다. (1) 중앙봉: 영산 선원에서 400미터 떨어진 산봉우리로 아홉 봉우리의 중앙에 자리잡고 있으며 봉우리 아래에는 소태산 대종사가 깨달음을 얻은 대각터인 노루목이 있다. (2) 설래바위봉: 영산선원에서 서남쪽으로 약 1킬로미터 떨어진 곳에 있으며 봉 오른쪽으로는 삼밭재 마당바위가 있고 왼쪽으로는 상여봉이 있다. (3) 장다리봉: 영산선원 동남쪽 1킬로미터 떨어진 지점에 있으며 그 남쪽으로는 대파리봉이 있다. (4) 밤나무골봉: 영산선원 남쪽으로 약 1.5킬로미터 떨어진 곳으로 왼쪽 앞으로는 삼밭재 마당바위가 보인다. (5) 눈썹바위봉: 영산선원에서 서남쪽으로 약 1킬로미터 떨어진 곳으로 이 봉우리 밑에는 귀영바위가 있다. (6) 상여바위봉: 영산선원에서 서쪽으로 약 1킬로미터쯤 떨어져 있으며 왼쪽으로는 옥녀봉이 있고 오른쪽 삼밭재, 밑으로는 설래바위봉이 있다. (7) 옥녀봉: 영산선원에서 북서쪽으로 약 600미터쯤 떨어진 곳에 있으며 이 봉 중턱에 방언공사 준공비가 있고 산 아래는 구간도실터와 소태산 대종사의 탄생가가 있다. (8) 공동묘지봉(천기동뒷산봉): 영산선원에서 남쪽으로 약 2킬로미터쯤 되는 곳으로 옛날에는 수많은 묘지가 있어서 함부로 다닐 수 없었던 곳이며 기도봉 중에서 제일 멀리 있는 봉이다. (9) 대파리봉: 영산선원에서 동남쪽으로 약 1킬로미터 떨어진 곳에 있으며 그 옆에 장다리봉이 있다. 박용덕, 『소태산의 대각, 방언조합운동의 전개』, 원광대학교출판국, 1997, 368쪽; 박달식 · 김영수, 『새 회상 거룩한 터』, 원불교출판사, 1986, 59-60쪽 참조.

28. 『대종경』「수행품」 19장.

29. 원불교 초기 수양교재의 하나. 少太山述, 불법연구회 출판으로, 국한문 혼용의 4 · 6

판, 양장, 74쪽이며, 1927년(원기12) 5월 발행했다. 편집 겸 발행인은 李共珠이며 인쇄소는 서울 기독교창문사이다. 이해 3월 헌규집 〈불법연구회규약〉에 이어 이 책을 발행했으므로 교단 최초의 교서에 해당한다(『원불교대사전』「수양연구요론」).

30. 『원불교대사전』「수심정경」.
31. 『대종경』「수행품」 9장.
32. 위의 책.
33. 위의 책.
34. 『정산종사법어』「경의편」 65장.
35. 위의 책.
36. 위의 책.
37. 『정산종사법어』「경의편」 66장.
38. 박광수, 『한국신종교의 사상과 종교문화』, 집문당, 2012, 515쪽.
39. 위의 책, 451-462쪽.
40. 『대종경』「실시품」 37장.

삼산 김기천 종사의 생애와 사상_ 김영두

1. 삼산종사의 모친에 대하여 『삼산 · 육타원 종사문집』(선진문집 5, 선진문집편찬위원회, 원기67(1982))의 年譜(330쪽)에서는 '李씨'라고 했고, 『원불교대사전』(원불교사상연구원 편)의 '김기천'에서는 '김대유(金大有)'라고 하였는데 본고에서는 '年譜'에 따라 '李씨'로 표기한다.
2. 박정훈, 『삼산 · 육타원 종사문집』 간행사, 선진문집 5, 선진문집편찬위원회, 원기67년(1982), 이때 편찬위원은 대표에 이공전, 위원에 이광정 · 한정석 · 전종철 · 라도국이며, 위촉위원으로는 양도신 · 김형오 등이다.
3. 『대종경선외록』 5, 사제제우장(師弟際遇章).
   1절. 대종사 대각하신 후 회상 열으실 뜻을 내정하시고 각지에 산재(散在)한 숙연(宿緣) 깊은 제자들을 모으시었다. 제일 먼저 인연 깊은 김성섭(八山)을 첫 제자로 삼으시고, 김성섭에게 명하시어 오재겸(四山)을 오게 하시었다. 오재겸에게 명하시어 이재풍 (一山)과 김성구(三山)를 오게 하시고 다음으로 차자 이인명(二山) 박경문(五山) 박한석(六山) 유성국(七山) 등을 모으시었다. 『대종경』「서품」 6장 참조.
4. 『삼산 · 육타원 종사문집』의 연보(331쪽)에는 숯을 사들인 시기가 원기3년(1918)으로 되어 있으나, 이는 「원불교교사」와 맞지 않아 여기에서는 「원불교교사」에 따른다. 「원불교교사」(『원불교전서』, 1048-1049쪽) 참조.
5. 『대종경』「서품」 14장(『원불교전서』, 102쪽).
6. 『원불교전서』, 1056쪽 참조.
7. 『삼산 · 육타원 종사문집』 년보, 332쪽 참조.

8. 원기4년(1919) 11월 26일(음10. 6)에 '기도를 해제' 하였다는 기록은 정산 송규 종사가 저술한 『불법연구회창건사』 중에 '단원의 기도'(〈회보〉 43호) 말미와 '대종사 불법에 대한 선언'(〈회보〉 44호) 말미에 명시되어 있다. 이 '기도해제일'이 중요한 것은 「원불교교사」 제5장 교법의 초안, 1. '불법에 대한 선언'에서 "대종사 「저축조합」의 이름을 고쳐 「불법연구회기성조합」이라 하시고, 모든 기록에도 일제히 불법의 명호를 쓰게 하시며…"라는 해제법문을 하였기 때문이며, 『대종경』 「서품」 15장에도 실려 있는 중요한 법문이다.
9. 삼산종사 '연보'에는 소태산이 원기4년(1919) 12월 11일(음 10월 20일) 부안 변산에 입산한 기록만 있으나 「원불교교사」에 의하면 이해 3월에 오창건을 데리고 부안 봉래산 월명암(月明庵)에서 10여 일 유하신 후 돌아오시고, 7월 말에는 다시 송규를 보내시어 미래의 근거를 정하게 하시더니, 10월에 이르러 조합의 뒷일을 여러 사람에게 각각 부탁하시고, 몇 해 동안 수양하실 계획 아래 월명암에 행차 하셨고, 또한 12월에 봉래산 중앙지인 실상사 옆 몇 간 초당에 거처를 정하시고, 몇몇 제자와 더불어 간고한 살림을 하시면서 심신의 휴양에 주력하신 기록이 있다(「원불교교사」, 제5장 교법의 초안, 2. 봉래산 법회와 일원상 구상, 『원불교전서』 1059쪽 참조).
10. 『삼산 · 육타원 종사문집』, 327-328쪽.
11. 『삼산 · 육타원 종사문집』, 330-334쪽 '연보'의 오자를 바로잡고 약간 보완하였음.
12. 『삼산 · 육타원 종사문집』, 219쪽, 315쪽 참조.
13. 『삼산 · 육타원 종사문집』, 196쪽.
14. 『삼산 · 육타원 종사문집』, 268쪽.
15. 『원불교전서』, 264쪽.
16. 『원불교전서』, 255쪽.
17. 『원불교전서』, 188쪽.
18. 『원불교전서』, 227쪽.
19. 『원불교전서』, 254쪽.
20. 『원불교전서』, 255-256쪽.
21. 김영두(성택), 『원불교 교헌 변천연구』, 선진출판기획, 2013, 115쪽.
22. 최고지도자 직명이 '총재'에서 '종법사'로 변경되었고, 종법사 직명은 이때 처음으로 등장하였다.
23. 김영두(성택), 앞의 책, 125쪽.
24. 위의 책, 138쪽.
25. 위의 책, 68-71쪽 참조.
26. 會歌는 바로 '불법연구회가'로 송도성, 김기천, 이공주 합작이며 원기18년 12월, '회보 5권'에 1차 발표하고 19년 정월 '회보 6권'에 2차 개정 발표했던 것을 원기21년에 3차 개정 발표하였다. 현재의 성가 120장의 '회가'는 이공전이 다시 윤문한 것이다(『삼산 · 육타원 종사문집』, 79쪽).

27. 『삼산 · 육타원 종사문집』, 90-91쪽.
28. 『삼산 · 육타원 종사문집』, 90-91쪽.
29. 『삼산 · 육타원 종사문집』, 113-136쪽; 『원불교대사전』, 1144-1145쪽 참조.
30. 『대종경선외록』 2. 유시계후장(遺示啓後章) 14절.
31. 『대종경선외록』 16. 변별대체장(辨別大體章) 2절.
32. 『한 울안 한 이치에』, 제1편 법문(法門)과 일화(逸話) 8. 화합교단 81절.
33. 『대산종사법문집』 2집, 제8부 열반법문 중에서.
34. 『대산종사법어』 제1 신심편 30장.

사산 오창건 종사의 생애와 사상_ 정성미

1. 원불교 교조 소태산 박중빈(1891-1943)은 1916년 4월 28일 26세에 일원대도를 대각하고 새 종교 원불교를 창립할 때 처음 표준제자로 팔인을 선택하였다. 약 2년 후에 만난 송규(宋奎, 1900-1962)를 포함하여 구인제자라 하였다. 이들은 신심이 굳고 희생을 아끼지 않은 인물로 구인선진(九人先進)이라 한다. 아홉명의 제자는 송규 · 이재철(李載喆) · 이순순(李旬旬) · 김기천(金畿千) · 오창건(吳昌建) · 박세철(朴世喆) · 박동국(朴東局) · 유건(劉巾) · 김광선(金光旋) 등이다. 손정윤, 『원불교 80년사의 맥박』, 중앙문화원, 1998, 36쪽.
2. 교단에서는 공동체 명칭을 '저축조합'이라고 공식적으로 사용하고 있다. 이는 『불법연구회창건사』에 당시 영산에서 주 활약을 하였던 상조조합부 업무 내용과 그 성격을 살려 '저축조합'이라 하였기 때문이다. 그러나 옥녀봉 제명바위, 간석지 허가 출원서와 『회보』에는 '방언조합'이라고 기록되어 있다. 이는 방언공사를 하기위한 경제적 기반을 마련하기 위해 조합을 만들었기 때문이다. 신순철, 『한국근대사에서 본 원불교』, 「길룡리 방언조합의 간척공사 연구」, 원불교교화연구회, 1991, 21쪽, 참조.
3. 1919년(원기4) 33세에 구인단원과 함께 대종사가 사산이라는 법호를 내렸다. 총무부 인사기록자료에는 입교는 1918년 8월 1일 전무출신을 서원하였다고 기록되어 있다. 인사카드에 기재되어 있는 입교일은 1924년(원기9년) 4월 29일인데 이는 후일 익산총부를 건립하고 문건을 정리하면서 초기 선진들의 입교일을 일괄적으로 처리한 것으로 보인다. 문건에는 교단의 행적을 중심으로 28년 동안 봉직한 것으로 기록되어있다. 또한 자녀는 4남 1녀라고 기재되어있는데 세보와 구술을 통해 3남 2녀로 확인되었다.
4. 사산이 직접 남긴 글은 현재 오창건, 「팔산형의 옛일을 생각하고」 『회보』 53호 1939(시창24), 오창건, 「친필좌우명」, 『원광』, 원광사, 2007. 「선진한시록」에 남아있는 7언절구, 그리고 휘호가 전부이다. 사산의 인간됨과 그의 활동에 대한 1차적 사료는 가까이 지내던 김영신의 글이 있다. 김영신, 「사산 선생님의 공심」, 『회보』 제42호, 1938년 2. 3월호.

5. 이공주 편, 『원불교 제1대 유공인역사』 1권 전무출신편, 1987; 송인걸, 『구인선진』, 월간 원광, 1988; 박용덕, 『구수산 구십구봉』, 원불교출판사, 2003.
6. 사산의 부친은 세보에는 東炫(字: 允煥)으로 기재되어 있다. 화순오씨세보 참조.
7. 조선시대에는 매년 정월에 나이가 많은 백성에게 품계나 벼슬을 하사하는 은전을 베풀었는데 이를 受職教旨라 한다. 수화는 70세를 넘겨 壽職(老職)으로 교지를 하사받은 것으로 보인다.
8. 태을교는 증산교의 한 갈래이다. 증산교주 강일순은 전주 · 태인 · 정읍 · 고부 · 부안 · 순창 · 함열 등 동학혁명이 가장 활발하였던 전라북도의 7개군을 중심으로 포교하였다. 주활동지는 자신이 광제국(廣濟局)이라는 한약방을 열었던 모악산 부근이었다. 태을교는 후일 교세가 부진하여 자멸하였다. 이강오, 「한국의 신흥종교자료편 제1부—증산교계총론—」, 『전북대학교논문집』 7집, 1966, 참조. 선진 가운데 일산 이재철, 송적벽, 성산 성정철 등도 태을교 신자였다고 한다. 송적벽과 김남천의 불화-원불교신문 1764호, 2015년 8월 14일 (금) 류기현, 「성산 성정철의 생애와 사상」 I, 『원불교 인물과 사상』, 원불교사상연구원, 2002, 147쪽.
9. 끌려간 날은 1950년 12월 23일(음 11월 23일)로 이 날을 기일로 삼는다고 한다. 오성직 구술자료.
10. 영광교구 영산교당 오성해 교도 - 〈원불교신문〉 1563호, 2011년 4월15일 (금).
11. 성직, 성해는 대종사가 직접 지어준 이름이다. "할아버지께서 대종사께 나를 안고 가서 이름을 지어달라고 하셨데요. 낮 12시에 나를 낳았다는데, 대종사님이 보실 때 제가 순탄치 못할 상이었나 봐요. 그래서 성품 성(性), 바다 해(海). 성품을 바다같이 넓게 써야만 살아갈 수 있다고 그러시면서 성해라고 지으셨다고 그러더만요." 오성해 구술자료, 영광교구 영산교당 오성해 교도 -〈원불교신문〉 1563호, 2011년 4월 15일 (금).
12. 본 가계도는 사산을 중심으로 위로 2대, 아래로 3대만 원불교 관련 인물을 중심으로 작성하였다. 『화순오씨세보』 참조.
13. 오성직 구술(2016년 2월 3일).
14. 최광선, 「일산 이재철의 생애와 사상」, 『원불교 인물과 사상』 II, 원불교사상연구원, 2002, 390쪽.
15. 오내진은 처음 표준제자 8인 중 1인이었지만 후일 변심하였고 1919년 타계하였다. 대종사는 오산 박세철을 대신 임명하였다. 「불법연구회창건사」, 『원불교고총간』 제5권 1973, 22쪽. 박용덕, 『구수산 구십구봉』, 원불교출판사, 2003, 76쪽, 참조.
16. 「불법연구회창건사」, 『원불교교고총간』 제5권, 1973, 30쪽.
17. 구인제자들 사이의 서열은 처음에는 입회 순이었다가 1926년 말경 구인제자가 확정되면서부터 연장자 순으로 변화하였다. 1919년 법인기도가 행해진 연후에 법호와 법명을 받으면서 구인제자의 서열은 방위 순으로 변화되었다. 기도봉도 방위순으로 재배치해야 한다는 주장이 있었지만 기도봉의 위치는 틀리지 않은 것으로 보인다. 이에

대한 상세 내용은 신순철, 「원불교 법인기도의 9인 기도봉 위치 검토」, 『원불교사상과 종교문화』 35집, 2005, 참조.

18. 영광경찰서에서 풀려난 뒤 대종사는 구수산에서 산 첩첩 물 첩첩 2백여 리나 상거한 부안 변산 월명암 중천에 어리는 맑은 기운을 관하였다. 아마도 이때가 음력 사월 열엿새 하안거 결제 이후가 될 것이다. 대종사 직접 그 곳에 가보았더니 부안 변산 월명암, 과연 그곳에 수도 대중이 모여들어 선을 시작하고 있었다. 『대종경』 「천도품」 25장.
19. 「불법연구회창건사」, 『원불교교고총간』 제5권, 34쪽.
20. 사산 제세시의 술회에 의하면 법인기도는 영광에서 10월 6일로 해재하였으나 26일에는 영광 쪽을 향해 마지막 기도를 올렸는데 이때가 법인기도의 참해재라고 볼 수 있다. 『원불교70년정신사』, 원불교 창립 2대 및 대종사탄생백주년성업봉찬회, 1989, 167-168쪽.
21. 만덕산에서 처음으로 선회를 열다-서문성 교무의 대종사 생애 60가지 이야기 2011 11, 4; 웹문서(원불교 신문) 참조. 만덕산 쌀 시봉 일화는 최도화의 입장, 사산의 입장에 따라서 약간씩 다르다. 필자는 이를 객관적으로 편집하였다.
22. 사진은 연출되었지만 당시의 상황을 표현하기 위한 것으로 오창건의 시봉생활을 보여주고 있다.
23. 「불법연구회창건사」, 『원불교교고총간』 제5권, 36-37쪽.
24. 영광 지방대표는 김기천, 김광선, 오창건, 이동안, 이준경이다. 서중안이 회장에 선출되었다. 『원불교교고총간』 제5권, 38쪽.
25. 총부회관공사 전무노력자는 김광선, 오창건, 이동안, 이준경, 송규, 송도성, 전음광, 송만경, 문정규, 김남천, 송적벽, 조갑종 등이다. 『원불교교고총간』 제5권, 39쪽.
26. 오창건, 「팔산 형님의 옛일을 추억하고」, 『회보』 제53호; 이공전 「봉래제법과 익산총부 건설」, 『원불교칠십년정신사』, 성업봉찬회, 1989, 177쪽; 박용덕, 『불덕산의 인연들 신흥교당 출가 인연들』, 원불교출판사, 1999년, 51쪽.
27. 이때 익산경찰서 북일면 지소는 현재의 청하원이며 당시에는 이공주의 사가였다. 『전라북도독립운동사적지』, 독립기념관 한국독립운동사연구소, 2010년, 282-283쪽, 참조.
28. 일제의 불법연구회 탄압에 대해서는 신순철, 「일본의 식민지 종교정책과 불법연구회의 대응」, 『원불교사상과 종교문화』 17 · 18집, 원불교사상연구원, 1994, 760-764쪽 참조.
29. 황가봉은 대종사로부터 후일 이천이라는 법명과 鵬山이라는 법호를 받는다. 대종사로부터 『대학』을 가르침 받았으며 후일 입교하여 오히려 교단에 큰 도움을 주었다. 따님은 황명선교무이다. 황이천, 「내가 내사한 불법연구회」, 『원광』 103호, 1975, 95-97쪽. 원불교신보 101호 참조.
30. 『대종경』 「실시품」 9장.

31. 송인걸,『구인선진』,『원광』, 1988, 127쪽.
32. 방언공사를 진행할 때 공동집회 장소로 사용하기 위해 1918년(원기3) 겨울, 옥녀봉 아래에 건립하였다. 대종사는 상량문에는 '梭圓機日月 織春秋法呂 松收萬木餘春立 溪合千峰細雨鳴' 현판에는 '大明局靈性巢左右通達萬物建判養生所'라는 글귀를 적었다.
33. 경성지부 전문 감역자는 오창건, 이재철이다.「제1대성업봉찬기념출판원불교연혁」, 서울지부연혁, 18쪽.
34. 김영신,「사산 선생님의 공심」,『회보』 제42호, 1938년 2. 3월호.
35.『원불교교고총간』제5권, 40쪽.
36. 당시 대원정사 용타원 서대인이 총부소식을 가지고 갖은 고생 끝에 영산에 왔을 때 얼싸안고 부둥켜 울었다고 한다. 오성직 구술.
37. 유병덕,「원불교의 창립정신」, 원대학보, 1966. 10. 29. 원광 55호, 1967, 18-20쪽. 이는 초창기 구인선진들의 개척 · 희생 · 소통정신으로 집약되기도 한다. 서경전,「원불교개교100년과 결복기의 창립정신」,『인류 정신문명의 새로운 희망』, 원불교사상연구원, 2011, 219-223쪽.
38. "돌 틈의 찬 샘 쉼 없이 흘러 강을 이루고 바다를 이루어 양양한 뿌리가 된다"라는 의미로 정해년 5월 26일에 사산 오창건이 썼다.『원광』 1987년, Issue 152, 8쪽.
39. 이완철은 이후 대종사에게 크게 꾸중을 듣고 다시는 허식하는 일없이 공부를 계속하였다고 한다.『대종경』「교단품」 11장, 최광선,「응산 이완철의 생애와 사상」,『원불교 인물과 사상』Ⅰ, 287쪽, 참조.
40.「융타원 김영신의 생애와 사상」,『원불교 인물과 사상』Ⅱ, 2002, 15쪽; 김영신,「사산 선생님의 공심」,『회보』 제42호, 1938년 2. 3월호;「제1대성업봉찬기념출판원불교연혁」, 초량지부연혁 32쪽.
41. 오성직 구술.
42.『대종경』「교의품」 25장, 특신급: 공중사를 단독처리하지 말 것의 예로 이러한 일화는 총부 서부부장 송혜환의 일화에서도 찾아볼 수 있다. 손정윤,『원불교 80년사의 맥박』, 중앙문화원, 364-365쪽 참조.
43. "선생은 덕이 풍부하시며 여자 이상으로 자비심이 많으심으로 우리 여학원들은 선생님을 어마님이라고 부로게 되기까지 인자하신 분입니다. 제가 선생님을 뵈온지 14, 5년이 되오나 항상 웃음으로 지내시며 감화와 친애를 주장하시는 분입니다. 그래서 경향각지 본지부를 물론하고 선생님을 아시는 분은 공경하지 않은 분이 없습니다." 김영신 ,「사산 선생님의 공심」,『회보』 제42호, 1938년 2. 3월호 참조.
44. 선진문집편찬위원회,『삼산 · 육타원 종사문집』, 선진문집 5, 원불교출판사, 1982.「육타원 이동진화」 종사 회고담 참조.
45. 어느 여름날 사산과 송도성이 동행하였다. 오창건이 두루마기를 벗어놓고 화장실에 다녀온 후 두루마기를 입으려 하니 보이지 않았다. "주산, 내 두루마기 못 봤는가?"

"글쎄요." "거 참, 귀신이 곡할 노릇이구먼." 오창건은 두루마기를 찾노라 쩔쩔 맸다. 송도성도 찾는 체를 하며 시침을 뚝 떼었다. "형님, 혹 안 입고 온 게 아니요. 그냥 갑시다." "그럴 리가 있나." "차 시간 급해요. 총부 갔다가 나중에 집에 가서 찾아봅시다." 송도성은 앞서 갔다. "허 허이 참, 별 수 없네. 가세." 저고리 바지 바람으로 오창건은 별 수 없이 뒤따라오다가 앞서 가는 송도성의 옷차림을 보니 어째 이상하였다. 몸에 비해 어쩐지 두루마기 기장이 길어 보였다. "에끼, 이 사람!" "아이고, 저는 제 옷인 줄 알고 입었습니다." 송도성이 오창건의 두루마기를 겹쳐 입은 것이다. "박용덕, 『구수산 구십구봉』에서는 사산이 송도성의 두루마기를 걸쳐 입은 것으로 나온다. 그러나 체격이나 다른 자료에 의하면 송도성이 사산의 두루마기를 입은 것으로 보인다.

46. 「본 마음을 지키고 기운을 바르게 '守其心 正其氣'(1940), 「동과 정을 한결같이 '動靜一如'(1941), 「대자대비로 중생건지리 '大慈大悲 濟度衆生'(1944), 진리를 스승삼아 '眞理爲師'(1947)등이다. 『一言帖』, 총부선원, 원기25 · 26 · 29 · 33 참조.
47. 향산 안이정, 「소태산 여래의 이념」, 『원불교교전 해의』, 원불교출판사, 1997년 참조.
48. 『대종경』 「인도품」 55장.
49. 21수 가운데 2수는 작자를 알 수 없다. 당시 한시창화에 참여한 사람은 사산 오창건 외에 구산 송벽조, 류산 유허일, 응산 이완철, 공산 송혜환, 송산 이귀생, 호산 이군일, 회산 조완선, 충산 정일지, 봉산 김정진, 진산 송창허, 고산 이운권, 박장식, 보광 서병재, 경산 조송광, 방산 이형기, 낭산 이중화, 명산 송일환, 순산 김창준 등이다. 상산 양은용, 『선진한시록』(1948)의 세계」, 『원불교사상과 종교문화』 27집, 원불교사상연구원, 2004. 2 참조.

오산 박세철 종사의 생애와 인품_ 백준흠

1. 불교의 십대제자, 유교의 공문십철, 기독교의 십이사도를 말함.
2. 백수읍사무소 〈제적부〉에 보면 박군서는 천정리 308번지(대흥리 2통 5호)에 본적을 두었다. 슬하에 자식이 없어 박경문과 편성녀의 장남 正圭(명치30년 6월 6일생; 1897)가 대를 이었다. 제1편 Ⅰ-2 가계의 [표3] '소태산 가계 및 양주에서 영광 이주 내력' 참조.
3. 대흥리 주민 金在德(丙午생; 1906)과 〈원불교 제1대 유공인 역사〉1권 322쪽.
4. 박용덕, 『구수산 구십구봉』, 원불교출판사, 2003, 178-179쪽 참조.
5. 송인걸, 『구인선진』, 원광사, 1988, 137쪽.
6. 박용덕, 앞의 책, 184-185쪽.
7. 주산 박용덕 교무는 박군서가 오산을 굳이 양자로 삼고자 한 것은 그만큼 오산의 사람됨이 진국이고 순실하였음을 증명하는 것이라고 주장하였다. 『구수산 구십구봉』, 원불교출판사, 2003, 178쪽 참조.

8. 『대종경』, 「서품」 5장.
9. 『대종경』, 「서품」 6장.
10. 『대종경』, 「서품」 7장 참조.
11. 『대종경』, 「서품」 8장.
12. 송인걸, 『구인선진』, 원광사, 1988, 134-135쪽 참조.
13. 박용덕, 앞의 책, 179쪽 참조.
14. 『대종경』, 「서품」 13장.
15. 혈인기도를 통해 새 회상 창립의 법계 인증을 얻었고, 이 기도로 사무여한의 대봉공 정신, 일심합력의 대단결정신, 절대복종의 대신봉정신 등 전무출신의 기본정신이 확립된 것이다. 또한 이 정신이 교단의 창립정신으로 계승 · 발전되었다는 점에서 매우 성스러운 일이라고 해서 혈인성사라고 표현하기도 한다.
16. 『교사』, 제1편 개벽의 여명, 제4장 회상 건설의 정초, 백지혈인의 법인성사.
17. 『대종경』, 「서품」 14장.
18. 양하운: 법호 십타원(十陀圓). 전남 영광에서 출생. 소태산 대종사와 결혼하여 교단에서 대사모(大師母)라 존칭한다.
19. 박용덕, 앞의 책, 181쪽.
20. 원기11년(1926) 소태산 대종사와 양하운 대사모가 전북 임실에서 잠시 머문적이 있었는데, 그 때 오산종사는 팔산 종사와 함께 가사 전반을 돌봐 주었다.
21. 〈밀양박씨 규정공파 세보〉 3권 827쪽; 1985, 회상사.
22. 서대원, 〈성지순례기〉, 〈회보〉 60호 23쪽, 1939, 11월분.
23. 박용덕, 앞의 책, 185-188쪽 참조.
24. 대종사 말씀하시었다. "우리 회상에 특색 있는 도인들이 많이 있느니라. 그중 박세철(朴世喆)의 겸양과, 전삼삼(田參參)의 공경과 정일지(丁一持)의 정결과, 김홍철(金洪哲)의 의기와, 성정철(成丁哲)의 순진과, 송혜환(宋慧煥)의 공심과, 서대인(徐大仁)의 대의도 다 후대 수도인들의 모범이 될 만하니라" 이공전, 『대종경선외록』, 원불교출판사, 1982.
25. 이공주 편 〈1대 유공인 역사〉 1권.
26. 박용덕, 앞의 책, 11쪽 참조. 여기서 희생적 정신은 창립정신으로 이해하는 것이 바람직하다고 본다. 원불교 창립정신은 저축조합운동 · 영산방언공사 · 혈인기도 · 익산총부 건설 · 창립 제1회 기념총회에 이르기까지 원불교 창립을 위해 소태산 대종사와 구인제자들이 직접 실천해 보였던 원불교 창립의 기본정신을 창립정신이라 한다. 이 창립정신이 전무출신의 기본정신이 되었고, 원불교 창립 발전의 원동력이 되었다. 전무출신이라면 누구나 이 창립정신을 계승 발전시켜 가는 것이며, 모든 원불교인이 창립정신에 바탕해서 공부와 사업을 병행하고, 신앙과 수행을 병진하는 것이다. 창립정신은 이소성대의 정신, 무아봉공의 정신, 일심합력의 정신, 근검저축의 정신 등 네 가지로 설명할 수 있다. 원불교 용어사전 참고.

육산 박동국 종사의 생애와 사상: 이 사업에 큰 창립주 되리라_ 이경진

1. 본고의 대부분은 박용덕(박청천으로 개명) 교무의 원불교 선진열전2 『구수산 구십구봉』(2003)을 인용하였음을 밝히는 바다. 현재 육산에 대한 연구자료가 거의 없다고 해도 과언은 아니다. 박용덕은 오랜 시간에 걸친 현지답사와 인터뷰 등을 통해 자료를 수집하였고, 또 그것을 책으로 엮었다.
2. 현재 영산선학대학교와 영산에서 이름붙인 기도봉을 일별해보면 일산봉은 설래바위봉, 이산봉은 촛대봉 눈썹바위봉, 삼산봉은 밤나무골봉, 사산봉은 장다리봉, 오산봉은 마촌앞산봉 상여바위봉, 육산봉은 옥녀봉, 칠산봉은 공동묘지봉, 팔산봉은 대파리봉, 정산봉은 중앙봉이다. 서문성 교무가 추정하기로는 옥녀봉-일산 이재철, 마촌앞산봉-이산 이순순, 촛대봉-삼산 김기천, 장다리봉-사산 오창건, 대파리봉-오산 박세철, 공동묘지봉-육산 박동국, 밤나무골봉-칠산 유건, 설래바위봉-팔산 김광선, 중앙봉-중앙 송규라 하여 서로 이견이 있다. 원불교홈페이지(www.won.or.kr): 박한석에게 맨처음 정해진 기도봉 방위는 이방(离方), 남쪽에 있는 '천기동 뒷산 봉우리'(공동묘지봉)였다. 그 뒤 워낙 거리가 먼 마촌앞산봉에 가장 나이가 젊은 박한석이 다니다가 물 곤욕을 겪고 와탄천 건너 두 기도봉은 중지하게 되었다. 그로부터 감방(마촌앞산봉)과 간방(촛대봉)이 와탄천 건너에 있어 물길을 건네기 불편하여 눈썹바위봉과 설래바위봉으로 대체되고, 이후 구인단원들의 기도봉은 일정치 않게 되어, 수시로 단장의 명에 의하여 바뀌었다. 박용덕, 『구수산 구십구봉』, 원불교출판사, 2003, 196-197쪽.
3. 육산이 장다리골봉에 기도 지낼 때를 기념해서 준 법명으로 보인다. 이때의 한 사건이 소태산의 뇌리에 깊이 각인된 것으로 알고 있다. 육산은 법인성사 이후 일신상의 이유로 재백일 기도에는 궐석하였다. 이 방위를 묘량면 신흥 사람 이형천이 대리하였다. 소태산은 이형천에게 동쪽 방위의 기도를 안배하면서 '동안(東安)'이란 법명을 내정하였다. 그가 뒷날 보화당 창립, 산업부, 수계농원을 발족하는 초기 교단 사업계의 주역 도산 이동안 선진이다. 박용덕, 앞의 책, 201쪽.
4. 소태산은 1925년 4월 26일에 정수위단 제1차 보궐 및 대리단원을 조직하였다. 손방 오산 박세철의 건강 약화로 인한 대리단원으로 도산 이동안(당시 34세), 감방 이산 이순순의 대리에 주산 송도성(당시 19세), 이방 육산 박동국의 대리에 전음광(당시 17세), 곤방 칠산 유건의 대리에 조갑종(당시 21세) 등 젊은 청년들을 중심으로 불법연구회의 수위단회를 활발하게 운영하였다. 도산은 오산 박세철이 1926년 7월 30일 열반하자 손방의 보궐단원이 되었다. 박도광, 「도산 이동안의 생애와 사상」, 원불교사상연구원 편, 『원불교 인물과 사상』 II, 원불교사상연구원, 2001, 285쪽.
5. 『대종경』 「인도품」 49.
6. 대종사 말씀하시기를 "스승이 법을 새로 내는 일이나. 제자들이 그 법을 받아서 후래 대중에게 전하는 일이나, 또 후래 대중이 그 법을 반가이 받들어 실행하는 일이 삼위

일체(三位一體)되는 일이라, 그 공덕도 또한 다름이 없느니라." 『대종경』 「부촉품」 19.

7. "어머님께서는…소자의 공부 말씀에도 더욱 신념을 가지시며 저의 아우 東局을 데리시고 안락의 생활을 하시면서 오직 소자의 경영사업에 발전을 희망하였을 뿐이었습니다." 「소태산 대종사 親制 '희사위 열반 공동기념제사' 기념문」, 〈圓佛教新聞〉 921호, 1997년 5월 9일, 2면.
8. 현재 이중원 교무는 퇴임하였고, 김현국 교무는 신림교당에서 교역에 임하고 있다.
9. 「구인선진 출가위 추존」, 〈원불교신문〉 1753호, 2015년 5월 22일자.

칠산 유건 종사의 생애와 사상_ 최미숙

1. 소태산은 전남 영광에서 탄생하여, 어려서부터 자연현상과 인생에 대한 의문을 품고 구도 고행 끝에 1916년 4월 28일 스스로 대각을 이루었다. '물질이 개벽되니 정신을 개벽하자'고 외치며, 십인일단 교화단을 조직하고 인류구제를 위한 단원기도로 법계의 인증을 받아 새 회상 원불교를 창립하였다. 일제의 온갖 핍박속에서도 새로운 문명세계 건설에 대한 희망을 제시하고 교법 훈련과 교화단 조직을 통하여 교화·교육·자선 사업을 진홍시키며 중생교화에 헌신하였다. "유는 무로 무는 유로 돌고 돌아 지극하면, 유와 무가 俱空이나 구공 역시 具足이라"는 게송을 남겼다.
2. 소태산은 원불교를 창립할 때 처음 표준제자로 팔인을 선택하였다. 약 2년 후에 만난 宋奎(1900-1962)를 포함하여 구인제자라 하였다. 이들은 신심이 굳고 희생을 아끼지 않은 인물로 九人先進이라 한다. 9명의 제자는 송규·李載喆·李旬旬·金幾千·吳昌建·朴世喆·朴東局·劉巾·金光旋 등이다. 손정윤, 『원불교 80년사의 맥박』, 중앙문화원, 1998, 36쪽.
3. 교단에서는 공동체 명칭을 '저축조합'이라고 공식적으로 사용하고 있다. 이는 「불법연구회창건사」에 당시 영산에서 주 활약을 하였던 상조조합부 업무 내용과 그 성격을 살려 '저축조합'이라 하였기 때문이다. 그러나 옥녀봉 제명바위, 간석지 허가 출원서와 『회보』에는 '방언조합'이라고 기록되어 있다. 이는 방언공사를 하기위한 경제적 기반을 마련하기 위해 조합을 만들었기 때문이다. 신순철, 「길룡리 방언조합의 간척공사 연구」, 원불교 교화연구회, 『한국근대사에서 본 원불교』, 원화, 1990, 21쪽 참조.
4. '구인선진 출가위 추존', 〈원불교신문〉 1793호, 2016년 3월 25일.
5. 박용덕, 『구수산 구십구봉』, 원불교출판사, 2003, 211쪽.
6. 「원불교 교사」, 원불교 정화사, 『원불교전서』, 원불교출판사, 1981, 1030쪽.
7. 박맹수, 『생명의 눈으로 보는 동학』, 도서출판 모시는사람들, 2014, 311-315쪽.
8. 『원불교법훈록』, 교정원, 1944, 176쪽.
9. '회상일화: 칠산옹으로부터 들은 이야기', 월간 『원광』 42호, 월간 원광사, 1968, 59쪽.

10. 『대종경』「서품」 1장.
11. 『대종경』「성리품」 1장.
12. '개벽인간 소태산 박중빈과 그의 시대', 월간 『원광』 486호, 월간 원광사, 2015, 48-51쪽.
13. '회상일화: 칠산옹으로부터 들은 이야기', 위의 책, 60쪽.
14. '회상일화: 칠산옹으로부터 들은 이야기', 앞의 책, 60-61쪽.
15. 박용덕, 『구수산 구십구봉』, 원불교출판사, 2003, 214-215쪽.
16. 위의 책, 215쪽.
17. 『대종경』, 「서품」 6장.
18. 「원불교 교사」, 원불교 정화사,『원불교전서』, 원불교출판사, 1981, 1044-1045쪽.
19. 「원불교 교사」, 앞의 책, 1048쪽.
20. 위의 책, 1049-1050쪽.
21. 위의 책, 1051쪽.
22. 위의 책, 1052-1053쪽.
23. 「원불교 교사」, 앞의 책, 1054쪽.
24. 원기99년 5월 22일 의장단 협의회 보고자료, 〈년도별 수위단원 명부〉 본 명부는 『원불교72년 총람』(76. 4. 28 발행)을 기본자료로 채택하고 보조 자료로 『개교반백년기념문총』, 『원불교교고총간』을 참조하였다. 그러나 이와 같은 문헌들이 원기50년 후반에 수위단회사무처에 의해서 정리된 자료들로써 약간의 오기가 발견되기도 하였다. 또한 교단초기 역사적 사실을 확인할 수 있는 기록물은 원기12년 『사업보고서』, 원기13년 『월말통신』, 원기20년 9월 「수위단회회의록」, 정산 종사의 「불법연구회창건사」이다. 따라서 원기12년 이전의 기록에 대해서는 여러 참고문헌을 기록해두는 것으로 후일을 기약하고자 수위단사무처 박중훈 교무가 정리한 자료임.
25. 송인걸, 『구인선진』, 월간 원광, 1988, 159쪽.
26. 송인걸, 앞의 책, 154쪽.
27. '회상일화: 칠산옹으로부터 들은 이야기', 앞의 책, 61-62쪽.
28. 『원불교법훈록』, 교정원, 1944, 176쪽.
29. 위의 책, 176쪽.
30. 「창건사」, 원불교정화사, 『원불교교고총간』 제5권, 원불교정화사, 1973, 24-25쪽.
31. 위의 책, 24-25쪽.
32. 「창건사」, 앞의 책, 24-25쪽.
33. 「원불교 교사」, 앞의 책, 1048쪽.
34. 『원불교 법훈록』, 앞의 책, 176쪽.
35. 송천은, '성지기행: 영산을 찾아서', 『원광』 34호, 월간 원광사, 1960, 54쪽.
36. 1919년 3월 소태산은 간척공사를 마치고 옥녀봉 기슭의 자연석에 시멘트로 평면을 만들어 여기에 간척공사에 관한 명문을 기록하였다.

37. 방길튼,『소태산 대종사님 숨결따라』, 원불교출판사, 2015, 103쪽.
38.『대종경』,「서품」13장.
39.「창건사」, 앞의 책, 31쪽.
40. '회상일화: 칠산옹으로부터 들은 이야기', 앞의 책, 63-64쪽.
41. '회상일화: 칠산옹으로부터 들은 이야기', 앞의 책, 65쪽.
42.『대종경』,「서품」14장.
43.「원불교 교사」, 앞의 책, 1053-1056쪽.
44. 신순철,「원불교 법인기도의 9인 기도봉 위치 검토」,『원불교사상과 종교문화』35, 원광대학교 원불교사상연구원, 2005, 228쪽.
45. 구인제자들 사이의 서열은 처음에는 입회 순이었다가 1926년 말경 구인제자가 확정되면서부터 연장자 순으로 변화하였다. 1919년 법입기도가 행해진 연후에 법호와 법명을 받으면서 구인제자의 서열은 방위 순으로 변화되었다. 기도봉도 방위순으로 재배치해야 한다는 주장이 있었지만 기도봉의 위치는 틀리지 않은 것으로 보인다. 이에 대한 상세 내용은 신순철,「원불교 법인기도의 9인 기도봉 위치 검토」, 앞의 논문 참조.
46.「원불교 교사」, 앞의 책, 1051쪽.
47. 위의 책, 1064쪽.
48. 〈원불교신문〉 1792호, 2016년 3월 18일.
49. 居塵出塵은 (1) 원불교의 재가교도로서 공부와 사업에 노력하여 교단의 발전에 공헌한 사람. 진흙속의 연꽃처럼 세간속의 불보살처럼 몸은 비록 세속에 처해 있으나 마음은 항상 청정법계에 자재하고, 생활은 비록 한 가정에 머물러 있으나 늘 공도사업에 앞장선다는 말. (2) 높은 도덕과 학식을 가졌으면서도 세상의 부귀공명에 탐착하지 않는 사람.
50. 박용덕,『구수산 구십구봉』, 앞의 책, 231쪽.
51.『정산종사법어』제4「경륜편」13장.
52. 박용덕, 위의 책, 232쪽.
53.「칠산과 형산의 심법」,『대산종사법문』3집, 원기58년 10월 23일.
54. 大山은 전북 진안군 좌포에서 출생, 원기14년(1929)에 출가하고 원기47년(1962) 1월 24일 열반한 정산 종사의 법통을 이어 후계 종법사로 33년간 원불교 종법사의 대임을 맡아 교단의 主法으로, 교단 체제 정비와 교화, 교육, 자선, 산업, 문화, 봉공, 훈련, 복지의 8대 사업을 확장하고 '진리는 하나 세계도 하나 인류는 한 가족, 세상은 한 일터 개척하자 하나의 세계'의 기치 아래 종교연합운동을 제창하였다. 원기79년(1994) 11월 3일 戴謝式을 거행하고 퇴임후 上師로 머무르다 원기83년(1998) 열반하였다.
55. 송인걸,『구인선진』, 앞의 책, 157쪽.
56. 한정석,「저축조합과 방언역사」,『圓佛敎七十年精神史』, 원불교창립제2대 및 대종사탄생100주년 성업봉찬회, 1989, 135-137쪽.

팔산 김광선 종사의 생애와 활동_ 류성태

1. 『원불교교사』, 제1편 개벽의 여명, 제4장 회상 건설의 정초, 4. 구인단원의 기도.
2. 원불교사상연구원 편, 『원불교 인물과 사상』 I , 원불교사상연구원, 2000, 24쪽.
3. 선진문집편찬위원회 편, 『팔산 · 형산종사 문집』, 원불교교화부, 1994, 133쪽.
4. 손정윤, 「문학 · 예술사」, 『원불교70년정신사』, 원불교출판사, 1989, 647쪽; 원불교사상연구원 편, 『원불교 인물과 사상』 I , 원불교사상연구원, 2000, 10쪽.
5. 송인걸의 『구인선진』과 『대종경속의 사람들』(월간 원광, 1988), 박용덕의 『구수산, 구십구봉: 구인선진 이야기』와 『마령교당 60년사』(원불교출판사, 1990 / 2003), 제1대성업봉찬회의 『제1대성업봉찬회 원불교 유공인, 전무출신』, 『원불교 원평교당 66년사』(1991), 초기 교단자료(『원불교교고총간』), 『원불교 72년 총람』, 영광향교편의 『영광군지』(1964), 『축복의 땅 좌포교당 77년사』(원불교출판사, 2009)가 있다.
6. 『월간 원광』 178호의 선진어록, 팔산대봉도(1989, 16쪽), 『월간원광』, 강신오 기자, 대종사님의 첫 제자 구인선진(39쪽), 『월간 원광』 19호, 법훈수증자 약력(1957, 43-46쪽). 〈원불교신문〉18호(1970, 3쪽)-선진어록 팔산 김광선 선생, 〈원불교신문〉51호(1971)-「구인선진의 가족을 찾아서」, 〈원불교신문〉46호(1971, 5쪽)-「교단의 초석, 교단회상의 초석들 이회상 첫 제자 팔산 김광선 대봉도」, 〈원불교신문〉(1985, 125-129쪽)-「신년화제, 교무4대 그 맥맥 이어온 정신, 팔산 김광선대봉도가」, 〈원불교신문〉813호(1994, 3쪽)-「초기 교단 개척자료 수록 팔산 형산종사 문집봉정식」, 〈원불교신문〉1006호(1999, 2쪽)-「김광선 대봉도의 생애와 사상」, 원불교사상연구원 월례발표회에서 조명, 〈원불교신문〉1135호(2002, 4쪽)-「선진열전, 대종사보다 12세 연상의 첫 제자, 팔산 김광선 대봉도」, 〈원불교신문〉1345호(2006, 1쪽)-「대종사와 구인선진의 성자혼을 찾아」(문향허 기자), 〈원불교신문〉1461호(2009. 2. 13)-「범산종사 모시고 떠나는 원불교금석문기행」(양현수기록), 〈원불교신문〉1572호(2011. 6. 17)-「『법의 대전』을 저술하고 소화하다」(서문성교무), 〈원불교신문〉1682호(2013. 11. 1)-「고창 심원 연화삼매지」, 〈원불교신문〉 1765호(2015. 8. 21)-「소태산 대종사와 구인선진」에 관한 기사가 있다.
7. 선진문집편찬위원회 편, 『팔산 · 형산종사 문집』, 원불교교화부, 1994, 21쪽.
8. 위의 책, 21-22쪽.
9. 『光山金氏族譜』(庚申譜), 首山公派譜.
10. 이름에 별표(*)를 한 것이 원불교 출가자들이다.
11. 김도공, 「형산 김형철의 생애와 사상」, 원불교사상연구원 편, 『원불교 인물과 사상』 II, 원불교사상연구원, 2001, 78쪽.
12. 선진문집편찬위원회 편, 『팔산 · 형산종사 문집』, 원불교교화부, 1994, 54쪽.
13. 위의 책, 36쪽.
14. 박용덕, 『금강산의 주인되라』, 원불교출판사, 2003, 104-105쪽.

15. 박용덕, 앞의 책, 285-286쪽.
16. 선진문집편찬위원회 편,『팔산 · 형산종사 문집』, 원불교교화부, 1994, 32-33쪽.
17. 위의 책, 58쪽.
18.『대종경』「천도품」28장.
19. 원불교사상연구원 편,『원불교 인물과 사상』Ⅰ, 원불교사상연구원, 2000, 27-28쪽.
20. 선진문집편찬위원회 편,『팔산 · 형산종사 문집』, 원불교교화부, 1994, 136쪽.
21.『대종경선외록』, 구도고행장 4장.
22. 박맹수,「원불교의 민중종교적 성격」, 추계학술대회 〈소태산 대종사 생애의 재조명〉, 한국원불교학회, 2003. 12. 5, 22-23쪽.
23. 원불교사상연구원 편,『원불교 인물과 사상』Ⅰ, 원불교사상연구원, 2000, 21-22쪽.
24. 박장식,『평화의 염원』, 원불교출판사, 2005, 187쪽.
25. 선진문집편찬위원회 편,『팔산 · 형산종사 문집』, 원불교교화부, 1994, 35쪽.
26. 정산 종사,『불법연구회창건사』제1편 1회 12년, 제8장「공부인의 첫 집회」(박정훈 편저,『한 울안 한 이치에』, 원불교출판사, 1982, 201쪽).
27. 박정훈,「호남가를 법문으로 공부하며」,『차는 다시 끓이면 되구요』, 출가교화단, 1998, 58쪽.
28.『대종경선외록』, 인연과보장 1; 박용덕,『금강산의 주인되라』, 원불교출판사, 2003, 186-187쪽.
29. 박용덕, 위의 책, 251-252쪽.
30.『대종경선외록』, 초도이적장 5장.
31.『대종경』「실시품」47장; 선진문집편찬위원회 편,『팔산 · 형산종사 문집』, 원불교교화부, 1994, 60-63쪽.
32. 한종만,『원불교 대종경 해의』(下), 도서출판 동아시아, 2001, 190쪽.
33.『원불교 교사』, 제1편 개벽의 여명, 제3장 제생의세의 경륜, 4. 첫 조단과 훈련.
34. 박정훈,『정산종사전』, 원불교출판사, 2002, 115-117쪽.
35. 선진문집편찬위원회 편,『팔산 · 형산종사 문집』, 원불교교화부, 1994, 37-38쪽.
36.『대종경』「서품」14장.
37. 신순철,「원불교 법인기도의 9인 기도봉 위치검토」,『원불교사상과 종교문화』35집, 원광대학교 원불교사상연구원, 2007, 215-216쪽.
38.『회보』44호; 장진영,「원불교 교역자제도 변천사 연구」,『원불교사상과 종교문화』46집, 원광대학교 원불교사상연구원, 2010, 193쪽.
39. 박도광,「도산 이동안의 생애와 사상」, 원불교사상연구원 편,『원불교 인물과 사상』Ⅱ, 원불교사상연구원, 2001, 282-283쪽.
40.『원불교 교사』, 제2편 회상의 창립, 제1장 회상의 공개, 1. 불법연구회 창립총회.
41. 정산 종사,『불법연구회창건사』제1편 1회 12년, 제15장「본회의 창립」, 박정훈 편저,『한 울안 한 이치에』, 원불교출판사, 1982, 230-233쪽.

42. 양은용, 「소태산 대종사의 정기훈련 중 법문 연구」, 『원불교사상과 종교문화』 41집, 원불교사상연구원, 2009, 137쪽.
43. 박달식 · 김영수 저, 『새회상 거룩한 터』, 원불교출판사, 1986, 149-153쪽.
44. 李空田, 「蓬萊制法과 益山總部 建設」, 『圓佛敎七十年精神史』, 聖業奉贊會, 1989, 177쪽.
45. 정산 종사, 『불법연구회창건사』 제1편 1회 12년, 제16장 「창립 당년의 會勢」, 박정훈 편저, 『한 울안 한 이치에』, 원불교출판사, 1982, 233-235쪽.
46. 원불교사상연구원 편, 『원불교 인물과 사상』 I, 원불교사상연구원, 2000, 31-32쪽.
47. 육영부 창립단 발기인으로 도산을 비롯한 김광선 이청춘 이재철 문정규 이보국 서중안 등이 참여하여 자금의 확립을 위해 노력하였다. 『교사』, 1074-1075쪽. 박도광, 「도산 이동안의 생애와 사상」, 원불교사상연구원 편, 『원불교 인물과 사상』 II, 원불교사상연구원, 2001, 286-287쪽.
48. 『원불교 교사』, 제2편 회상의 창립, 제2장 세제도의 마련, 4. 제1대제1회 기념총회.
49. 박용덕, 『천하농판』, 도서출판 동남풍, 1999, 262-263쪽.
50. 〈월말통신〉 제4호, 시창 13년 陰 6월 末日, 『원불교교고총간』 제1권, 25쪽.
51. 〈월말통신〉 제4호.
52. 〈월말통신〉 제1호, 「2. 특신부 승급내용」, 시창 13년, 『원불교교고총간』 제1권, 11쪽.
53. 박정훈, 『정산종사전』, 원불교출판사, 2002, 214-215쪽.
54. 선진문집편찬위원회 편, 『팔산 · 형산종사 문집』, 원불교교화부, 1994, 48-49쪽.
55. 팔산은 신성을 바탕으로 오로지 육신노동으로써 산업부 기초를 비롯하여 진안교당, 김제교당을 역임하며 당시 교단의 터전을 묵묵히 일구는 행동가요 실천가로 역할을 하였기에 이론이나 연설로 남은 그의 체취는 그의 희생적이고 역동적인 삶에 비해 미약한 것일지도 모른다. 원불교사상연구원 편, 『원불교 인물과 사상』 I, 원불교사상연구원, 2000, 20쪽.
56. 원불교사상연구원 편, 『원불교 인물과 사상』 I, 원불교사상연구원, 2000, 24-25쪽.
57. 「팔산선생의 열반을 지내고」, 『회보』 53호.
58. 선진문집편찬위원회 편, 『팔산 · 형산종사 문집』, 원불교교화부, 1994, 125쪽.
59. 원불교사상연구원 편, 『원불교 인물과 사상』 I, 원불교사상연구원, 2000, 18-19쪽.
60. 위의 책, 17-18쪽.
61. 선진문집편찬위원회 편, 『팔산 · 형산종사 문집』, 원불교교화부, 1994, 36쪽.
62. 위의 책, 35쪽.
63. 원불교사상연구원 편, 『원불교 인물과 사상』 I, 원불교사상연구원, 2000, 12쪽.
64. 선진문집편찬위원회 편, 『팔산 · 형산종사 문집』, 원불교교화부, 1994, 50쪽.
65. 『대종경』 「성리품」 20장; 선진문집편찬위원회 편, 『팔산 · 형산종사 문집』, 원불교교화부, 1994, 91쪽.
66. 원불교사상연구원 편, 『원불교 인물과 사상』 I, 원불교사상연구원, 2000, 32쪽.

67. 선진문집편찬위원회 편, 『팔산 · 형산종사 문집』, 원불교교화부, 1994, 47쪽.
68. 위의 책, 45-46쪽.
69. 선진문집편찬위원회 편, 앞의 책, 67-79쪽.
70. 원불교사상연구원 편, 『원불교 인물과 사상』Ⅰ, 원불교사상연구원, 2000, 25쪽; 선진문집편찬위원회 편, 『팔산 · 형산종사 문집』, 원불교교화부, 1994, 55쪽.
71. 박용덕, 『금강산의 주인되라』, 원불교출판사, 2003, 304-305쪽.
72. 『원불교 교사』, 제3편 성업의 결실, 제1장 성업봉찬사업, 4. 새 예전의 편성과 보본행사.
73. 원불교사상연구원 편, 『원불교 인물과 사상』Ⅰ, 원불교사상연구원, 2000, 32쪽; 선진문집편찬위원회 편, 『팔산 · 형산종사 문집』, 원불교교화부, 1994, 137쪽.
74. 선진문집편찬위원회 편, 『팔산 · 형산종사 문집』, 원불교교화부, 1994, 136쪽.
75. 위의 책, 170쪽.
76. 원불교사상연구원 편, 『원불교 인물과 사상』Ⅰ, 원불교사상연구원, 2000, 19쪽.
77. 이동진화, 「선생의 일생은 본회역사의 영원한 광채」, 선진문집편찬위원회 편, 『팔산 · 형산종사 문집』, 원불교교화부, 1994, 139쪽.
78. 원불교사상연구원 편, 『원불교 인물과 사상』Ⅰ, 원불교사상연구원, 2000, 11쪽.
79. 선진문집편찬위원회 편, 『팔산 · 형산 종사문집』, 원불교교화부, 1994, 167쪽.
80. 선진문집편찬위원회 편, 앞의 책, 179쪽.

구인선진을 통해 본 원불교의 이상적 인간상_ 허남진

1. 안양규, 「인도 및 동남아 불교의 이상인간」, 『종교와 문화』 7, 2001, 241-242쪽.
2. 조성희, 「보살행에 대한 현대적 관점에서의 재해석」, 『동양사회사상』 22, 2010, 179쪽.
3. R. E. O. White, Biblical Ethics, Leominster: Gracewing, 1994, p. 109.
4. 박미라, 「중국 유교의 이상 인간형: 聖人과 君子를 중심으로」, 『종교와 문화』7, 2001, 참조.
5. 류병덕, 『탈종교시대의 종교』, 원광대학교출판국, 1982, 285-287쪽.
6. 특히 정산의 경우, 원불교의 이론적 차원과 실천적 차원을 체계화시켰다는 점에서 초기 불교에서 아난(阿難), 초기 기독교에 있어서 바울과 같은 인물에 비견되고 있다. 류병덕, 「삼동윤리의 해석학적 조명」, 『원불교사상과 종교문화』 15, 1992, 451쪽.
7. 구인제자의 본명은 차례로 이재풍(李載馮), 이인명(李仁明), 김성구(金聖久), 오재겸(吳在謙), 박경문(朴京文), 박한석(朴漢碩), 유성국(劉成國), 김성섭(金成燮), 송도군(宋道君)이다.
8. 『원불교교사』, 제3장 재생의세의 경륜.
9. 서경전, 「원불교 개교 100년과 결복기의 창립정신」, 『제30회 원불교사상연구 학술대

회』, 2011년 1월 25일, 216쪽.
10. 이공전, 「창립정신론」, 『원광』 53호, 1966.
11. 류기현, 「원불교의 창립정신」, 『원광』 55호, 1967.
12. 서경전, 위의 논문, 218-225쪽.
13. 『원불교교사』, 제1편 제4장, '저축조합운동'.
14. 『대종경』, 제1 「서품」 제7장.
15. 김홍철, 『원불교 사상논고』, 원광대학교 출판국, 1981, 46-51쪽.
16. 『원불교교사』, 제1편 제4장, '정관평 방언공사'.
17. 위의 책.
18. 류병덕, 『원불교와 한국사회』, 시인사, 1986, 346쪽.
19. 『대종경』, 「서품」 10장.
20. 『원불교교사』, 제1편 제4장, '회상건설의 정초'.
21. 「불법연구회창건사」, 『회보』 제42호, 1938.
22. 류병덕, 『원불교와 한국사회』, 앞의 책, 341쪽.
23. 한정원, 「法認聖事와 殉教精神」, 『圓佛教七十年精神史』, 원불교창립 제2대 및 대종사탄생백주년 성업봉찬회, 원불교출판사, 1989, 154쪽.
24. 이공전, 「법인성사의 법인정신」, 『원광』 160호, 1968.
25. 박용덕, 『소태산의 대각 방언조합 운동의 전개』, 원불교출판사, 2003, 409쪽.
26. 류병덕, 『탈종교시대의 종교』, 앞의 책, 295쪽.
27. 한정석, 「법인정신은 잘 계승되고 있는가」, 『원광』 70호, 1971, 12쪽.
28. 김홍철, 「창생 위한 희생」, 『한국민중 종교사상과 신종교』, 진달래, 1988, 519쪽.
29. 박광수는 법인성사를 유교적 희생정신, 일체생령을 위해 희생하는 불교의 보살정신과 연계된다고 지적한 바 있다. 박광수, 「원불교 종교의례에 나타난 상징체계」, 『원불교학』 6, 2001, 160쪽.
30. 류병덕, 「법인의 사무여한」, 『원광』 55호, 1967 참조.
31. 『대산종사법어』, 공심편.
32. 원불교에서는 교도가 되면 법명을 받고 교도가 된 후 20년이 되면 규정의 의거하여 법호를 받게 된다.
33. 『원불교교사』, 제1편 제4장, '회상건설의 정초'.
34. '순교의 현대적 의미', 〈원불교신문〉 147호, 1975. 8. 25.
35. 이진구, 「기독교의 이상인간형: 육체적 순교와 영적 순교의 개념을 중심으로」, 『종교와 문화』 7호, 2001, 308쪽.
36. 한국교회사연구소, 『한국가톨릭대사전』 제8권, 한국교회사연구소, 2001, 158쪽.
37. 류병덕, 『탈종교시대의 종교』, 앞의 책, 121-123쪽.
38. 류병덕, 『한국사회와 원불교』, 앞의 책, 440-444쪽.
39. 『정전』, 제2 교의편 제7장, '사대강령'.

40. 『대산2집』, 제6부 법인절 및 회갑법문, '살신성인(殺身成仁)의 대성사(大聖事)'
41. 김봉한, 「원불교의 교육적 인간상」, 『인간교육연구』 8-2, 2001.
42. 류병덕, 『한국사회와 원불교』, 앞의 책, 192쪽.
43. 『대산종사법어』, 제1 신심편.

도덕의 정치 복원과 원불교 신앙 모델로서의 구인선진_ 조성면

1. 구인선진에 대한 대표저작으로 송인걸, 『구인선진』, 원광, 1988년(원기73); 박용덕, 『구수산 구십구봉: 구인선진 이야기』, 원불교출판사, 2003년(원기86) 등이 있으며, 원불교사상연구원에서도 원불교 인물과 사상'을 주제로 2년에 걸쳐 연속 기획으로 교단사에 큰 업적을 남긴 29인의 선진을 조망하는 연구서를 펴낸 바 있다. 『원불교 인물과 사상』 I , 원불교사상연구원, 2000년(원기83)에서 팔산 김광선 종사와 삼산 김기천 종사를 그리고 『원불교 인물과 사상』II, 원불교사상연구원, 2001년(원기84)에서 일산 이재철 종사를 다룬 바 있다.
2. 여기에 대해서는 '저축조합운동', '정관평 방언 공사', '첫 교당 건축과 공부사업 병행', '구인단원의 기도', '백지혈인의 법인성사' 등을 다룬 「제4장 회상건설의 정초」를 참고. 「원불교교사」, 『원불교교전』(22판), 원불교정화사, 1995년(원기79), 1048-1057쪽.
3. Ulrich beck, Risikogesellschaft Auf dem Weg in eine andere Moderne, 『위험사회: 새로운 근대(성)를 향하여』, 홍성태 옮김, 새물결, 2006, 41쪽.
4. Edgar Morin, Pour sotir du X X siècle, 『20세기를 벗어나기 위하여』, 고재정 · 심재상 옮김, 문학과지성사, 1996, 478쪽.
5. 같은 책, 480쪽.
6. 같은 책, 468쪽.
7. 소태산의 개벽론을, 앞선 신종교들과 비교하면서 도덕문명론의 관점에서 다루는 논의도 있다. 박광수, 「한국 신종교의 개벽사상과 공공성」, 『종교문화비평』, 2014. 9, 49쪽.
8. 정산 종사의 사대 경륜은 교재정비(教材整備), 기관확립(機關確立), 정교동심(政教同心), 달본명근(達本明根)을 의미한다. 여기에 대해서는 대산 김대거, 「정산종사 사대경륜 삼동윤리 받들어」, 『법문집 4권』, 원불교출판사, 1995년, 55쪽.
9. 소태산 대종사가 맞아들인 최초의 팔인제자 중에 오내진(吳乃辰)이라는 인물이 있었다. 도중에 변심하여 자행자지하다 술에 만취하여 마루에서 잠을 자다 굴로 떨어져 1919년 46세 일기로 사망했다고 전해지며, 그 빈자리를 대체한 인물이 오산 박세철 선진이다. 박용덕, 「삼산 김기천」, 『구수산 구십구봉』, 앞의 책, 75-76쪽.
10. 송인걸, 『구인선진』, 앞의 책, 21쪽.
11. 「원불교교사」, 『원불교전서』, 앞의 책, 1043쪽.

12. 실제로는 팔인이다. 중앙 단원인 정산 종사는 대종사와 화해리에서 제우, 귀의한 것은 원기3년 3월이며 영광으로 와서 대종사와 구인단원으로 합류한 시기는 그해 여름 7월이다.「원불교교사」, 같은 책, 1044쪽.
13. 같은 책, 1052쪽.
14. 박맹수,「한국 근대 민중종교의 개벽사상과 원불교의 마음공부」,『동학학보』 11권 1호, 2007. 6, 241-246쪽.
15. "말씀하시기를 신통은 지엽 같고 견성성불은 그 근본이니, 근본에 힘을 쓴즉 지엽은 자연히 무성하나 지엽에 힘을 쓴즉 근본은 자연 말라 지느니라. 신통은 성현의 말변지사이므로 대종사께서도 회상을 공개하신 후에는 이를 엄금하시고 오직 인도상 요법을 주체삼아, 중생을 제도하시되 일용범절과 평범한 도로써 하시었나니 이것이 무상대도"라고 천명하고 있다.「무본편 58장」,『정산종사법어』,『원불교교전』, 928-929쪽.
16. 박맹수 교수는 원불교 100년의 역사를 영산시대(1916-1919), 변산시대(1919-1924), 익산시대(1924-현재)로 대별하고 있다. 소태산 대종사의 10상도 원불교 역사를 이해하는 척도이기는 하지만, 학문적 차원 곧 교학적 측면에서는 이 같은 시대구분이 오히려 타당해 보인다. 앞으로 원불교 역사의 시기 구분과 설정에 대한 논의가 정교하게 논의되고, 시대 구분과 설정을 공식화하고 분명하게 확정할 필요가 있다.
17. 저축조합운동이 갖는 의미에 대해서는 이현택,「저축조합운동」(『원불교사상』 16호, 1993. 12)을 참고할 것.
18.「佛敎革新 實踐者 佛法硏究會 朴重彬 氏」, 〈조선일보〉, 1937. 8. 10.
19. 백백교(白白敎) 사건은 1937년 4월 13일 그 전모가 언론에 공표되면서 세상을 경악에 빠뜨린 사건을 말한다. 1923년 7월경기도 가평에서 창종한 백백교는 동학의 한 분파인 백도교(白道敎)에 뿌리를 두고 있으며, 백도교의 교주 전정운의 사후 그의 삼남이었던 전용해가 백백교를 만든 다음, 무려 109회에 걸쳐 341명의 신도를 살해하고 부녀자 능욕과 재산 등을 강탈한 사건을 말한다. 소설가 박태원은 이를 소재로 장편신문연재소설『금은탑』(1938, 연재 당시의 제목은 '우맹'이었다)을 발표하기도 하였다. 이에 대해서는 조성면,「박태원의 장르실험과 재앙의 상상력: 실화소설 '금은탑' 다시 읽기」,『동남어문논집』제38집, 2014. 11에서 상론한 바 있다.
20. 《조선일보》의 자매지인『조광』에서 1937년 6월「교주를 생불(生佛) 삼은 불법연구회」라는 기사를 통하여 원불교를 유사종교로 왜곡해서 보도한 사건을 말한다.
21.「대종경」,『원불교전서』, 앞의 책, 99-100쪽.
22. 〈제명바위〉로 알려져 있는 기념비의 명문과 공사에 참여한 선진의 명단은 다음과 같다.

    靈光 白岫 吉龍 干潟地 兩處防堰組合.

    設始員 朴重彬 李仁明 朴京文 金成燮 劉成國 吳在謙 金聖久 李載馮 朴漢碩.

    大正七年 四月四日始 大正八年三月二十六日終.
23. 방언공사 완공 이후 육신과 물질로 언답 유지에 기여한 공로자는 劉正天 · 辛正浪 ·

李願華・梁夏雲・金順天・金華玉・徐奇彩・朴永煥・金明朗・劉奇滿・金永喆 ・申練淑・宋碧照・金東順・辛正權・李共珠・李東安・李雲外 등이다.「교사별록」,『원불교전서』, 앞의 책, 1159쪽.

24. 같은 책, 1056-1057쪽.
25. '제9장 심고와 기도',『정전』,『원불교전서』, 78-80쪽.
26. 대산 김대거,「49회 법인절 경축사: 살신성인의 대성사」,『대산종사 법문집』 제2권, 원불교출판사; 제3판, 1988, 187쪽.
27. 이혜화,「법인성사의 신화학적 조명」,『원불교사상』 17, 18집, 1994. 12; 한기두,「법인성사가 지닌 역사적 의의」,『원불교사상과 종교문화』16호, 1993. 12, 446-448쪽.
28. 『정전』의 '총서편 제1장 개교의 동기',『대종경』'「서품」 4장', '「교의품」 31장-32장' 등에서 개교 표어에 대한 설명과 함께 그 의미에 대해 공식적으로 천명하고 있다.
29. Ulrich beck, Risikogesellschaft Auf dem Weg in eine andere Moderne,『위험사회: 새로운 근대(성)를 향하여』, 앞의 책, 354쪽.
30. 같은 곳.
31. 「교의품」 36장,『대종경』, 앞의 책, 136쪽.
32. 솔성,『원불교대사전』, http://www2.won.or.kr/servlet/wontis.com.root.OpenChannelServlet?tc=wontis.dic.command.RtrvDicLstCmd&search_cls=all&search_string=솔성.
33. 팩션은 사실(fact)과 허구(fiction)의 합성어이다. 사실과 허구를 결합한 실험소설을 지칭하며 뉴에이지 계열의 역사소설로 분류하기도 한다. 그러나 경계가 대단히 모호하며 그 범주와 개념도 여전히 논란의 여지가 남아있다. 댄 브라운의『다빈치 코드』나 김탁환의 역사추리소설, 그리고 김훈의 역사소설도 범주에 포함시킬 수 있다. 팩션이라는 말은 트루먼 캐포티(Truman Capote)가 1959년 11월 15일 캔사스주에서 발생한 일가족 네 명에 대한 살인 사건을 소재로 다룬 소설『냉혈한(In Cold Blood, 1965. 1)』의 특이함과 소설적 실험을 설명하는 용어로 사용하면서부터이다. 김성곤,『사유의 열쇠』, 산처럼, 2002, 168쪽.
34. Edgar Morin, Pour sotir du X X siècle,『20세기를 벗어나기 위하여』, 앞의 책, 295쪽.
35. 같은 책, 290쪽.
36. 조성면,「'정전대의'와 대산 김대거 종사의 평화사상」,『대산종사 탄생 100주년 기념 논문집: 원불교와 평화의 세계』, 원불교 100년 성업기념회 편(원불교출판사, 2014), 711쪽.

원불교 구인선진의 인물콘텐츠 개발을 위한 스토리텔링_ 김미경

1. 스토리텔링은 문화원형이 경쟁력을 갖출 수 있도록 생명력을 불어넣는 역할을 하는 것이다. 만화 '아기 공룡 둘리'는 아무도 생각하지 않은 수억 년 전의 지구의 빙하기

이야기를 가지고, 귀엽지만 초능력을 가진 독특한 둘리라는 캐릭터를 창조하여, 탄탄한 구성력을 가진 스토리텔링을 엮어서 남녀노소 할 것 없이 다양한 계층의 사람들에게 재미와 감동을 선사했다. 그런 의미에서 스토리텔링은 가만히 누워 있는 무생명체인 인형에게 생명력을 불어 넣어 생생하게 살아 움직이는 생명체를 탄생시키는 것처럼 전지적인 능력을 발휘하는 기막힌 요소를 지니고 있는 것이다. 그러니까 스토리텔링이야말로 문화원형에 새 생명력을 불어 넣어 또다시 사람들과 소통할 수 있는 색다른 기회를 부여할 수 있는 것이다. 그런 스토리텔링은 전달자들에게 흥미롭고 의미있게 전달되기 위해서, 다양한 매체에 맞게 옷을 적절히 바꿔 입을 수 있는 세련된 감각이 필요하다. 그러기 위한 가장 좋은 방법은 바로 One Source를 Multi Use하게 활용할 줄 아는 스토리텔링 작가들이 각각의 분야에서 그 매체에 맞는 스토리텔링을 창출할 줄 아는 전문성을 확보하는 것이 무엇보다 시급하다. 김미경, 『진도 축제식 상장례 민속의 연희성과 스토리텔링』, 도서출판 민속원, 2013, 225쪽.

2. 宋仁傑, 『-少太山 大宗師첫구인제자-九人先進』, 月刊 圓光, 원기73년(1988), 208-210쪽.
3. 宋仁傑, 같은 책, 209쪽의 사진을 찍어서 편집하였음.
4. 宋仁傑, 같은 책, 64-65쪽에서 발췌 인용.
5. 宋仁傑, 같은 책, 68-73쪽에서 그대로 인용함. 원문의 철자법과 띄어쓰기에 충실하려고 노력하였음.
6. 김미경, 「진도 축제식 상장례 민속의 연희성과 스토리텔링」, 고려대 박사논문, 2008, 171쪽.
7. 宋仁傑, 같은 책, 84쪽에서 그대로 인용함. 원문의 철자법과 띄어쓰기에 충실하려고 노력하였음
8. 宋仁傑, 같은 책, 83쪽에서 『원불교교전』, 『대종경』 「수행품」 19장 재인용.
9. 『삼산 · 육타원 종사문집』, 268쪽. 〈원불교100년기념성업회 · 원광대학교원불교사상연구원, 『원불교 九人先進의 생애와 사상』(김성택, 「삼산 김기천 종사의 생애와 사상」), 원불교100주년, 九人先進출가위법훈서훈 기념학술대회 자료집, 79-80쪽에서 재인용함.〉
10. 『원불교전서』, 264쪽 참조. 〈원불교100년기념성업회 · 원광대학교원불교사상연구원, 『원불교 九人先進의 생애와 사상』, 김성택, 「삼산 김기천 종사의 생애와 사상」, 원불교100주년, 九人先進출가위법훈서훈 기념학술대회 자료집, 80쪽에서 재인용함.〉
11. 원불교100년기념성업회 · 원광대학교원불교사상연구원, 『원불교 九人先進의 생애와 사상』, 김성택, 「삼산 김기천 종사의 생애와 사상」, 원불교100주년, 九人先進출가위법훈서훈 기념학술대회 자료집, 79-80쪽.
12. 『삼산 · 육타원 종사문집』, 90-91쪽. 〈원불교100년기념성업회 · 원광대학교원불교사상연구원, 『원불교 九人先進의 생애와 사상』, 김성택, 「삼산 김기천 종사의 생애와 사상」, 원불교100주년, 九人先進출가위법훈서훈 기념학술대회 자료집, 83쪽에서 재

인용함.〉

13. 원불교100년기념성업회 · 원광대학교원불교사상연구원, 『원불교 九人先進의 생애와 사상』, 정성미, 「사산 오창건 종사의 생애와 사상」, 원불교100주년, 九人先進출가위법훈서훈 기념학술대회 자료집, 96쪽. 이 자료집에서는 "만덕산에서 처음으로 선회를 열다-서문성 교무의 대종사 생애 60가지 이야기 2011. 11, 4-웹문서 (원불교 신문) 참조. 만덕산 쌀 시봉 일화는 최도화의 입장, 사산의 입장에 따라서 약간씩 다르다. 필자는 이를 객관적으로 편집하였다."라고 주를 달고 있다.
14. 원불교100년기념성업회 · 원광대학교원불교사상연구원, 『원불교 九人先進의 생애와 사상』, 정성미, 「사산 오창건 종사의 생애와 사상」, 원불교100주년, 九人先進출가위법훈서훈 기념학술대회 자료집, 96쪽.
15. 이공주 편, 『1대 유공인 역사』 1권. 〈원불교100년기념성업회 · 원광대학교원불교사상연구원, 『원불교 九人先進의 생애와 사상』, 백광문, 「오산 박세철 종사의 생애와 인품」, 원불교100주년, 九人先進출가위법훈서훈 기념학술대회 자료집, 117쪽. 재인용함.〉
16. 원불교100년기념성업회 · 원광대학교원불교사상연구원, 『원불교 九人先進의 생애와 사상』, 백광문, 「오산 박세철 종사의 생애와 인품」, 원불교100주년, 九人先進출가위법훈서훈 기념학술대회 자료집, 117쪽.
17. 『대종경』 「인도품」 49, 〈원불교100년기념성업회 · 원광대학교원불교사상연구원, 『원불교 九人先進의 생애와 사상』, 이경진, 「육산 박동국 종사의 생애와 사상: 이 사업에 큰 창립주가 되리라」, 원불교100주년, 九人先進출가위법훈서훈 기념학술대회 자료집, p. 124에서 재인용함.〉
18. 원불교100년기념성업회 · 원광대학교원불교사상연구원, 『원불교 九人先進의 생애와 사상』, 최정윤, 「칠산 유건 종사의 생애와 사상」, 원불교100주년, 九人先進출가위법훈서훈 기념학술대회 자료집, 142쪽.
19. 원불교100년기념성업회 · 원광대학교원불교사상연구원, 『원불교 九人先進의 생애와 사상』, 류성태, 「팔산 김광선 종사의 생애와 인간상」, 원불교100주년, 九人先進출가위법훈서훈 기념학술대회 자료집, 177쪽.
20. 宋仁傑, 앞의책, 181-182쪽.
21. 예: 전남개발공사, 울돌목 거북배-이순신 스토리텔링과 전남여성플라자, 여성 인물 콘텐츠 개발을 위한 스토리텔링 등.
22. 예: 진도 축제식 상장례, 나주 목사내아, 군산 고군산군도, 경주 동경이 마을, 공주 계룡산 상신 마을 스토리텔링 등.
23. 『원불교 교사』, 제1편 개벽의 여명, 제4장 회상 건설의 정초, 4. 구인단원의 기도. 〈원불교100년기념성업회 · 원광대학교원불교사상연구원, 『원불교 九人先進의 생애와 사상』, 류성태, 「팔산 김광선 종사의 생애와 인간상」, 원불교100주년, 九人先進출가위법훈서훈 기념학술대회 자료집, 156쪽. 재인용함.〉

참고문헌

소태산 대종사와 구인선진 _양은용

1. 단행본

교정원 편, 『圓佛敎法勳錄』(원기1-84년), 교정원, 1999.

김홍철 · 류병덕 · 양은용 저, 『韓國新宗敎實態調査報告書』, 원광대학교 종교문제연구소, 1997.

대산종사법어편수위원회 편, 『대산종사법어』, 원불교100년기념성업회, 2014.

박경전 저, 『구인선진 이야기』, 원불교출판사, 2015.

박용덕 저, 『구수산 구십구봉: 구인선진 이야기』, 원불교출판사, 2003.

________, 『소태산의 대각, 방언조합 운동의 전개』, 원광대학교 중앙도서관, 1997.

박정훈 저, 『정산종사전』, 원불교출판사, 2002.

______ 편, 『한 울안 한 이치에』, 원불교출판사, 1982.

불법연구회 편, 『佛法硏究會 相助部 規約』, 불법연구회, 1935.

선진문집편찬위원회 편, 『三山宗師文集』, 원불교출판사, 1982.

____________________, 『八山 · 亨山宗師文集』, 원불교출판사, 1994.

____________________, 『八山大奉道文集』, 원불교출판사, 1982.

성업봉찬회 편, 『원불교 제1대 創立有功人歷史』, 원불교출판사, 1986.

__________ 편, 『원불교70년정신사』, 원불교출판사, 1989.

손정윤 저, 『원불교 80년사의 맥박』, 원불교출판사, 1998.

송인걸 저, 『구인선진』, 월간 원광사, 1988.

_________, 『대종경속의 사람들』, 월간 원광사, 1996.

양은용 저, 『정산종사 『건국론』의 세계』, 원불교출판사, 2002.

원광대학교 원불교사상연구원 편, 『정산종사의 사상』, 원불교출판사, 1992.

원불교정화사 편, 『예전 · 성가』, 원불교출판사, 1968.

______________, 『원불교교사』(원불교정화사 편, 『원불교전서』, 원불교출판사, 1977)

______________, 『원불교교전(정전 · 대종경)』, 원불교출판사, 1962.

______________, 『정산종사법어』, 원불교출판사, 1972.

이공전 편, 『대종경선외록』, 원불교출판사, 1978.

2. 논문

김준영, 「팔산 김광선의 생애와 사상」, 원불교사상연구원 편, 『원불교 인물과 사상』I, 원불교사상연구원, 2000.

류성태, 「창립정신의 정립방향」, 『원불교사상과 종교문화』 26, 원광대학교 원불교사상연구원, 2002.
박도광, 「삼산 김기천의 생애와 사상」, 원불교사상연구원 편, 『원불교 인물과 사상』I, 원광대학교 원불교사상연구원, 2000.
박상권, 「少太山의 最初法語 연구」, 원광대 박사논문, 1994.
서경전, 「원불교 교단 창립정신론의 새로운 모색」, 『원불교사상과 종교문화』 8, 원광대학교 원불교사상연구원, 1984.
신순철, 「원불교 창립정신의 새로운 조명」, 『원불교사상과 종교문화』 16, 원광대학교 원불교사상연구원, 1993.
______, 「원불교 법인기도의 9인 기도봉 위치 검토」, 『원불교사상과 종교문화』 35, 원광대학교 원불교사상연구원, 2005.
양은용, 「『先進漢詩錄』(1948)의 세계」, 『원불교사상과 종교문화』 27, 원광대학교 원불교사상연구원, 2004.
______, 「소태산 대종사의 정기훈련 중 법문연구」, 『원불교사상과 종교문화』 41, 원광대학교 원불교사상연구원, 2009.
______, 「정산종사 삼동윤리의 연구사적 검토」, 『원불교사상과 종교문화』 52, 원광대학교 원불교사상연구원, 2012.
______, 「정산종사의 저술과 관련연구 분석」, 『원불교사상』 22, 원광대학교 원불교사상연구원, 1998.
최광선, 「일산 이재철의 생애와 사상」, 원불교사상연구원 편, 『원불교 인물과 사상』II, 원불교사상연구원, 2001.

3. 기타
교정원, 「(교도) 원명부」
류병덕, 「원불교의 창립정신」, 『원광』 55호, 1967.
송규, 「佛法硏究會創建史」, 『회보』 39호, 1938.3.
이공주 수필, 「弱者로서 强者되는 법문」, 『월말통신』 제1호, 1928.5.

구인선진과 영산성지_ 이용재

『대종경』, 『원불교전서』, 정화사, 1977.
『정산종사법어』, 『원불교전서』, 정화사, 1977.
『원불교교사』, 『원불교전서』, 정화사, 1977.
『원불교대사전』, 원불교사상연구원, 2013.
『원불교법훈록』, 교정원, 1999.
박정훈, 『정산종사전』, 원불교출판사, 2002.
이광정, 『교법의 현실구현』, 원광사, 2007.

송인걸,『구인선진』, 원광사, 1988.
교단표준연표 제정 특별위원회,『교단표준연표』, 2008.
정산종사,「불법연구회창건사」,『회보』 제40호, 1937.
________,「불법연구회창건사」,『회보』 제43호, 1938.
송천은(續統),「회상일화: 칠산옹으로부터 들은 이야기」,『월간 원광』 제42호, 1963.

구인선진의 법인성사_ 이경열

1. 단행본
원불교정화사(편),『원불교전서』, 원불교출판사, 2002.
원불교정화사,『원불교교고총간』, 제5권.
송인걸,『구인선진』, 원불교원광사, 1988.
이혜화,『소태산 박중빈의 문학세계』, 깊은 샘, 1991.
전이창,『기도』, 도서출판 솝리, 2007, 33쪽.
교헌개정특별위원회 사무처,『제1회 특별 전문위원 워크숍』, 2015.
원불교대사전(http://www2.won.or.kr/).

2. 논문류
김낙필,「법인기도에 나타난 기도의 성격」,『원불교사상과 종교문화』제16집, 원광대학교 원불교사상연구원, 1993.
김도공,「원불교 정신개벽론과 사대강령」, 제29회 원불교사상연구 학술대회,『원불교100년의 다각적 구상』, 원광대학교 원불교사상연구원, 2010.
류병덕,「21C의 원불교를 진단한다」, 제21회 원불교사상연구 학술대회,『21세기와 원불교』, 원광대학교 원불교사상연구원, 2002.
류성태,「창립정신의 정립 방향」,『원불교사상과 종교문화』제16집, 원광대학교 원불교사상연구원, 1993.
박상권,「법인성사」,『원불교사상과 종교문화』제16집, 원광대학교 원불교사상연구원, 1993.
서경전,「원불교 개교 100년과 결복기의 창립정신」, 제30회 원불교사상연구 학술대회,『인류 정신문명의 새로운 희망』, 원광대학교 원불교사상연구원, 2011.
신순철,「원불교 창립정신의 새로운 조명」,『원불교사상과 종교문화』 제16집, 원광대학교 원불교사상연구원, 1993.
이성전,「원불교 개교정신과 생명질서」,『원불교사상과 종교문화』 제39집, 원광대학교 원불교사상연구원, 2008.
이혜화,「법인성사의 신화학적 조명」,『원불교사상과 종교문화』 제19집, 원광대학교 원불교사상연구원, 1994.

한기두, 「법인성사가 지닌 역사적 의미」, 『원불교사상과 종교문화』 제16집, 원광대학교 원불교사상연구원, 1993.

조합운동을 통해 본 구인선진의 종교적 구현_ 유지원

『원불교 전서』
『대종경선외록』
『원불교교고총간』
『불법연구회창건사』
『정산종사법어』
『대산종사법문집』
원광대학교 원불교사상연구원 편, 『원불교대사전』, 원불교출판사, 2013.

류병덕, 『원불교와 한국사회』, 시인사, 1986.
막스 베버 지음, 『프로테스탄티즘의 윤리와 자본주의 정신』, 김덕영 옮김, 도서출판 길, 2010.
박용덕, 『구수산 구십구봉 : 구인선진 이야기』, 원불교출판사, 2003.
박용덕, 『소태산의 대각, 방언조합 운동의 전개 : 원불교 초기 교단사 1』, 원불교출판사, 2003.
손정윤, 『원불교 80년사의 맥박』, 원불교출판사, 1998.
宋仁傑, 『九人先進』, 월간 圓光, 1988.
余英時 저, 『中國 近世宗教倫理와 商人精神』, 정인재 역, 대한교과서주식회사, 1993.

姜吉遠, 「日帝下의 經濟 自立運動의 一硏究: 貞觀坪 防堰工事의 例」, 원광대학교 원불교사상연구원, 『원불교사상과 종교문화』 제6집, 1982.
강현욱, 「원불교 협동조합운동 연구」, 원불교대학원대 석사논문, 2012.
박맹수, 「圓佛敎의 民族運動에 관한 一硏究」, 원불교교화연구회, 『한국근대사에서 본 원불교』, 도서출판 원화, 1991.
박용덕, 「少太山의 組合運動과 吉龍里干拓事業에 관한 硏究」, 『정신개벽』 제7·8집, 1989.
신순철, 「1918년 길룡리 방언조합의 간척공사 연구」, 원불교 교화연구회, 『한국근대사에서 본 원불교』, 도서출판 원화, 1991.
신순철, 「신흥저축조합 연구」, 한국원불교학회, 『圓佛敎學』 제5집, 2000.
이승현, 「막스베버(Max Weber)의 자본주의 정신과 원불교 저축조합운동」, 원광대학교 원불교사상연구원, 『원불교사상연구원 학술대회 발표집』, 2012.
한정석, 「저축조합과 방언공사」, 원불교창립제2대말및대종사탄신백주년성업봉찬회(편찬)『원불교칠십년정신사』, 원불교출판사, 1989.

구인의 중앙 '정산 종사'_ 이성전

『대종경』
『정산종사법어』
『세전』
『예전』
『성가』
『월말통신』,『원불교교고총간』 권3, 정화사, 1969.
『회보』 38호,『원불교교고총간』 권3, 정화사, 1969.

김기원,「정산종사의 생애와 사상」,『원불교70년정신사』, 원불교 창립 제2대 및 대종사 탄생 100주년 성업봉찬회, 1989.
김낙필,「영기질론의 사상사적 의의」,『정산종사탄생100주년기념 한국원불교학회 '99추계학술대회: 전통사상의 현대화와 정산종사』, 한국원불교학회, 1999.
김삼룡,「정산종사의 생애와 사상」,『원불교사상과 종교문화』 제15집, 원광대학교 원불교사상연구원, 1992.
류병덕,「정산종사의 학문세계」,『정산종사탄생100주년기념 한국원불교학회 '99추계학술대회: 전통사상의 현대화와 정산종사』, 한국원불교학회, 1999.
박정훈 편저,『한 울안 한 이치에』, 원불교출판사, 1982.
__________,『정산종사전』, 원불교출판사, 2002.
신광철,「삼동윤리사상의 종교학적 재평가」,『제18회 원불교사상연구원 학술대회 발표집: 소태산 대종사와 정산종사』, 원광대학교 원불교사상연구원, 1999.
양은용,「소태산 대종사비명의 연구」,『정신개벽』 제2집, 신룡교학회, 1983.
유명종,「한국사상사에서 본 정산사상」,『정산종사탄생100주년기념 한국원불교학회 '99추계학술대회: 전통사상의 현대화와 정산종사』, 한국원불교학회, 1999.
이성전,「소태산 사상에서의 허무적멸의 의의」,『한국종교사연구』 제12집, 한국종교사학회, 2004.
______,「이상적 삶의 길로서 심화 기화」,『원불교사상과 종교문화』 제29집, 원광대학교 원불교사상연구원, 2005.
______,「정산의 도화 덕화」,『치유와 도야, 마음의 실천적 이해』, 원광대학교 마음인문학연구소, 2013.
한기두,「소태산 대종사와 정산종사」,『원불교사상과 종교문화』 제24집, 원광대학교 원불교사상연구원, 2000.

일산 이재철 종사의 생애와 사상_ 김귀성

박달식, 『이리보화당 80년사』, 원광사, 2015.
박용덕, 『불덕산의 인연들』, 원불교출판사, 1999.
______, 『구수산 구십구봉』, 원불교출판사, 2003.
사단법인 영광향토문화연구회, 『동학농민혁명 영광 사료집』, 세종출판사, 1995.
손정윤, 『원불교 80년사의 맥박』, 원불교출판사, 1998.
______, 『소태산 대종사 일화』, 원불교출판사, 1977.
송인걸, 『대종경속의 사람들』, 월간 원광사, 1996.
______, 『구인선진』, 월간 원광사, 1988.
신순철, 「신흥저축조합 연구」, 『원불교학』 5, 2000.12.26.
원불교사상연구원 · 원불교100년성업회, 『원불교대사전』, 원불교사상연구원, 2015.
______, 『원불교 인물과 사상』 I , 원불교사상연구원, 2000.
靈光咸平李氏世譜編纂委員會, 『咸平李氏敦春公世譜』, 원광사, 1997.
원불교 정화사,『圓佛敎 敎故叢刊』 제1권, 원불교원광사, 1968.
______, 『圓佛敎 敎故叢刊』 제5권, 원불교원광사, 1973.
圓佛敎 第一代 聖業奉贊會, 『圓佛敎第一代 創立有功人歷史』 卷一, 원불교출판사, 1986.
圓佛敎創立第二代및大宗師誕生百周年聖業奉讚會, 『圓佛敎七十年精神史』, 원불교출판사, 1989.
이공전, 『대종경선외록』 초도이적장 6, 원불교출판사, 1982.
李龍行, 『方山文集』, 원광사, 1983.
鄭琮, 「영광문화의 선구적 역할」, 『玉堂文化』 제4호, 1989.
최광선, 「일산 이재철의 생애와 사상」, 『원불교 인물과 사상』 II , 원불교사상연구원, 2001.
한정석, 「유산 유허일의 생애와 사상」, 『원불교 인물과 사상』 I , 원불교사상연구원, 2000.
〈원불교신문〉 제25호(원기55. 06. 01: 1970), "일산 이재철선생"
〈원불교신문〉 제60호(원기56. 11. 15: 1971), "일산 이재철 대봉도 28주기에".
〈원불교신문〉 제1574호(원기100. 5. 29: 2015), "송씨일가, 영광으로 이사".
〈원불교신문〉 제1714호(원기99. 07. 11: 2014), "선진읽기66, 일산 이재철 대봉도".
〈원불교신문〉 제1763호(원기100. 08. 07: 2016), "소태산 대종사와 구인선진, 일산 이재철 사산 오창건 선진.
월간 『원광』 제323호(2001), 116-119쪽, "깨달음의 빛-함께 떠나는 성지순례/ 일산 이재철 대봉도가 탄생한 신촌마을".
월간 『원광』 제199호(1991), "동학운동과 소태산".
총무부 〈전무출신약력〉

이산 이순순 종사의 생애와 실천적 삶_ 박광수

『대종경』
『법보』
『시창 15년도 사업보고서』
『원불교교사』
『정산종사법어』

강길원, 「일제하의 경제자립운동의 연구」, 제4회 원불교사상 연구원 학술회의발표, 원불교사상연구원, 1982.
국사편찬위원회 편, 『일제 침략하 한국 36년사』 제1권, 탐구당, 1970.
김홍철, 『원불교 사상 논고』, 원광대학교출판국, 1980.
박광수, 『한국신종교의 사상과 종교문화』, 집문당, 2012.
______, 「道山 李東安의 생애와 사상」, 원불교사상연구원 편, 『원불교 인물과 사상』 II, 원불교사상연구원, 2001.
박달식 · 김영수, 『새 회상 거룩한 터』, 원불교출판사, 1986.
박용덕, 『불덕산의 인연들: 신흥교당 72년』, 원불교출판사, 1999.
______, 『소태산의 대각, 방언조합운동의 전개』, 원광대학교출판국, 1997.
박정훈 편저, 『한 울안 한 이치에』, 원불교출판사, 1982.
원불교사상연구원 편, 『원불교대사전』, 원불교출판사, 2013.
정도명, 『綜合萬歲曆』, 문인방, 1993.

〈제1회 남자정수위단 조직 위원회 회의록〉

삼산 김기천 종사의 생애와 사상_ 김영두

『대산종사법문집』 2집.
『대산종사법어』 1집.
『대종경』, 원불교정화사 편, 『원불교전서』, 원불교출판사, 1977.
『원불교교사』, 원불교정화사 편, 『원불교전서』, 원불교출판사, 1977.

김영두(성택), 『원불교 교헌 변천연구』, 선진출판기획, 2013.
박정훈 편, 『한 울안 한 이치에』, 원불교출판사, 1982.
선진문집편찬위원회 편, 『삼산 · 육타원 종사문집』, 원불교출판사, 1982.
원불교사상연구원 편, 『원불교대사전』, 원불교출판사, 2013.
이공전 편, 『대종경선외록』, 원불교출판사, 1978.

사산 오창건의 생애와 사상_ 정성미

『회보』

『원광』

『원불교교고총간』 제5권, 원불교정화사, 1973.

『화순오씨세보』

『一言帖』, 총부선원, 원기25 赵趣趆.

김영신, 「사산 선생님의 공심」, 『회보』 제42호, 1938년 2. 3월호, 1938.

박덕희, 「추산 서중안의 생애와 사상」 II, 『원불교 인물과 사상』, 원불교사상연구원, 2002.

박용덕, 『불덕산의 인연들 신흥교당 출가 인연들』, 원불교출판사, 1999년.

______, 『구수산 구십구봉』, 원불교출판사, 2003.

______, 「소태산 대종사 생애담」, 『정신개벽』 12집, 1993.

박정훈 편저, 『한 울안 한 이치에』, 원불교출판사, 1995.

서경전, 「원불교개교100년과 결복기의 창립정신」, 『인류 정신문명의 새로운 희망』, 원불교사상연구원, 2011.

신순철, 『한국근대사에서 본 원불교』, 「길룡리 방언조합의 간척공사 연구」, 원불교교화연구회, 1991.

______, 「일본의 식민지 종교정책과 불법연구회의 대응」, 『원불교사상과 종교문화』 17 · 18집, 원불교사상연구원, 1994.

______, 「원불교 법인기도의 9인 기도봉 위치 검토」, 『원불교사상과 종교문화』 35집, 2005.

손정윤, 『원불교 80년사의 맥박』, 중앙문화원, 1998.

양은용, 「『선진한시록』(1948)의 세계」, 『원불교사상과 종교문화』 27집, 원불교사상연구원, 2004.

오창건, 「팔산 형님의 옛일을 추억하고」, 『회보』 제53호, 1939.

유병덕, 「원불교의 창립정신」, 원대학보, 1966. 10. 29. 원광 55호, 1967.

최광선, 「융타원 김영신의 생애와 사상」 II, 『원불교 인물과 사상』, 원불교사상연구원 2002.

______, 「일산 이재철의 생애와 사상」 II, 『원불교 인물과 사상』, 원불교사상연구원, 2002.

선진문집편찬위원회, 『삼산 · 육타원 종사문집』, 선진문집 5, 원불교출판사, 1982.

『원불교70년정신사』, 원불교창립2대 및 대종사탄생100주년성업봉찬회, 1989.

이공주 편, 『원불교 제1대 유공인역사』 1권 전무출신편, 1987.

〈봉래정사시봉사진〉

〈오성직 구술자료〉(2016. 2. 3.)

〈원불교신문〉

오산 박세철 종사의 생애와 인품_ 백준흠

교정원 편, 『원불교법훈록』(원기1-84년), 교정원, 1999.
박경전, 『구인선진 이야기』, 원불교출판사, 2015.
박용덕, 『구수산 구십구봉』, 원불교출판사, 2003.
송규, 「불법연구회창건사」, 『회보』 39호.
서문성, 『원불교 초기 교단의 인물』, 원불교출판사, 2013.
송인걸, 『대종경속의 사람들』, 월간 원광사, 1996.
______, 『구인선진』, 월간 원광사, 1988.
원불교사상연구원 · 원불교100년성업회, 『원불교대사전』, 원불교사상연구원, 2015.
______________, 『원불교 인물과 사상』 I , 원불교출판사, 2000.
원불교정화사 편, 『원불교교사』, 『원불교전서』, 원불교출판사, 1977.
_____________, 『원불교교전(정전 · 대종경)』, 원불교출판사, 1962.
_____________, 『원불교 교고총간』 제1권, 원불교원광사, 1968.
_____________, 『원불교 교고총간』 제5권, 원불교원광사, 1973.
이공전,『대종경선외록』, 원불교출판사, 1982.

〈월간 원광〉 제29호(1959), 7월호.
〈원불교신문〉 제1765호(원기100. 08. 21: 2015).
〈원불교신문〉 제1724호(원기99. 10. 03: 2014).
〈회보〉 제60호.

육산 박동국 종사의 생애와 사상: 이 사업에 큰 창립주 되리라_ 이경진

『원불교전서』, 원불교출판사, 1977.
『정전』, 『원불교전서』 所收.
『대종경』, 『원불교전서』 所收.
『정산종사법어』, 『원불교전서』 所收.
『원불교교사』, 『원불교전서』 所收.
『원불교대사전』, 원불교사상연구원, 2013.
『원불교법훈록』, 교정원, 1999.
『원불교 제1대 창립유공인 역사』 권2, 제1대성업봉찬회, 1986.
『원불교 제2대 원불교법보』, 교정원, 2000.
박경전, 『구인선진 이야기』, 원불교출판사, 2015.

박용덕,『구수산 구십구봉』, 원불교출판사, 2003.
박용덕,『소태산의 대각 방언조합 운동의 전개』, 원불교출판사, 2003.
박정훈,『한 울안 한 이치에』, 원불교출판사, 1993.
방길튼,『소태산 대종사님 숨결따라』(최도웅 기획/개정증보판), 원불교출판사, 2016.
송인걸,『구인선진』, 월간 원광, 1988.
송인걸,『대종경 속의 사람들』, 월간 원광사, 1996.

박도광,「도산 이동안의 생애와 사상」, 원불교사상연구원 편,『원불교 인물과 사상』II, 원불교사상연구원, 2001.
서경전,「십타원 양하운의 생애와 사상」, 원불교사상연구원 편,『원불교 인물과 사상』II, 원불교사상연구원, 2001.
송인걸,「소태산 구인제자에 대한 소고」,『원불교학연구』11, 1980.
신순철,「원불교 법인기도의 9인 기도봉 위치 검토」,『원불교사상과 종교문화』35, 원불교사상연구원, 2007.
이성은,「조직제도 변천사」,『원불교70년정신사』, 성업봉찬회, 1989.
한종만,「다시 살리는 순교」,『원불교대종경해의』(上), 도서출판 동아시아, 2001.
「소태산 대종사 親制 '희사위 열반 공동기념제사'기념문」, 〈원불교신문〉 912호, 1997년 5월 9일자.
「구인선진 출가위 추존」, 〈원불교신문〉 1753호, 2015년 5월 22일자.

칠산 유건 종사의 생애와 사상_ 최미숙

원불교 교정원,『원불교법훈록』, 교정원, 1944.
원불교 정화사,『원불교전서』, 원불교출판사, 1968.
__________,『圓佛教 教故叢刊』 제1권, 원불교 원광사, 1968.
__________,『圓佛教 教故叢刊』 제5권, 원불교 원광사, 1973.

박맹수,「初期 教史 研究上의 諸問題(上):『佛法研究會 創建史』를 中心으로」,『원불교사상과 종교문화』10 · 11, 원광대학교 원불교사상연구원, 1987.
_____,『생명의 눈으로 보는 동학』, 모시는사람들, 2014.
박용덕,『구수산 구십구봉: 구인선진 이야기』, 원불교출판사, 2003.
_____,『소태산의 대각 방언조합 운동의 전개』, 원불교출판사, 2003.
방길튼,『소태산 대종사님 숨결따라』, 원불교출판사, 2016.
손정윤,『원불교 80년사의 맥박』, 원불교출판사, 1998.
송인걸,『대종경속의 사람들』, 월간 원광사, 1996.
_____,「소태산 구인제자에 대한 소고」,『원불교학연구』11, 원광대학교 원불교학연구

회, 1980.
______, 『구인선진』, 월간 원광, 1988.
신순철, 「길룡리 방언조합의 간척공사 연구」, 원불교 교화연구회, 『한국근대사에서 본 원불교』, 원화, 1990.
______, 「원불교 법인기도의 9인 기도봉 위치 검토」, 『원불교사상과 종교문화』 35, 원광대학교 원불교사상연구원, 2007.
원불교창립제2대 및 대종사탄생 백주년성업봉찬회, 『원불교70년정신사』, 원불교출판사, 1989.

〈원불교신문〉 제1792호(원기101. 3. 18: 2016), "구인선진 출가위 추존"
〈원불교신문〉 제1793호(원기101. 3. 25: 2016), "소태산 대종사와 구인선진"
〈월간 원광〉 제34호(1960), "성지기행: 영산을 찾아서"
〈월간 원광〉 제42호(1968), "회상 일화: 칠산옹으로부터 들은 이야기"
〈월간 원광〉 제486호(2015), "개벽인간 소태산 박중빈과 그의 시대"
수위단 사무처 박중훈, 〈의장단 협의회 보고 자료〉 원기99년(2014) 5월 22일.

팔산 김광선 종사의 생애와 활동_ 류성태

『원불교교사』
『光山金氏族譜』(庚申譜)(首山公派譜)
『대종경선외록』
『대종경』

김도공, 「형산 김형철의 생애와 사상」, 원불교사상연구원 편, 『원불교 인물과 사상』 II, 원불교사상연구원, 2001.
박달식 · 김영수 저, 『새회상 거룩한 터』, 원불교출판사, 1986.
박도광, 「도산 이동안의 생애와 사상」, 원불교사상연구원 편, 『원불교 인물과 사상』 II, 원불교사상연구원, 2001.
박맹수, 「원불교의 민중종교적 성격」, 추계학술대회 〈소태산 대종사 생애의 재조명〉, 한국원불교학회, 2003.
박용덕, 『금강산의 주인되라』, 원불교출판사, 2003.
______, 『천하농판』, 도서출판 동남풍, 1999.
박장식, 『평화의 염원』, 원불교출판사, 2005.
박정훈 편저, 『한 울안 한 이치에』, 원불교출판사, 1982.
______, 「호남가를 법문으로 공부하며」, 『차는 다시 끓이면 되구요』, 출가교화단, 1998.
______, 『정산종사전』, 원불교출판사, 2002.

선진문집편찬위원회 편,『팔산 · 형산종사 문집』, 원불교교화부, 1994.
손정윤,「문학 · 예술사」,『원불교70년정신사』, 원불교출판사, 1989.
신순철,「원불교 법인기도의 9인 기도봉 위치검토」,『원불교사상과 종교문화』 35집, 원광대학교 원불교사상연구원, 2007.
양은용,「소태산 대종사의 정기훈련 중 법문 연구」,『원불교사상과 종교문화』 41집, 원불교사상연구원, 2009.
원불교사상연구원 편,『원불교 인물과 사상』Ⅰ, 원불교사상연구원, 2000.
李空田,「蓬萊制法과 益山總部 建設」,『圓佛敎七十年精神史』, 聖業奉贊會, 1989.
이동진화,「선생의 일생은 본회역사의 영원한 광채」, 선진문집편찬위원회 편,『팔산 · 형산종사 문집』, 원불교교화부, 1994.
장진영,「원불교 교역자제도 변천사 연구」,『원불교사상과 종교문화』 46집, 원광대학교 원불교사상연구원, 2010.
한종만,『원불교 대종경 해의』(下), 도서출판 동아시아, 2001.

구인선진을 통해 본 원불교의 이상적 인간상_ 허남진

〈제1차 자료〉
『원불교교사』
『정전』
『대종경』
『대산종사법어』
『대산2집』

〈제2차 자료〉
김봉한,「원불교의 교육적인간상」,『인간교육연구』 제8권(제2호), 2001.
김홍철,『원불교사상논고』, 원광대학교출판국, 1981.
______,「창생위한 희생」,『한국 민중종교사상과 신종교』, 진달래, 1988.
류기현,「원불교의 창립정신」,『원광』 55호, 1967.
류병덕,『원불교와 한국사회』, 시인사, 1986.
______,『탈종교시대의 종교』, 원광대학교출판국, 1982.
______,「법인의 사무여한」,『원광』 55호, 1967.
______,「삼동윤리의 해석학적 조명」,『원불교사상과 종교문화』, 1992.
박광수,「원불교 종교의례에 나타난 상징체계」,『원불교학』 6, 2001.
박미라,「중국유교의 이상인간형: 聖人과 君子를 중심으로」,『종교와 문화』 7, 서울대학교 종교문제연구소, 2001.
박용덕,『소태산의 대각 방언조합운동의 전개』, 원불교출판사, 2003.

서경전, 「원불교개교 100년과결복기의창립정신」, 제30회 원불교사상연구학술대회 자료집, 2011년 1월 25일.
안양규, 「인도 및 동남아 불교의 이상인간」, 『종교와 문화』 7, 2001.
이공전, 「법인성사의 법인정신」, 『원광』 160호, 1968.
______, 「창립정신론」, 『원광』 53호, 1966.
이진구, 「기독교의 이상인간형: 육체적 순교와 영적 순교의 개념을 중심으로」, 『종교와 문화』 7, 2001.
조성희, 「보살행에 대한 현대적 관점에서의 재해석」, 『동양사회사상』 22, 2010.
한국교회사연구소, 『한국가톨릭대사전』 제8권, 한국교회사연구소, 2001.
한정석, 「법인정신은 잘 계승되고 있는가」, 『원광』 70호, 1971.
한정원, 「法認聖事와 殉教精神」, 『圓佛教七十年精神史』, 원불교창립 제2대 및 대종사탄생 백주년 성업봉찬회, 원불교출판사, 1989.
「불법연구회창건사」, 『회보』 제42호, 1938.

도덕의 정치 복원과 원불교 신앙 모델로서의 구인선진_ 조성면

1. 기본자료
『원불교전서』
『원불교교고총간』
『조광』

2. 논저
김대거, 『대산 종사 법문집』 1-5권, 원불교출판사, 1995.
김성곤, 『사유의 열쇠』, 산처럼, 2002.
박광수, 「한국 신종교의 개벽사상과 공공성」, 『종교문화비평』 26호, 한국종교문화연구소, 2014.
박맹수, 「한국 근대 민중종교의 개벽사상과 원불교의 마음공부」, 『동학학보』 11권 1호, 동학학회, 2007.
______, 『개벽의 꿈 동아시아를 깨우다』, 도서출판 모시는사람들, 2011.
박용덕, 『구수산 구십구봉: 구인선진 이야기』, 원불교출판사, 2003.
송인걸, 『구인선진』, 『원광』, 1988.
원불교사상연구원 편, 『원불교 인물과 사상』 I - II 권, 원불교사상연구원, 2000.
이현택, 「저축조합운동」, 『원불교사상』 16호, 한국원불교학회, 1993.
이혜화, 「법인성사의 신화학적 조명」, 『원불교사상』 17 · 18호, 한국원불교학회, 1994.
조성면, 「'정전대의'와 대산 김대거 종사의 평화사상」, 원불교 100년 성업기념회 편, 『대산종사 탄생 100주년 기념 논문집: 원불교와 평화의 세계』, 원불교출판사, 2014.

______,「박태원의 장르실험과 재앙의 상상력: 실화소설 '금은탑' 다시 읽기」,『동남어문논집』제38집, 동남어문학회, 2014.
한기두,「법인성사가 지닌 역사적 의의」,『원불교사상과 종교문화』16집, 원광대학교 원불교사상연구원, 1993.
lrich beck, Risikogesellschaft Auf dem Weg in eine andere Moderne,『위험사회: 새로운 근대(성)를 향하여』, 홍성태 옮김, 새물결, 2006.
Edgar Morin, Pour sotir du ⅩⅩ siècle,『20세기를 벗어나기 위하여』, 고재정·심재상 옮김, 문학과지성사, 1996.
원광대학교 원불교사상연구원 편,『원불교대사전』, 원불교출판사, 2013.

원불교 구인선진의 인물콘텐츠 개발을 위한 스토리텔링_ 김미경

宋仁傑,『-少太山 大宗師첫구인제자-九人先進』, 月刊 圓光, 1988.
원불교100년기념성업회·원광대학교원불교사상연구원,『원불교 九人先進의 생애와 사상』, 원불교100주년, 九人先進출가위법훈서훈 기념학술대회 자료집, 2016.
『삼산·육타원 종사문집』
『원불교전서』
이공주 편,『1대 유공인 역사』1권.
『대종경』「인도품」49.
『원불교 교사』, 제1편 개벽의 여명, 제4장 회상 건설의 정초, 4. 구인단원의 기도.

고주환·김미경,『한국전통촌락의 원형을 찾아서-신야도원 전통촌락상신문화탐방』, 문경출판사, 2015.
김미경,『공주 계룡산 상신마을-스토리텔링 북』, 스카이컴, 2015.
______,「진도 축제식 상장례 민속의 연희성과 스토리텔링」, 고려대 박사논문, 2008.
______,『진도 축제식 상장례 민속의 연희성과 스토리텔링』, 도서출판 민속원, 2013.
______,『개들의 땅! 소원의 땅, 경주개 동경이 마을-스토리텔링』, 경주개 동경이 사업단, 2014.
김수관·김미경,『스토리텔링의 보물섬, 고군산군도』, 도서출판 신성, 2014.

찾아보기

[ㄱ]

[ㄴ]

[ㄷ]

[ㄹ]

[ㅁ]

[ㅂ]

[ㅇ]

원불교 구인선진 개벽을 열다

등록 1994.7.1 제1-1071
1쇄 발행 2016년 8월 20일

엮은이 원불교100년기념성업회 · 원광대학교 원불교사상연구원
지은이 양은용 이용재 이경열 유지원 이성전 김귀성 박광수 김영두
정성미 백준흠 이경옥 최미숙 류성태 허남진 조성면 김미경
펴낸이 박길수
편집인 소경희
편 집 조영준
관 리 위현정
디자인 이주향
펴낸곳 도서출판 모시는사람들
110-775 서울시 종로구 삼일대로 457(경운동 88번지) 수운회관 1207호
전 화 02-735-7173, 02-737-7173 / 팩스 02-730-7173
홈페이지 http://modl.tistory.com/

인 쇄 상지사P&B(031-955-3636)
배 본 문화유통북스(031-937-6100)

값은 뒤표지에 있습니다.
ISBN 979-11-86502-59-4 93290

이 도서의 국립중앙도서관 출판예정도서목록(CIP)은 서지정보유통지원시스템 홈페이지(http://seoji.nl.go.kr)와 국가자료공동목록시스템(http://www.nl.go.kr/kolisnet)에서 이용하실 수 있습니다.(CIP제어번호: 2016018478)